옛 그림에서 만난
우리 무예 풍속사

옛 그림에서 만난

우리 무예 풍속 史

허인욱 지음

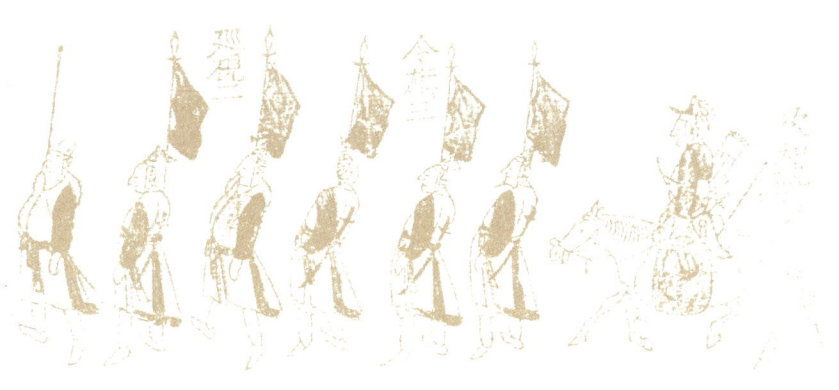

푸른역사

들어가며

《개벽開闢》이라는 잡지가 있다. 김소월의 〈진달래꽃〉(1922년 7월 25호)이 실린 것으로 유명한 이 잡지는 3·1운동 이후 천도교天道敎를 배경으로 발행된 월간 종합지로, 발행기간 중 발매금지(압수) 34회, 정간 1회, 벌금 1회의 수난을 당하고, 1926년 8월 1일에 발행된 72호를 끝으로 강제 폐간되었을 정도로 계몽의식과 아울러 우리 민족에게 독립의식을 고취시켜준 잡지이다.

이 잡지 49호(1924년 7월 1일 발행)에는 〈형제들아 무력수양武力修養에 힘을 쓸 필요는 없을까?〉라는 기사가 실려 있다. 기사 내용의 단어를 읽기 쉽게 고쳐서 인용하면 다음과 같다.

두 말할 것도 없이 오늘날 우리 조선朝鮮 형제에게는 무력적武力的 수양修養이 가장 절실히 느껴진다. 제국주의帝國主義·군국주의軍國主義의 그 백성들을 본받자는 것도 아니요 또는 그 주의主義를 세우기 위한 예비적豫備的 의미도 결코 아니다. 다만 주요 조건은 내적·외적을 물론하고 각자 개인으로의 생존권을 호지護持하자 함이요 그 민족으로 조직된 그 사회를 건전케 하자는 말이다. 결코 검을 차고 총을 메고 창槍을 휘두르자는 말은 아니다. 사정이 허락하지 않으니 별수는 없다 만은 만약 사정이 허락한다 하면 그것까지도 차고, 메고, 두르면서 지내면 더욱 좋겠다. 그러나 남을 침해하고 남을 탈취奪取하야 자기뿐 이利하자는 침략적 무기는 결코 아니다. 개인으로는 생존 보장이요, 사회로는 질서 유지이겠다. 그러나 이것도 현 사회제도 아래에서 부득이하게 하는 말이다. 어찌 하였든 가난한 집, 미천한 집 자식같이 조선 형제는 아무 활기가 없다. 피가 없다. 있다 해도 열熱(열정)이 없고 강强(강함)이 없다. 골자骨子(뼈) 없는 사람같이 늘큰(좀 물렁물렁해져서 조금씩 늘어지거나 늘어질 듯한 모양)한 것이 사실이요, 물렁물렁한 것이 사실이요, 시들어가는 풀대같이 부들부들하며 허멀둥한 것이 사실이다.

주먹이 튼튼치 못하며 다리가 꿋꿋치 못하다. 얼굴이 핼쑥하고 등이 구부러졌다. 누구와 싸움을 잘 못한다. 하지도 못하거니와, 하게 되면 뒷걸음부터 친다. 곧 항복하고 만다. 어찌 그리도 무기력無氣力·무담력無膽力한지 남과 싸우겠다는 용기가 없다. 공연히 남을 침해하자는 고의적 악투惡鬪가 아니라 남이 나의 생존권을 유린할 때에 그를 방어하지를 못하며 대항하지를 못한다. 그리할 용기가 없다. 그래서 개인으로나 단체로나 도처에서 무리한 침해를 당하며 도처에서 억울한 눈물을 뿌리고 있다. 우리는 반드시 피를 끌일 필요가 있고 우리는 반드시 팔다리를 꿋꿋하게 할 필요가 있으며 얼굴을 붉힐 필요가 있다. 그리하여 용맹한 투사가 될 필요가 있다. 그리하여 사람으로의 당당한 생존을 보지保持하기 위하여.

정신 방면으로 육체 방면으로 공축恐縮만 당하는 금일今日 우리의 처지이니까 내內로 영양營養문제, 외外로 침해문제侵害問題에서 어찌 할 수가 없는 것도 사실이다. 그러나 미지근하나마 피가 있고 부들 부들하나마 뼈가 있으니까 능력이 되는 데까지 수양만 쌓으면 될 수 있는 것이다. 가정에서 학교에서 산야山野에서 닿는 대로 무력적 수양을 쌓을 필요가 있다. 축구도 좋고, 야구도 좋고, 철봉도 좋고, 곤지棍枝도 좋고, 유도도 좋고, 격검擊劍도 좋고, 경주競走도 좋고, 고·광도高·廣跳(높이뛰기와 멀리뛰기)도 좋다. 바위를 들었다 놓았다 함도 좋고, 나무를 뺏다 꽂다 해도 좋다. 무엇이든지 좋다. 뼈가 굵어 지고 피가 씩씩할 것이면 다 좋다. 어쨌든 약弱으로 강强에, 패敗로서 승勝에, 다시 말하면 누가 보든지 감히 모욕을 못할 만한 건전한 투 사가 되기까지 무력적 수양을 쌓을 필요가 절실히 있다고 한다. 제 로라 하는 일본인日本人도 여기에 있고, 패敗하였지만 그래도 씩씩한 독일인獨逸人도 여기에 있고, 또 우리의 옛적 고구려高句麗의 강强도 여기에 있었다.

1920년대의 글이라 이해하기 어려운 부분도 존재하지만 그 의도는 충분히 알 수 있다. 1924년은 일제가 한창 조선을 통치하던 시기로, 조 선의 현실이 약함에서 초래되었음을 인식하고, 무예 수양을 통해 이를 극복해보고자 하는 의도를 담고 있다. 그러면서도 이런 무예 수련은 타인에게 피해를 주기 위함이 아니라, 다만 스스로의 생존권을 지키기 위한 것임을 말하고 있는 것이다. 누구도 모욕을 하지 못할 정도의 무예 수련을 쌓을 필요가 있음을 강한 어조로 이야기하고 있다. 현재의 입장에서 보면, '그게 뭐 어쨌다고'라고 하며 웃고 지나칠 수도 있는 말이지만 그 당시 우리 민족에게는 그만큼 절실했던 것이다.

조선 이전의 사회에서 무예는 나라를 지키거나, 무과시험을 보기 위한 중요한 수단이었지만, 조선 이후의 사회에선 그리 관심을 받지 못하는 분야였고, 지금도 그렇게 나아진 것 같지는 않다. 물론 여기에는 학문적으로 체계가 잡히지 못한 탓도 있겠지만, 무예가 일상생활과는 별로 관련이 없다는 인식도 한몫을 하고 있다. 그나마 사람들의 일상생활과 관련이 있다면, 어린 시절 다니던 수많은 학원 중 하나(태권도나 합기도 도장)였다는 정도일 것이다.

사람마다 정도의 차이는 있겠지만, 누구나 무림고수를 꿈꾸던 시절이 있었을 것이다. 특히, 남성들 중에는 어린 시절 무협지 속의 주인공처럼 자기가 휘두른 손가락 하나에 추풍낙엽처럼 떨어지는 악당들의 모습을 꿈꿔보지 않은 이가 없었을 것이다. 그런데 어느 순간부터 그것은 그저 꿈으로 남겨두고, 사회가 가치 있게 보는, 혹은 스스로 그렇게 생각하는 것(글공부, 혹은 돈벌기)에 전념하게 된다. 왜냐하면 무예는 그저 사고 치기 딱 좋은 '쌈기술'에 불과하기 때문이다. 아무리 무예 수련을 통해 정신을 수양한다고 말을 해도 그건 눈에 보이지 않은 뜬구름 잡는 이야기일 뿐인 것이다. 교양 있는 사람이 쌈기술을 배운다는 것 자체가 자기 체면을 깎아 먹는 것이기 때문이다.

물론 이종격투기와 같이 주먹으로 승부를 가리는 것을 스포츠로 대접해주고, 태권도가 올림픽에서 금메달을 따면 국위선양을 했다고 매스컴의 주목을 받기도 한다. 하지만, 그래도 무예 수련은 공부 잘하고 똑똑한 애들이 아닌, 어른들이 보기에 모범생의 기준에서 벗어난 애들이나 하는 것이다.

아직까지 우리 사회에서는 글공부 잘하는 게 최고의 미덕임을 부인할 수 없다. 일부에서는 이렇게 우리 사회가 글공부를 강조하는 원인을 조상들의 문을 숭상하는 정신에서 찾기도 한다. 우리나라는 전통적으로 '문을 숭상하고 무를 천시했다(숭문천무崇文賤武)'는 것이다. 진짜 그랬을까? 이 글의 시작은, 실은 여기에서 비롯됐다. 우리 조상들은 정말로 문만 강조했을까 하는 의문이 들었던 것이다. 결론부터 말하자면, 우리 사회는 전통적으로 문만 강조하지 않았다. 문이 무보다 좀 더 나은 대우를 받은 건 사실이지만, 문과 무를 함께 아는 것에 좀 더 높은 가치를 주었다.

혹 이 글을 무예이론서 혹은 전통무예를 논하려는 글이 아닌가 생각할 수 있어 미리 언급 하자면, 이 글은 전통무예 자체에 중점을 두어 서술하려는 글은 아니다. 옛 선조들의 다양한 삶 중 무예 활동에 초점을 맞추었으며, 이로 인해 우리 역사의 일부분이면서도 그동안 관심을 받지 못한 부분을 조금이나마 드러내고자 하는 것이다. 사이사이 무예와 관련된 선조들의 일화를 언급하고 있는 것도 그 이유이다.

이 글은 조상들의 삶 속에서 행해지는 무예 활동에 대해 문헌과 옛 그림을 중심으로 풀어가고자 했다. 이 글을 쓰고 있는 사람이 그림을 그리는 화가도 아니고, 옛 그림을 공부하는 전문가도 아니기 때문에 그림 설명이 간혹 만족스럽지 못할 수도 있다. 그러나 앞서 언급한 것처럼 그림에 관한 글이 아니고, 우리 조상들의 삶 중 무예 활동에 좀 더 초점을 둔 글이므로 혹시 그런 점이 있더라도 양해를 부탁드린다.

최선을 다해 객관적인 입장에서 그동안 수집한 기록들을 정리하고 해석하려고 했지만, 사람이 하는 일이라 이견異見이 있을 수도 있고 오류도 있을 수 있다. 혹 오류가 있다면, 이에 대해서는 뜻있는 누군가가 추후 바로잡아주기를 바란다.

2005년 8월

허 인 욱

차 례

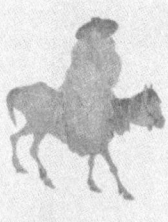

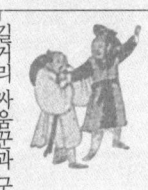
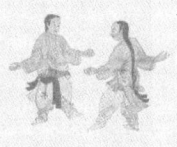

옛 그림에서 만난
전통무예

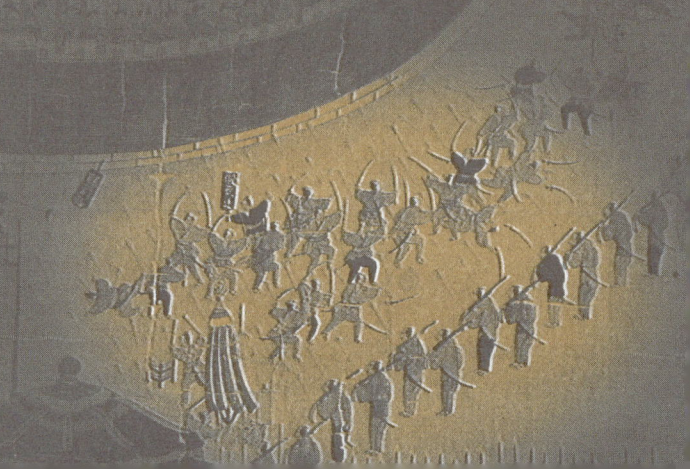

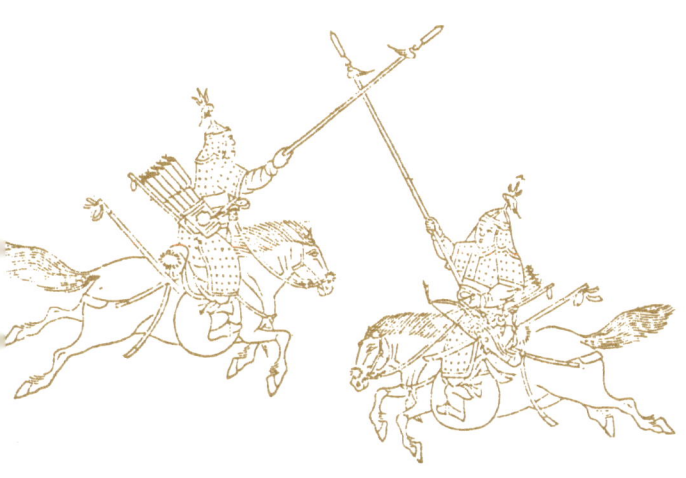

전통 무인의 모습

한국 전통 무인의 모습은 어떠했을까? 옛 이야기 속에 나타난 무인의 모습을 한번 보자. 《청구야담靑邱野談》에는 임진왜란 때 명나라 제독 이여송李如松(?~1598)을 훈계하는 노인이 등장한다.

이여송이 황제의 명을 받들어 조선을 도우러 왔다. 평양에서 승리를 거두고 성안으로 들어간 그는 수려한 평양의 산천에 매료되어 갑자기 딴 마음을 먹었다. 선조의 마음을 움직여 그곳에 머물려는 생각이었다.

하루는 이여송이 막료와 보좌관을 많이 거느리고 연광정에서 잔치를 베푸는데, 그때 한 노인이 검정 소를 타고 강변 모래사장을 지나갔다. 군교軍校들이 소리 높여 노인을 제지했지만 노인은 못들은 척 고삐를 쥐고 천천히 갈 길을 가고 있었다. 이를 본 이여송이 몹시 노해 노인을 잡아오게 했다. 그러나 소걸음이 빠르지도 않은 듯한데 군교들이 도무지 따라잡지를 못하는 게 아닌가. 분기탱천한 이여송은 칼을 찬 채 몸소 천리마를 타고 노인의 뒤를 쫓아갔다. 소에 몸을 맡긴 노인은 지척 거리를 앞서가고 이여송이 탄 말은 나는 듯 달리는데도 끝내 노인을 따라잡을 수 없었다.

산을 넘고 물을 건너 몇 리를 가서 어느 산마을로 들어가니 소가 시냇가 수양버들에 매여 있었다. 그 앞에는 띠로 이엉을 이은 초라한 집이 있고, 대나무로 만든 문이 열려 있었다. 이여송은 노인이 이곳에 있으리라 생각하고 말에서 내려 검 하나만 차고 들어가니 노인이 마루에서 일어나 그를 맞았다.

"너는 어떤 늙은이기에 하늘 높은 줄 모르고 이처럼 당돌하게 행동하느냐? 나는 황제의 명령을 받아 백만 군대를 거느리고 너희 나라를 구하러 왔으니, 네가 그 사실을 모를 리 없는데도 감히 우리 군대 앞을 말에서 내리지 않고 함부로 지나느냐? 너의 죄는 죽어 마땅하다."

이여송의 역정에 노인이 웃으면서 대답했다.

"제가 비록 산촌의 늙은이오나 어찌 천장天將(명나라의 장수)을 알지 못하겠나이까? 오늘의 제 행동은 오로지 장군을 보잘것없는 이곳에 왕림하게 하려는 계책이었을 뿐입니다. 제가 간절히 부탁드릴 것이 있는데, 말씀드릴 방도가 없는지라 부득이 이런 계책을 행한 것입니다."

이여송이 물었다.

"부탁할 일이 무엇이냐? 말해보거라."

"제게 불초자식이 둘 있는데 글 읽고 농사짓는 일에는 종사하지 않고 오로지 강도질만 일삼으며 부모의 가르침을 따르지 않습니다. 어른과 어린이의 분별도 알지 못하니 이는 곧 화의 근원이나 제 기력으로는 이들을 제어할 수 없습니다. 신과 같은 장군의 용력이 세상을 덮을 만하다는 소리를 듣고 그 신령한 위엄을 빌려 이 패륜아들을 제거하고자 합니다."

노인의 말을 들은 이여송이 말했다.

"이들이 지금 어디 있는고?"

"후원 죽당竹堂에 있나이다."

제독이 칼을 차고 죽당으로 들어가니 두 소년이 함께 책을 읽고 있었다. 제독이 큰 소리로 꾸짖었다.

"이 집의 패륜아들인고? 너희 아버지가 너희들을 제거하고자 하니 삼가 나의 칼을 받아라!"

그가 말을 마치고 검을 휘둘러 내리치자 소년은 낯빛 하나 변하지 않고 천천히 손에 쥔 죽간으로 칼을 막아냈다. 이어 소년이 죽간으로 칼을 맞받아 치자 칼날이 쨍 하는 소리를 내며 두 동강이 나 땅에 떨어졌다. 이여송은 숨을 헐떡이며 땀을 흘렸다. 잠시 후 노인이 들어와 아이들의 무례함을 꾸짖었다.

노인을 향해 이여송이 말했다.

"저 패륜아의 용력이 비범하여 내가 당해낼 수 없으니 노옹의 부탁을 들어줄 수 없을 것 같소."

이에 노인이 웃으며 말했다.

"조금 전의 말은 장난이었습니다. 이 아이들이 비록 여력膂力이 있다 해도 그들 열 명이 늙은 제 몸 하나를 당해내지 못합니다. 장군께서는 황제의 뜻을 받들어 우리나라를 도우러 오셨으니, 왜구를 소탕하여 우리의 기업을 다시 안정되게 하고, 개선가를 부르며 본국으로 귀환해 역사에 이름을 남긴다면 이것이 곧 장부의 사업이 아니겠습니까? 장군께서는 이런 사업은 생각하지 않으시고 도리어 다른 마음을 품고 계시니, 이 어찌 장군님께 바라던 바이겠습니까?

오늘의 거사는 장군님께 조선에도 인재가 있음을 알리려는 계책이었습니다. 장군님이 만약 계획을 바꾸지 않고 쓸데없는 꿈을 고집하신다면, 제가 비록 늙었으나 장군의 목숨쯤은 충분히 제어할 수 있을 터이니 본업에 힘쓰십시오. 산촌에 사는 사람의 말이 매우 당돌하오나 오직 장군께서 이를 헤아려주십시오."

이여송은 반 식경이나 아무 말 못하고 고개를 떨군 채 기운 없이 있다가 이내 "예, 예" 하며 나갔다.

《청구야담》은 누가 엮었는지도, 정확히 언제 나왔는지도 알 수 없는 조선 후기의 소설식 야담집이므로, 이 이야기가 실제 사건이라고 보기는 어렵다. 그러나 조선시대에 초야에 은거하며 무예를 수련하고 전수하는 무인들이 존재했으리라 추정하기에 충분한 자료다.

누구보다도 뛰어난 무예 실력을 지녔으면서도 자신의 능력을 드러내지 않고 세상이 잘 되기를 원하는 늙은 도인과 두 아들의 모습에서,

그리고 직접적으로 상대방을 꾸짖지 않고, 상대방이 스스로 깨달아 무릎 꿇게 만드는 그의 기상에서 우리 무인의 일면을 엿볼 수 있다.

이번에는 이규태의 《깨어라 코리아》에 소개되는 구한말 귀암龜岩 노인에 대한 이야기를 보자.

귀암 노인은 호남 해안 지역에서는 전설적인 인물이었으나, 본래의 이름은 알 수 없다. 그는 1907년 8월 1일 일제에 의해 강제 해산된 근위近衛 제2연대 1대대의 하사下士 출신으로, 당일 해산식장에 나가지 않고 저항한 군졸 가운데 한 사람이었다. 해산식 전에 이미 일본 군인들은 한국군의 어깨에 붙은 견장肩章을 떼고 은사금恩賜金이란 명목으로 80원씩을 나눠주었다.

그는 뜻을 같이 하는 군졸들과 함께 지폐를 찢어버리고 무기고를 털어, 당시 서소문 안에 있던 군영軍營을 뛰쳐나와 남대문 근처에서 일본군과 접전을 벌였다. 그리고 그 길로 쫓기기 시작하여 2년 동안 삼남 지방에서 의병장으로 싸우다가 1909년 봄 전북 부안의 줄포茁浦 싸움을 마지막으로 절름발이가 된 채 패배해 도주했다. 그 과정에서 호남 지방 선교를 맡고 있던 군산 연안의 귀암 지역 선교사 숙소로 뛰어들어가 사정을 얘기하고 하인으로 고용해줄 것을 부탁했다. 다행히 그는 이날부터 여성 선교사들 숙사의 경호원으로 일하게 되었다.

그는 군영에 있을 때부터 차고 다니던 장도長刀와 총검銃劍을 늘 보배처럼 간직하고 있었다. 특히 장도는 서소문 군영을 탈출한 이래 한시도 몸에서 뗀 적이 없었다. 그는 장도를 뽑아 어깨에 둘러메듯이 하고 다리를 절룩거리며 밤마다 숙사를 순찰하곤 했다.

그는 몸에 밴 군영생활의 습속을 유지했는데, 새벽 해뜨기 전에 일어나 찬물을 끼얹는 수련水練이라는 것을 하고, 발은 절룩거렸지만 스스로 구령을 붙이고 보조를 높였다 낮추었다, 뒤로 돌았다 했으며, 그전부터 몸에 익은 대로 초하루와 보름에는 왕궁이 있는 쪽을 향해 절하는 것을 잊지 않았다. 그런데 웃통을 벗어젖히고 수련하는 것이 여선교사들 숙소에서는 문제가 되었다. 아울러 아무리 신앙 전도를 하려고 해도 들은 체 만 체하고 왕궁을 향해 절을 하는 태도 때문에 눈 밖에 나게 되었다.

어느 날, 귀암 노인은 급전이 필요했는지 선교사에게 돈을 좀 꿔줄 것을 부탁했다. 미국인 선교사는 이번 기회를 이용하여 무골武骨 노인의 고집을 아주 꺾어주리라 단단히 마음먹었다. 그래서 귀암 노인이 귀중히 여기는 장도를 담보로 내놓기만 한다면, 돈을 빌려 주겠다고 했다. 귀암 노인은 한 사나흘 고민을 하는 듯하다가, 근 20여 년 동안 잠시도 몸에서 뗀 적이 없는 장도를 선교사에게 내맡겼다. 그런데 며칠 지난 후 선교사가 저당 잡아둔 칼이 온데간데없어졌다. 대신 칼을 놓아두었던 자리에는 귀암 노인의 편지 한 통이 놓여 있을 뿐이었다.

편지의 내용인즉, 무사로서 양이洋夷(서양오랑캐) 밑에서 천생을 이어가고 있는 것만도 치욕적인 일인데 칼마저 몸에서 떼어놓게 되었으니 이제는 잠시도 살아갈 면목이 없어졌다는 것이었다. 선교사들은 귀암강 강변에서, 몰래 가지고 간 자신의 장도로 자기 목을 찌르고 죽은 귀암 노인의 시체를 발견할 수 있었다. 한국인다운 무사정신에 감동한 미국인들은 귀암강 둔덕에다 그를 묻어주었다고 한다.[1]

검 때문에 죽음도 불사한 그의 행동을 어떻게 판단해야 할지는 쉽지 않다. 하지만 자신의 신념을 죽음으로 지키고자 한 조선 무인의 모습을 엿볼 수 있는 이야기이기도 하다.

활발한 무예 활동, 빈약한 기록

'무예武藝'란 개인의 체력을 단련하고 국방에 이바지하기 위해 맨손이나 궁ㄹ·검劍·창槍 등 여러 가지 무기를 가지고 일정한 수련 체계를 통해 기량을 갈고 닦는 행위를 가리킨다. 무예 활동은 맨손으로 상대방을 제압하는 것에서부터 칼이나 창을 쓰는 행위, 넓게는 사냥까지도 포함한다.

무예는 제 몸과 나라를 지키는 일에 직접 소용되므로 무예에 관한 자료나 기록은 특히 전쟁과 같은 혼란기에 빈번하게 만들어진다. 물론 평화로운 시기라고 해서 무예 훈련이나 활동 자체가 중단되진 않았겠지만, 기록으로 남길 만큼 시급하고 중요하게 인식되기는 어려웠을 것이다. 게다가 그나마 풍부하지 못한 무예 관련 자료들마저도 대개 국가 차원에서 남겨진 것들이어서 민간의 무예 활동이 구체적으로 어떠했는지는 잘 알 수 없다.

다행히 사료의 빈약함을 상당 부분 보완해주는 귀중한 자료가 있다. 바로 '미술작품'이다. 특히 조선 후기의 풍속화나 민화에는 무예의 모습이 적지 않게 담겨 있어서, 무예가 일반 백성들과 동떨어진 게 아니었음을 확인시켜준다.

우리나라에서 무예 활동을 담은 그림은 삼국시대의 고분벽화에서부터 보이므로, 무예의 역사는 과히 짧지 않다. 고구려의 고분벽화에는 칼을 들고 있는 신장神將이나 천장을 받치고 있는 역사力士의 모습, 말 달리며 활로 사냥하는 기사騎射 장면, 씨름하는 장면 등 다양한 무예 그림이 등장한다. 고구려의 무예 활동에 대해 단재丹齋 신채호申采浩(1880~1936)는 《조선상고사朝鮮上古史》에서 "태조왕太祖王 대에 와서 매년 3월과 10월에 열린 신두수 대제大祭에 모든 군중이 모여 칼춤·활쏘기·깨금질·덕견(택견)·물싸움을 한다고 하고 송도의 수박手拍이 중국으로 건너가 권법拳法이 되었으며, 일본에 건너가 유도柔道가 되었다"고 서술했다.[2]

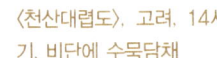

〈천산대렵도〉, 고려, 14세기, 비단에 수묵담채
__국립중앙박물관 소장
말고삐를 왼손으로 잡고 오른손으로 채찍질을 하고 있는 인물의 오른손 너머로 활과 화살의 모습이 보인다.

안악 3호분
오른손에 검을 쥐고 있는 인물이 나타나는데, 검의 형태가 한 날 칼인 '도刀'로 보인다.

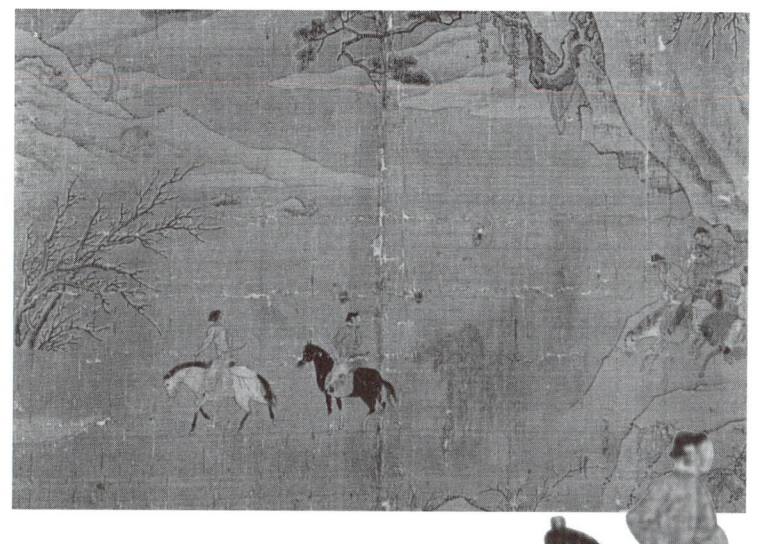

〈기마도강도〉, 고려, 14세기, 비단에 수묵담채
__국립중앙박물관 소장
활과 화살을 담은 동개를 맨 다섯 명의 사람들이 말을 탄 채 강을 건너가려는 상황을 그렸는데, 두 명은 말을 탄 채 강을 건너가고 있으며, 세 명은 아직 건너기 직전의 모습이다.

신채호의 서술은 근거가 제시되지 않았을 뿐만 아니라, 일제 강점기라는 당시 상황에서 민족의 자긍심을 고취하기 위해 과장되게 기록했을 가능성도 있기 때문에 그대로 받아들이기 어려운 면이 있다. 그러나 고구려시대에 다양한 무예 활동이 이루어졌으리란 점은 무용총舞踊塚·각저총角抵塚 등의 벽화에 그려진 씨름, 수박手搏 사냥 장면을 볼 때 충분히 수긍할 만하다.

무예 활동은 고려시대에도 지속되었을 것이다. '오병수박희五兵手搏戱'나 '씨름'은 문헌기록에도 나타난다. 공민왕恭愍王(1330~1374)의 〈천산대렵도天山大獵圖〉나 익재益齋 이제현李齊賢(1287~1367)의 〈기마도강도騎馬渡江圖〉와 같은 회화작품에는 활과 화살을 담은 동개를 어깨에 맨 인물들이 그려져 있어서, 이 시기에 사냥 활동이 이뤄졌음을 알 수 있다.

이밖에도 다양한 무예 활동을 담은 그림이 그려졌을 가능성이 크지만, 고려시대 작품으로는 불교회화 이외에는 별로 남아 있지 않아 단정짓기는 어렵다. 또한 당시에는 평민의 생활상을 담은 그림보다는 귀족들의 기호에 맞는 감상화가 많이 그려졌기 때문에 다채로운 무예 그림들이 그려지기는 힘들었을 것이다.

조선시대의 화풍과 무예 그림

이런 상황은 조선시대가 되어도 크게 달라지지 않는다. 조선 전기에는 특히 무예에 관한 그림을 찾아보기 힘들다. 고려시대와 마찬가지로 남아 있는 이 시기 그림이 많지 않다는 데 그 이유가 있다. 여기에 무예 장면이 그림의 소재로 채택되기 쉽지 않았던 조선시대의 화풍도 한몫 했다.

문文에 비해 무武를 천시하는 양반들의 성향은 당연히 무예 그림의 제작에도 영향을 미쳤다. 사실 조선시대 양반들은 그림 그리는 행위를 장인匠人들이나 하는 일이지 양반이 할 일은 아니라고 생각했다. 양반으로서 그림을 즐기는 것은 취미로 간주되었으며, 전문적인 화원畵員들은 양반들의 기호에 맞는 산수화나 인물화를 주로 그렸다. 주로 현실에 존재하지 않는 이상적인 자연을 묘사한 조선 전기의 산수화가 양반들에게 그림 속 산천을 거니는 '와유臥遊'의 공간으로 사랑받았고,

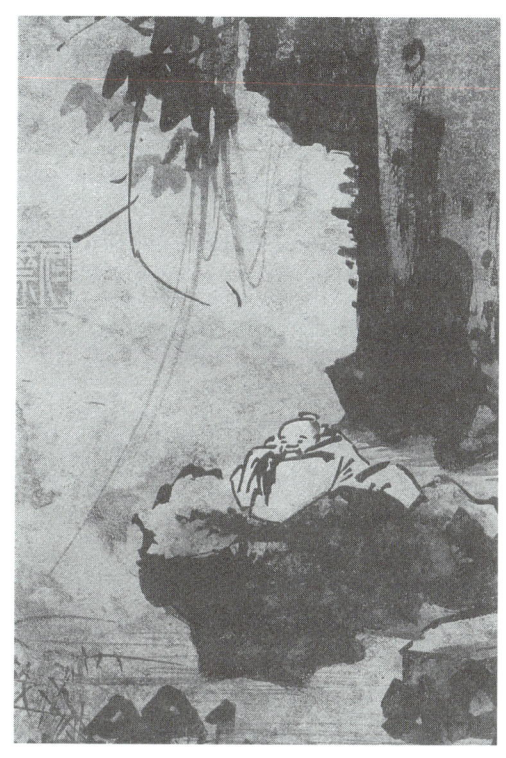

〈고사관수도〉, 15세기 중반,
종이에 수묵

___국립중앙박물관 소장

한국 문인화의 품격과 화
풍을 대표하는 걸작으로
농묵濃墨으로 처리한 절
벽과 시원스럽게 드리워
진 덩굴풀을 배경으로 삼
아 바위 위에 두 팔로 턱
을 괴고 엎드려 수면을
바라보며 사색에 잠긴 선
비의 모습을 묘사하였다.

개인의 영달을 기념하는 초상화나 기록화도
양반들이 선호했기 때문이다.

문인들은 심성을 도야하고 심의心意와 감
흥을 표현하는 매체로서 그림을 그렸기 때
문에 대상의 모양을 그대로 모사模寫하거나
화려하게 색을 입히고 장식하는 기교적인
화원 화풍과는 거리를 두려 했다. 그 대신
소재의 정신적 측면과 작가의 고매한 인품,
내면세계를 담아내려는 '사의寫意'를 목표로
삼았다. 시서화일치詩書畵一致의 경지를 추구
하는 양반의 그림에서는 정교한 기법보다
문인으로서 갈고 닦은 학문과 교양, 인격에
서 우러난 '문기文氣' 또는 '서권기書卷氣'를
우선으로 삼았다. 그림의 소재 면에서도 유
교의 윤리덕목을 상징하는 사군자나 자연친화적인 산수, 인물화가 압
도적으로 많고, 표현기법도 간결한 수묵화법을 바탕으로 하되 엷게 채
색하는 것 이상의 기교는 부리지 않는 것이 보통이었다. 조선 초의 문
인이자 서예가인 강희안姜希顔(1417~1464)이 그린 〈고사관수도高士觀水
圖〉나 왕실 출신으로 대나무 그림에 뛰어났던 탄은灘隱 이정李霆(1541~
1622?)의 〈묵죽도墨竹圖〉를 보면 문인화의 화풍을 쉽게 이해할 수 있다.
두 작품 모두 화려한 채색이나 정교한 붓놀림이 아니라 서예에 기반을 둔 서정적인 필치가 특징적이며, '자연을 벗 삼은 선비의 휴식' 또는 '지조의 상징 대나무'라는 문인 취향의 주제를 택한 전형적인 작품들이다.

주로 그림을 감상하고 소유하는 계층의 취향이 이와 같았기 때문에 조선시대에도 무예를 소재로 한 그림이 많이 그려지기는 힘들었다. 그러나 조선 후기에 가서는 평민뿐만 아니라 양반 사대부도 사실적이고 일상적인 주제의 매력에 눈을 뜨면서 '풍속화'의 영역에서 무예의 장면이 빈번하게 그려지기 시작한다.

풍속화는 말 그대로 인간의 생활상을 직접 대상으로 삼은 그림이다. 넓은 의미에서 볼 때 무덤주인의 각종 생활모습을 담은 삼국시대의 고분벽화에서 조선 전기의 계회도契會圖, 각종 의례 장면을 그림으로 기록한 행사도 등도 풍속화에 속하므로, 풍속화라는 장르의 역사도 짧지 않다. 그러나 '민중의 발견'이라는 차원에서 비약적인 발전을 보인 풍속화는 조선 후기 영·정조 대부터 크게 유행하기 시작했다.

풍속화를 두고 당시 문헌에서는 '속화俗畵'라는 용어를 썼다. 이는 사대부들의 시각이 반영된 말로, 문기文氣가 결여된 하잘것없는 그림

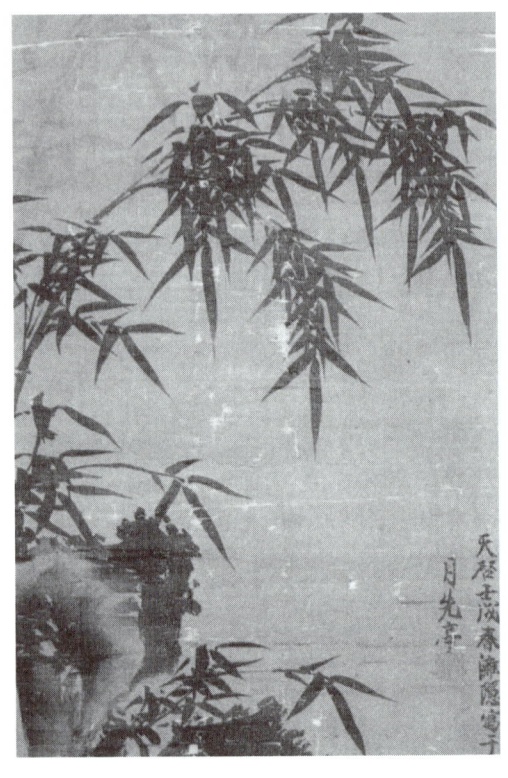

〈묵죽도〉, 1622년, 비단에 수묵
__국립중앙박물관 소장
세종의 현손으로 대나무 그림의 대가였던 이정이 그린 것으로 꿋꿋한 기상과 부드럽고 은은한 분위기가 서로 조화를 이루고 있다.

이라는 뜻이다. 그러나 서민의 삶과 시정市井의 여러 가지 일, 양반의 풍류와 여색 등 다채로운 주제를 담아낸 풍속화는 어느 시대 어떤 그림보다 생명력이 길고 인기가 있었다. 조선 후기의 풍속화는 18세기 후반에 이르러 김홍도金弘道(1745~1806 이후)와 신윤복申潤福(1758~1813 이후)이라는 걸출한 화가의 출현으로 절정을 맞았다. 김홍도는 서민들의 일상생활에서 찾은 재미있는 소재를 간결하고 익살스럽게 표현한 반면, 신윤복은 양반이나 한량, 기녀들의 풍류와 애정행각을 세련되게 그려냈다.

이들을 비롯한 여러 풍속화가들이 생활과 밀착된 주제를 사실적으로 표현함으로써 조선시대 그림의 소재도 대폭 늘어났다. 조선 전기에 비해 후기에 무예 장면을 묘사한 그림이 많이 그려지게 된 것도 풍속화의 발달과 무관하지 않다.

평화 속에 잠든 무예

조선 전기에 무보다 문이 상대적으로 우대받은 것은 사실이다. 그러나 표면적으로는 조선시대에서 문과 무는 어느 한쪽이 우위에 있지 않고 아울러 쓰는 것이었다. 중종中宗이 "옛 무사武士는 자신의 본업을 버리지 않아서 재상이라 하더라도 활과 화살을 가지고 활 쏘는 것을 익혔는데, 요즘도 이러한지 알 수 없다"고 하면서 "문학과 무예는 아울러 권장해야 할 일"[3]이라고 했다거나, 연산군燕山君이 "국상 중이더라도 무예의 일을 폐지하지 않은 것이 우리나라의 전례典禮"⁴라고 언급한 것이 그러하다.

그러나 중종 대 이후로 꽤 오랫동안 평화가 유지되면서 무예의 필요성은 크게 감소되었고, 무예 훈련 자체 또한 멀리하게 된 듯하다. 장령掌令 허관許寬이 "예전에는 육조의 참판參判일지라도 무사라면 그 본업을 버리지 않았다고 하는데, 지금의 무사는 거의 유생儒生과 같아서 무사武事를 숭상하지 않는다"고 말하자, 중종이 "지금은 무사가 육조의 낭관郎官이 되면 활과 화살을 싫어하고 버리니, 그 폐단이 크다"⁵고 말할 정도였다.

임진왜란 중이던 1593년 10월의 기록에서도 무를 경시하는 세태가 나타난다. 선조宣祖는 "경상도의 풍속은 누구라도 아들 형제를 두었을 경우 한 아들이 글을 잘하면 마루에 앉히고 한 아들이 무예를 익히면 마당에 앉혀 마치 노예처럼 여긴다니, 국가에 오늘날과 같은 일(임진왜란)이 있게 된 것은 경상도가 그릇된 길로 이끈 까닭이다. 옛날에 육상산陸象山(1139~1192, 주희와 쌍벽을 이룬 남송의 유학자)은 자제들에게 무예를 익히게 했고 왕양명王陽明(1472~1528, 명나라 중기의 유학자)은 말타기와 활쏘기를 잘했다 한다. 우리나라는 책자만 가지고 자제들을 교육하므로 문과 무를 나누어 두 갈래로 만들어 놓았으니 참으로 할 말이 없다"고 탄식했다. 이에 대해 이헌국李憲國은 "어세겸魚世謙(1430 ~1500, 문무를 겸비하고 외교에 뛰어났던 조선 전기의 문신)이나 정난종鄭蘭宗(1433~1489, 조선 전기의 문신이자 훈구파 중진)은 모두 한때 이름난 선비였는데도 공적인 업무에서 물러나오면 매번 모화관慕華館(조선시대의 중국사신 영접 장소)에서 말을 달렸으니, 조종조祖宗朝의 인물들은 오늘날과 같지 않다"고 말했다. 이 말을 들은 선조는 다시 "어찌 인물이 조종조와 달라서이겠는가. 습속이 다른 탓이다"[6]라고 말하면서 무비武備를 소홀히 한 데 대해 불만을 토로했다. 특히 전란을 가져온 것이 전적으로 영남의 풍속 때문이라는 격앙된 표현은 무예를 소홀히 대한 경상도 지역에 대해 선조가 크게 불만을 가졌다는 점과 임진왜란이 일어나기 직전 조선에서 무예에 대한 인식이 어떠했는지도 알려준다.

위기 후에 깨달은 무예의 중요성

임진왜란을 계기로 무예에 대한 생각은 많이 바뀌었다. 임진왜란 때 동래전투의 개전 초기 교전交戰 장면을 묘사한 〈동래부순절도東萊府殉節圖〉에도 담겨 있듯, 조선군은 일본군의 공격을 받아 고전을 면치 못했다. 1592년(선조 25) 4월 13일 조선에 상륙한 왜군은, 14일에 부산진釜山鎭을 공략하고, 다음날에는 동래부를 공략하여 부사府使 송상현宋象賢을 비롯한 군민軍民이 모두 순절했다. 〈동래부순절도〉는 바로 1592년 4월 15일의 교전 장면을 부감법(거리를 두고 하늘 높은 곳에서 내려다본 듯 그림, 마치 새가 내려다본 듯하다 하여 조감법이라고도 불린다)으로 묘사한 그림이다.

엄청난 인적·물적 손실을 가져온 임진왜란을 겪은 뒤 선조는 재위

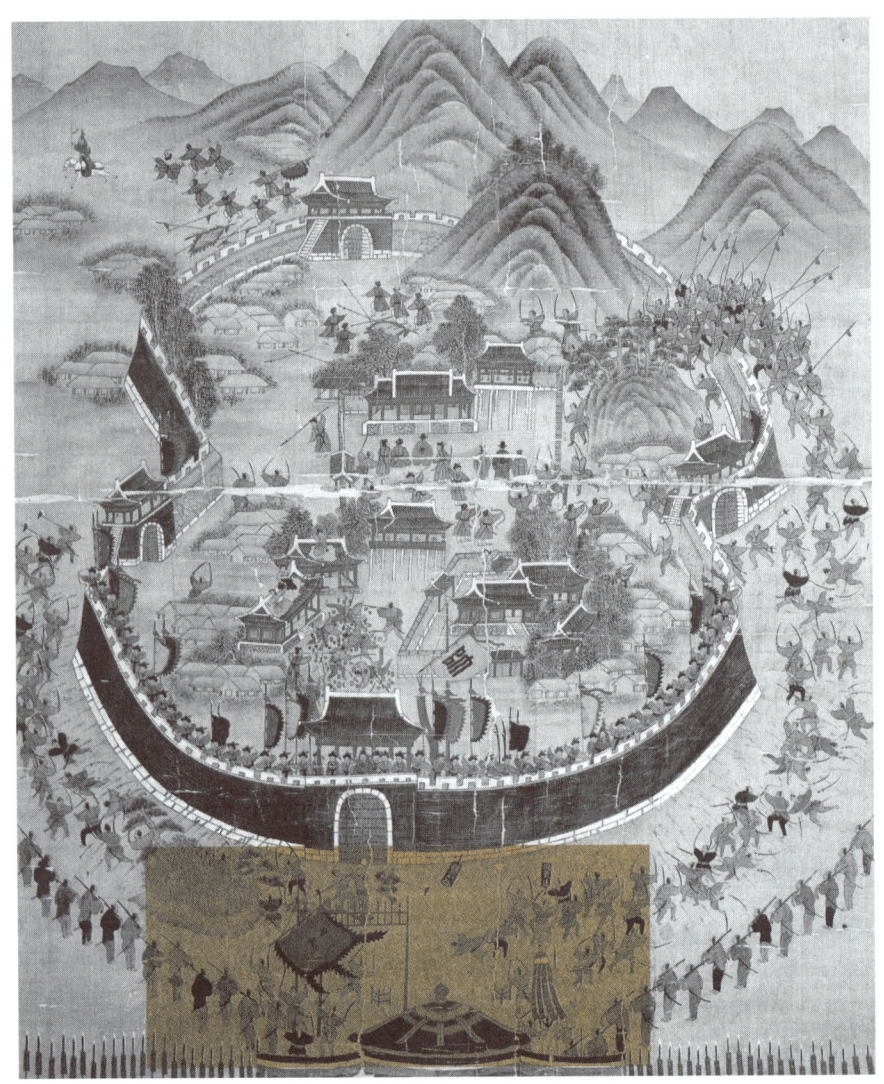

〈동래부순절도〉, 1760년(이전에 그려진 원본을 화원 변박이 다시 그림), 비단에 채색

육군사관학교박물관 소장

1592년 4월 15일 동래부를 둘러싼 왜인들과 화살을 쏘며 막고 있는 조선군사들의 교전 장면을 부감법으로 묘사하고 있다. 공격하고 있는 왜인들은 대부분 쌍검을 들고 있으며, 성문 앞에는 성문을 부수려는 왜인들이 큰 도끼를 들고 있다. 허리에 검을 차고 조총을 어깨에 맨 이들이 후방에서 대기하고 있다.

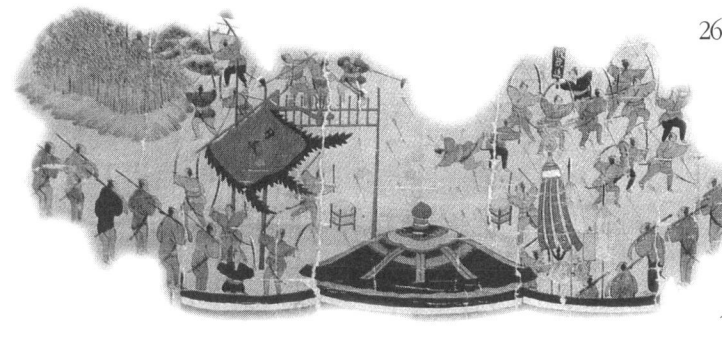

26년(1593) 4월 문과의 시취試取(시험으로 인재를 선발하는 일)를 잠정적으로 중단하고 무과만을 시취하라고 지시하기도 했으며,[7] 1595년에는 각 지방의 서원 중에 긴요하지 않은 것들은 혁파하고 대신 각 도에 중앙의 훈련원과 같은 무학武學을 세워 병사를 길러내고 군사훈련을 실시하라고 지시하기도 했다.[8]

전란을 겪으면서 군대나 조선 정부뿐만 아니라 민간에서도 무예의 필요성을 크게 느꼈다. 선조 27년(1594) 이덕형은 선조에게 "근래 자신의 이웃 마을 사람들이 달 밝은 밤이면 집집마다 총을 쏘고 칼이나 창 쓰는 법을 익히며 아이들도 모두 그것을 본받아 익혀서, 모두들 지금은 왜적을 만나더라도 지난날처럼 무기력하게 죽지만은 않을 것"이라며 자신감을 드러내기도 했다.[9]

또한 선조는 "권법拳法은 용맹을 익히는 무예인데, 어린아이들로 하여금 이를 배우게 한다면 마을의 아이들이 서로 본받아 연습하여 놀이로 삼을 터이니 훗날 도움이 될 것이다"[10]라고 하여 무예를 일상생활 속으로 끌어들이려고 했다. 실제로 선조 재위기에 어린 시절을 보낸 임경업林慶業(1594~1646)의 일화에서 선조의 소망이 실현된 예를 찾아볼 수 있다.

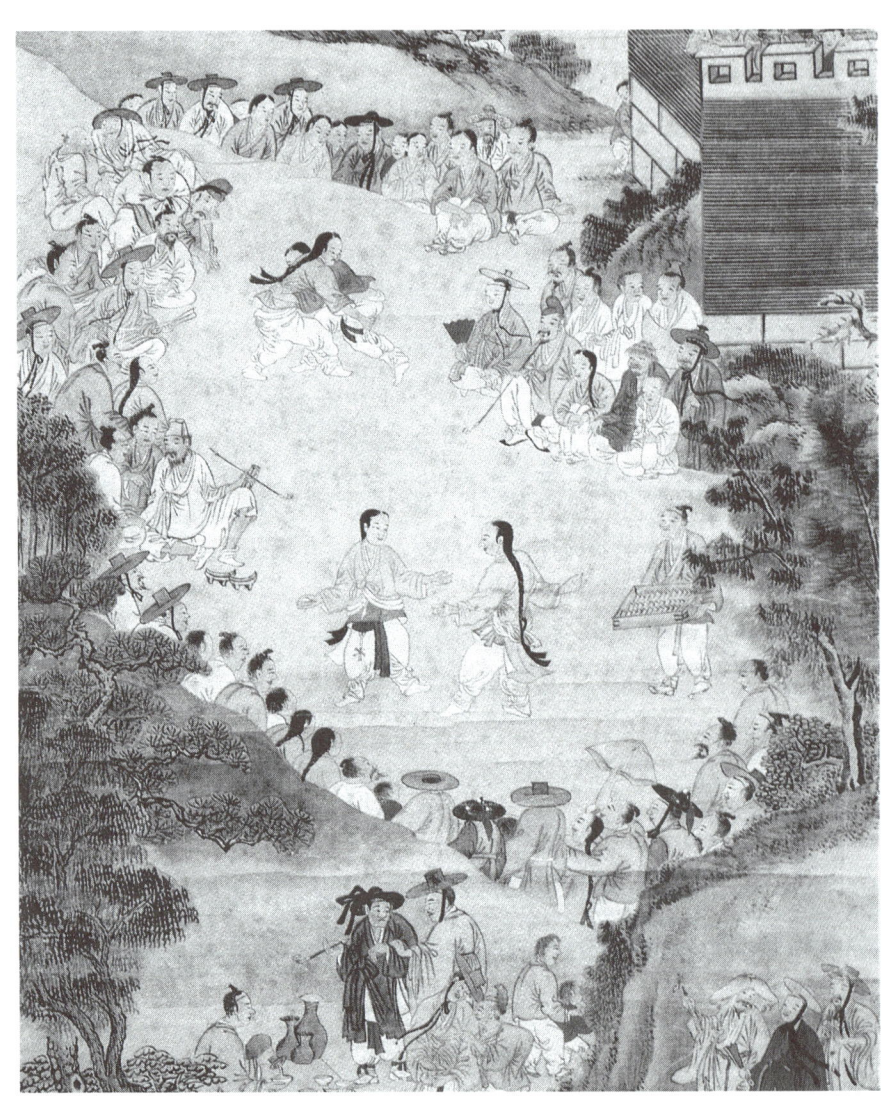

〈대쾌도〉, 1846년, 종이에 채색— 서울대학교박물관 소장
성벽과 나지막한 언덕을 배경으로 씨름과 택견을 즐기고 있는 광경을 그린 풍속화이다. 화면 중앙에
벌어진 두 패의 씨름판과 택견판, 이를 둘러싸고 구경하는 여러 종류의 사람들을 그렸다.

임경업은 여섯 살 때 동네 아이들을 모아서 전쟁놀이를 했다. 돌을 모아 성을 쌓고 나무를 꺾어 총과 칼을 만들어 무장을 하고, 자신은 대원수가 되어 진중에서 호령을 했다. 누더기를 찢어서 만든 온갖 깃발을 세운 진지는 초라하지만 제법 살벌한 싸움판의 구색을 갖추었기에 어른들도 함부로 그 진을 통과할 수 없었다. 그때 마침 남쪽으로 가는 어떤 사또의 행차가 있었는데, 진중을 통과하려고 하자 임경업이 전쟁 중인 진을 통과할 수 없다며 길을 막아섰고, 그의 말을 옳다고 여긴 사또는 진을 돌아 지나갔다고 한다.[11]

이 이야기는 임경업이 어린 시절부터 명장의 자질을 드러냈음을 강조하는 동시에, 임진왜란 후에 어린이들 사이에서 전쟁놀이가 행해졌음을 보여준다. 무예를 놀이로 삼아 대중에게 보급하려 한 그의 의도가 구체적으로 어떻게 실행되었는지 단언할 수는 없다. 그러나 씨름과 택견 겨룸이 놀이판에서 벌어지는 장면을 그린 〈대쾌도大快圖〉 같은 풍속화를 볼 때 선조의 뜻대로 무예가 놀이로서 대중적으로 자리 잡았을 가능성이 엿보인다.

임진왜란이라는 초유의 위기를 맞아 무예의 중요성을 절감한 뒤로는 국가적인 차원에서 무예와 군사훈련을 강조하는 분위기가 당분간 지속되었다. 인조仁祖는 1625년(인조 3) 4월 직접 서교西郊에서 관무재觀武才(조선시대 무과의 하나. 특별한 어명이 있을 때 시행한 초시와 복시의 두 단계 시험)를 시행하면서, 철전鐵箭·편전片箭·기사騎射·기추騎芻·삼갑사三甲射·편곤수鞭棍手·쌍검수雙劍手·검수劍手 등의 기예를 차례로 시험했다. 이에 대해 도승지 김상헌金尚憲은 다음과 같이 아뢰었다.

오늘 무예를 보건대 재주와 힘이 있는 무사가 많이 있습니다. 지금 큰 적이 국경에 도사리고 있으니, 매우 위험한 시기입니다. 그러니 그들에게 윗사람을 친히 하고 어른을 위해 죽는 의리를 가르친다면, 위급할 때 무예의 재주가 모자라는 것을 어찌 걱정하겠습니까? 나라를 다스리자면 문도 있어야 하고 무도 있어야 하나, 문이 첫째가 되고 무가 그 다음이 되는데, 불행하게도 근래에는 문도文道가 점점 쇠하여 항간에는 책 끼고 다니며 글 읽는 사람을 못 본 지가 오래되었습니다. 요행히 과거에 합격된 뒤에는 문학 보기를 마치 다른 집 일 보듯 합니다. 무릇 선비가 명분과 절의를 가볍게 여기고 이익과 녹봉을 중하게 여기는 것은 모두 문교文敎가 퇴폐한 것에 말미암은 것입니다. 그러니 문교를 권장하여 흥기시키는 것이 마땅합니다. 어찌 무사武事에만 전심할 수 있겠습니까?[12]

김상헌은 무예도 중요하지만 글도 권장해야 한다고 건의하고 있다. 그만큼 무예의 위상이 높아졌음을 알 수 있다.

그런가 하면, 효종孝宗은 한가한 날이면 북원北苑에 나가 말을 달리며 무예를 시험할 정도로 무예에 능했을 뿐만 아니라, 무예에 대한 애

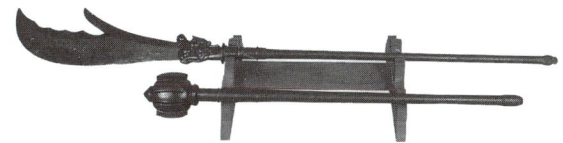

청룡언월도와 철퇴
— 궁중유물전시관 소장

조선 17대 왕 효종이 한가한 날이면 비원에서 말을 달리며 청룡도와 몽둥이를 사용하였다고 하는데, 아마도 이와 비슷한 형태가 아니었을까.

정 또한 남달랐다. 실록을 보면, 효종이 무예를 연마할 때 썼던 청룡도靑龍刀와 큰 몽둥이가 영조 재위 기간에도 저승전儲承殿에 보관되어 있었는데, 이것들이 얼마나 무거웠는지 그때 힘깨나 쓰는 무사들도 움직이지 못할 정도였다고 한다.[13] 효종의 무인다운 면모를 살펴볼 수 있는 대목이다.

효종이 무예 훈련을 각별하게 생각했다는 사실은 승지 박장원朴長遠과의 대화를 통해서도 알 수 있다. 박장원이 "요즈음 성상께서 무사武士를 강의하고 자세히 살피시는 것을 보면 실로 정사에 온갖 정성을 다 쏟으시는 것이니, 나라의 일이 다행입니다"라고 말하자, 효종은 "그렇다. 생각이 군사관계에 미치면 한밤중까지 잠 못 이룰 때가 있다"[14]라고 했다고 한다.

숙종肅宗도 무예에 관심이 많았다. 숙종은 왜검倭劍을 배워오도록 동래 왜관에 무인을 파견하기도 하고, 중국에까지 무인을 파견하여 무예를 배워오게 하려고 한 적도 있었다.[15] 숙종이 지나치게 무예에 관심을 쏟자, 숙종 18년(1692) 7월에는 초야草野의 선비들이 더러 염려하고 있다는 말이 나오기도 했다.[16] 그러나 숙종은 이에 개의치 않고, 한 달 뒤인 8월에는 4일에 걸쳐 무예를 관람하기도 했다. 이때 숙종은 박천군수博川郡守 양익명梁益命의 용력勇力이 남들보다 뛰어나다는 말을 듣고 그를 불러 직접 시험하기도 했다. 양익명은 주먹으로 돌을 깨뜨리고, 선전관宣傳官 네 사람이 던지는 돌을 손발로 받아 내거나 차서 자기 몸

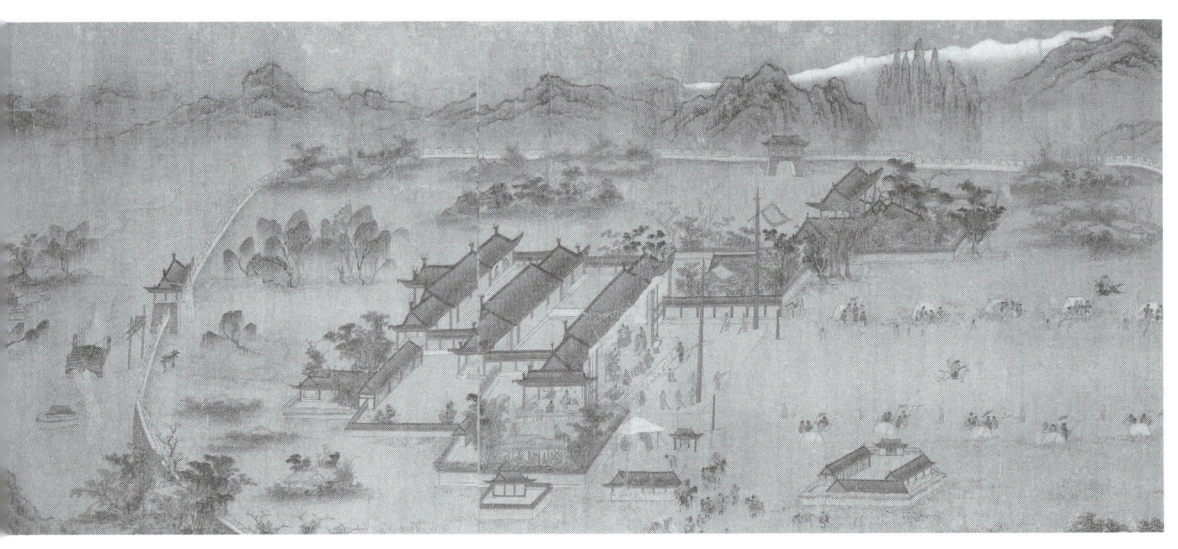

에 하나도 맞지 않게 하는 뛰어난 재주를 선보였다. 그의 재주를 장하게 여긴 숙종은 '하등下等'이었던 그의 근무 성적을 없애주고, 그에 합당한 관직을 제수하도록 명했다.[17] 재위 42년(1716)에는 각궁角弓·전죽箭竹 따위 물건을 내삼청內三廳의 무신에게 내리고 나서, 선전관 등에게 "내가 평소에 무사를 사랑하여 돌보므로 봄·가을에 반드시 친히 재주를 시험해 격려하고 권장했는데, 한 가지 병이 지리하게 오래 끌어 여러 해 동안 거행하지 못했으니, 평일의 내 뜻에 특히 어그러진다. 이제 활과 전죽 따위 물건을 내리니, 무예를 포기하지 말라. 앞으로 조금 낫게 되면 불러 보고 재주를 시험하겠다"고 하교하니, 무사들이 감격하여 흐느끼지 않는 이가 없었다고 한다.[18]

위의 여러 기록에서 볼 수 있듯이 임란 이후 임금들은 무예와 병법

《북새선은도권》 중 〈길주과시도〉, 1664년, 비단에 채색
— 국립중앙박물관 소장
현종 5년(1664) 함경도 길주에서 처음으로 시행된 북도별과北道別科를 기념하여 제작된 일종의 기록화인데, 문과와 무과시험 장면이 함께 그려져 있다.

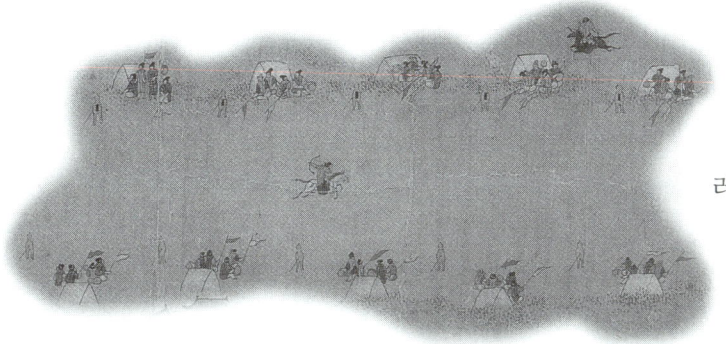

의 중요성을 깨닫고 무
인들에게 유례없이 지
대한 관심을 쏟았다. 그
러나 조선은 유학의 문치文
治를 지향했으므로 무에
대한 당시의 대우가 문
에 비해 월등히 높지는

않았을 것이다. 다만 조선 전기보다 상대적으로 무에 대한 인식이 높
아졌음을 의미할 뿐, 이때도 분명 무보다는 문이 중시되었을 것이다.
하지만 무인과 무예에 대해 우호적인 인식이 형성되었다는 점에서 분
명히 조선 중기와는 양상이 다르다.

조선 후기의 풍속화와 병법서

조선 후기의 변화된 인식은 회화에도 나타난다. 씨름, 택견, 활쏘기
등을 소재로 한 그림들이 많이 보이는 양상도 그런 변화를 반영한다.
한시각韓時覺(1621~1691 이후)이 현종顯宗 5년(1664)에 그린 《북색선은
도권北塞宣恩圖卷》 중 〈길주과시도吉州科試圖〉나 조선 후기의 무신武臣 전
일상田日祥(1700~1753)의 모습을 그린 김희겸金喜謙(?~?)의 〈석천한유
도石泉閑遊圖〉 등에서도 예전과는 다른 분위기가 느껴진다. 〈길주과시
도〉에는 문과와 무과시험 장면이 함께 그려져 있어서, 무과가 문과와

동등하게 인식되었음을 추측할 수 있다. 한편 화원 김희겸이 그린 〈석천한유도〉에서는 당시 무인의 생활이 어떠했는지 엿볼 수 있다. 팔뚝에 매를 얹은 채 이층 누각의 난간에 기대어 말을 씻기는 장면을 한가롭게 내려다보고 있는 무인의 모습에서 풍요와 여유가 한껏 묻어난다. 이 시기 무인들의 위상은 "선조先朝 대에 무신을 우대하고 지나치게 돌봐주었기 때문에 근래에 습성이 더욱 교만해져 편한 것만을 일삼고 있으며, 궁시弓矢나 병서兵書가 어떠한 물건인지 알지 못한다"거나,[19] "무인 집안의 자제들이 대부분 교만하다"[20]는 지적을 받을 정도로 높아져 있었다.

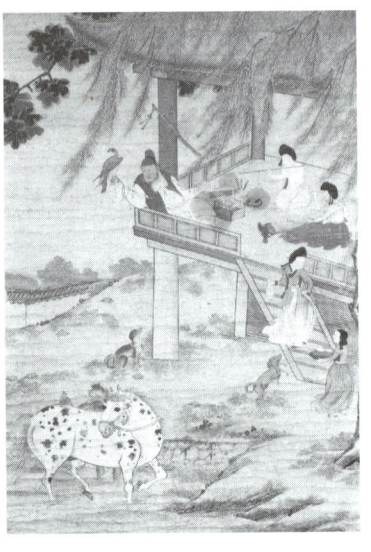

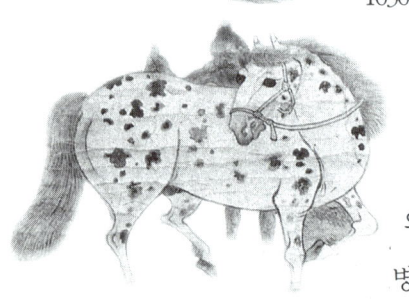

무예를 그린 그림이 많이 나타나게 된 가장 큰 까닭은 임진왜란과 병자호란을 겪으면서 무예의 중요성을 절감했기 때문이다. 1592년(선조 25)의 임진왜란으로 온 나라가 황폐해졌고, 1636년(인조 14)의 병자호란 때는 오랑캐라 여기던 여진족에게 임금이 무릎을 꿇고 항복하는 수모를 겪었다. 그러면서 조선 중기에 상대적으로 천시하던 무예 훈련과 병법의 필요성을 절감했고, 이런 인식 전환은 곧 병법서의 간행으로 이어졌다. 1598년(선조 31)

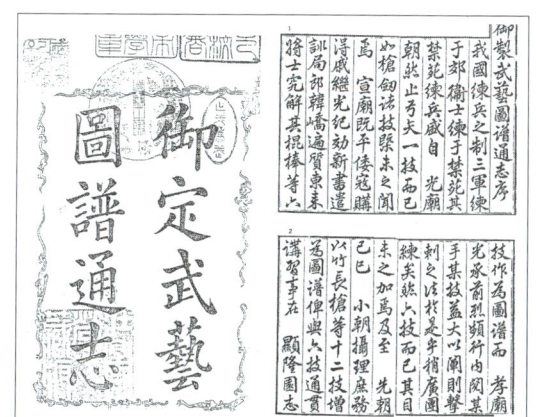

《무예도보통지》의 표제장
과 서문
제목 글씨는 정조가 직접
쓰고, 찰방을 지낸 장세경
張世經이 판각했다. 서문은
채제공蔡濟恭(1720~1799)
이 썼다고 알려져 있다.

의 《무예제보武藝諸譜》, 1610년(광해군 2)의 《무예제보번역속집武藝諸譜
飜譯續集》, 1664년(현종 5)의 《기효신서紀效新書》조선본(명나라 장군 척계
광戚繼光이 지은 병서를 조선의 실정에 맞게 고쳐 쓴 책), 1759년(영조 35)의
《무예신보武藝新譜》, 1794년(정조 18)의 《무예도보통지武藝圖譜通志》가

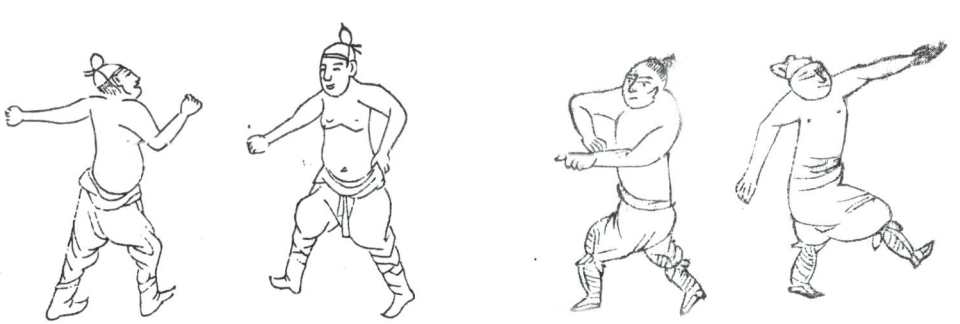

《무예도보통지》권법의 그림　　　　　《무예제보번역속집》대권大拳의 그림

《무예제보번역속집》의 그림은 손으로 직접 그린 듯 조잡해 보이는데 반해, 《무예도보통
지》의 그림은 인물의 비례가 잘 잡히고 필선이 깔끔해 보인다.

모두 이 시기에 간행되었다.

특히 《무예도보통지》의 간행 작업에는 화원이 참여하여 다른 병법서에 삽입된 그림과는 차별된다. 그 이전에 조선에서 간행된 무예서의 그림은 동작이 정교하지 못했다. 그러나 《무예도보통지》에 실린 그림들은 전문적인 화가인 화원들의 능숙하고 섬세한 선으로 선명하게 표현되었으며, 판각과 인쇄 수준도 매우 높다. 그래서 그동안 판각의 바탕이 되는 원화를 당대 최고의 화원 김홍도가 그린 게 아닌가 하는 추정을 해왔다. 그도 그럴 것이 김홍도를 중용했던 정조의 명에 의해 《무예도보통지》가 편찬되었고, 편찬 작업에 참여한 이덕무가 김홍도와 친했기 때문이다. 게다가 이 책의 판화에 김홍도의 말 그림이 지닌 특

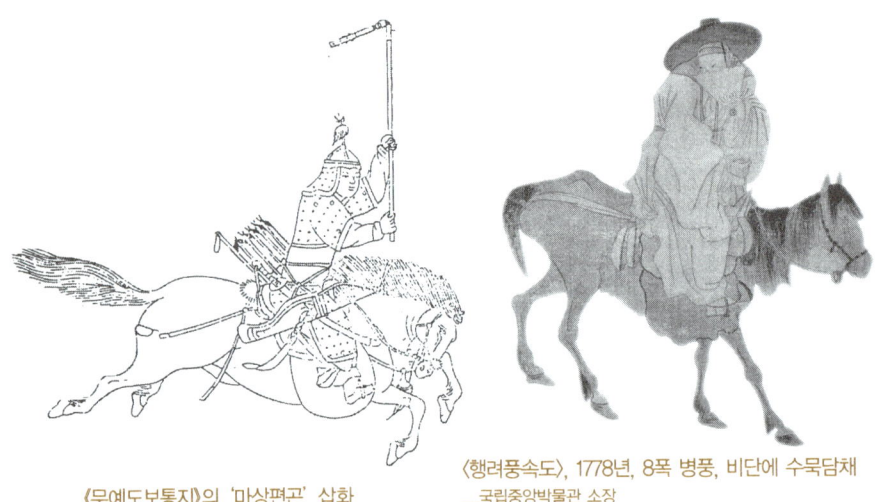

《무예도보통지》의 '마상편곤' 삽화

〈행려풍속도〉, 1778년, 8폭 병풍, 비단에 수묵담채
__국립중앙박물관 소장

《무예도보통지》의 말 그림과 김홍도의 〈행려풍속도〉 속 말 그림은 선의 느낌이나 목과 다리 형태 등이 무척 비슷하다.

징이 잘 나타나고 있기도 하다.[21] 김홍도가 화원으로 재직 중이던 1778
년(34세 때)에 그린 〈행려풍속도行旅風俗圖〉 8폭 병풍 중 한 부분을 보면
선의 느낌이나 목과 다리의 형태 등이 무척 비슷함을 알 수 있다. 그런
데 1760년(영조 36)부터 1910년까지 임금의 언행을 하루도 빠짐없이 기
록한 《일성록日省錄》에 《무예도보통지》 편찬과 관련한 포상자로 허감
許鑑·한종일韓宗一·김종회金宗繪·박유성朴維城 등의 화원이 기록되어 있
어서, 이들이 원화 작업에 참여했음이 확인되었다.[22] 김홍도가 직접 참
여하지는 않았지만 그의 화풍은 당대 직업화가 화풍의 전형으로서 여
러 화가들에 의해 추종되었으므로 김홍도의 영향이 느껴지는 것도 무
리가 아니다.

국가 주도로 이루어진 무예서 편찬사업에 화원들이 참여함으로써
삽화의 수준이 높아졌을 뿐만 아니라, 이 작업을 계기로 화가들이 무
예를 그림의 소재로 선택하는 데 덜 낯설어하게 되었을 것이다.[23]

무예는 국가와 개인의 안위를 지키는 중요한 활동으로서 늘 우리
곁에 있었지만, 역사적인 상황에 따라 그 중요성이 부각되기도 하고
상대적으로 천대받기도 했다. 무예 활동이 글 또는 그림으로 기록되는
양상도 시대 분위기와 흐름을 같이 했다. 한국 전통무예의 옛 모습을
가장 직접적으로 보여주는 자료는 지금까지 전해 내려오는 그림일 것
이다. 앞에서 살펴본 무예와 무예 그림의 간략한 역사적 흐름을 생각
하며, 이제부터는 여러 종류의 무예들을 각 분야별로 좀 더 구체적으
로 살펴보자.

유협을 일삼다
격검

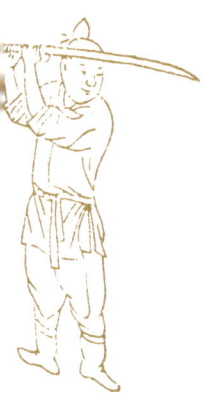
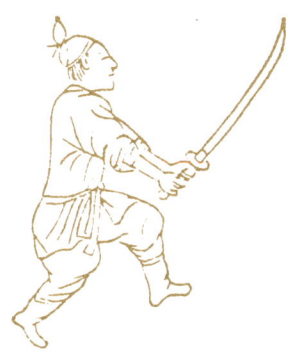

격검擊劍이란 검술이라는 큰 테두리 안에서 직접 검을 부딪쳐가며 기술을 익히는 것, 즉 '검 겨루기'를 가리킨다. 그러나 이런 정의는 일본식 죽도竹刀 경기가 들어온 이후에 생긴 개념으로, 그 이전에는 '격검'이 검술 전체를 가리키는 용어로 사용되었다. 조선 전기 이전의 기록에서는 격검이나 검술의 형태가 구체적으로 드러나지 않는다. 다만 삼국시대나 고려시대에도 전투를 위해 검을 사용했으므로, 검을 이용해 대련을 하는 격검 또한 존재했을 것이다.

검과 도의 구분

칼은 날카로운 날로 물건을 베거나 쎄는 데, 혹은 찌르는 데 사용하는 무기를 말한다. 고려 숙종 8년(1103) 개성에 왔던 송나라 사람 손목孫穆이 지은 《계림유사鷄林類事》에는 "도자왈할刀子曰割"이라고 기록되어 있으며, 15세기 문헌에는 '갈ㅎ'라고 표기되어 있다. '갈ㅎ'는 동사 '가르다'의 뜻으로, 15세기에는 칼을 '갈'이라 했고, 그 이전에는 '갇'이라

했다. 우리말에 거센소리 체계가 생김에 따라 '갈'
이 지금의 '칼'이 된 것이다. 한편 학자에 따라 칼을
의미하는 일본어 '카타나(Katana)'의 '카타(Kata)'
가 우리말 '갇[刀]'의 반영으로 보는 견해도 있다.[1]

칼에는 검劍과 도刀가 있는데, 검은 양면에 날이
있는 칼을, 도는 한 면에만 날이 있는 칼을 말한다.
이런 구분은 중국이나 일본에서는 대개 지켜지는
반면, 우리나라에서는 큰 구별 없이 함께 사용되어
왔다. 《무예도보통지》에서도 거의 모든 칼 사용 설
명에 '도'를 사용하였고, 어떤 부분에서는 '검'이라
고 했다. 지금까지는 도와 검을 혼용한 이유가 둘

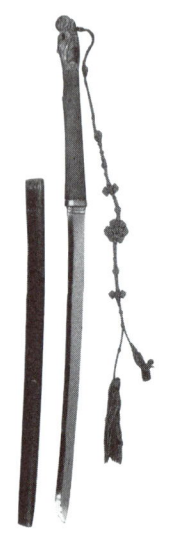

전 태조어도

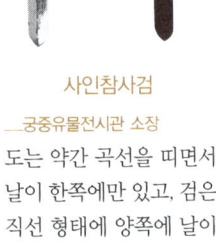

사인참사검

__궁중유물전시관 소장

도는 약간 곡선을 띠면서
날이 한쪽에만 있고, 검은
직선 형태에 양쪽에 날이
있다.

의 차이점을 잘 몰랐기 때문이라고 보아왔다. 그러나 도와 검의 차이
에 대해 서술하고 있는 《무예도보통지》조차도 검과 도를 섞어 쓰고 있
는 까닭은, 검과 도의 개념을 몰랐다기보다는 둘을 특별히 구분하지
않은 당시 사회 분위기 때문으로 이해해야 할 것이다.

외형적으로 검은 '직선' 형태이고 '양면'에 날이 있다. 반면에 도는
'한 면'에만 날이 있고 칼날이 '곡선'이다. 따라서 검은 찌르기에 유리
하고, 도는 베기에 유리하다. 말을 타고 빠른 속도로 상대를 공격할 경
우 찌르기 기술은 사용하기가 어렵다. 그래서 몽골이나 서양에서도 기
병전이 발달하면서부터는 한날 칼인 도 종류가 군도軍刀로 채택되었
다.[2] 일반적으로 검과 도의 구분 역시 찌르기를 위주로 하느냐, 아니면

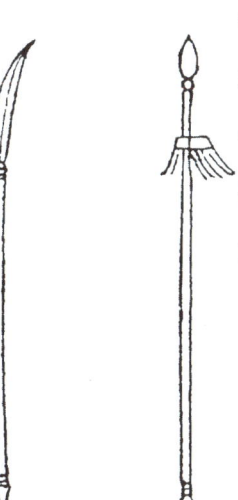

베기를 위주로 하느냐에 따라 그 명칭이 부여된다고 할 수 있다. 찌르기를 생각하지 않는 부엌칼은 검이라고 부르지 않는다. 그냥 도일 뿐이다.《무예도보통지》를 보면, 언월도偃月刀류의 칼에 대해서는 검이라는 용어를 사용하지 않고 있다. 그러나 〈병기도설兵器圖說〉에는 월도月刀를 '장검長劍'이라고 표현하고 있어 혼란을 야기한다.

날은 길이가 2척 5촌이고 자루는 나무를 사용하는데 길이가 5척 9촌이다. 붉은색으로 칠하거나 검은색으로 칠한다. 자루 아래에 덮어 씌운 쇠인 모철冒鐵이 있는데 둥글고 뾰족하다.

병기도설 그림
장검으로 표기된 월도의 모습.

이 설명문과 그림을 보면 장검은 구조상으로는 외날이므로 장검이 아니라 장도라고 불러야 한다. 더군다나 자루의 길이가 5척 9촌으로, 날의 길이 2척 5촌의 2배가 넘으므로, 우리가 쉽게 생각하는 검의 형태와는 다르다. 하지만 도라고 하지 않고 장검이라 부르고 있다. 이는 조선 전기에 검과 도에 대한 기준이 모호했음을 말해준다.

그렇다면, 조선시대에 환도還刀와 같이 한쪽에만 날이 있는 도를 사용하면서 본국검本國劍 혹은 제독검提督劍이라고 이름을 붙인 까닭은 무엇일까? 환도가 도의 형태를 지니고 있으면서도 쓰는 법을 검법이라고 한 것은, 비록 한쪽에만 날이 있긴 하지만 찌르기와 베기를 동시에 할 수 있었기 때문이 아닌가 생각된다.

조선시대에 도와 검이 어떠한 기준에서 구별되었는가를《세종실록》권133 〈군례서예軍禮序例〉의 기록을 통해 알아보자.

《설문說文》에 '검은 사람이 차는 병기다'라 했다. 지금의 제도에는 두
가지가 있다. 첫째가 운검雲劍으로 그 칼집은 어피로 싸고 칠은 주홍
색으로 한다. 장식은 백은白銀을 사용하며 붉은 끈과 술을 드리우고
띠는 가죽을 사용한다. 둘째는 패검佩劍으로 우리나라 말로는 환도還
刀라고 하며 제도는 운검과 같다. 검은 칠을 하고 장식은 황동黃銅을
사용한다. 붉은 끈과 술을 드리우며, 띠는 사슴가죽을 사용한다.

《설문》은 중국 서적이므로 여기서 검은 양날 칼을 말하는 게 분명하
다. 그런데 조선의 칼인 패검은 환도라고도 부르며 운검과 같다고도
한다. 즉 조선의 칼은 검이면서도 도라고 한다는 것이다. 이는 조선 전
기에 검과 도를 구분하지 않았음을 말해준다.

이는 《계림유사鷄林類事》를 보면 더욱 확실해진다. 여기에는 "검왈
장도劍曰長刀"라고 기록되어 있어 고려시대에 검을 장도라고 불렀음을
알 수 있다. 이밖의 용례를 보면 "대도왈훈도大刀曰訓刀"라고 되어 있는
데, 여기서 훈은 '큰'으로 보이므로 대도는 '큰 도'라고 불렀음을 알 수
있다. 고려시대에도 도와 검은 구분 없이 불렸던 것이다.

그 뒤 임진왜란을 계기로 중국 병법과 무예가 전래되면서 원칙적으
로 중국식 용어로 구분하려는 인식이 생겨난 듯하다. 그러나 관습적으
로 검과 도를 구분하지 않고 불러오던 것이 하루아침에 바뀌지는 않았

던 것 같다. 즉, 조선 후기에 편찬된 무예서들도 중국식 용어 구분에 영향을 받아 원칙적으로는 구분하려고 했지만, 실제 적용에 있어서는 그 이후에도 큰 구분 없이 쓰인 것으로 여겨진다.

고구려 고분벽화에 그려진 검술

역사적으로 우리나라의 검술은 어떤 형태였을까? 삼국시대 검술의 모습은 우선 고구려 고분벽화에서 찾아볼 수 있다. 평안남도 대동군 팔청리八淸里 벽화고분에는 여러 가지 기예 장면이 그려져 있는데, 그

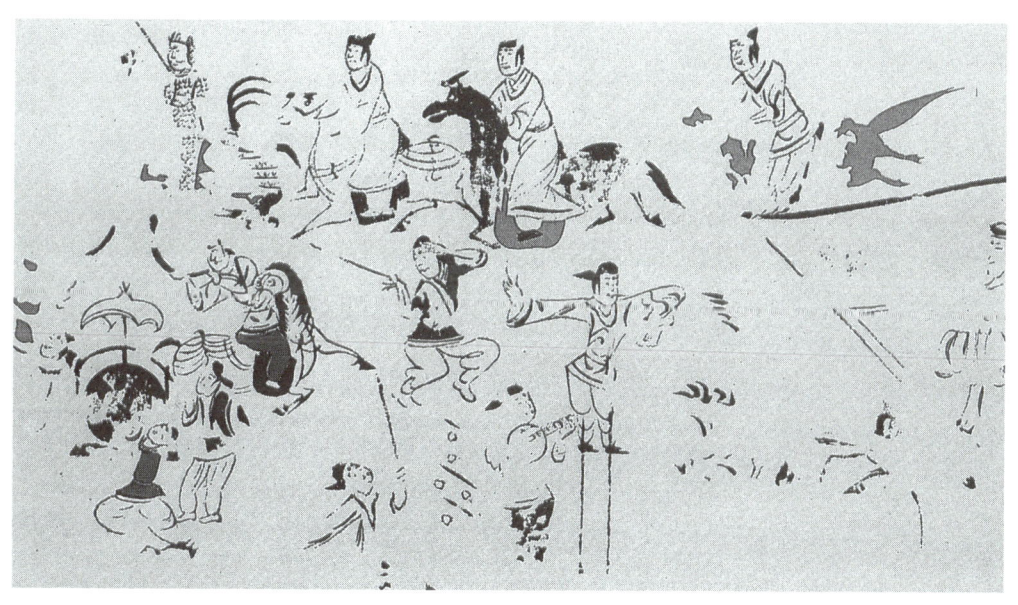

중 두 남자가 격검을 하는 듯한 그림이 있다.

한 사람은 오른손에, 한 사람은 왼손에 긴 검을 쥐었다. 오른손에 검을 쥔 사람은 무릎을 굽히고 몸을 낮추어 이마에 왼손을 대고 상대편을 겨누고 있다. 검을 쥐고 있는 오른손의 팔꿈치가 굽혀져 있고 무릎을 굽히고 있는 것으로 봐선 베기 위주의 기술보다는 찌르기 위주의 검술 형태인 것 같다. 왼손에 칼을 쥔 사람은 칼을 곧추세우고 칼끝을 쳐다보고 있는데, 그림에 보이는 형태만으론 이 또한 베기보다는 찌르기 위주의 검술이 아닐까 생각된다.

5세기 무렵의 고구려 고분인 약수리藥水里 벽화고분에도 오른손에 검을 쥔 〈무사상〉이 그려져 있다. 여기서 검의 형태는 팔청리 고분벽화와 달리 한날 칼인 '도'로 보인다. 도는 찌르기보다는 베기 위주의 기술이 많다. 두 고분벽화에 찌르기와 베기 기술이 모두 나오는 것으로 봐서 고구려 검술에 다양한 기술이 있었을 것으로 추측된다.

물론 고분벽화에 그려진 검술 장면은 여러 가지 기예를 그린 것 중 하나이므로 실제 무사들의 검술 수련 모습과는 다소 거리가 있을 것이다. 하지만, 검을 이용한 놀이 문화가 존재한다는 것은 그만큼 고구려에 검과 관련된 문화가 발전했음을 보여준다 하겠다.

《화랑세기》와 신라의 검술

신라의 검술은 몇몇 문헌 기록을 통해 추정 가능하다. 김유신金庾信과 관련된 단석산斷石山 전설도 신라 검술의 존재를 말해준다.

단석산은 월생산月生山이라고도 하며, 경주부의 서북 23리에 있다. 김유신은 고구려와 백제를 쳐서 삼국을 통일하려는 목표를 가지고 있었는데, 어느 날 신검神劍을 얻게 되었다. 그는 월생산의 석굴로 숨어들어가 검술을 수련했는데, 그가 시험삼아 잘라 부서뜨린 돌들이 산더미 같이 쌓여 아직도 남아 있다고 한다.[3]

《화랑세기花郞世記》에도 신라시대의 검술과 관련된 기록이 있다. 《화랑세기》는 신라 성덕왕 때의 학자 김대문金大問이 화랑의 유래에 관해 적은 책으로, 학계에서는 이 문헌의 발견 경위와 내용을 둘러싸고 진위 여부에 대하여 논란이 지속되고 있다. 진위 문제는 그렇다 치더라도 《화랑세기》에는 격검 외에 '검술', '검도'라는 용어가 동시에 나타난다. 검도劍道는 근대 일본에서 주로 사용하던 용어지만, 2천 년 전 중국 후한後漢 때 반고斑固가 쓴 《한서漢書》〈예문지藝文志〉에 '검도 38편'이린 기록이 나오기도 한다. 《화랑세기》의 격검 관련 내용은 다음과 같다.

*4세 이화랑二花郞−비조공比助公의 아들 문노文努 또한 호걸로, 격검擊劍을 잘했다. 공은 사다함으로 하여금 문노에게 검을 배우게 했다. 문노가 말하기를 "검은 곧 한 사람을 대적하는 것인데, 고귀한

사람이 어찌 알 필요가 있습니까?" 하자, 공이 말하기를 "한 사람을 대적하지 않으면 어찌 능히 만인을 대적할 수 있겠는가. 이 아이는 호협을 좋아하니 비록 무리가 많다고는 하지만, 그 적이 없다고 할 수 없으니 네가 그를 보호하라" 했다. 문노가 이에 낭도 5백으로 따르니, 그 위세가 토함兎含보다 컸다.

*5세 사다함斯多含―나이 12세에 문노를 따랐는데 격검에 능했고 사람을 좋아했으며, 아버지의 풍모가 있었다.

*8세 문노文努―공은 어려서부터 격검을 잘했고 의기義氣를 좋아했다.

*9세 비보랑秘宝郎―비대전군比臺殿君의 아들이다. (……) 이에 문노에게 나아가 검을 배우고, 마침내 가장 뛰어난 제자가 되어 문노를 힘써 보좌했다. (……) 유오랑柳五郎은 공의 첩 유지柳枝의 소생이다. 유지는 검술劍術을 잘했고, 정처 없이 떠돌아다니며 난도亂徒를 많이 모아 소요를 일으켰다. (……) 공의 아들 세호랑細好郎은 오랫동안 화랑으로 있었는데, 뽑히지 않았다. (……) 대개 세진細珍은 늘 공에게서 검을 배워 세호랑을 가르치면서, "처는 지아비의 일을 알지 않으면 안 되고 아들은 아버지의 업을 이루지 않으면 안 된다"고 말했기 때문이다. 공은 죽을 때까지 검도劍道를 버리지 않았다. (……) 찬하여 말한다. 법흥法興의 손이고 진흥眞興의 사위이다. 위位가 상선上仙에 이르렀고 검도로 크게 떨쳤다. 무사의 기풍이 일어났고 백세의 스승이다.

*10세 미생랑美生郎―문노가 꾸짖어 "무릇 낭도가 말에 오르지 못하

고 검을 사용하지 못한다면, 하루아침에 일이 생기면 어디에 쓸 것인가" 했다. (……) 공은 검도를 좋아하지 않았다. 속으로 문노를 꺼려하여 경의를 표하지 않았으므로, 사다함이 곤란해 했다.

*11세 하종夏宗─공은 15세에 들어가 역사歷史를 토함공菟含公에게, 노래를 이화공二花公에게, 검을 문노에게, 춤을 미생공美生公에게 배워 모두 그 정수를 얻었다.

*14세 호림공虎林公─공은 용력勇力이 많고 격검을 좋아하여 일찍 문노의 문하에 들어갔다.

*22세 양도공良圖公─공은 모종공毛宗公의 아들이다. (……) 문장을 잘했고 격검에 능했다.

문노라는 인물이 거듭 언급되는 것으로 보아 그가 어린 화랑들에게 검술을 가르치지 않았나 추측된다. 《화랑세기》의 기록이 신라 검술의 구체적 형태를 알려주진 않지만, 신라에서 중요한 기능을 담당한 화랑이 검술을 수련했음은 확실히 말해준다.[4]

고려의 검술

고려시대의 검술과 관련된 직접적인 기록은 아직 찾지 못했다. 검술의 흔적을 살필 수 있는 기록은 물론 존재하는데 김봉모金鳳毛와 박강朴强의 사례가 대표적이다.

고려 의종 24년(1170) 이의방李義方·이고李高·정중부鄭仲夫 등이 문신들을 제거하고 정권을 장악하자, 이에 불만을 품고 동북면병마사東北面兵馬使 김보당金甫當이 난을 일으켰다. 그때 김봉모는 남부 지방의 한 전투에 참가했는데, 전투 도중 적의 기습을 받아 위급한 상황에 빠졌다. 병마녹사兵馬綠事 이인정李隣定이 말에서 떨어졌고, 김봉모는 그를 구하기 위해 재빨리 손을 뻗어 자신이 탄 말에 그를 끌어올렸으나 이인정은 이미 기운을 잃어 말에 올라타지 못하고 땅바닥에 떨어졌다. 김봉모가 말에서 내려 이인정을 다시 태우려고 하였는데, 반란군들이 그 틈을 놓치지 않고 그들을 에워싸고 위협을 가했다. 사태가 급박하게 돌아가자 김봉모는 재빠르게 말에 올라탄 채 검을 뽑아 적들을 공격했는데, 그의 공격에 적들이 모두 두려워하며 물러났다.[5]

묘지명에 기록된 내용이라 과장이 없지 않겠지만, 김봉모가 적의 포위망을 뚫고 살아 나올 정도로 뛰어난 검술 솜씨를 지녔던 것만은 사실이었을 것이다.

사재소감司宰少監을 지낸 박강은 고려 말의 뛰어난 무인으로, 검에도 일가견이 있었던 듯하다. 박강은 공민왕 10년(1361)에 홍건적紅巾賊이 침입하자, 총병관摠兵官 정세운鄭世雲을 따라 전투에 참여했는데, 적이 목채를 쌓아올려 항전하므로 군대가 전진할 수 없었다. 박강은 어느 집에서 판자로 만든 대문짝을 얻어가지고 사다리를 만들어서 목채 위로 올라갔다. 박강이 칼을 뽑아들고 고함을 치자, 목채 위에 올라 있던 적들이 무서워하며 땅에 떨어져 서로 밟고 밟히는 상황이 벌어졌다. 박강은 쫓아가서 수십 명을 마구 찍어서 죽였다. 여러 부대가 계속 전진하여 문을 열고 들어와 적장을 베는 데 공을 세웠다. 우왕禑王 즉위년(1374)에는 경주 송라촌松蘿村에 왜적이 침입하였는데 그에 맞서 칼을 휘둘러 오륙 명의 목을 베었다고 한다.[6] 고려시대 검술의 구체적인 모습은 알 수 없어 유감이지만, 이 시대에도 검술에 뛰어난 무장들은 없지 않았던 것이다.

조선 전기의 검술

조선시대에도 검술 수련은 지속되었다. 그러나 궁술 선호 경향과 장거리 무기 위주의 전술 때문에 병영 안에서 검술 교습이 소원해졌다. 그래서 임진왜란 때는 적을 상대할 만한 조선의 검술이 없다는 말이 나올 지경이었다. 하지만 검술이 민간에서까지 사라진 건 아니었다.

《오주연문장전산고》경사편 2 도장류 1 도장총설道藏總說을 보면 김시습金時習이 홍유손洪裕孫에게 '천둔검법天遁劍法'을 전수했다고 하는 기록이 있다. 물론 더 이상의 기록은 찾을 수 없어, 천둔검법의 정확한 실체는 알기 어렵다. 하지만 민간에서 검술 수련이 이어져오고 있음을 확인할 수는 있다.

조선 정부는 항복한 왜인이나 중국 병사들로부터 검술을 포함하여 근거리에서 사용할 수 있는 단병短兵 기법을 익히려 했으며,[7] 실제로 성과도 거두었다. 임진왜란 이후 무비武備의 필요성을 절감한 조선 정부는 검술의 전수와 점검을 매우 중요시 하였다. 그러나 인조 6년 (1628)의 기록을 보면, 임진왜란이 끝나고 나라가 점차 안정되자 다시 검술 교습을 등한히 한 것 같다. 그러자 병조에서는 어떤 전투이건 간에 승부는 네 가지 기예, 즉 활쏘기·창쓰기·총쏘기·말타기가 쓸모 없어지면 반드시 검으로 승부가 나므로, 검술 수련을 강화해야 한다는 주장을 임금에게 아뢰기도 했다.[8]

숙종은 내원內院에서 훈련도감에 소속된 무사들의 왜검倭劍 실력을 시험했고,[9] 영조는 춘당대春塘臺에 나아가 시사試射, 즉 활쏘기 시험을 보고 마상재(馬上才)와 검수(劍手)도 아울러 시험했다고 한다.[10]

영조 재위기에는 검술 실력이 뛰어난 문신 이덕재李德載에 대한 재미있는 일화가 하나 전한다. 이덕재가 열일곱 살 때의 일이었다. 그는 장인 김창흡金昌翕이 거처하는 설악산의 한 암자를 찾아갔는데, 큰 호랑이가 그 암자의 승려를 물어 죽였다. 김창흡은 이덕재에게 밖에 나가지 말라고 주의를 주었으나, 저녁을 먹은 뒤 그가 보이지 않았다. 크게 놀란 김창흡은 승려들을 모아 찾아 나섰다. 달이 대낮같이 밝은 그날 밤, 이덕재가 홀로 산 정상에서 배회하고 있는 것이 아닌가. 이것을 본 김창흡은 사위 이덕재를 크게 꾸짖었다. 이덕재는 웃음을 띤 채 장인을 따라 암자로 돌아왔고, 장인이 다시 꾸짖으며 조심하라고 타이르자, 이덕재가 웃으면서 "장인어른께서 같은 방에 있던 승려가 호랑이에게 물려 죽은 것을 시간이 갈수록 더 슬퍼하시는 듯하여 소자가 아까 산 정상에서 검으로 호랑이를 찔러 죽여 원수를 갚았습니다"라고

대답했다. 이튿날 승려들이 가보니 말 그대로 큰 호랑이가 산골짜기에 거꾸러져 있었다고 한다.[11]

우리의 독자적인 검술

조선 후기 군인들이 공식적으로 수련한 검술로는, 이여송 휘하의 명나라 군인에게 배운 '제독검提督劍', 조선세법朝鮮勢法이라 하여 중국에 전해졌다가 다시 역수입된 '예도銳刀', 항복한 왜인들로부터 배우기도 하고 김체건金體乾을 일본에 파견해서 배워온 '왜검倭劍'과 '왜검교전倭劍交戰', 왜구를 막기 위해 명나라 장군 척계광戚繼光이 창안해낸 '쌍수도雙手刀', 조선에 전해 내려오던 '본국검本國劍', 비슷한 크기의 검 두 개를 양손에 들고 사용하는 '쌍검雙劍' 등이 있다.

조선의 독자적인 검술에 대한 자세한 서술은 《무예도보통지》 '예도銳刀' 조에서 볼 수 있다. '예도' 조는 중국 병서인 《무비지武備志》를 인용해 우리 검술에 대해 설명한 것이다. 이에 따르면 조선 검술을 배울 때는 처음에 안법眼法·격법擊法·세법洗法·자법刺法을 익힌다고 한다.

안법은 시선 처리법으로 추측되지만, 구체적인 방법에 대해서는 설명이 없다. 격법은 검을 크게 휘둘러 베기보다는 짧게 치듯이 베는, 즉 베기보다는 치는 쪽에 가까웠던 것 같고, 세법은 베는 법을, 자법은 찌르는 법을 말하는 것으로 보인다. 격법에는 표두격豹頭擊·과자격跨左擊·과우격跨右擊·익좌격翼左擊·익우격翼右擊이 있다. 표두격은 말 그대로 표범의 머리를 치듯 상대방의 머리를 힘있게 치듯이 베는 것을, 과자격과 과우격은 과跨가 사타구니를 뜻하므로 상대방의 다리를 치는 것을, 익좌격과 익우격의 익翼은 손을 의미하므로 상대의 팔이나 손목 등을 검으로 치는 것을 말하는 듯하다.

자법에도 다섯 가지가 있다. 역린자逆鱗刺·탄복자坦腹刺·쌍명자雙明刺·좌협자左夾刺·우협자右夾刺가 그것이다. 역린자는 상대방의 공격, 특히 머리를 단숨에 베는 공격을 해올 때 상대방의 공격 범위 안으로 들어가며 목을 찌르는 것을, 탄복자는 검을 뒤집어 정면에 있는 상대의 배를 찌르는 것을, 쌍명자는 두 개의 밝은 것을 찌른다는 뜻으로 보아 눈을 찌르는 것을, 좌협자와 후협자는 몸을 왼쪽이나 오른쪽으로 젖혀 상대방의 찌르기를 흘려보내고 재빨리 상대방의 몸을 앞으로 쭉 찌르는 것을 말하는 것으로 보인다.

세법에는 봉두세鳳頭洗·호혈세虎穴洗·등교세騰蛟洗가 있다. 봉두세는 봉황의 머리를 벤다는 의미인데, 봉황 즉 새의 머리를 벤다 함은 표두격처럼 위에서 아래로 힘껏 내려 베기보다는 손목의 스냅으로 짧게 끊어 베는 형태에 가까울 것으로 생각된다. 등교세는 날아오르는 이무기를 베는 법이다. 따라서 아래에서 위로 힘차게 올려 베는 것을 의미한다고 할 수 있다.[12] 호혈세는 정확한 내용을 알기가 어렵다. 모양을 알 수 있는 그림도 없고, 명칭으로도 그 자세를 알기가 어렵기 때문이다. 명칭상 호혈은 엄지손가락과 집게손가락 사이, 일반적으로 호구虎口라고 하는 부분을 말하므로 검을 잡고 있는 상대방의 손 부위를 베는 방법을 뜻하는 게 아닌가 추측해보지만, 자세한 사항은 알 수가 없다.

목검으로 이루어진 격검 수련

현재 국내에서 검을 사용하는 단체들은 겨루기를 할 때 진검이나 목검 대신 죽도를 사용한다. 그렇다면 우리 조상들은 어떻게 격검을 했을까? 어느 검도단체의 교본에는 "원래 우리 선조들은 여섯 쪽으로 만들어진 죽도로 격검 및 검술경기를 했으나 체구가 작은 왜인들이 자기들 체형에 맞추어 네 쪽으로 만든 죽도를 사용했다"[13]고 되어 있다. 과연 그럴까?

《조선왕조실록》을 보면, 조선에서는 죽도가 아닌 목검을 사용했다. 태종 10년(1410) 3월 정축일의 기록을 보면, 갑사甲士(각 고을에서 뽑혀와 서울의 수비를 맡던 의흥위義興衛의 군사)는 목창木槍을, 방패군防牌軍은 목검木劍을 가지고 서로 겨루게 했는데, 갑사 두 사람이 목검에 부상을 입어 이튿날 죽었다고 한다.[14] 목창과 목검으로 겨루다가 부상을 입어 죽었다니 격검이 상당히 격렬했나 보다. 목검을 사용한 겨루기는 그 이전부터 이루어졌다고 봐도 크게 틀리지 않을 것이다. 목검과 목극木戟(극은 끝이 좌우로 갈라진 창을 가리킴)으로 교전을 시키는 사례는 세종 13년(1431)의 기록에도 보인다.[15] 조선 전기 기록에는 목검 대 목창의 교전만 나타나지만, 목검과 목검, 목창과 목창의 교전도 있었을 것이다.

《대동기문大東奇聞》에는 김응서金應瑞가 어렸을 때부터 병법서를 즐겨 읽고 격검에 능했다는 내용이 나오고, 인조 16년(1638) 일본 사행록인 《사상록槎上錄》에도 〈두어 편의 시로 청립에 화답함數詩和請立〉이란 시에 '격검으로 유협을 일삼았다네擊劍事遊俠'라는 구절이 나온다. 이런 기록들을 봐도 격검이 조선 전기부터 존재했으며, 임진왜란 뒤에는 좀 더 구체화된 게 아닌가 생각된다.

조선 후기에도 격검이라는 용어가 나타난다. 《무예도보통지》 편찬에 참여한 백동수白東脩에 관한 글에 "말타기(치마馳馬), 활쏘기(습사習射), 권법(권용拳勇) 및 '격검'을 하는 한량들과 교류했다"[16]는 구절이 보인다.

특히 김체건이 체계를 세운 왜검의 경우 '교전交戰'이라 하여 목검과 목검을 부딪치며 연습하는 방법이 구체적으로 설명되어 있다. 그가 정리한 격검법에는 한 손으로 검을 드는 '견적출검세見敵出劍勢', 칼을 던지고 씨름을 하여 마친다는 '투검상박投劍相撲' 등 다른 검법에서 볼 수 없는 내용이 있다. 왜국의 격검법뿐만 아니라 조선 전기부터 내려오던 전래의 격검법도 융합해서 체계화한 것이 아닐까 한다.

김체건에 대해서는 알려진 바가 많지 않다. 유본학이 지은 《문암문고問菴文藁》 〈김광택전金光澤傳〉에 그에 관한 기록이 몇 줄 남아 있을 뿐이다. 간단히 정리하면 이렇다. 무예를 숭상한 김체건은 숙종 연간에 훈련도감에서 무예를 수련했다. 당시 칼 쓰는 방법으로는 일본의 검술만한 것이 없었다. 군졸들에게 익히게 하려고 했으나, 일본 사람들이 다른 나라 사람들에게는 가르쳐주지 않아 배울 수가 없었다. 훈련대장 유혁연柳赫然은 특별히 김체건에게 명하여 그 기법을 배워오도록 했다. 노비로 신분을 속인 김체건은 왜관에 잠입하여 몰래 땅속에 움을 파고 숨어서 왜국의 신검술神劍術을 배웠다. 여러 해가 지난 뒤 일본의 검술을 다 배워 더 이상 배울 것이 없게 되자 김체건은 훈련도감으로 돌아왔다. 그는 숙종 앞에서 재를 땅에 뿌려놓고 맨발로 나서서 양쪽 엄지발가락으로만 재를 밟고 시연을 보였는데, 재에 발자국이 남지 않았다. 이에 숙종이 그를 기특하게 여겨 훈련도감의 교관으로 임명하여, 병영에서 병사들을 가르치도록 했다. 조선에 왜검법이 널리 전파되는 데 김체건의 공이 컸던 것이다.

춤인가 격검인가

조선시대의 격검 모습을 볼 수 있는 그림으로는 단원 김홍도의 작품이라고 하는 《평양감사향연도平壤監司饗宴圖》가 있다. 《평양감사향연도》는 〈부벽루연회도浮碧樓宴會圖〉, 〈연광정연회도練光亭宴會圖〉, 〈월야선유도月夜船遊圖〉 세 폭으로 구성된다. 〈부벽루연회도〉 오른쪽 상단에 '단원사檀園寫'라는 백문인白文印이 있는데다 등장한 인물군의 표현이나 전체적인 구도 등에서도 김홍도의 화풍이 확연하다. 혹자는 이것을 김홍도가 직접 그린 작품이라기보다는 단순화, 도식화가 진행된 19세기 작품으로 보기도 한다.[17] 제작자에 대해 논란이 있다는 이야기인데

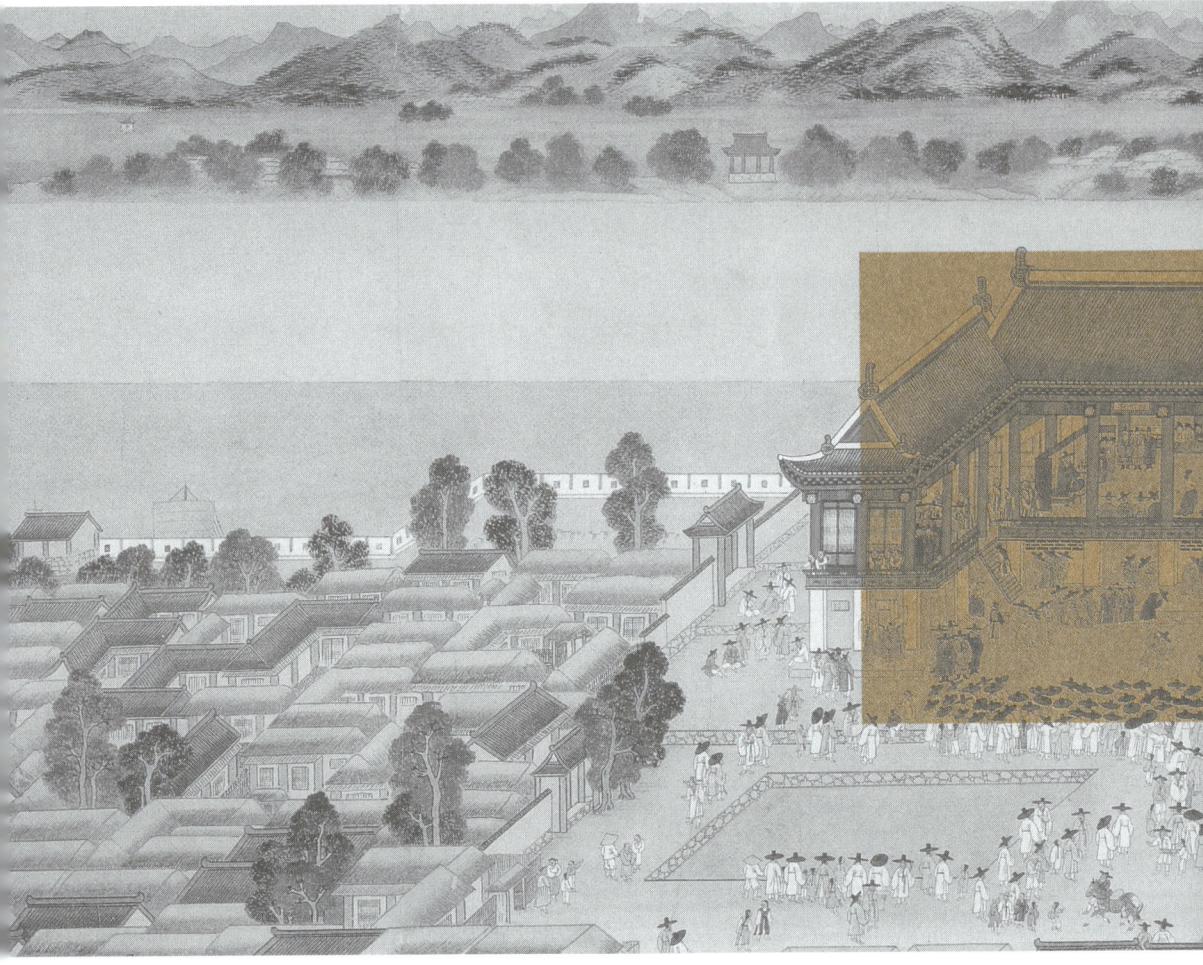

〈연광정연회도〉
__국립중앙박물관 소장

아래 마당의 중앙에는 비교적 젊은 청년으로 보이는 왼쪽 인물과 콧수염이 있는 장년층의
오른쪽 인물, 두 시연자試演者 모두 오른손과 왼손에 목검을 들고 교전을 하고 있다. 승부를
내야 하는 격한 시합이 아니라 즐기기 위한 놀이 형식으로 생각된다.

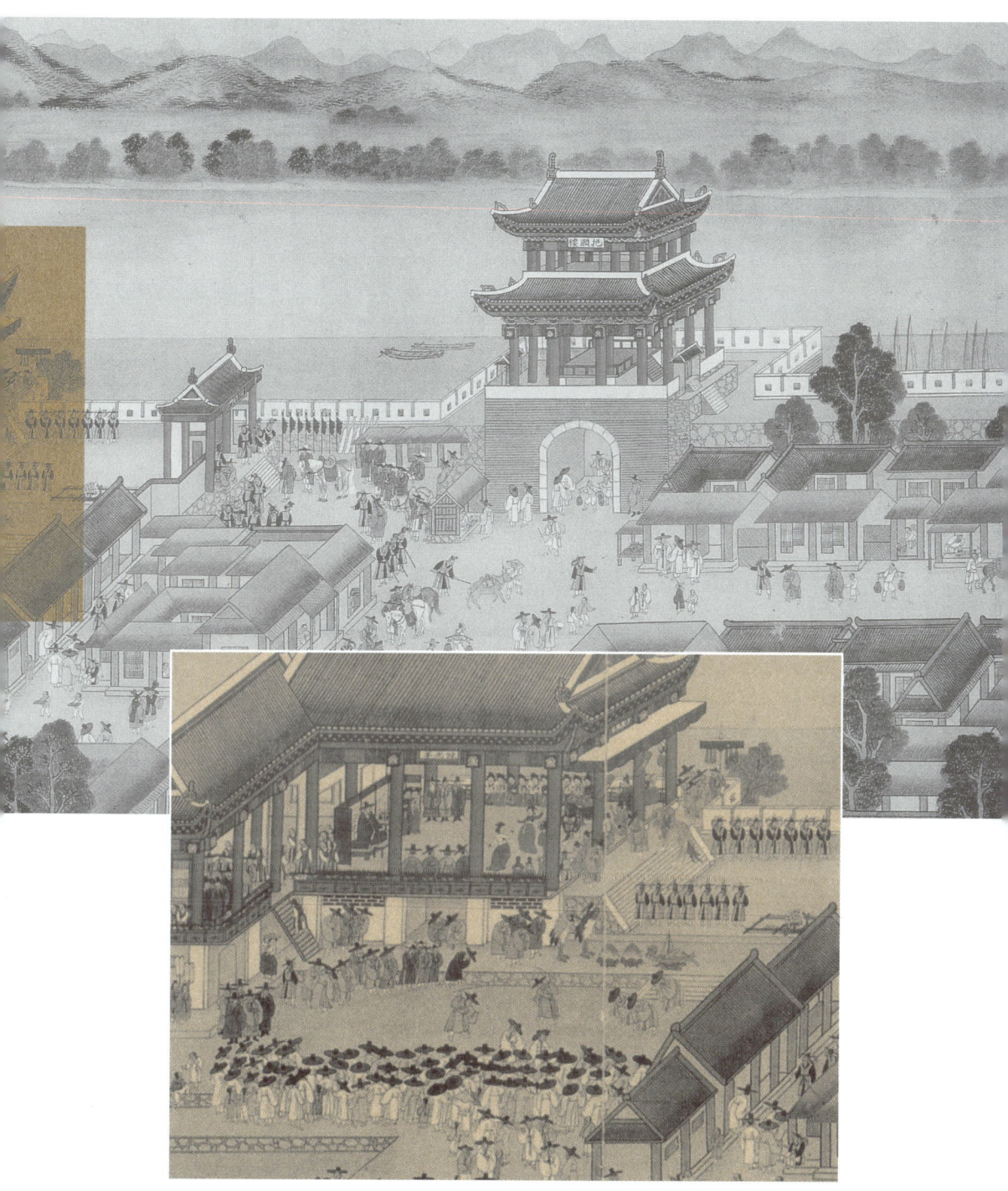

어쨌거나 평양감사의 유쾌하고 화려한 풍류 모습이 잘 나타
난 작품임엔 틀림없다.

격검 장면은 〈연광정연회도〉에 그려져 있다.

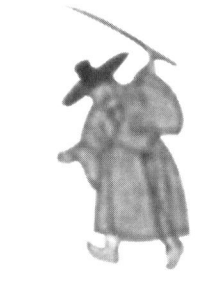

그림을 전체적으로 살펴보면 상단은 연광정
에서 벌어지는 잔치 장면이 중심이다. 그림
의 주인공인 평양감사가 사자춤과 기생들
의 춤을 즐기듯 바라보고 있으며, 누각 아래에
는 시립侍立하고 있는 사람들, 학춤을 추기 위해 준비하고 있는 춤꾼,
그리고 꽃 모양의 도구들이 놓여 있다. 아래 마당의 복판에는 비교적
젊어 보이는 인물과 콧수염이 있는 장년층의 인물이 모두 손에 검 모
양의 막대기를 들고 있다. 두 사람이 손에 쥔 물체가 검劍 모양의 막대
기라는 점은 상대방의 검을 막아주는 칼코등이(검비劍鼻)가 없는 것을
보면 알 수 있다. 그림 왼쪽에 서 있는 다섯 명의 인물 가운데 맨 뒤쪽
에 있는 이는, 호수虎鬚를 꽂은 흑립黑笠을 쓰고 있어 무인武人이 분명
하다. 이 사람이 허리춤에 찬 칼에는 칼코등이가 선명하게 보인다.

두 사람의 동작이 흔히 볼 수 있는 구경거리는 아닌 듯, 관객들은 목
검을 위로 치켜올린 두 사람을 에워싸고 열심히 바라본다. 특히 하단
의 구경꾼들은 이중 삼중으로 둘러싸고, 앞사람의 옷이나 어깨를 잡아
당기며 좀 더 잘 보려고 애쓰고 있고, 연광정에 앉아 있는 사람들도 유
심히 바라보고 있다.

이 장면은 보는 이에 따라서 격검 또는 검무劍舞 장면으로 볼 수 있

다. 목검을 든 사람들이 격검을 하기엔 불편해 뵈는 도포와 갓을 착용
했고, 구경하는 사람들도 승부의 긴장감보다는 즐거운 놀이를 보듯 미
소짓고 있기 때문이다.

그러나 두 사람이 검무를 하고 있다고 보기에는 몇 가지 의심스러
운 부분이 있다. 첫째, 두 시연자가 검무를 추기 위해 무대에 나왔다면
서로 다른 검무를 추지는 않을 것이다. 그런데 그림 속의 시연자들은
서로 다른 자세를 취했다. 젊은 남자는 오른손에, 장년 남자는 왼손에
목검을 들고 있다는 사실부터가 문제다. 검무라면 적어도 검을 잡은
손이 같은 쪽이어야 하므로 이 장면은 검무와 무관해 보인다.

둘째, 검무에 필요한 악기가 보이지 않는다. 신윤복의 〈쌍검대무雙
劍對舞〉나 현재 전하는 조선 후기 검무 사진에서는 필수적으로 삼현육
각三絃六角(향피리 2, 대금 1, 해금 1, 장고 1, 북 1)을 동반한다. 악기가 빠
진 이 장면을 검무로 보기는 어렵다. 연광정 내부에 악사들이 자리 잡
고 있긴 하지만, 그들은 기녀들의 춤사위에 음악을 맞추었을 것이다
(쌍검대무는 검무편 참조).

셋째, 목검을 잡은 두 사람의 자세에 어색함이 조금도 없다. 몸에 배
인 듯 자연스런 동작을 보이고 있다는 점에서, 검술에 능한 이들이라
고 봐도 무방할 듯하다. 만약 두 사람이 검무를 추었다면, 목검 대신 진
검을 사용했을 것이다. 그런데 그들은 서로 검을 부딪치는 격검을 하
고 있었기에 위험한 진검 대신 목검을 택한 것이 아니가 생각된다.

두 시연자가 무예에 불편한 도포와 갓을 착용했고, 구경꾼들의 표

정에서 긴장감이 조금도 느껴지지 않는 것은, 반드시 승부를 내야 하는 격한 시합이 아니라 놀이처럼 그저 즐기기 위한 격검이었기 때문일 것이다. 그림을 전체적으로 봤을 때 평양감사가 시연을 직접 구경하지는 않는다. 두 사람의 격검은 향연을 위해 따로 기획된 행사라기보다는 즉흥적인 놀이 형태의 격검이었을 가능성도 있다.

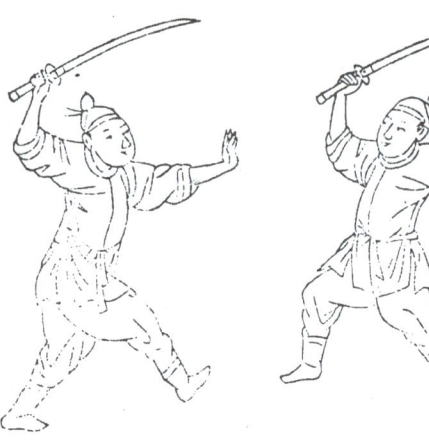

한편, 《평양감사향연도》의 격검 장면과 《무예도보통지》 격검 조의 '견적출검세見敵出劍勢' 장면을 비교해보면 어떠한가.

'견적출검세'의 두 격검자는 한 손으로 검을 쥐고 상대방을 겨누고 있다. 발모양도 땅바닥에 붙여 서로를 겨누는 것이 아닌, 움직이면서 서로를 주시하고 있음을 볼 수 있는데, 왼편 격검자의 모습과 〈평양감사향연도〉의 왼쪽 젊은 격검자의 자세가 상당히 닮았다. 당시 《무예신보》나 《무예도보통지》의 무예가 널리 보급되어 있었다고 한다면, 〈평양감사향연도〉를 격검이라고 보아도 무리는 아니다.

그런데 '견적출검세'는 〈왜검교전倭劍交戰〉 조에는 나타나지만, 왜검 조에서는 보이지 않는 자세이다. 이는 왜검교전이 왜검뿐만 아니라 다른 검법, 즉 조선의 전통적인 격검법까지 수용해서, 체계화한 것이 아닐까 생각하게 한다.

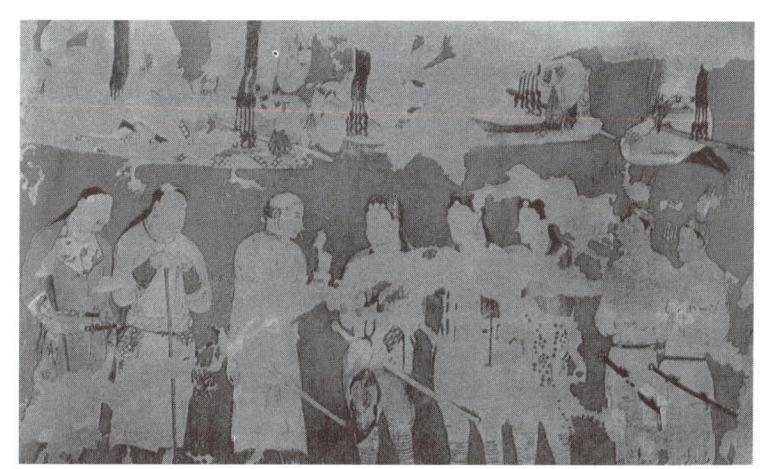

고구려 검 패용 방식
띠를 이용해 검을 패용하
고 있다.

검을 어떻게 패용했나

현재의 검술 단체들이 익히는 패용佩用 방식은 검 날을 위로 향하게
한 후, 허리띠에 꽂는 형태다. 이런 패용 방식은 일본의 검술,
특히 거합居合(いあい)에서 영향을 받은 것이다. 이는 항상
긴장 속에서 살아야 했던 옛 일본 무사들의 생활에서 나
온 방식이지, 우리의 전통적인 검 패용 방식과는 거리가
멀다. 우리나라 무인들은 어떻게 검을 패용했을까?

기본적인 패용 방식은 끈을 이용해서 검 손잡이가
뒤로 가게 하는 것이었다. 이 방식으로 칼을 차는 사람
은 굵은 베로 지은 소매 없는 속옷을 받쳐 입고, 왼쪽 겨
드랑이에 굵은 베를 겹쳐 아주 튼튼한 고리를 해 단다.

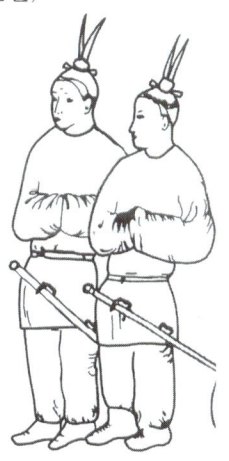

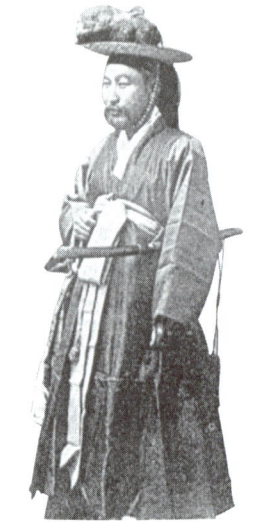

그리고 겨드랑이 부분은 이 고리가 나갈 정도로 구멍을 내고 지어 입는다. 군복을 다 차려입은 뒤에는 환도의 찰끈을 이 고리에 걸어 칼자루가 뒤로 가게 찬다.[18]

앞서 본 《평양감사향연도》에서도 그렇듯 군복이 아닌 평상복 차림에도 이런 패용 방식을 썼는데, 이 방식은 〈동래부사접왜사도〉에도 나타난다. 〈동래부사접왜사도〉에 보면 왜인들은 검 날이 위로 향하도록 하고 검을 두 개씩 허리에 패용한 데 반해, 도포와 갓을 쓴 조선인은 왼쪽 겨드랑이 부분에 검 손잡이가 뒤로 가고 검 날이 아래로 향하도록 패용한 모습을 볼 수 있다. 이는 서양 사람들이 찍은 구한말 사진에서도 확인된다.

구한말 무관 사진
왼쪽 겨드랑이 부분에 검 손잡이가 뒤로 가고 검 날이 아래로 향하도록 패용하고 있는 모습을 볼 수 있다.

그런데 삼국시대에는 허리 부근에 패용하는 것이 기본적인 것이 아니었나 하는 그림이 보이기도 한다. 그러나 이 또한 끈을 이용해 늘어뜨린 것으로 허리띠에 검을 패용하는 것은 아니었다.

정조와 효의왕후孝懿王后 김씨 사이에서 태어난 문효세자文孝世子가 정조 8년(1784) 8월 2일 왕세자로 책봉될 때의 행사 장면을 담은 병풍 그림 〈정조세자책봉의례도正祖世子册封儀禮圖〉에도 두 가지 형태의 검 패용 방식이 눈에 띤다.

하나는 겨드랑이 밑에 검 손잡이가 뒤로 향하도록 하고 검 날이 아래를 향하게 하는 일반적인 패용 방식으로, 관료와 무장들은 대개 이

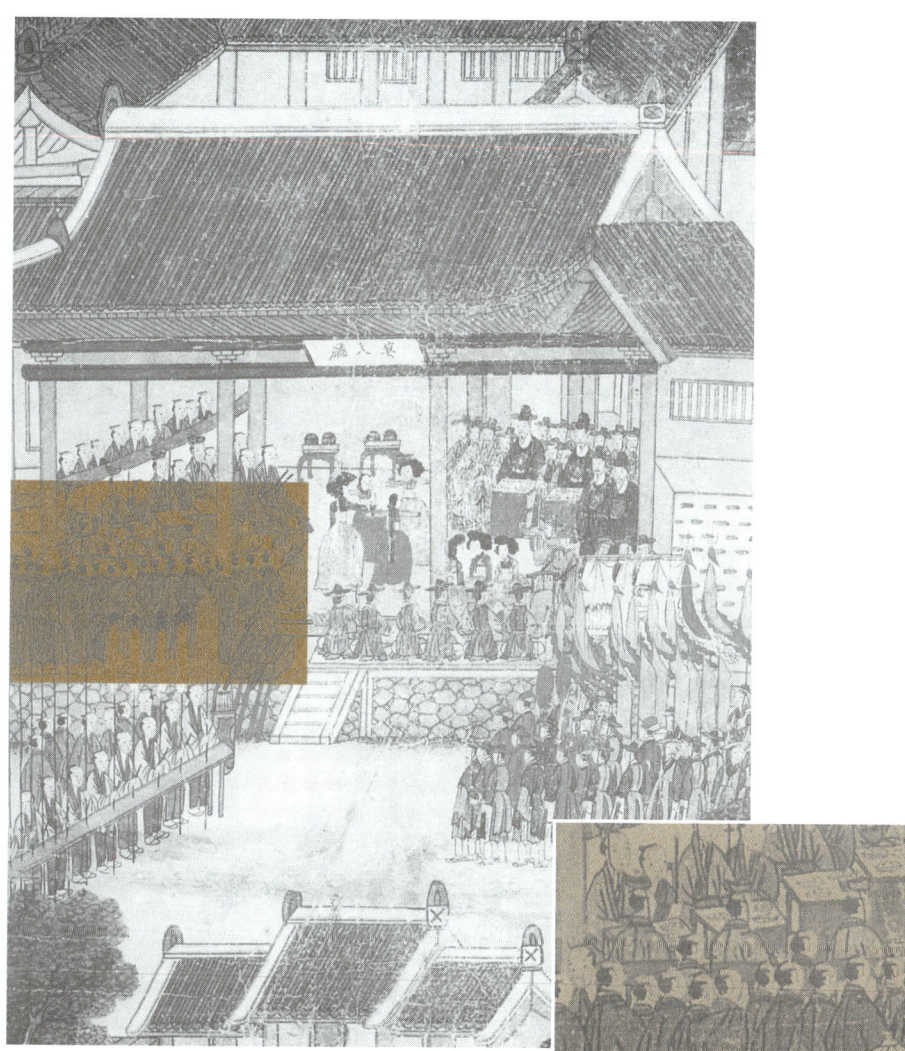

〈동래부사접왜사도〉
국립중앙박물관 소장

왜인들은 검 날이 위로 향하도록 하고 검을 두 개
씩 허리에 패용하고 있다. 이에 반해, 도포와 갓을
쓴 조선인은 왼쪽 겨드랑이 부분에 검 손잡이가
뒤로 가고 검 날이 아래로 향하도록 패용하고 있
는 모습을 볼 수 있다.

방식으로 칼을 차고 있다. 반면 임금과 세자를 측근에서 호위하는 네 사람의 무인은 장검을 등 뒤로 메고 있다. 그들은 임금의 가까이에 있는 것으로 봐서 운검雲劍이었을 것이다. 운검은 검의 명칭이자 그 검으로 임금을 호위하는 사람의 직책이다. 운검은 임금의 좌우에서 호위하는 2품 이상의 무반으로서 유능하고 믿을 만한 사람을 골라 임명했다. 나라에 큰 잔치나 회합이 열릴 때 임금을 특별히 수행하던 임시 무관직은 별운검別雲劍이라고도 했다. 운검은 대랑피大狼皮로 싸되 검은색으로 칠하고 칼집에는 검은 술을 드리우는데,[19] 칼집과 칼자루에 구름 모양의 장식이 있어 운검이라 칭했다. 구름무늬는 구름을 타고 승천하는 용과 관련되며, 국왕을 호위하는 이들의 상징이다.[20] 운검처럼 검을 등 뒤로 패용한 경우는 "병사는 마스켓(musket)총 또는 활과 굽어진 칼을 휴대하고 있으며, 칼은 등에 짊어지고 어깨 너머로 뺀다"[21]는 외국인의 기록에서도 확인할 수 있다.

그밖에도 운검의 경우, 검을 몸 앞에 안듯이 휴대하기도 하였다. 〈영수각기로연도靈壽閣耆老宴圖〉를 보자.

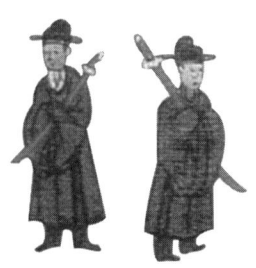

이 그림은 태조·숙종에 이어 기로소耆老所(조선시대에 70세가 넘는 정2품 이상 문관들을 예우하기 위하여 설치한 기구)에 입소한 영조를 축하하기 위해 판중추부사 이정보李鼎輔를 비롯한 기로신耆老臣들이 왕세손을 모시고 영수각에 이르러 궁궐이나 종묘·문묘·능침에 참배할 때 베푸는 전배례展拜禮를 치른 뒤,

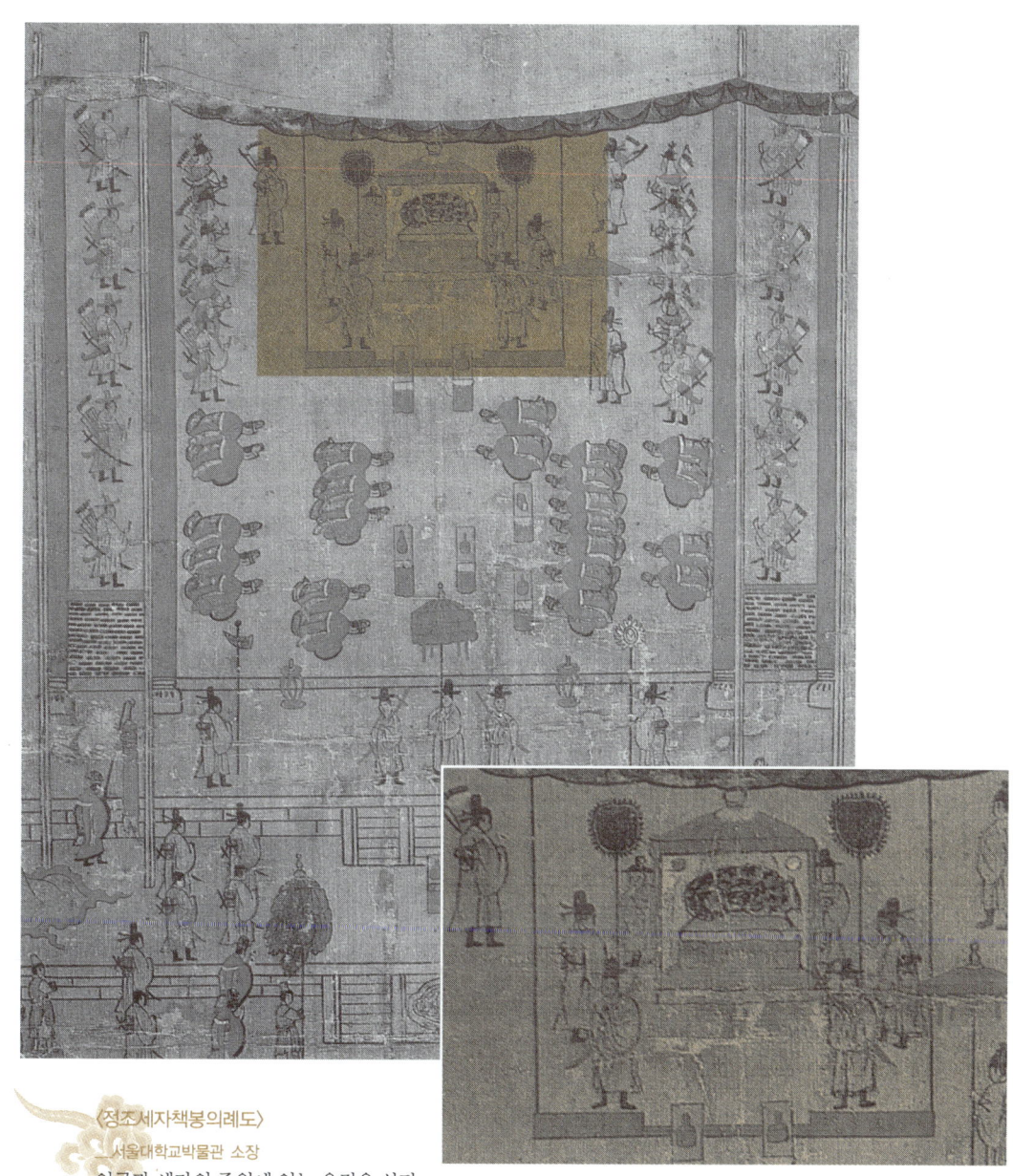

〈정조 세자책봉의례도〉
서울대학교박물관 소장
임금과 세자의 주위에 있는 운검은 상당
히 긴 검을 등 뒤로 메고 있다.

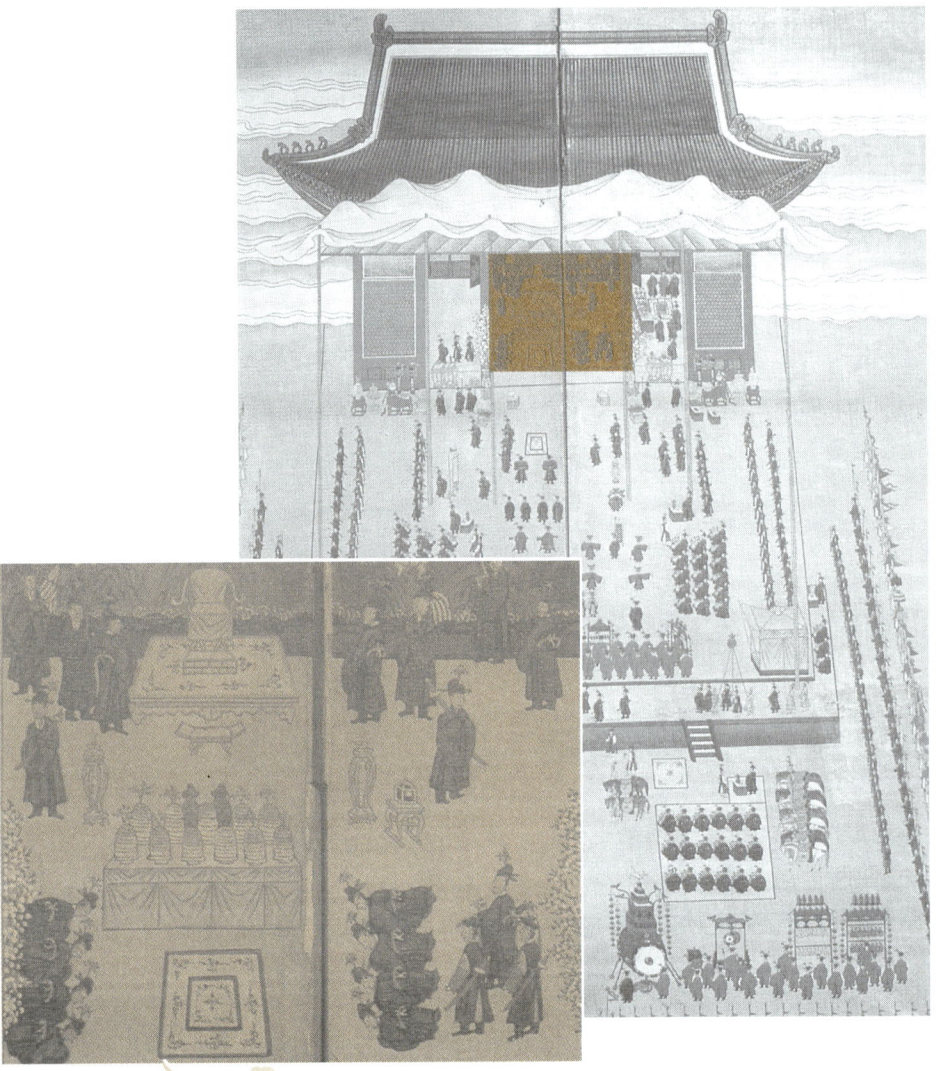

〈영수각기로연도〉

__서울역사박물관 소장

운검이 검을 자기 몸 앞에 소지하고 있는 모습을 볼 수 있다.

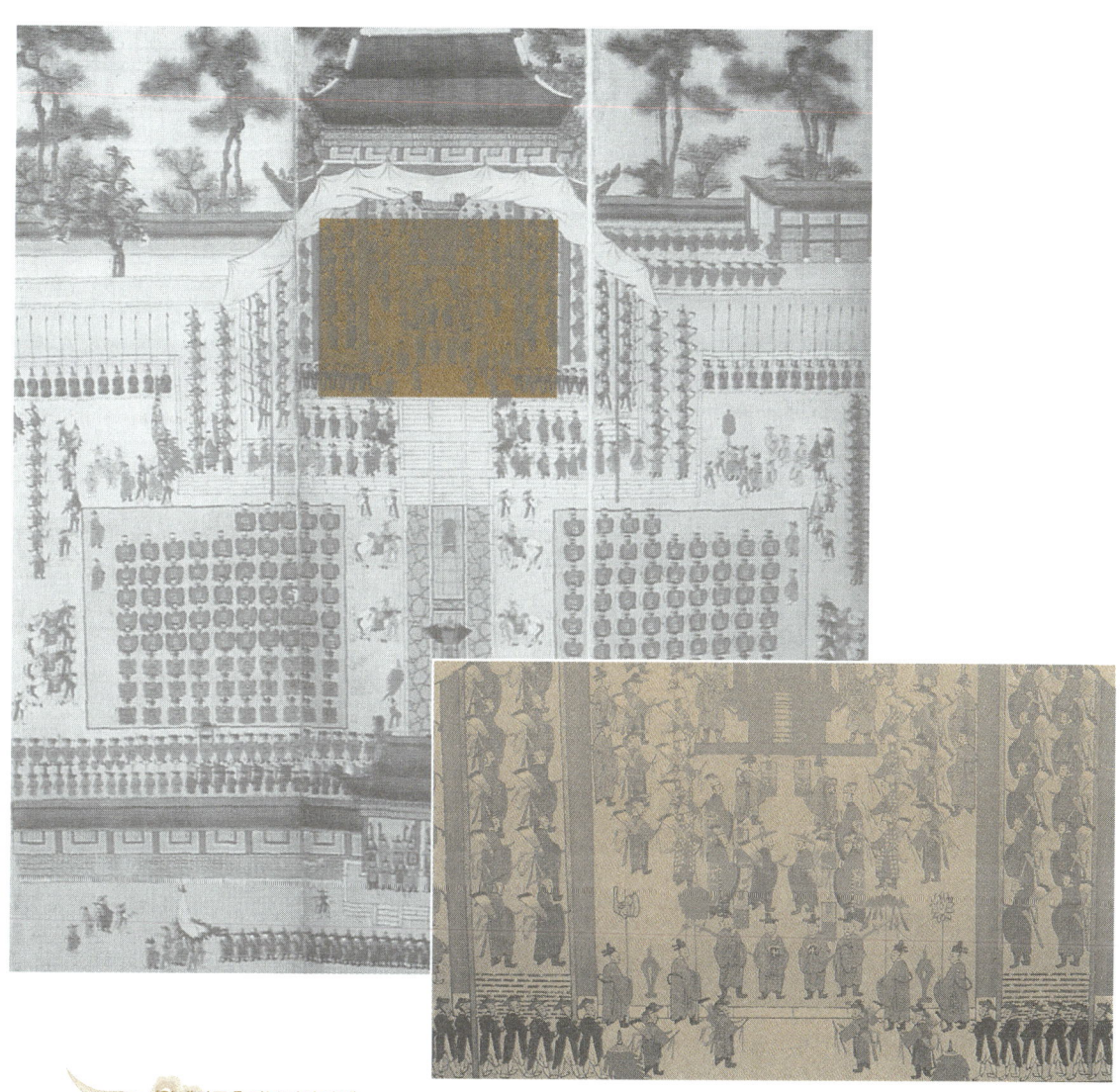

〈왕세자두후평복진하계병〉
— 고려대학교박물관 소장

운검이 소지하고 있던 검이 월도로 바뀐 모습을 볼 수 있다.

기영관에서 진찬進饌을 행한 장면과 그런 다음 경희궁 경현당景賢堂에서 벌어진 영조의 망팔望八(여든을 바라본다는 뜻으로, 71세를 말함)과 즉위 40주년 기념 연회 장면, 이렇게 두 장면으로 구성되어 있다. 이들 그림을 보면 운검들이 검을 몸 앞쪽에 대각선으로 안고 있는 것을 볼 수 있다. 이는 유사시에 재빨리 움직이기 위해서다. 겨드랑이에 찰끈을 이용해 검을 차는 방식은 조선 무인들의 기본 패용 방식이긴 하지만, 위급할 때 검을 빠르게 빼거나 손을 움직여 적을 방어하는 데는 많은 제약이 따른다. 검을 등 뒤나 몸 앞에 안고 있는 방식은 임금의 호위라는 현실적인 필요성에 의해 나타났을 것이다.

조선시대의 검 패용 모습은 19세기 후반 조선을 방문한 외국인이 남긴 그림에도 잘 나타나 있다. 고종 3년(1866) 병인양요 때 프랑스 해군장교 주베는 자신이 목격한 광경을 직접 스케치했는데 〈가마를 호위하고 있는 무인〉이 그것이다.

이 그림에는 다음과 같은 설명이 붙어 있다.

갑곶진에 프랑스 해군이 주둔하자 곧 가마 한 채가 외항에 나타났다. 한 늙은 관리가 가마에서 내려 항의를 늘어놓았다. 우리는 거의 강제로 그를 돌려보내야만 했다. 억수로 쏟아지는 비를 가리려고 호위하고 있던 사람들이 쓴 이상한 모자를 보고 웃음을 참을 수가 없었다.[22]

갈모를 쓴 호위무사는 이양선을 타고 나타난 서양인을 목격하자 경

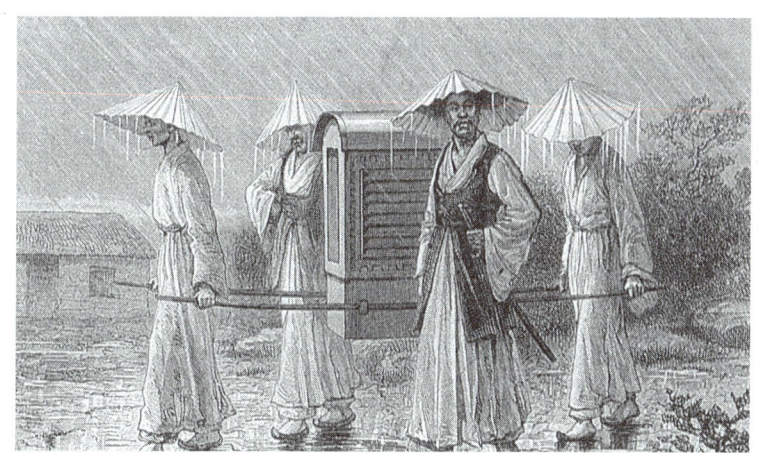

가마를 호위하고 있는 무인
(《격동의 구한말역사의 현장》,
조선일보사, 1986)
비막이 모자인 갈모를 쓰
고, 왼손으로 허리 부근
에서 검을 잡고 있는 무
인의 날카로운 시선에서
언제든지 검을 뽑을 수
있도록 집중하고 있음이
엿보인다.

계심과 적대감으로 잔뜩 긴장하고 있었던 모양이다. 그림 속 무인은 갈모를 쓰고 왼손으로 허리 부근의 검을 움켜쥐고 있다. 갈모 사이로 드러나 보이는 날카로운 시선, 언제든지 검을 뽑을 수 있는 자세를 보더라도 팽팽한 긴장상태가 느껴진다. 검을 자세히 보면, 날이 아래로 향해 있다. 칼날을 위로 향하게 하고 검집을 쥔 엄지손가락으로 검막이를 밀어내며 검을 뽑는 일본식 발도拔刀 형태와는 다른 방식이다.

이상 여러 그림과 글에서 살펴봤듯이 조선시대 무인들은 기본적으로 검의 손잡이를 패용하는 이의 등 쪽으로, 칼끝을 정면으로 향하게 한 후 겨드랑이 사이에 찼다. 운검과 같이 특수한 경우에는 검을 등 뒤로 매거나 가슴에 안기도 했으며, 언제 위험이 닥칠지 모르는 위급한 상황에서는 검을 손쉽게 뽑을 수 있도록 손에 쥐고 있기도 했던 것이다.

벽을 보니 칼이 걸려 있네

요즘 검을 수련하는 사람들은 장식대에다 검을 보관하는 경우가 많다. 이처럼 검을 장식물처럼 보관하는 방식은 전통적인 보관법이 아니라 일본식 검 보관법이다.

문헌 기록과 옛 그림들을 보면 한국의 검 보관 방식은 벽에 걸어두는 것이었다. 이 점은 먼저 《고려사절요高麗史節要》에 "김인문金仁問의 집 벽에 활과 칼이 걸려 있다"[23]는 기록에서 알 수 있는데, 조선시대에도 사정은 마찬가지였던 것 같다.

화원 김희겸이 그린 〈석천한유도石泉閑遊圖〉는 조선시대 회화사상 드물게 '무인'의 생활을 담은 작품이다.

그림의 주인공인 전일상은 본관이 담양으로 5대 연속 무관을 배출한 집안 출신이었다. '무진유월 일제戊辰流月 日製'라는 관지가 있으므로 작품 제작시기는 1748년이다. 당시 전일상은 전라우수사全羅右水使였고, 김희겸은 1748년 어진 개모改摸에 참여한 공을 인정받아 변장邊將 벼슬을 받았는데 나중엔 사천현감을 지냈다. 김희겸이 초상화로 이름이 높아서 그랬던지 전일상의 초상화 제작을 의뢰받았던 것이다.

무인의 모습을 담은 이 그림 속에는 무인의 풍취를 느끼게 하는 소재들이 많다. 누각의 난간에 기대 선 주인공이 오른손으로 잡고 있는 매, 바로 위 기둥에 걸려 있는 칼, 건장한 체구에 험상궂게 생긴 마부가 누각 아래에서 물로 씻기고 있는 말, 담배시중과 술시중을 들며 가야금으로 흥취를 돋우는 관기官妓까지, 문인의 문방사우처럼 무인의

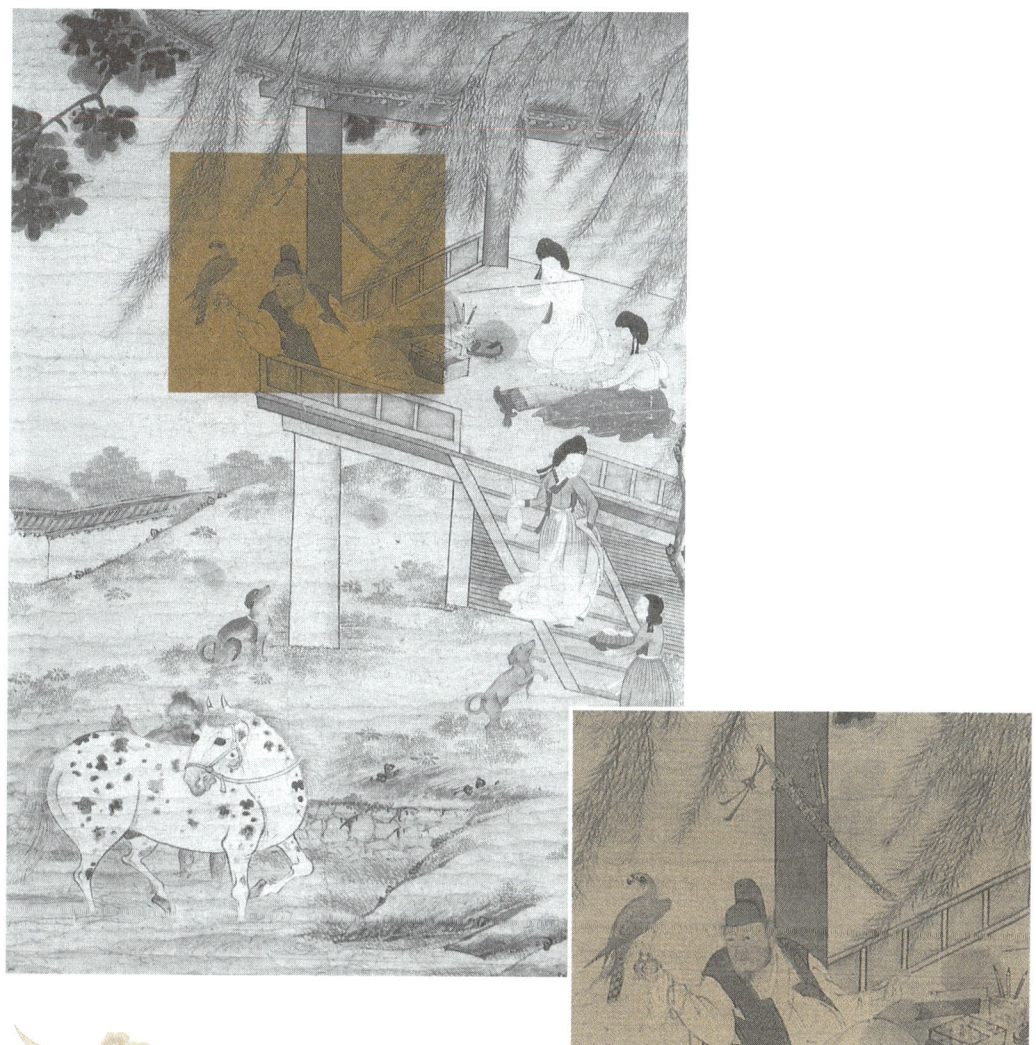

〈석천한유도〉

  우리나라에서는 드물게 무인의 생활을 그린 작품이다. 이 그림의 주인공 전일상은 본관이 담양으로 5대를 연이은 무관집안에서 태어났다. 관지에 '무진유월 일제戊辰流月 日製'라고 기록되어 있어 1748년에 그린 것임을 알 수 있는데, 이 시기는 그가 전라우수사全羅右水使를 지내던 때이다. 기둥 위에 칼이 걸려 있는 것을 통해 우리나라에서는 가정에서 칼을 보관할 때 걸어 보관하였음을 알 수 있다.

풍모를 드러내는 사호四豪가 빠짐없이 배치되어 있다. 무장의 기개와 풍류가 함께 어우러져 버드나무마저 그 가락에 흥겨워하는 듯하다.

화면을 대각선으로 나눠 누각을 오른쪽 위에, 말을 씻어주는 장면을 왼쪽 아래에 두었으며, 휘날리는 버드나무의 방향을 따라 시선이 누각 풍경에서 말을 씻는 장면으로 자연스럽게 움직여나가도록 했다. 전반적으로 담채 담묵으로 부드럽게 표현했으나 나무와 언덕에 드문드문 청록 태점을 찍고 기둥에 약간 음영을 넣은 데서 화원 김희겸의 채색 화풍을 엿볼 수 있다. 2층 누각에서 가야금과 대금을 부는 두 여인이나 술과 수박을 들고 계단을 오르는 두 여인은 머리와 복장으로 보아 관기인 듯하다. 누각 아래 두 마리의 개와 못가에서 말을 씻어주는 마부의 배치는 지방 관아의 후원 정경을 담아낸 풍속화로 손색없는 구성이다.[24]

검과 관련해 시선을 끄는 부분은 바로 검이 보관된 방식이다. 매를 팔에 얹은 전일상의 머리 위를 보면 칼이 기둥에 걸려 있다. 전일상의 칼은 검집이 붉은색이고 손잡이에 붉은색 수술이 달려 있으며 한쪽으로 살짝 휜 한 날 칼 즉 '도刀'임을 알 수 있다. 이것은 지금까지 전해지는 조선 후기 칼 중 '패월도佩月刀'와 생김새가 비슷하다.

이처럼 조선시대 무인들은 검을 기둥이나 벽에 걸어 보관했다. 유하柳下 홍세태洪世泰의 "추운밤이라 잠도 안 오는데 외로운 등불만 반

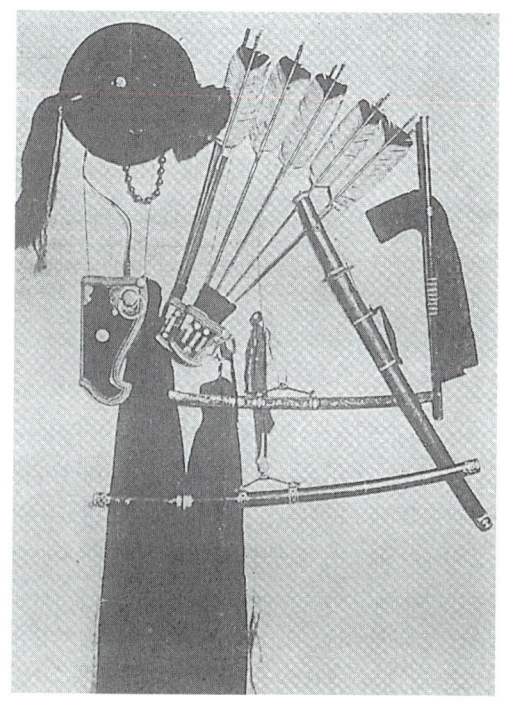

로제티의 《코레아 코레아니》 그림

이 사진은 검뿐만 아니라 활과 화살도 모두 벽에 길어서 보관하였음을 보여준다.

짝였다. 벽 위를 보니 칼이 걸려 있는데, 가져다 보고는 탄식이 터져나와 이 시를 지었다寒夜無眠孤燈耿耿見壁上掛劍取視之感歎之詩"[25] 라는 긴 제목이 붙은 시라든가 카를로 로제티(Carlo Rosseti)의 《코레아 코레아니 Coreae Coreani》에 수록된 사진에서도 확인된다.

《무예도보통지》 검술의 복원

우리 검술은 기록이 풍부하지 않은 관계로 그 깊이나 모습을 제대로 알기가 어렵다. 그나마 조선 정조 때 편찬된 《무예도보통지》를 통해서 그 흔적을 살필 수 있어 다행이기는 하다. 하지만 《무예도보통지》의 검술도 중국의 《기효신서》나 《무비지》 등 중국의 검술을 받아들였다는 데서 전형적인 우리 검술은 아니다. 이점에서 아쉬움이 남는다. 물론 그렇다고 《무예도보통지》의 검술이 아예 우리 것이 아니라는 것은 아니다. 임진왜란 이후 국내에서 200여 년 정도 변화·발전하였다면 우리 무예라고 해도 무방해 보이기 때문이다.

현재 많은 무예단체들이 《무예도보통지》의 검술을 복원해 수련하고 있다. 그러나 옛 그림과 설명한 글을 보고 복원하는 것들이기 때문에 조선 후기 병사들이 하던 원래의 모습과 동일한지는 자신할 수 없다. 즉, 각자의 복원이 원형에 가까울 것이라고 주장할 수는 있겠지만, 원형 그 자체는 아니기 때문에, 누구도 자신들의 복원이 정답이라고 말할 수는 없다. 따라서《무예도보통지》등 기록으로 남아 있는 무예를 복원한 경우는 각자가 체득한 무예 원리에 따라 다양한 해석이 가능한 것이다. 해석의 차이는 옳고 그름을 탓할 수 없고 따라서, 서로의 입장 차이를 이해하고 각자의 수련 방식을 인정하는 태도가 필요하다. 물론 무예의 원리에 충실하게 복원했느냐 아니냐 하는 점은 비판이 가능할 것이다. 몸으로 하던 조선 후기의 무예를 그림과 글을 보고 복원한 이상, 무예의 기본 원리에 따라 좀 더 나은 검술 혹은 무예가 되도록 노력하는 것이 현재 우리가 할 수 있는 최선의 방법일 듯하다.

옛말에 일컫는 여협객을
이제야 보는구나
검무

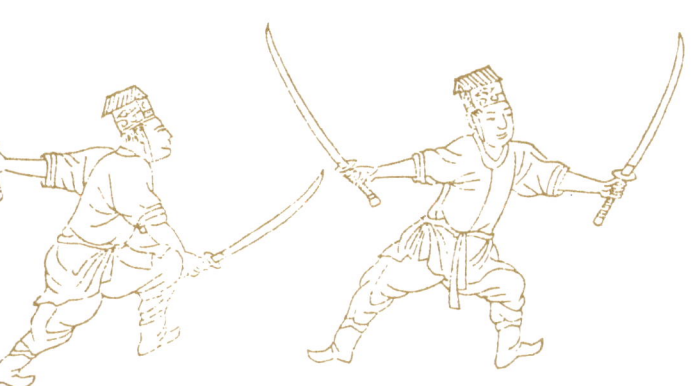

　검무劍舞는 전립戰笠과 전복戰服, 전대戰帶의 복식을 갖춘 네 명의 무
용수가 칼을 들고 마주서서 추는 춤으로, 검기무劍技舞 또는 황창무黃昌
舞, 황창랑무黃昌郎舞라고도 한다. 검무와 검기무는 검을 사용하는 춤이
라는 뜻에서, 황창무와 황창랑무는 검무 연기緣起설화에서 비롯된 명
칭이다.

　삼국시대로부터 고려 말까지 전승되던 검무가 민간에서는 가면무
假面舞로 행해졌으며, 조선 순조 때 궁중정재宮中呈才로 채택되어 지금
까지 전승되고 있다. 궁중연회에서 시연되면서 가면은 벗겨졌으며,
1900년대 이후로는 칼도 무용도구로 변해 길이도 짧아지고 손잡이가
돌아가는 칼로 바뀌었다. 검무는 무예에 기원을 두고 있지만 검 자체
의 살벌함과 격렬함은 사라지고 평화로우면서도 유연한 동작으로 일
관된 춤이 되었다.

검술을 넘어선 검무

무예의 예술적 아름다움은 기技와 힘이 적절하게 조화되었을 때 나온다. 정제된 무예 동작은 살벌함보다는 아름다움을 느끼게 한다. 형型을 절도 있고 깊이 있게 시연하는 나이 지긋한 무예가의 모습에서, 힘줄이 불거지고 탄탄한 몸을 가진 젊은 무인의 날렵하고 힘찬 동작에서, 우아하고 날카롭게 검을 휘두르는 검객의 기품 있는 모습에서 우리는 무한한 아름다움을 느낀다. 무예武藝 또는 'Martial art'라는 말은 어쩌면 정말 적절한 표현인 것도 같다.

무예라는 큰 틀에서 보면, 검무와 검술은 유사하다. 검술의 달인이 검술을 시연하는 모습은 마치 춤추는 동작같이 여겨지기 때문이다. 무예가 최고 경지에 다다르면 그 움직임이 춤과 거의 구별되지 않는다. 반대로 검무를 추려면 상당한 검술 수련이 필요하다. 아마도 검무의 시작은 무장들이 술자리 같은 데서 여흥을 돋우거나 자신의 실력을 은근히 과시하기 위해 칼을 뽑아들고 추듯이 검술 동작을 보여주던 것에서 출발하지 않았을까 한다.[1]

검무가 검술과 관련이 있다는 사실은 이인좌李麟佐의 아들에 관한 기록에서 알 수 있다. 이인좌는 영조 4년(1728) 영조와 노론을 제거하고 밀풍군密豊君 탄坦을 왕으로 추대하고자 무신란을 일으켰다. 그 난이 평정된 후 이인좌의 다섯 살 난 아들을 죽여야 한다는 진언이 영조에게 올라왔다. 그 아이가 '내가 어찌 살 수 있겠는가'라는 말을 하며 검무를 추는 모양을 했으므로, 일찍 죽이지 않으면 반드시 후환이 있으리라는 의견이었다.[2] 다섯 살 먹은 아이가 실제로 그렇게 말하고 행동했을지는 의문이지만, 당시 사람들이 검무와 검술을 서로 유관한 것으로 믿었음을 알 수 있는 대목이다. 이 점은 앞의 '격검'장에서 언급된 김체건에 관한 일화에서도 확인된다. 〈김광택전〉에는 검술이라는 말 대신 김광택의 검무가 신의 경지에 이르렀으며, '만지낙화세滿地落花勢'라는 동작을 할 때는 몸이 검의 움직임에 감춰져 보이지 않았다고 씌어져 있다. 그만큼 검무와 검술은 깊은 관련을 가지고 있었던 것이다.

황창랑과 검무 연기설화

앞에서 검무의 또 다른 명칭으로 '황창랑무'를 언급했다. 그 명칭은 황창黃倡이라는 신라 소년으로 인해 검무가 시작되었다는 기록에서 나왔다. 《동경잡기東京雜記》〈풍속風俗〉 '검무지희劍舞之戲' 조를 보면 이런 말이 있다.

황창랑은 신라인이다. 속설에 전하기를 나이 일곱 살 때 백제의 시가에 들어가 칼춤을 추니, 구경하는 사람이 담처럼 둘러섰다. 백제의 임금이 듣고 황창랑을 불러다 보고는 마루에 올라와서 칼춤을 추라고 명령했다. 황창랑은 기회를 틈타서 백제왕을 찔러 살해했다. 그러자 분노한 백제 사람들이 그를 죽이고 말았다. 신라 사람들이 이를 슬프게 여겨 그의 얼굴 모습을 본뜬 탈을 만들고 칼춤을 추었이에 대해 이첨李詹(1345~1405. 고려 말 조선 초의 문신)은 《동경잡기》 '관창官昌' 조에서 황창랑의 고사를 한 번 더 언급하면서, 경주에서 칼춤을 추는 동자에게 이 이야기를 전해 들었다고 했다. 이첨은 황창랑의 이야기를 황산벌에서 계백에게 죽은 관창(645~660)의 이야기가 와전된 것으로 보았다. 본국검本國劍 또는 검무와 밀접한 관계가 있는 황창이 계백과의 싸움에서 죽은 화랑 관창이라고 믿은 것은 관창의 극적인 죽음이 황창과 닮아서였을까. 《삼국사기》에 기록된 관창의 이야기를 좀 더 자세히 살펴보자.

관창은 신라 장군 품일品日의 아들로 관상官狀이라고도 하였는데, 겉모습이 우아하고 남과 사귀기를 잘했다. 어린 나이에 화랑이 되었는데, 그가 16세에 말을 타고 활쏘기를 잘하는 것을 본 대감大監 아무개가 태종대왕太宗大王(무열왕武烈王)에게 천거해서 된 것이다.

관창은 660년 신라가 당나라와 함께 백제를 칠 때 부장副將이 되었고, 지금의 논산군 연산면의 황산벌에서 대치하였다. 관창의 아버지 품일이 관창에게 이르기를, "네가 비록 어린 나이지만 사기士氣가 있다. 지금이 공명을 세워 부귀를 이룰 때이니 어찌 용맹을 내지 않겠느냐"고 말하자, 관창이 "그렇습니다"라고 답하고 말에 올라 창을 비껴들고 곧장 백제의 진으로 달려들어가 여러 명을 죽였다. 그러나 결국 백제군에게 끌려갔다. 백제의 원수 계백階伯이 갑옷을 벗겨보고 관창의 나이가 어린 것을 알고 차마 죽이지 못하였다. "신라에는 기특한 장수가 많도다. 소년도 이렇게 용감한데, 장사들은 어떠할 것인가!"라고 탄식하면서 살려 보내주었다.

관창이 돌아와서 말하기를 "내가 아까 적진에 들어가 장수를 베고 깃발을 꺾지 못했으니 한스런 일이다. 두 번째 들어가면 반드시 성공할 수 있으리라" 하고, 우물물을 마신 후 다시 백제의 진영으로 돌입하여 사납게 싸웠으나 또 사로잡혔다. 안타까운 일이었지만 계백은 관창의 머리를 베어 말안장에 매달아 보낼 수밖에 없었다.

품일이 관창의 머리를 치켜들고 소매로 피를 씻으며 "내 아이의 얼굴이 살아 있는 것 같다. 나라 일에 죽었으니 후회할 것이 없다"고 말했다. 신라의 삼군三軍이 이를 보고 모두 비분강개하여 뜻을 굳게 세운 다음, 북을 치고 진격하여 백제군을 크게 이겼다. 임금은 관창에게 급찬級飡의 직위를 더해주고 예를 갖춰 장사를 지내게 했으며, 그 집에는 당견唐絹 30필과 20승포 30필, 양곡 100석을 장사 비용으로 보내주었다고 한다.

구체적인 명칭은 다르지만, 전반적인 상황이 매우 흡사해 관창과 황창랑이 동일인처럼 인식되어온 듯하다. 이첨이 《동경잡기》에서 을축년인 우왕禑王 11년(1385) 겨울에 검무희를 봤다고 한 점으로 보아 동경, 즉 경주 지역에서 검무가 오랫동안 전승되고 있었음을 알 수 있다. 검무는 조선시대에 들어서도 경주 지역에서 전승된 것이 분명하다. 그 점은 점필재佔畢齋 김종직金宗直(1431~1492)의 《동도악부東都樂

府)를 통해 확인할 수 있다.

저기 저 사람 아직 어린애

몸은 아직 석 자도 못 되는데 어찌 그리 씩씩한가

평생에 왕기汪錡가 바로 나의 스승이네

나라 위해 설욕하면 부끄러울 것이 없네

목에 칼을 대어도 다리 안 떨리고

칼이 심장 가리켜도 눈 아니 흔들리네

공을 이루자 춤추고 사라지니

산을 끼고 북해北海라도 뛰어넘을 듯

이 노래는 동도 경주에서 황창무희를 보고 감회를 피력한 노래이므로, 고려시대부터 내려오던 검무가 조선시대에도 이어졌음을 증명한다. 그 뒤 효종 연간의 기록에 보면, 후원後苑에서 무예 재주를 시험했을 때 국왕이 너무 가까운 곳에서 관람하는 것은 불가하다고 하면서 그 근거로 황창랑의 검무 일화를 인용한 사실이[3] 있다. 이것으로 보아, 그때까지도 황창랑 설화가 널리 퍼져 있었음을 알 수 있다.

관창과 황창 그리고 창해역사

검무와 황창랑을 연결 짓는 견해는 《무예도보통지》의 '본국검' 조

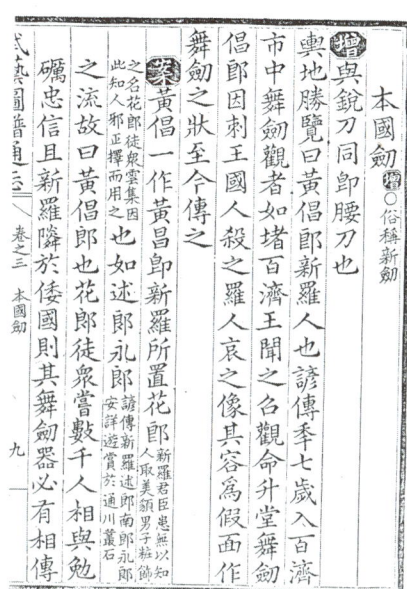

에 나온다. 거기에는 황창랑을 우리나라 검술의 시
초로 삼는다는 내용이 있다. 이로 인해 본국검이 신
라로부터 내려왔다는, 다시 말하면 우리나라 검술
의 기원이 황창랑에서 비롯되었다는 주장이 정설이
되다시피 했다.

그러나 이것은 《무예도보통지》의 편자들이 황창랑
고사를 조선 검술의 시초로 삼겠다는 의지를 표현한
것일 뿐, 역사적 사실로 믿기는 어렵다. 황창랑이 실
존인물인지도 알 수 없는 데다가 신라 당대의 사료도
아닌 조선 후기의 기록을 가지고 본국검의 기원을 황
창랑에서 찾는 것은 문제가 있어 보이기 때문이다.

《무예도보통지》 본국검 항목에서 황창랑을 끌어들인 데는 그 검술
의 기원이 중국이나 일본에 있지 않다는 점, 우리나라에도 전통적인
검술이 있었음을 강조하고 싶었던 집필자들의 염원이 반영되어 있는
것으로 보인다. 본국검의 기원을 거슬러 올라가 살펴보는 과정에서 마
땅한 기록을 발견할 수 없었으므로 구전되던 황창랑 이야기라도 끌어
들이고 싶었을 것이다.

황창랑에 대해서는 또 다른 견해가 있다. 황창은 관창이 아니라 '창
해역사滄海力士'라는 주장이다. 진秦이 한韓나라를 멸망시키자, 한의
회복을 도모하던 장량張良이 동쪽 창해군滄海郡(지금의 강원도 강릉)에
갔다가 120근이 나가는 철퇴를 쓰는 역사力士를 얻어, 지금의 하남성河

南省 원양原陽 남동쪽에 위치하고 있는 박랑사博浪沙에서 진시황秦始皇을 저격하려다가 실패하고 말았다. 진시황을 암살하려 한 그 자객이 바로 창해역사다.

황창을 창해역사라 보는 이들은 다음과 같은 이유를 들어 황창은 관창이 아니라고 주장한다. ① 관창은 16세 소년으로 부하를 이끌고 적진에 뛰어들어 싸우다가 장렬하게 전사했다는 점에서 황창랑 이야기와 비슷한 대목이 없다. ② 사실이 글로 표현되는 과정에서 약간의 과장이 따른다고 해도 16세 소년을 7세로 낮추는 것은 현실감각에 맞지 않는다. ③ 황창 이야기는 황창이 적국에서 왕을 살해하고 나서 잡혀 죽은 뒤의 이야기가 핵심인데, 관창 이야기에는 그런 대목이 전혀 나타나지 않는다. ④ 관창은 관상官狀이라고도 불렸다는 점에서 황창과 동일시하는 것은 아무래도 무리라는 비판이다.

그러나 황창을 창해역사와 동일시하는 견해도 비판의 여지가 있다. ① 황창랑 이야기와 비슷한 대목이 없기는 마찬가지고, ② 창해역사가 진시황을 암살하려고 했을 때 나이가 상당히 들었을 것이므로, 관창 이야기와 별 차이가 없으며, ③ 창해역사 이야기에서도 진시황을 저격하려다 실패한 뒤의 이야기가 미흡하는다는 점 등이다.

여성부터 남성까지 즐긴 검무

앞서 검무가 신라 때부터 경주 지역에서 전승되었다고 했다. 그렇다고 해서 검무가 경주에서만 행해진 것은 아니었다. 조선 후기의 사행기록인 《기유록奇遊錄》에 보면 용천龍川의 검무가 관서關西 42개 고을에서 유명하며, 용천龍泉과 용만龍灣 두 고을의 기생을 불러 진변헌鎭邊軒 안에서 검무로 승부를 겨루기도 했다고 한다. 숙종 37년(1711) 임수간任守幹의 일본 사행 기행록인 《동사일기東槎日記》에는 청송 기생 두 사람의 검무가 볼 만했다고 기록되어 있어, 경주 외에 관북과 영남의 몇몇 지역에서도 검무가 퍼져 있었음을 알 수 있다.

호남 지역에도 검무는 존재했다. 신광수申光洙는 전주全州 한벽당寒碧堂에서 검무를 보고 나서 그 소감을 《한벽당 12곡》(1749)으로 정리했다.

전주 아녀자들은 남장을 잘 하지
한벽당에서 검무가 한창이네
유리빛 푸른 물에 그림자 보려 하나 보이지 않고
한벽당 안에 머리 돌려 추는 춤 서릿발 같네

여러 기록을 종합해볼 때 검무는 주로 기생들에 의해 전수되었고, 전국 각지에서 행해졌음을 알 수 있다. 조선 후기 마을장터에서 판놀음을 벌이는 놀이패 풍각쟁이 중에도 검무를 추는 무동이 있었다. 신재효의 〈변강쇠가〉 한 대목을 보자.

검무 추난 아희놈이 양손에 칼을 들고 연풍대 좌우사위 번듯번듯

드러메고 들어서며 (……) 검무장이 일어서서 여민락 신방곡을 자미있게 혼 춤노니.

여민락與民樂은 궁중의 향연에서만 쓰이는 곡이며, 지금의 검무에서도 염불 굿거리 타령이 쓰이지 여민락·신방곡神房曲은 쓰지 않는다. 그러므로 '검무장이가 여민락과 신방곡을 논다' 는 표현이 약간 이상하긴 하다.[5] 그러나 조선시대 검무가 여러 지역과 사람들에 의해 행해졌음은 분명하다. 구한말 검무의 모습은 순종純宗 때 편찬된《정재무도홀기呈才舞圖笏記》에 나와 있는 검무의 무보舞譜를 통해 재구성할 수 있다.

음악은 무령지곡武寧之曲이며, 향악과 당악을 함께 연주했다. 악사는 어전 가운데 검기를 놓고 좌우로 나온다. 박을 치며 춤을 이루고 서로 마주하며 춤추며 나가고 춤추며 물러서고 바꾸어 선다. 혹은 뒤로, 혹은 얼굴을 보며 춤춘다. 서로 마주하여 꿇어앉아 춤추고 칼을 놀리고 칼을 잡아 번쩍번쩍 나부끼면서 놀리고 칼을 서로 부딪쳐 막으며 춤추며 아울러 일어서서 춤추기 시작한다. 각기 재주를 부려 제비가 집을 찾아 돌아가듯(연귀소燕歸巢) 자리

《원행을묘정리의궤》에 수록된 검무 그림

가 바람에 움직이도록(연풍대筵風擡) 춤추며 앞으로 나갔다 뒤로 물러났다 하다가 음악을 그친다.

'제비가 집을 찾아 돌아가듯'이나 '자리가 바람에 움직이도록 앞으로 나갔다'고 하는 구절에서 조선시대의 검무가 매우 활기차고 날렵했다는 것과 '서로 마주하여 꿇어앉아 춤추고'라는 구절에서 대무對舞 형식이었다는 것을 알 수 있다.

대개 검무를 여성의 춤으로 여기지만, 남성들도 검무를 추었다. 연산군이 좋은 말을 후원에 들여놓고 스스로 말을 달리며 활 쏘고 검무를 추었다거나,[6] 인조가 1,300여 명이 넘는 군사들을 위해 위로연을 베풀었는데, 그 잔치를 주관한 사람 중 하나인 이귀李貴가 장사將士들에게 검무를 추게 하고 자신도 일어나서 춤을 추며 즐겼다는 기록이 있다.[7] 숙종 8년(1682) 역관으로 통신사를 따라 일본에 다녀 온 홍우재洪禹載가 쓴 《동사록東槎錄》과 김지남金指南의 《동사일록東槎日錄》에도, 사행이 예천醴泉을 지날 때 마상재인馬上才人 오순백吳順白을 시켜 검무를 추게 했다는 내용이 있다.

군사들이 춘 검무와 오순백의 검무는 기생들이 추는 일반 검무와는 상당히 달랐으리라 생각된다. 특히 오순백의 경우, 그의 검무를 보기 위해 구경꾼들이 담을 두른 듯 모였다고 했다. 이것은 그의 춤이 여간해서는 보기 어려운 특별한 형태라서 그랬을 것이다. 아마도 춤이라기보다는 검술에 가깝지 않았을까 짐작된다.

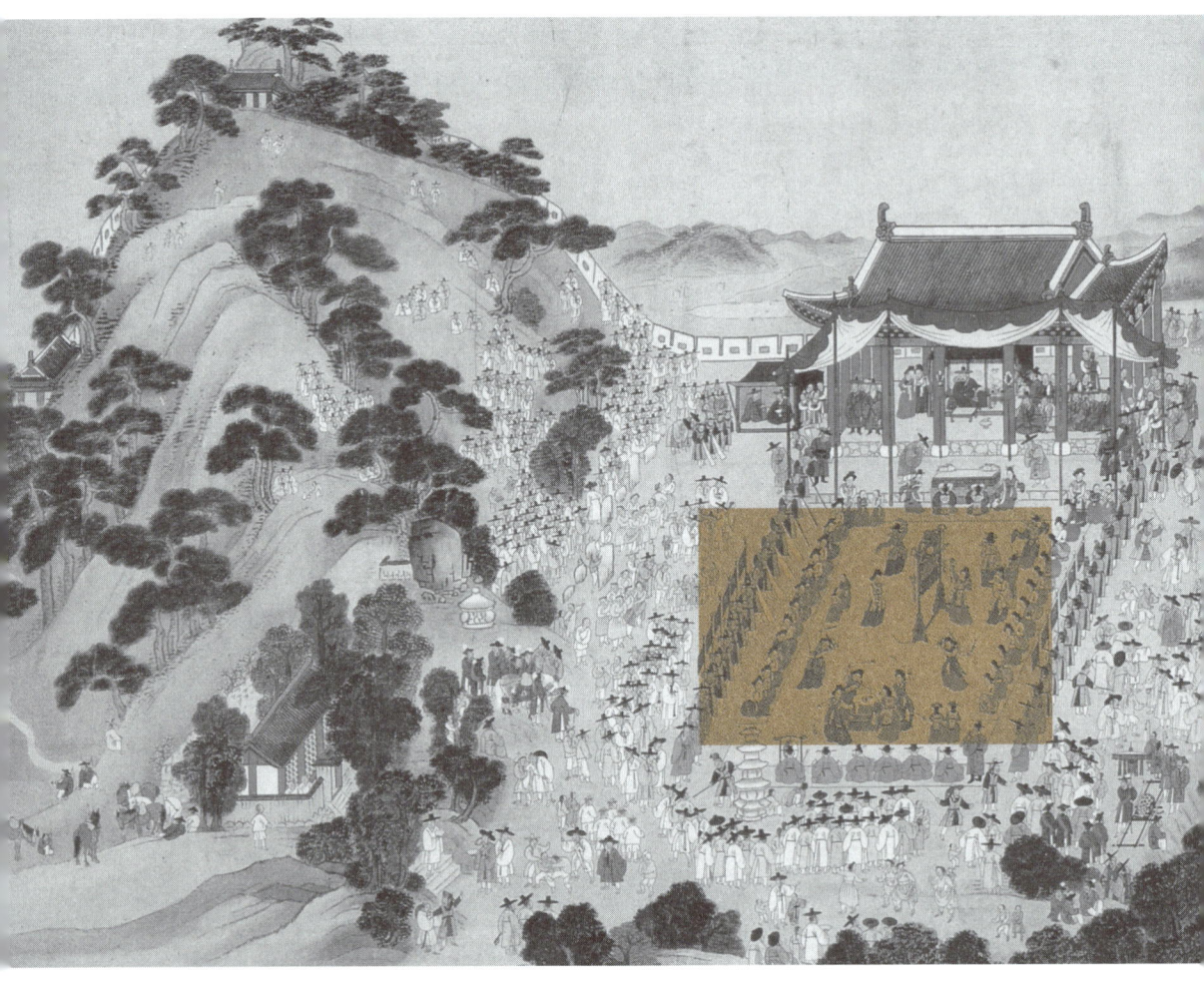

《평양감사향연도》 중 〈부벽루연회도〉

국립중앙박물관 소장

《원행을묘정리의궤》의 검무 동작과 거의 동일함을 볼 수 있다. 검무에 사용하는 검기劍器가 직선에 가까운 것으로 봐선 한쪽에만 날이 있는 도刀라기보다는 양쪽에 날이 있는 검劍으로 보인다. 양날 칼인 검과 한날 칼인 도는 그 사용법에 차이가 있다. 검이 찌르기 위주의 형태에 쓰이고, 도는 베기 위주의 형태에 쓰이기 때문이다. 만약 검술 혹은 도술에서 검무가 발생했다면 검을 사용하느냐 도를 사용하느냐에 따라 검무도 일정 부분 그 영향을 받았을 것이라 생각된다.

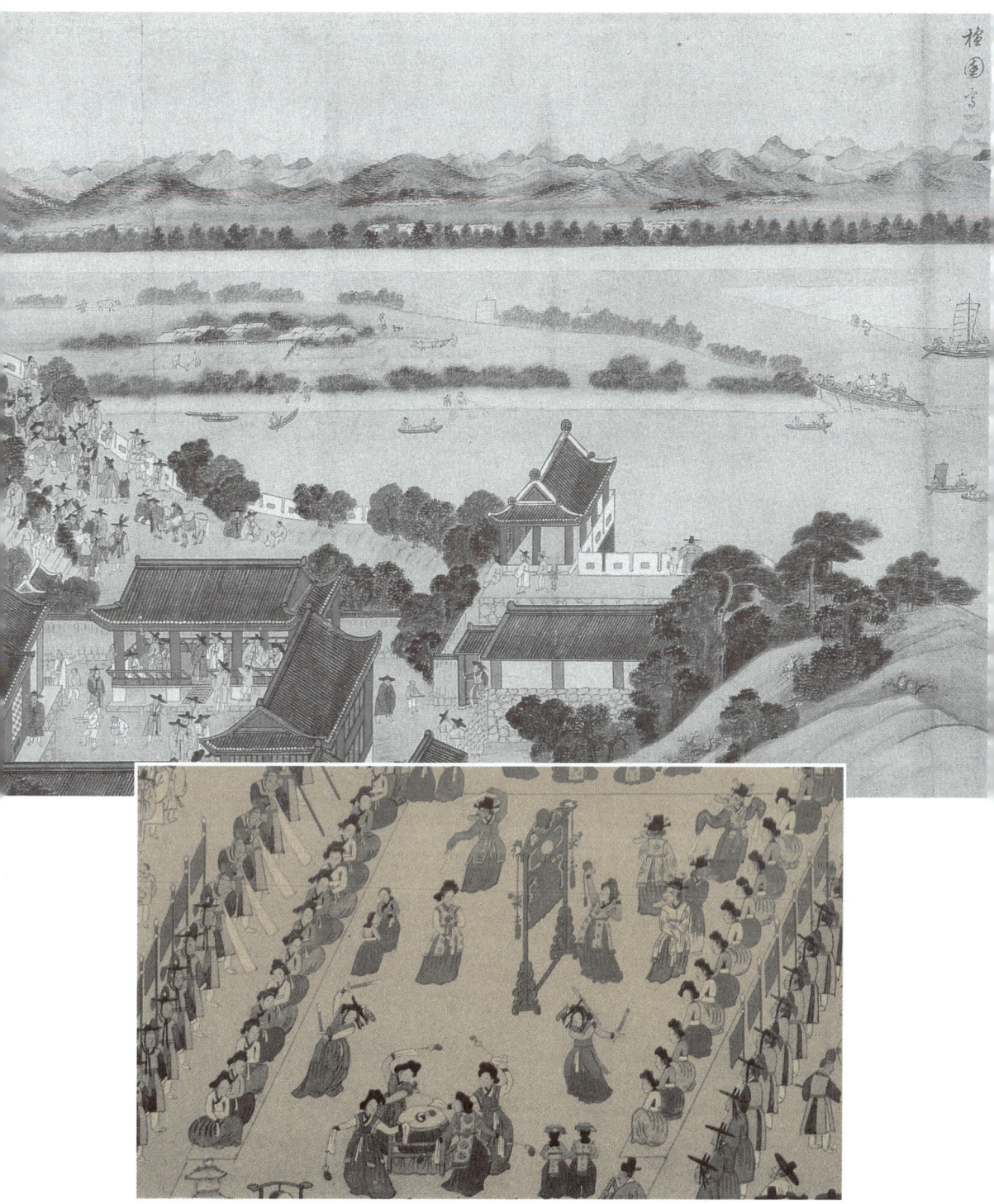

서관에서 제일가는 검무랑

조선시대의 검무는 실제로 어떤 모습이었을까? 다행히 그 광경을 그린 그림 몇 점이 남아 있다. 먼저 《평양감사향연도》의 일부인 〈부벽루연회도〉를 보자.

모란봉 기슭에 자리 잡은 부벽루에서 연회가 벌어졌다. 장막이 드리워진 부벽루 안에 평안감사가 좌정했고, 앞마당에는 깃발과 무기를 든 호위사령들이 열을 맞춰 서 있으며, 그 앞으로 기녀들이 나란히 앉아 있다. 일곱 명의 악사가 앉아 있고, 중앙에는 처용무와 북춤을 추는 이들이 있다. 그리고 전립을 입은 두 명의 무용수가 양손에 검을 들고 마주보며 쌍검무雙劍舞를 선뵈고 있다.

그림 속에 등장하는 검기劍器는 직선에 가깝다. 한쪽에만 날이 있는 도刀라기보다는 양쪽에 날이 있는 검劍이 아닐까. 이 그림이 그려질 때까지도 검무에는 도를 사용하는 검무가 아닌 다른 춤사위도 존재했던 것 같다. 검과 도는 사용법에 차이가 있다. 검이냐 도냐에 따라 춤사위에 차이가 있을 것은 당연한데 검을 소품으로 들었다면 베는 동작보다는 찌르는 동작이 많았을 것이다.

검무에서 양날 칼, 즉 '검' 형태의 검기를 사용한 예는 이 그림 외에 《원행을묘정리의궤》에서도 볼 수 있다. 평양 지역의 검무에 대해 석북石北 신광수申光洙가 연광정에서 검무를 추었던 기생 추광월秋光月에게 지어준 시가 있다.

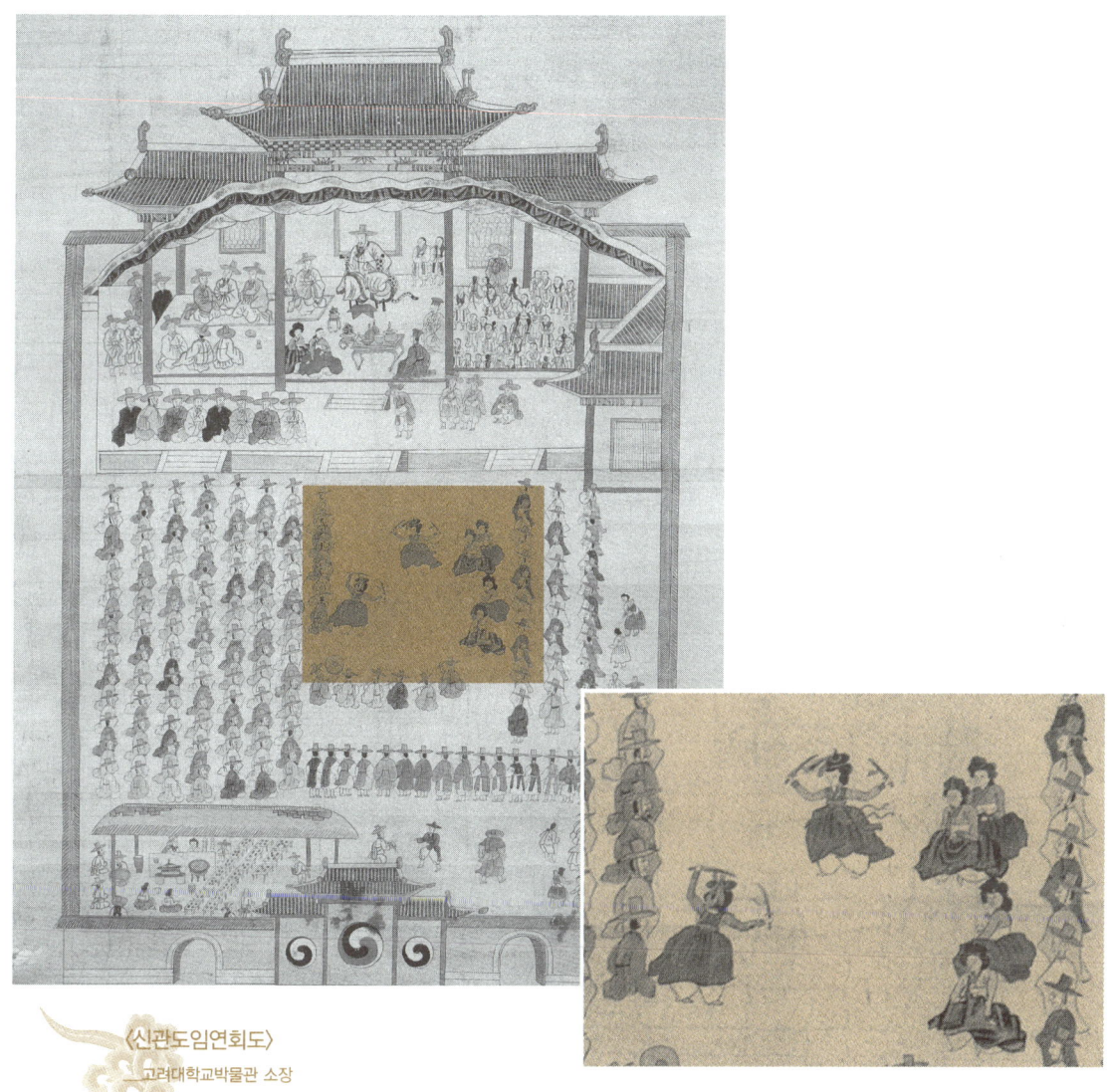

〈신관도임연회도〉
고려대학교박물관 소장

검의 길이가 상당히 짧아지고, 검 등 가운데 수술 장식을 달아 시각적인 요소를
강조하였다. 이는 무예적인 요소보다는 춤적인 요소, 즉 율동을 강조하기 위한
것으로 바뀌었음을 말해준다.

푸른빛 전립에 붉은 바탕 치마 입어

서관西關(평양)에서 제일가는 검무랑劍舞娘일세

해 떨어지니 어룡은 극포極浦로 다가오고

날 맑으니 풍우가 없는 정자로 모이네

    기생들이 추는 검무를 그린 그림들을 되짚어보면 모두 쌍검을 들었다. 검 두 개를 쥐고 추는 것이 하나만 사용하는 것보다 좀 더 화려해 보이기 때문일 것이다. 현대에 가까워질수록 검이 짧아지고 손잡이와 날이 따로 움직이도록 변형되며 장식도 추가된다. 이 또한 춤의 효과를 극대화하기 위한 장치이다.

    19세기 작품으로 추정되는 〈신관도임연회도新官到任宴會圖〉에도 검무 장면이 있다.

    어느 지방의 수령이 베푼 연회인지는 정확히 알 수 없지만, 조선 후기에는 평생도平生圖의 일부로서 《평양감사향연도》가 그려진 예가 적지 않았고, 그 그림의 구성이나 내용도 〈부벽루연회도〉와 비슷하였는데 문제의 그림 역시 평양감사가 벌인 연회를 묘사한 게 아닐까 추정된다.[8] 이 그림은 신윤복의 〈쌍검대무〉와 달리 검의 길이가 상당히 짧고, 검 등 가운데에 수술 장식을 달아 화려한 볼거리 요소를 강조했다. 검무가 무예의 요소보다는 춤 자체의 미적 요소에 더 많은 비중을 두는 쪽으로 바뀌었음을 말해준다.

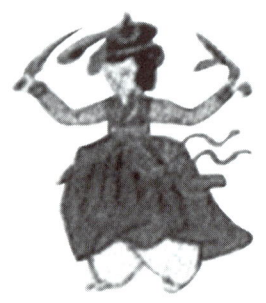

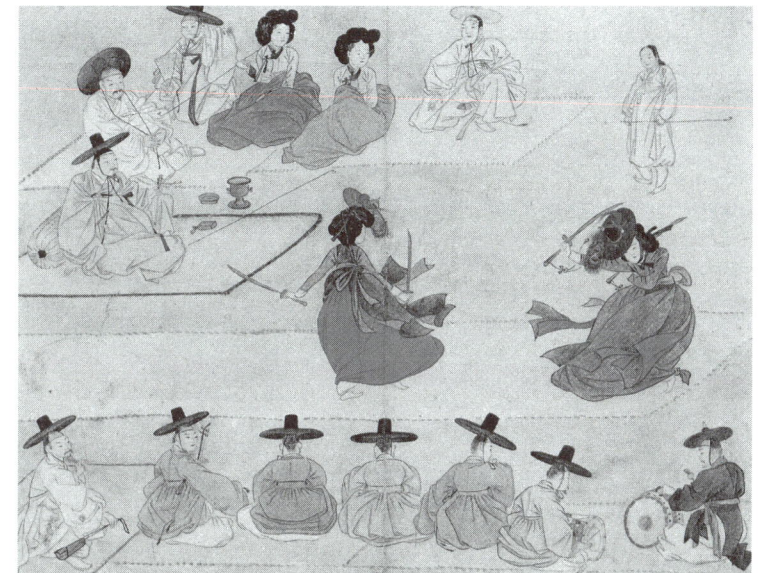

〈쌍검대무〉

__간송미술관 소장

이 동작은 칼춤에서 최고 기술이라고 하는 연풍대 燕風臺로 오른편 무희의 자세에서 시작해서 왼편 무희의 자세로 마무리되는 회전 동작이다.

한 마리 제비처럼

신윤복의 〈쌍검대무雙劍對舞〉는 검무 장면을 담은 대표적인 작품으로, 두 명의 무희가 쌍검을 들고 삼현육각에 맞춰 춤을 추는 모습을 담았다.

이 그림은 인물들이 앉은 자리 정도만 간략하게 표현하고 특별한 배경 묘사는 없이 장면 자체만 부각시켰다. 하단의 악공들과 뒤쪽의 구경꾼들을 두 줄로 배치하고 가운데에 칼춤을 추는 두 여인의 모습에 시선이 집중되도록 배치했다. 특히 빨간 치마를 입은 여인을 그림 중앙에 놓고 그 옆에 청색 치마를 입은 여인을 두어 강렬한 색채 대조 효과를 노린 점도 눈에 띈다. 양손에 칼을 든 채 세차게 돌면서 춤추는 여인들의 힘찬 동작과 나부끼는 옷자락은 강렬한 동감과 활기찬 분위기

를 자아낸다. 남녀의 멋들어진 옷차림
과 흥겨워하는 표정도 춤판을 돋보이
게 한다.[9]

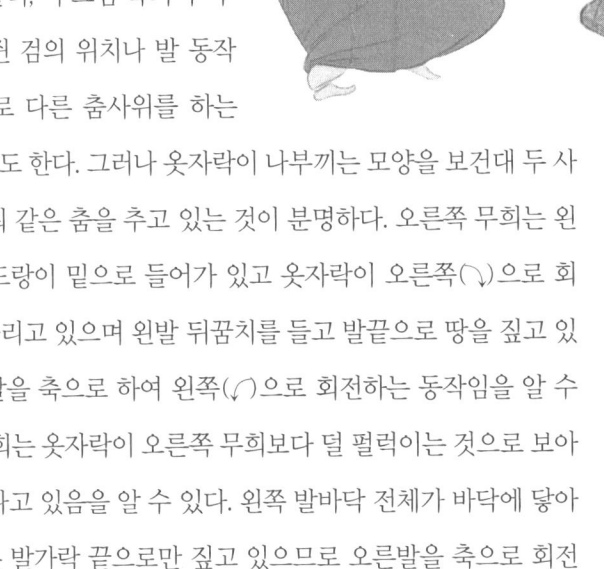

〈부벽루연회도〉의
무용수들이 똑같은 춤동작을
보이는 것과 달리, 이 그림 속의 두 무
용수는 손에 쥔 검의 위치나 발 동작
이 달라서 서로 다른 춤사위를 하는
것처럼 보이기도 한다. 그러나 옷자락이 나부끼는 모양을 보건대 두 사
람이 짝을 이뤄 같은 춤을 추고 있는 것이 분명하다. 오른쪽 무희는 왼
팔이 오른 겨드랑이 밑으로 들어가 있고 옷자락이 오른쪽(↷)으로 회
전하면서 흔들리고 있으며 왼발 뒤꿈치를 들고 발끝으로 땅을 짚고 있
으므로, 오른발을 축으로 하여 왼쪽(↶)으로 회전하는 동작임을 알 수
있다. 왼쪽 무희는 옷자락이 오른쪽 무희보다 덜 펄럭이는 것으로 보아
회전이 막 끝나고 있음을 알 수 있다. 왼쪽 발바닥 전체가 바닥에 닿아
있고 오른발은 발가락 끝으로만 짚고 있으므로 오른발을 축으로 회전
한 후 중심을 왼발로 이동하는 순간인 듯하다. 양손은 팔八자로 벌려 동
작의 균형을 잡고 있다. 즉 그림 속의 장면은 오른편에 선 무희의 자세
에서 시작해 왼편 무희의 자세로 마무리되는 회전 동작으로 보인다.

이처럼 원을 그리며 빙빙 도는 춤동작을 연풍대筵風擡(軟風臺)라고
한다. 기생들이 노래를 부를 때 빙빙 돌아다니는 것, 또는 농악무에서

장구치는 사람이 한 번 뛰어 허공에서 재주를 넘거나 자신의 등을 원의 중심으로 삼아 시계 반대방향으로 돌아가는 동작도 연풍대라고 한다. 칼춤의 최고 기술인 연풍대는 제자리에서 도는 게 아니라 좌우로 이동하며 도는 동작이다. 칼을 양어깨에 댄 채 한 발을 축으로 삼고, 또 한 발은 무릎을 굽혀 발을 위아래로 올리고 내리면서 원주圓周 위에서 좌우로 회전하는데, 이때 허리를 앞뒤로 젖힌다. 연풍대라는 명칭은 무용수들이 검을 휘두르며 빙빙 도는 동작이 마치 대자리를 걷어내는 바람같이 날렵하게 움직이는 것 같아서 붙은 명칭일 것이다.

연풍대는 검무에서 가장 중요한 기술이었다. 이 점은 조선 후기의 사행기록인《기유록奇遊錄》에 용천龍泉과 용만龍灣 기생들이 검무 시합을 벌였을 때 계랑桂娘이라는 용천 기생이 좌우로 돌며 연풍대를 잘해 좌중을 주름잡았다는 대목에서도 알 수 있다.

구한말 외국인들이 본 검무

구한말 조선을 방문한 외국인들도 검무를 감상한 소감을 여러 군데 적어두었다. 어느 프랑스 여행가는 이런 말을 하였다.

가장 긴장감을 준 것은 무녀들의 칼춤으로 전쟁터에서 싸우는 무장한 병사 차림으로 나왔다. 서너 명씩 무리를 이루며 활기찬 음악에 맞추어 작은 칼을 휘두르며 빠르게 회전하는 모습에서 야릇한 전율

을 맛보았고, 특히 칼로 목에 상처를 내는 듯한
동작에서는 긴장감이 감돌았다.[10]

'야릇한 전율'이라는 표현처럼 이 여행자 역시 검
무의 절정인 연풍대 동작에 특히 매료된 것 같다. 나
카무라中村金城의 《조선풍속화보》(1902)와 네지에
르(Joeseph de la Neziere)의 《극동의 이미지 L
'Extreme Orient en Images》(프랑스 파리, 1902)에는
검무 그림이 있다.

《조선풍속화보》에 실린 〈기생검무〉에 등장하는 검
은 길이가 짧아지고 검신 중간에 짧은 가지가 뻗어 있으며 술 장식도
달렸다. 이것은 현재 검무에서 사용하는 검과 매우 비슷하다. 《극동의
이미지》에 실린 궁중 무용수 그림 중에도 검무 장면이 있다. 네 명의
무희가 무릎을 꿇은 자세로 칼을 돌리고 있다. 그들의 검은 손잡이와
칼날이 따로 움직이는 형태를 띠었다. 또한 앞에서 설명한 여러 그림
과는 달리 무희가 두 명에서 네 명으로 늘었고, 검과 손잡이가 따로따
로 움직이는 등 1900년대 들어 검무에 상당히 큰 변화가 일어났음을
보여준다.

《조선풍속화보》의 검무도에서는 무희들이 손에 든 검의 손잡이와
검신(칼날)이 따로 움직이게 되어 있었는지를 확인할 수 없다. 그러나
《조선풍속화보》와 《극동의 이미지》는 같은 시기에 출간되었기 때문에

일본인의 기생검무
검이 짧아지고 검신 중간
에 가지가 나와 있으며,
그 가지에 장식을 달고
있다. 이런 형태는 현재
전해지고 있는 검무와 그
느낌이 매우 비슷하다.

검무에 등장한 검의 형태가 동일하였을 가능성이 크다.

검기劍器의 변화는 춤동작의 변화로 이어졌을 것이다. 임수간任守幹의 《동사일기》를 보면 청송 기생 두 사람의 검무 솜씨를 칭찬하면서, 쌍검을 던져 한 손으로 받는 솜씨가 참으로 뛰어나다는 내용이 있다. 20세기 초의 검기처럼 손잡이와 날이 따로 움직이는 경우라면 검을 던졌을 때 움직임이 불규칙해져서 공중으로 던지고 받는 동작이 사실상 불가능해진다. 따라서 손잡이와 검날이 따로 움직이게 되는 1900년대 이후에는 칼을 던지고 받는 동작이 점차 사라져서, 오늘날에는 그런 동작을 어디서도 찾아볼 수 없게 되었다.

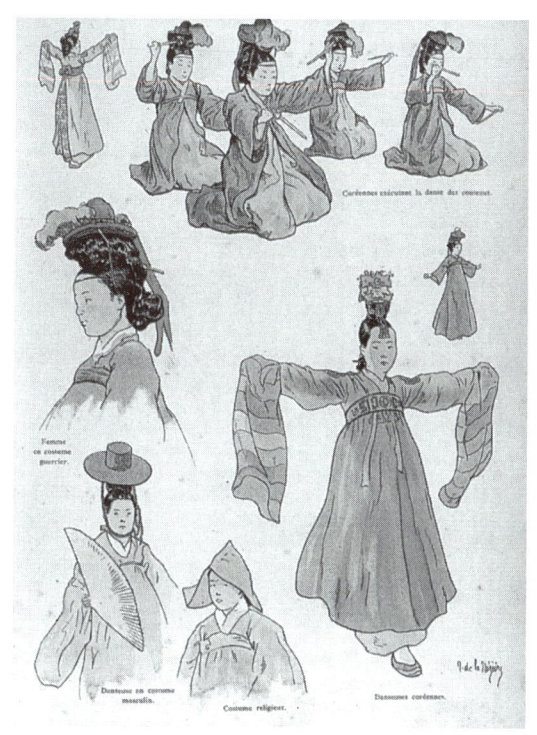

《극동의 이미지》
검 자루와 검신(칼날)이 따로 움직이도록 되어 있어, 검무에 사용하는 검기가 현재와 같은 형태를 띠고 있다.

정약용의 《무검편증미인》

현재 검무는 진주검무·평양검무·호남검무·통영검무·해주검무 등 여러 지방에 전해진다. 그밖에 검 대신 수건을 이용하는 공막무公莫舞와 한삼汗衫을 쓰는 첨수무尖袖舞도 검무에서 파생된 춤이라고 한다.

오늘날의 검무는 검술의 정밀한 무예 동작보다는 부드러운 곡선을 그리는 춤 형태로만 남아 있다. 하지만 우리 무예 문화의 한 모습을 살필 수 있는 몇 안 되는 유산 중의 하나라는 데서 중요성을 갖고 있다. 검무를 추는 이들이 검무의 근간인 검술을 염두에 두면서 무예적인 요소를 되살린다면 어떨까. 현재의 춤사위 동작 외에 그림이나 문헌에 나타난 검무 동작을 감안해서 지금은 잊혀진 동작들을 재현해보는 것은 어떨까. 예를 들면, 신윤복의 〈쌍검대무〉에서처럼 장검을 이용한 검무를 복원할 수 있을 것이다. 그러면 무예뿐만 아니라, 검무의 춤사위도 좀 더 풍부해질 것이다.

끝으로 검무의 율동이 잘 표현된 다산 정약용의 《무검편증미인舞劍篇贈美人》을 함께 감상해보자. 모두 32구로 되어 있는 이 시는 네 줄씩 여덟 개의 장면으로 나누어, 당시의 검무 모습을 생생하게 보여준다.

계루고 한 소리에 풍악이 시작되니
좌중이 가을 물처럼 고요해라
촉성루 여아의 꽃 같은 그 얼굴이
군복으로 단장하니 영락없는 남자 모습

보랏빛 쾌자에 청전모 눌러쓰고
관중 향해 절 올리고 발꿈치 들고 돈다
사뿐한 걸음마다 장단에 어울리니

슬픈 듯 갔다가는 기쁜 듯 돌아온다

나는 선녀처럼 사뿐히 앉으니
발 밑에 가을 연꽃 곱게 피어나네
기웃이 뒤로 젖히며 한참 동안 추다가
열 손가락 뒤쳐 뵈니 뜬구름 같네

한 칼은 놓고 한 칼로 춤을 추니
푸른 뱀이 백 번이나 가슴을 치감는 듯
홀연 쌍칼 잡자 사람은 보이지 않고
일어설 땐 하늘에 안개구름 자욱하네

이리저리 흔들어도 부딪치지도 않고
치고 찌르고 뛰고 굴러 소름 끼치네
회오리바람 소나기가 겨울 산에 가득한 듯
붉은 번개 푸른 서리 골짜기에서 다투는 듯

놀란 기러기가 멀리 가 안 돌아올 듯하더니
성난 매처럼 감돌면서 노려보다가
쨍그렁 칼 던지고 날 듯이 돌아오니
예처럼 가는 허리 가늘기 한 줌일세

사라(신라) 여악女樂은 우리나라서 제일인데

황창이 추던 무보가 지금까지 전하누나

백인이 검을 배워 겨우 하나가 이루니

살찐 몸매 처진 볼에 노둔한 자 많았거늘

네 이제 젊은 나이 그 기예 절묘하니

옛말에 일컫는 여협객을 이제야 보는구나

얼마나 많은 사람 너 때문에 애태웠나

때때로 미친 바람 장막 안에 불어든다

나는 새를 맞추고
나는 활을 화폭에 담다
활쏘기

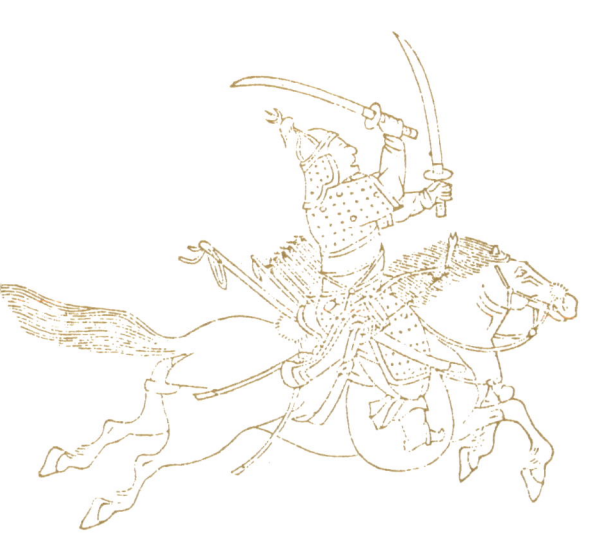

활쏘기는 활과 화살을 사용해 표적을 맞히는 경기다. 예로부터 활 쏘기는 '사예射藝'라 하여 선비가 반드시 익혀야 할 무예의 하나로 인식되었고, 대중적인 전통놀이이자 무예로 널리 인정받아왔다. 활쏘기는 사대부를 중심으로 광범위하게 전승되었으며, 지금도 전국의 사정射亭에서 활 쏘는 모습을 볼 수 있다.

고고학적 조사에 따르면, 활과 화살은 이미 구석기시대 말부터 근동아시아의 여러 민족이 사용하였다. 신석기시대에 이르면 활은 수렵민족들 사이에서 급속히 보급되어 사냥은 물론 외적 방어용으로도 사용되었다. 처음에는 먹을 것을 얻기 위한 생활도구로 창안되었다가 점차 전쟁무기로 발전하면서 활의 쓰임새가 커졌던 것이다. 그러나 화약의 발명으로 총이 등장하면서 무기의 기능은 거의 사라지고 지금은 놀이 또는 스포츠로 애호되고 있다.

활쏘기와 관련된 여러 명칭의 유래

활쏘기의 역사와 전개에 관해 살펴보기 전에 용어 몇 가지를 먼저 살펴보자. '활'이라는 우리말 발음은 적어도 고려시대부터 존재했던 듯하다. 고려 숙종 때 개성을 방문한 송나라 사람 손목孫穆이 고려 사람들의 언어를 한자음을 빌어 표기해놓은《계림유사鷄林類事》에 보면 "궁弓은 활活이라고 한다"고 되어 있다. 현재의 발음과 별반 다르지 않음을 알 수 있다. 이 책에는 활쏘기를 뜻하는 사射에 대해서도 "활색活索이라고 한다"고 하였다. 당시 색의 발음이 [soa] 혹은 [soh]여서[1] '활쏴' 혹

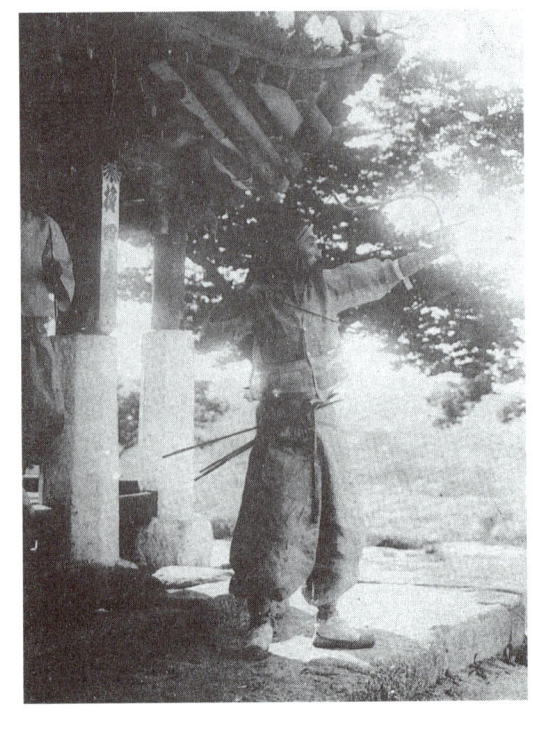

은 '활쏘'라고 발음했음을 뜻한다. 화살에 대해서도 "화살[箭]은 살薩이라고 한다"라고 되어 있어 이 역시 현재의 발음과 큰 차이가 없다.

과녁은 대개 활을 쏘는 목표가 되는 나무 표적을 말한다. 원래 관혁貫革이란 한자어였으나 우리말에서는 '과녁'으로 굳어졌다. 조선 중종 22년(1527)에 최세진崔世珍이 지은《훈몽자회訓蒙字會》에 그 단어가 나오는데, 속칭 '토붕土堋'이라고도 한다. 붕은 흙을 높이 쌓은 것을 말한다. 그밖에 '무겁'이라고도 한다. 요즘 같은 과녁이 생기기 전에 흙을 담처럼 높이 쌓아올려 표적으로 삼았던 데서 유래한 용어가 아닌가

한다.[2] 천으로 만든 과녁은 '소포(솔)'라고 하는데, 솔포에서 발음하기 편하도록 'ㄹ'이 떨어져나가 소포가 되었다.[3]

소포는 맞은 살이 그대로 뚫고 나가 뒷전에 떨어지기 때문에, 눈이 어두운 이는 분간하기 힘들다. 그래서 과녁 앞턱에다 구덩이를 파고 사람이 들어가 앉아 지켜보고 있다가 소포에 제대로 맞으면 그 속에서 기를 휘둘러 알려줬다. 화살의 적중 여부와 떨어지는 방향을 알려주는 기를 '고전기告傳旗'라 하고, 그 구덩이를 '개자리'라 한다. 그리고 화살을 주우러 다니는 길은 '연전揀箭길'이라고 한다.[4]

큰 활을 잘 쏘는 민족

활쏘기는 삼국시대 이전부터 무예로서 애용되었다고 본다. 문헌상으로는 삼국시대부터 나타난다. 중국에서는 고대로부터 우리나라 사람을 '동이東夷'라고 불렀다. '이'는 '대궁大弓'으로 파자破字되며, 큰 활을 잘 쏘아서 그렇게 불렸을 것이다.

부여夫餘에서는 활 잘 쏘는 사람을 가리켜 '주몽朱蒙'이라고 했다. 고구려의 시조가 된 고주몽高朱蒙은 일곱 살에 제 손으로 활과 화살을 만들었고 백발백중시킨다는 활쏘기의 명수라서 그 이름을 얻었다.[5] 고구려 사람들이 활을 애용했던 사실은 고분벽화와 중국측의 기록을 통해서도 확인된다. 《신당서新唐書》에 따르면, "고구려 사람들은 배우기를 좋아하여 가난한 마을이나 미천한 집안까지도 서로 힘써 배우므로 길거리마다 큼지막한 집을 지어 경당扃堂이라 부르는데, 결혼하지 않은 자제들을 이곳에 보내어 글을 외고 활쏘기를 익히게 했다"고 한다.

백제도 활쏘기를 중시했다. 《북사北史》를 보면 "백제의 무기 중에 활과 화살이 있으며, 풍속이 말 타고 활 쏘는 기사騎射를 중시했다"[6] 하였다. 또한 《삼국사기三國史記》에서는 백제 비류왕比流王은 재위 17년(320) 궁궐 서편에 사대射臺를 설치하고, 매월 초하루와 보름에 백성을 모아 왕이 지켜보는 가운데 활쏘기를 했다고 한다. 고이왕古爾王은 하루에 사슴 40마리를 잡고 한 개의 화살로 기러기 두 마리를 맞히는 솜씨를 가지고 있었다고 되어 있다. 이를 통해 백제에서도 활쏘기가 매우 성행했음을 추측할 수 있다.

신라에서는 활을 '호弧'라고 했으며,[7] 《수서隋書》에 보면 '8월 15일에 잔치를 베풀고 관인官人으로 하여금 활을 쏘게 하여 말과 베로 상을 준다"[8]고 했다. 《구당서舊唐書》와 《신당서新唐書》에서도 매년 8월 15일에는 잔치를 베풀어 술을 마시고 즐기며 임금과 신하가 뜰에서 활쏘기를 한다고 기록되어 있다. 팔월 한가위에 왕이 활쏘기대회를 개최함으로써, 여러 신하들은 심신을 단련하고 친목을 도모하였던 것이다.

신라 활의 우수성은 노弩(쇠뇌. 여러 개의 화살·돌을 잇달아 쏠 수 있는 큰 활)를 만드는 장인 노사弩師 '구진천仇珍川'에 관한 《삼국사기》의 기록을 통해 확인된다. 문무왕 9년(669) 겨울 당나라의 사신이 와서 조서를 전하고 노를 만드는 사찬沙湌 구진천을 데리고 갔다. 구진천이 황제의 명령으로 목노木弩를 만들어 시험 발사를 해봤지만 30보밖에 나가지 않았다. 이에 당 황제 고종高宗이 "너의 나라에서 만든 쇠뇌는 1,000보를 간다고 들었는데, 지금 겨우 30보밖에 가지 아니하니 무슨 까닭이냐"고 물었다. 구진천이 "재료가 좋지 못한 때문이니, 만일 목재를 본국에서 가져오면 그렇게 만들 수 있습니다"라고 대답했다. 당 고종이 사신을 보내 목재를 구하니 신라에서 대나마大奈馬 복한福漢을 보내어 나무를 바쳤다. 이렇게 해서 다시 만들어 쏘았으나 이번에도 60보밖에 나가지 않았다. 당 고종이 다시 까닭을 물으니, 구진천은 "신도 그 이유를 잘 알지 못하겠으나, 아마 목재가 바다를 건너올 때 습기를 머금어서 그런 게 아닌가 합니다"라고 대답했다. 당나라 황제는 그가 일부러 제대로 만들지 않는 줄 의심하고 중죄를 내리겠다고 위협했지만 구진천은 재능을 다 발휘하지 않았다.[9] 당시 활 제작을 둘러싸고 신라와 당이 신경전을 벌일 만큼 신라의 활 제작술이 뛰어났던 것이다.

원나라에서 활쏘기를 금지시키다

활을 다루는 전통은 고려시대까지 그대로 이어졌다. 고려의 국왕들은 활쏘기와 말타기를 사열하였다. 개성과 평양의 무관을 소집하여 장기간 사예射藝를 익히게 하기도 했다. 현종은 4품 이하의 문관과 60세 이하의 일반 관리를 대상으로 하여 공적인 업무를 쉬는 날이면 언제나 동쪽과 서쪽의 교외에서 활을 쏘게 했다. 선종宣宗은 활터를 따로 설치해두고 군대의 병졸과 활쏘기를 배우는 민간인들을 모아 궁술을 익히

게 하였는데, 과녁을 맞히는 자가 있으면 상을 주기도 했다.[10]

현종 2년(1011), 거란의 침입으로 인해 현종이 나주羅州로 피난을 가게 되었다. 피난 도중에 지채문智蔡文은 기러기 떼가 논에 내린 것을 보고 왕의 마음을 위로할 생각으로 말을 달려 앞으로 나갔는데, 기러기 떼가 놀라서 날아갔다. 지채문은 몸을 제껴올리며 활을 쏘았다. 활시위 소리와 함께 화살에 맞은 기러기가 떨어지자 왕이 대단히 기뻐하였다. 지채문은 말 등에서 내려 그 기러기를 집어 왕에게 드리면서 "이렇게 활 잘 쏘는 신하를 두셨으니 도적이 있은들 무슨 걱정이 있으리까"라고 하니 왕도 크게 웃으면서 그를 칭찬했다고 한다.[11]

문종文宗 대에 수사공守司空·좌복야左僕射·판상서병부사判尙書兵部事까지 오른 최정崔挺은 활을 잘 쏘아 문종에게 직접 발탁되었을 정도로[12] 활쏘기는 고려시대 무인 선발의 중요한 수단이 되었다.

명종明宗 때 백임지白任至는 6균鈞이나 되는 무거운 활을 잘 쏘아 무반직에 오르기도 했다.[13] 1균이 30근斤이므로 6균은 180근이나 된다. 지금의 도량형과 일치하지 않기 때문에 정확한 무게를 확인할 길은 없지만, 무척 무거운 활이었음은 분명하다. 송나라 서긍徐兢이 지은 《선화봉사고려도경宣和奉使高麗圖經》에는 "고려인들의 활과 화살은 제조방법과 형상이 간단하여 탄궁彈弓(탄력이 강한 활)과 같다. 길이는 다섯 자이며, 화살은 대나무를 사용하지 않고 버드나무 줄기를 사용한다"고 기록되어 있다.

고려 17대 임금 의종毅宗은 활쏘기를 좋아하고 실력도 뛰어났다. 그는 하루 종일 활쏘기를 구경할 정도로 활에 관심이 많았다고 한다.[14] 하루는 의종이 장단현長湍縣 응덕정應德亭에 가서 뱃놀이를 하며 밤 오경까지 즐겁게 놀았다. 그러다가 강의 서편 언덕에 올라 과녁을 세우고 그 위에 촛불을 밝힌 다음 좌우 시신들에게 명령하여 활을 쏘게 했는데 한 사람도 과녁을 맞히는 자가 없었다. 이때 내시 노영순盧永醇이 왕에게 말하기를 "왕께서 먼저 맞히신 연후에 저희들이 맞히겠습니다"라고 하자 의종은 과녁 위에 켠 촛불을 단번에 쏘아 맞혔다. 좌우 신하들이 의종의 활 솜씨에 일제히 만세를 불렀음은 당연하다. 의종 다음에 활을 쏜 이는 이담李聃이었는데 과녁을 바로 맞혀 능라견綾羅絹을 상으로 받았다고 한다.[15] 임금에게 잘 보이려고 신하들이 처음에는 일부러 과녁을 맞히지 않았던 게 아닐까? 왕의 총애를 받기 위해 갖은 수단을 다 동원하는 신하들의 행동거지가 좀 씁쓸하긴 하지만, 의종의 활 솜씨가 대단했던 것만은 분명하다.

《고려사》충렬왕 원년(1274) 기록을 보면 다루가치達魯花赤 흑적黑的은 민간인들이 활과 화살을 소지하는 것을 금지하였다 한다.[16] 원나라의 추밀원樞密院(군사軍事에 관한 일을 관장하는 정부기관)에서는 다루가치에게 공문을 보내 "고려 사람들이 활과 화살을 가지는 것을 금지하라"고 했다는 내용이 있었다.[17] 고려시대에 활쏘기가 널리 보급되어 있어서 원나라 사람들이 위협을 느꼈기 때문에 벌어진 일로 생각된다.

문인들도 즐긴 활쏘기

조선 초기 활의 명수로는 태조 이성계李成桂가 있다. 고려 말 공민왕이 경卿·대부大夫들에게 활을 쏘게 하고 친히 이를 구경했는데, 이성계가 100번을 쏘아 100번 다 맞히는 것을 보고 탄복하면서 "오늘날의 활쏘기는 다만 이성계 한 사람뿐이로구나"라고 말한 적도 있었다고 한다.

당시 찬성사贊成事 황상黃裳도 활을 잘 쏘기로 이름이 나 있었다. 원나라에서 벼슬을 했던 그는 거기서도 활쏘기로 이름이 나서 원나라 순제順帝가 그의 팔을 직접 당겨 살펴보았다고 한다. 한번은 이성계가 같은 지위에 있는 관리들과 더불어 덕암德巖에서 활을 쏘았는데, 이성계가 쏜 화살들이 150보 밖에 설치한 과녁에 모두 적중했다. 정오가 되어 황상이 오자 여러 재상들이 이성계와 황상이 우열을 가릴 것을 부탁했다. 예나 지금이나 남들을 경쟁시키고 구경하는 것만큼 흥미진진한 일도 없나 보다.

두 사람이 활을 수백 번 쏘았는데, 황상은 연달아 50번을 맞힌 이후 집중력이 떨어졌는지 빗나가는 화살이 나왔다. 하지만 이성계는 흔들림 없이 모두 적중시켰다. 그 이야기를 들은 공민왕은 "이성계가 보통 사람이 아니구나"라며 찬탄하였다고 한다.

한번은 내부內府가 소장한 은으로 만든 거울 10개를 꺼내다가 80보 밖에 두고 공경公卿에게 활을 쏘게 했는데, 맞힌 사람에게 거울을 주기로 했다. 이성계가 열 번 쏘아 열 번 다 맞히자 공민왕이 감탄해 마지않았다. 그런데 또 다른 기록에 따르면 이성계는 과녁에 활을 쏠 때마다 상대가 잘하면 잘하는 대로, 못하면 못하는 대로 상대방과 비슷하게 맞힐 뿐이었다고 한다. 사람들이 그의 진짜 솜씨를 보고 싶어서 제대로 쏘기를 권해도 상대방보다 화살 한 대만을 더 맞힐 뿐이었다.[18] 상대가 누구든지 화살 한 대만을 더 맞혔다는 것은 자기 마음대로 화살의 명중을 조절할 수 있을 정도로 높은 단계에 올라 있었다는 이야기다.

이성계의 활 솜씨와 관련된 글은 《고려사》에도 있다. 우왕 3년 (1377), 이성계는 해주海州에서 왜적과의 전투를 앞두고 있었다. 그는 투구를 백수십 보 밖에 놓고 여러 명의 원수元帥들과 함께 활을 쏘아 전투의 승부를 점쳤다. 세 번 쏘아 다 관통시키고 나서 이성계는 "오늘 승리는 가히 알 만하다"라고 말하고 해주의 동정자(東亭子)에서 적과 더불어 싸웠다. 이성계는 대우전大羽箭으로 17번 쏘아 적 17명을 죽였다. 전투가 끝나고 난 후 부하들에게 "내가 모두 적의 왼편 눈시울을 겨누고 쏘았는데 가서 보아라!"고 말하자, 부하들이 가서 본즉 과연 그의 말과 꼭 같았다고 한다.[19] 물론 이런 내용들은 이성계의 뛰어난 활 솜씨를 강조하기 위해 과장된 측면이 있겠지만 그의 솜씨가 유달리 뛰어났던 것만은 사실이다.

태조 이성계 이래 조선의 역대 왕들도 활쏘기를 즐겼고 장려도 많이 했다. 세종은 경복궁에 거동하여 경회루에서 내금위內禁衛·사금司禁·진무鎭撫·사복司僕과 충의위忠義衛·별시위別侍衛에서 활 잘 쏘는 군사를 시켜서 200보 거리에서 활을 쏘게 했다. 그때 부사정副司正 박성량朴成良과 부사직副司直 강호문康好文·조유례趙由禮가 가장 잘 쏘았으므로 각궁角弓을 하나씩 하사했다.[20] 문종 연간에는 문신들도 활을 잘 쏘았다. 임금이 친히 왕림한 가운데 궁술대회가 자주 열렸다. 신숙주申 叔舟같은 이는 날마다 사대부들이 활 쏘는 것을 일삼는다고 하면서 자주 하지 말기를 부탁할 정도였다.[21]

세조는 종친과 공신을 궁중 후원에 불러들여 궁술대회를 열기도 하고, 때때로 무신들을 모아놓고 활쏘기를 하여 우수한 사람에게는 상을 주거나 벼슬을 올려주었다. 세조가 활쏘기를 중시했음은 《연산군일기 燕山君日記》를 봐도 알 수 있다. 세조는 미리 알리지 않고 불시에 활쏘기를 관람하는 방식으로 훈련에 힘쓰도록 권장했기 때문에 당시의 무사 중에는 뛰어난 이들이 많았다고 한다.[22]

또한 연산군 8년(1502) 2월에는 연산군이 강궁強弓 4개를 내어 놓고 이철동李哲同 등 3인과 시위侍衛하는 장사 중에 활시위를 당길 만한 힘이 있는 이는 이것으로 과녁을 뚫으라고 명령하였다. 병조판서 이극돈 李克墩이 시위하는 장사 17명과 이철동 등 3명을 번갈아 시험해 보았으나 모두 실패하였는데, 유일하게 겸사복兼司僕 박세정朴世貞만이 활을 당길 수 있었다고 한다. 또 같은 달 기록을 보면 이틀에 걸쳐 정승과 승지들에게 도성 문 밖에서 활쏘기를 연습하게 하고 임금이 직접 시를 지어서 내려주었다.[23] 그 시는 다음과 같다.

비 갠 뒤 방죽엔 푸른 풀 우거지고
살구꽃 가지 위엔 나비가 너울거리네

무한한 태평의 봄 경치 속에서
문 밖의 활 놀음도 해롭지 않으리

　중종 때는 재상들 가운데서도 활쏘기에 뛰어난 이가 있었다. 어유
소魚有沼는 1품관이면서도 달리는 말 위에서 활을 쏘았다. 승지承旨 김
세형金世亨도 기사에 능했고, 최경례崔敬禮는 70세의 늙은 나이에도 활
쏘고 말달리는 연습을 게을리 하지 않았다.[24]
　중종 20년(1525) 영의정 남곤南袞이 일본 사신을 접대할 때의 일화
도 재미있다. 남곤은 사신들에게 무예를 관람하도록 했는데, 과녁을
쏠 적에 일본 국왕의 사신 및 대내전大內殿의 사신은 앉은 채로 관람하
고 그 나머지 아랫사람들은 활 쏘는 곳으로 가서 관람했다. 당초에 병
조에서 보사步射 40명과 기사騎射 40명을 뽑아서 다른 무인들과 섞어
세워놓고 모두가 활을 잘 쏘는 사람들인 것처럼 꾸몄다. 그리고 앞에
선 40명을 뽑아 활을 쏘도록 했다. 40명의 활쏘기가 거의 끝날 즈음 남
곤은 일본 사신들에게 다른 무재武才를 더 보고 싶지 않은가 물어보았
다. 사신이 더 보고 싶다고 하자, 남곤은 즉시 기사를 하도록 지시했다.
기사를 본 일본 사신들은 "평생에 이런 것을 보지 못했습니다. 사람마
다 쏘면 맞히지 못하는 적이 없고, 다섯 번을 쏴서 다 맞히지 못하는 사
람이 오히려 더 적습니다"라고 말할 정도였다. 그에 앞서 남곤은 말 타
고 활을 쏠 사람 10명을 예비로 더 선발해 두었는데, 40명이 기사를 다
끝냈는데도 아직 해가 저물지 않자 그 10명도 기사를 하도록 했다. 여

럿 중에서도 신빈申濱과 정지하鄭之河의 기사가 뛰어나서 다시 하도록 했다고 한다.[25] 외국 사신들에게 조선의 위력을 과시하려고 노력하던 모습이 눈에 잡힐 듯하다.

조선 전기에는 장거리 전법이 중시되었고, 그 여파로 창·검 등의 접전接戰 무기가 쇠퇴했으나, 임진왜란 이후 접전 무기에 대한 필요성이 다시 커지면서 활쏘기에 대한 국가의 관심이 다소 줄어들기도 했다. 그로 인해 그 옛날 수나라와 당나라의 위력을 감당해냈던 우리나라의 활쏘기와 기마술은 크게 위축되었다.

무사武士에 대한 대우가 포수砲手보다 못하였고, 활쏘기와 말달리기를 검술劍術의 다음 차례에 두므로, 이를 참지 못한 무사들 중에는 활을 꺾어버리거나 활쏘기를 그만두려는 사람까지 나올 정도였다.[26] 그러나 조선시대에 활쏘기가 완전히 쇠퇴하거나 사라지진 않았다. 활쏘기는 여전히 무인이 꼭 익혀야 하는 가장 중요한 기예였기 때문이다.

활쏘기는 왕실의 가풍

정조는 활쏘기에 능했을 뿐만 아니라, 활쏘기를 왕실의 전통이라 여겼다.

우리 성조聖祖(태조 이성계)께서는 하늘이 내신 뛰어난 무예로 활 쏘는 솜씨가 신비의 경지에 이르렀다. 그리하여 난을 일으키는 무리들을 모조리 제거하고 백 번 싸워 대업을 이룩하셨다. 그 활과 화살이 지금도 풍패豊沛(풍패는 한나라를 세운 유방劉邦의 고향으로, 여기서 유래되어 건국자의 본향을 일컫게 되었다. 조선시대에 전주全州와 함경도 동북면은 태조 이성계의 선대들이 살았던 곳으로 조선 왕실의 풍패가 된다. 지금도 전주의 남문을 풍남문豊南門이라고 하는데, 이도 풍패지향豊沛之鄕의 풍豊자를 따서 붙인 이름이다)의 옛 궁에 간직되어 있다. 우리 모든 신하와 백성들은 그것을 마치 한漢나라 고조가 뱀을 베어버린 검과 같이 소중하게 여기고 있는데 그 얼마나 훌륭한가.

그로부터 성스럽고 거룩한 임금이 대를 이어오면서 선업先業을 더욱 빛내고 백성들에게 흡족한 덕을 베풀었기에 문치文治의 아름다움이 삼대三代에 비길 만했다. 그러나 활쏘기를 소중히 여기지 않은 때는 없었다. 역사와 야승野乘에 분명하게 적혀 있는 것들은 그만두고라도 궁중에 전해 내려오는 얘기들과 내가 직접 보고 아는 것만 하더라도 활 쏘는 기법의 신묘함이 보통 사람으로서는 헤아릴 수 없는 바가 있다. 그러니 활쏘기가 사실 우리 왕조의 가법家法인 셈이다.

나(정조)도 천성이 활쏘기를 좋아하고, 또 그것이 선업을 이어가는 한 가지 방법이라는 생각이 들어 젊은 시절에는 활쏘기를 자주 했다. 쏘았다 하면 40여 발을 맞힌 적이 자주 있었으나 중간에 10여 년은 그만두기도 했다. 그리고 그 10여 년 동안에도 때로 혹시 활쏘기를 한다 해도 매번 몇 순巡(1순은 5시矢, 즉 화살 5개를 쏘는 것)에서 그쳤고 10순을 다 쏘아본 적은 없다. 그러다가 이달 12일에 처음으로

10순을 쏘아 그날은 41발을 맞혀 50점을 얻었고, 5일을 지나 16일에는 39점을 얻었고, 다음날 17일에는 32발을 맞혀 38점을 얻고, 18일에는 41발을 맞혀 52점을 얻고, 20일에는 41발을 맞혀 51점을 얻었는데 그 날이 바로 전箋(경전이나 옛 책 가운데 이해하기 어려운 곳을 해설하여 지은이의 뜻을 밝히거나 자신의 견해를 써넣은 것)을 지어 올린 여러 신하들과 함께 쏘았던 날이다. 22일에는 46발을 맞혀 58점을 얻었고, 26일에는 47발을 맞혀 51점을 얻었는데 그날은 내각에 고풍으로 붓 한 자루를 내리고 "이 뒤로 49발 안쪽으로는 모두 이 격식으로 되어 있는 관례를 쓰리라"고 말했던 날이다. 28일에는 또 41발을 맞혀 52점을 얻었고, 29일에는 45발을 맞혀 57점을 얻었으며 또 작은 가죽 과녁을 쏘아 한 순에 모두를 명중시켰고, 작은 후侯(베로 만든 과녁)도 쏘아 한 순에 4발을 맞히고는 전일과 같이 고풍을 내렸다. 처음 10순을 다 쏘기 시작한 지 모두 9일 동안에 많이 맞힌 때도 있었고 혹 적게 맞히기도 했다. 그러나 옛날의 성적과 비교하여 솜씨가 더 나아진 것은 없었다. 그날은 또 유엽전柳葉箭으로 작은 과녁을 쏘아 10순에서 앞 4순은 연이어 모든 화살을 명중시켰고, 5순에서 또 연거푸 네 발까지 명중시켰다.

보통 활쏘기를 하는 자들이 49발을 맞힐 것을 목표로 할 경우 4순 이후에는 네 발을 명중시키면 중지하고 매번 남은 그 한 발을 두었다가 9순을 지나 따로 모아 둔 것으로 1순을 쏘아 모아둔 바의 숫자를 가름하는 것이다. 그래서 나 역시 그 관례에 따라 남은 화살을 모아두고 쏘지 않았으며, 순기巡旗도 눕혀두고 세우지 않았다. 6순도 그리 했고 7순도 그리 했으며 8순과 9순도 모두 그렇게 했다. 9순을 다 쏘고서 따로 1순을 쏘아 모든 화살을 명중시켜 채우고 난 뒤에야 순기 다섯 개를 함께 세웠던 것이다. 10순에 와서 연거푸 맞히다가 네 번째 화살을 쏘면서 좌우에 이르기를 '다 쏘는 것은 옳지 않다.' 하고서 왼쪽 제5시矢를 쏘아서 명중시켰다. 통틀어 10순巡을 쏘아 49발을 맞히고 72점을 얻었는데 1순은 다섯 발 명중에 8점, 2순은 다섯 발 명중에 7점, 3순은 다섯 발 명중에 7점, 4순은 다섯 발 명중에 7점, 5순은 다섯 발 명중에 6점, 6순은 다섯 발 명중에 8점, 7순은 다섯 발 명중에 8점, 8순은 다섯 발 명중에 7점, 9순은 다섯 발 명중에 7점, 10순은 네 발 명중에 7점이었다. 또 작은 가죽 과녁을 쏘아 한 순에 다섯 발을 맞혀 7점을 얻고, 유엽전 한 순을 쏘아 다섯 발을 맞히고 6점을 얻었다. 이쯤 되니 더 이상은 얻을 수 없는 많은 점수를 획득했는데, 마치 무엇인가가 도와주고 있는 것 같았다.[27]

이 글은 춘당대春塘臺에서 활을 쏠 때, 정조가 49시를 맞히고 이를 기록한 것이다. 이날 정조는 10순의 화살을 쏘았다고 한다. 1순이 5시이므로 49순이면 총 245개의 화살을 과녁에 적중시킨 것이니, 정조가 활쏘기에 얼마나 능했는지를 보여주는 기록이다.

이웃 나라에서 탐낸 조선의 활솜씨

조선의 활쏘기 솜씨는 중국이나 일본보다 훨씬 뛰어났기 때문에 이웃 나라에서는 어떻게든 조선의 활쏘기를 배우려고 애를 태웠다고 한다. 숙종 8년(1712) 청국에 파견된 사은부사 윤지인尹趾仁을 수행한 군관 최덕중崔德中이 그해 음력 11월 1일부터 다음해 3월 30일까지 보고 겪은 일을 정리해둔 《연행록燕行錄》을 보자.

(계사년 1월 25일) (청나라) 황제가 하蝦를 보내어, 우리 일행 중에 활솜씨가 능한 자를 불러, 창춘원暢春園에서 사법射法을 직접 시험한다고 한다. 그리하여 김석보金錫保·유정장柳貞章·노흡盧洽이 대통관 두 사람과 더불어 하를 따라나갔다. 나는 재주가 없어 함께 가지 못하니 섭섭하다. (……) (26일) 어제 시사차試射次 갔던 세 동료가 돌아와서 "황제가 창춘원 서쪽 담 밖 평상에 앉아서, 10보步 안에 불러놓고 편전片箭을 쏘도록 했다. 유 동료同僚(유정장)는 다만 1살을 쏘았고, 김 동료(김석보)는 활을 잘 쏘았으므로 연달아 6살을 쏘았으며, 노 동료(노흡)는 3살을 쏘았다. 다시 과녁을 쏘도록 했으나 모두 맞히지 못한 채 물러났고, 황제도 친히 과녁을 쏘았다. 시위侍衛하는 신하 수백 명이 모두 가까운 곳에서 모시는 무인들인데, 이들은 청인淸人으로서 과녁을 쏘아 맞히는 자가 많았다. 우리들 세 사람에게 구경하도록 하여 그 의표를 과시함이 지극했다"고 말했다.
이것은 편전 쏘는 법을 배우고자 한 것인데, 과녁 맞힌 것을 스스로

자랑은 했으나 궁시弓矢·통아筒兒는 우리나라에서 만든 것을 칙사勅
使가 나왔을 때 가져간 것이었고, 또 활쏘기를 익힌 흔적도 있었다
한다. 생각건대 이 나라에서 두려워하는 것은 편전이며 배우지 못한
것도 편전이었다. 전에 없던 이런 행동을 하는 것은 반드시 편전 쏘
는 법을 배우려는 것이었다. 그렇건만 우리들은 마침내 그들의 뜻을
알지 못하고 각자 솜씨를 다해 그 법을 알려주고 돌아왔으니, 진실
로 개탄스러운 일이다.

청나라에서 편전 쏘는 법을 배우려고 활을 쏘도록 한 것도 모르고
그걸 보여준 동료들의 태도를 속으로 나무라는 최덕중의 말이다. 이
글은 당시 조선에서 편전 쏘는 법을 얼마나 중요하게 생각하였는지를
알려주고 있다.

편전은 속칭 '애기살', 한자로는 '동전童箭'이라 한다. 화살의 길이가
보통 화살의 3분의 1 정도밖에 안 될 정도로 짧아서 붙여진 이름이다.
편전은 처음에는 촉을 제외하고 1척 2촌(24센티미터)이었으나, 현종
13년(1672)부터는 옷감을 마를 때 재는 자인 포백척布帛尺 8촌(32센티
미터)으로 정했다. 화살촉이 2촌(4센티미터) 내외인 점을 감안하면 촉
을 합한 길이가 조선 전기에 28센티미터, 조선 후기에는 36센티미터였
다. 편전은 그 길이가 매우 짧기 때문에 그냥 쏠 수가 없었다. 따라서
보통 화살과는 달리 대나무를 반으로 쪼개서 U형으로 홈을 판 '통筒',
'통아筒兒' 혹은 '시도矢道'라고 불리는 덧살 속에 넣고 쏘는 것이 특징

이다. 통아를 통해 화살을 발사하므로 편전은 적중률과 관통력이 우수하여 전쟁터에서 큰 역할을 했다. 편전은 1,000보 이상 날아가며, 살의 관통력이 강하고 촉이 날카로워 갑옷도 꿰뚫었다.[28]

조선에서는 편전 쏘는 법을 '아국장기我國長技'라 하여 중요한 군사기밀로 취급했다. 북방 야인들의 왕래가 잦은 함경도와 왜인들이 거주하는 삼포 지역에서는 편전을 가르치는 것 자체를 아예 금지하기도 했다. 외국인들에게 편전 만드는 기술이 전해질까 염려했기 때문이다.

한편 숙종 44년(1718) 관백關白의 즉위를 축하하기 위해 일본에 파견된 사행길에 제술관으로 따라갔다 온 신유한申維翰이 남긴 《해유록海游錄》을 보면, 숙종 14년(1718) 일본의 관백 앞에서 활쏘기를 시연한 사실이 기록되어 있다.

왜인이 우리나라 큰 활을 보자 모두 놀래고 겁냈다. 관백이 힘센 사람을 뽑아서 당기게 했지만 활줄을 버티지 못했는데, 우리 군관 양봉명楊鳳鳴이 마음껏 당기어 화살을 쏘니, 위아래를 막론하고 보는 사람들이 모두 놀랐다.

왜인들이 우리 활을 보고 놀라는 모습이 생생하다. 영조 39년(1763) 조엄趙曮이 통신사로 일본에 갔을 때 쓴 일기와 시문 그리고 일본과 왕래한 문서 300편을 실은 《해사일기海槎日記》에는 활쏘기에 관한 내용이 좀 더 구체적으로 나타난다.

지난번에는 더러 육량전六兩箭을 시험한 일이 있었기 때문에 장사군 관壯士軍官들이 궁시弓矢를 가지고 갔는데, 저들이(왜인들) 그 장대함을 보고 인가人家를 다치는 일이 있을까 염려하여 그만두기를 간곡히 청했다. 그런데 그 중에 한 건강한 왜인이 허세로 용력을 과시하며 대궁大弓 당기기를 청했는데, 그들 중에서 장사라고 일컬어진 사람이라고 했다. 비장裨將 조신曹信이 시험삼아 한번 당기고 홀가분한 태도를 보인 후, 그 왜인으로 하여금 당기게 했더니, 그는 이를 악물고 팔뚝을 뽐내어 힘을 다해 당기었으나 활시위를 벌리지 못했다. 그는 활을 팽개치고 달아나면서 혀를 빼물고 낯을 붉히고 머리를 흔들고 손을 휘저었다고 한다. 아무리 용력이 있더라도 쏘는 법을 알지 못하는데, 어찌 능히 당길 수 있었으랴!

육량전이 인명을 다치게 할까 염려하여 중지하기를 간곡히 청한 까닭은 숙종 45년(1719) 사행 때 실제로 인가에 화살이 떨어져 집을 뚫고 들어간 적이 있었기 때문이다. 육량전은 싸리[枯]·대[竹]·쇠[鐵]·힘줄[筋]·깃[羽]·복숭아나무 껍질[桃皮]·풀[膠]을 재료로 만들었는데 살의 무게가 여섯 냥(1냥이 37.5그램이므로 여섯 냥은 225그램이다)이 되므로 이런 이름이 붙었다. 육량전은 그냥 육량이라고도 하고, 이것이 쇠살의 정식 양수兩數, 무과시험을 볼 때 쏘던 무게에 부합한다 하여 '정량正兩'이라고도 한다.[29]

중국과 일본에서는 조선의 활쏘기를 배우려고 많은 노력을 기울였지만 그것이 쉽지 않았고, 조선인들은 뛰어난 궁술에 대하여 자부심이 대단하였다는 사실을 알 수 있다.

세시풍속으로 즐긴 활쏘기

조선시대에 활쏘기가 이처럼 관가나 군영에서만 전습傳習된 것은 아니다. 민간의 궁사弓士들이 한자리에 모여 활쏘기를 수련하고 심신을 단련하는 풍속은 전국적으로 널리 퍼져 있었다. 《동국세시기東國歲時記》에 보면 "남원 풍속에는 고을 사람들이 봄을 맞이하면 용담龍潭 혹은 율림栗林에 모여 술을 마시며 활을 쏘는 것으로 예를 삼았다"는 기록이 있다. 지금의 익산 지방인 용안龍安 풍속에는 읍의 주민들이 봄과 가을에 향음주례鄕飮酒禮와 활쏘기를 했다는 기록이 있다.

나이가 80~90된 분을 한 자리에, 60~70된 분들을 또 한 자리에, 60 이하인 분들을 또 다른 한 자리에 나이대로 앉히고, 사람으로 하여금 서약문을 읽게 한다.
"어버이에게 불효한 자를 물리치며, 형제간에 화합하지 못한 자를 물리치며, 벗 사이에 믿지 못한 자를 물리치고, 조정을 비방하는 자를 물리치며, 수령을 비방하는 자를 물리친다.
첫째 덕업德業을 서로 전하고, 둘째 잘못을 서로 깨우치며, 셋째 예속禮俗을 서로 도와 이루고, 넷째 근심과 재난을 서로 도와준다. 무릇 동향인은 효우충신孝友忠信을 공고히 하도록 맹세한다."
이렇게 읽은 다음 모두 두 번 절하고 술을 마시며 활 쏘는 예식을 행
하는데, 가을에도 같게 행한다.

향음주례 때 하는 활쏘기를 '향사鄕射'라고 했던 것인데, 이는 미풍
양속을 조성하고 심신을 단련하는 것이었다. 때로 지역 간 대항전 형
식을 띤 활쏘기도 있었다. 이를 '편사便射'라 하였는데, 스튜어트 쿨린
이 쓴 《한국의 놀이》에 자세하게 소개되어 있다.

궁술은 '편사하기(Hpyen-sa-ha-ki)'라는 이름으로 현재 한국에서 놀
이로서 행해지고 있다. 그것은 보통 한 도시의 서로 다른 마을 또는
서로 다른 지역 간의 시합이다. 놀이 참가자들은 매일 연습을 하고
가장 좋은 기술을 선택해 갈고 닦는다. 각 편에 열두 명의 선수들이
참가하며, 보통 서너 편으로 나뉜다. 네 팀이 싸우게 되면 각기 다른
깃발을 가진다. 같은 편의 남자들은 비슷한 옷을 입고 비슷한 띠를
팔에 두른다. 네 팀에 있는 각 선수들의 이름을 넉 장의 종이에 쓰
고, 이 종이에는 점수도 기록한다. 과녁은 가운데 검은 사각형이 있
는 네모난 판이다. 각 선수들은 한 번에 다섯 개씩 세 번, 모두 열다
섯 개의 화살을 쏜다. 과녁의 중앙을 맞히면 2점, 중앙을 벗어나면 1
점을 얻는다. 쏜 화살이 중앙에 맞으면 그 선수가 속해 있는 편의 선
수들은 깃발을 흔든다. 때때로 네 팀에 각각 기생을 한 명씩 두어서,

화살이 과녁에 맞으면 그 팀의 기생이 노래를 부르거나 성공시킨 사람의 이름을 외친다. 동시에 음악이 연주된다. 밤에 놀이가 끝나면 음악은 승리자의 마을로 옮겨가고 다른 시합 참가자들은 그 승리자를 따라간다. 진 사람들은 연회 비용을 부담하며, 이긴 편은 다음 시합에서 우선권을 차지한다. 각 편에서 가장 솜씨 있는 사람이 마지막에 화살을 쏘는 것이 관례이다. 편을 이끌어가는 사람을 '편장便長' 또는 '수대首帶', 문자 그대로 '우두머리 띠'라고 부른다. 순서대로 두 번째 사람을 '부편장' 또는 '부대', 즉 '두 번째 띠'라고 부른다. 세 번째 사람을 '삼편장' 또는 '삼대', 문자 그대로 '세 번째 띠'라고 부르며, 마지막 사람을 '종대終帶'라고 부른다.

'편을 짜서 쏜다'는 뜻의 편사에 대해 《한국의 놀이》에는 팀의 구성이나 채점 방식 등 다른 글에는 좀체 나타나지 않은 정보를 많이 담고 있다. 그에 관하여 좀 더 구체적으로 알아보면, 편사에도 여러 가지가 있었다. 활터와 활터가 시합을 하는 터편사(정편사亭便射), 각 고을 안의 활터끼리 연합하여 기예를 겨루는 골편사, 도성 안의 몇 개 활터가 한편이 되어 다른 한 구역의 활터와 기예를 겨루는 시합인 장안편사, 사랑斜廊과 사랑끼리 교유하는 무사들이 사원을 편성하여 경기하는 사랑편사가 있었다. 사계射楔가 성립되어 있던 사정에서 사원을 편성하여 경기하는 경우도 있었는데 사원의 편성 방법은 사랑편사와 사계편사가 있었다. 편사의 관습으로는 한량閑良으로만 편성하여 시합하는 한량편사, 구역의 분별이 없이 한량과 출신出身(무과에 급제한 사람)이 연합 편성하여 응사하는 한출편사閑出便射, 당堂에서 한 사람, 출신 한 사람 그리고 한량 한 사람이 연합하여 편성하는 것도 있었다. 터편사로는 삼동편사三同便射라는 게 있었는데, 고종 17년(1880)에 개최되었다. 동대문에서 서대문까지 큰 길을 갈라서 길 남편에 거주하는 사원은 남촌편이 되고 길 북편에 거주하는 사원은 북촌편이 되어 행하는 남북촌편사, 아동 때부터 궁술을 장려하기 위해 동네 아동들끼리 시합한 아동편사兒童便射도 있었다.[30]

말을 타고 활을 쏘다

달리는 말 위에서 활을 쏘는 '기사騎射'는 무과시험에서 빠지지 않는 중요한 무예였다. 처음에는 둥근 표적을 맞추는 식이었으나 임진왜란 이후에는 허수아비(추인芻人)를 쏘아 맞추는 기추騎芻로 바뀌었다. 기사도로서 가장 오래된 것은 고구려 고분벽화 중 〈사냥도〉일 것이다. 무용총舞踊塚 수렵도와 덕흥리德興里 고분 수렵도에 그려진 무사들의 활기찬 움직임은 우리의 시선을 강하게 끌어들이는 힘이 있다. 그림에 등장하는 대상은 어느 것 하나 정지해 있지 않고 끊임없이 움직인다. 사슴과 호랑이, 질주하는 말 위에서 활시위를 힘껏 당겨 동물을 겨냥하고 있는 무사들의 모습이 역동적으로 표현되었다.

특히 무용총의 수렵도를 보면, 화살은 끝이 날카롭지 않고 둥글어서 사냥용으로는 부적합해 보인다. 벽화를 그릴 때 사용한 안료나 벽면의 특성상 정확하게 묘사하기가 힘들어서 그런 것일지도 모르겠지만, 이것은 보통 화살이 아니라 '효시嚆矢' 또는 '명적鳴鏑'이라고도 불리던, 수렵·전투 시의 신호용 화살일 수도 있다.

소리를 내는 화살이란 뜻의 효시 또는 명적은 아시아 대륙에서 광범위하게 사용되었다. 청나라에서는 '초전哨箭', 일본에서는 '적시滴矢'라고 불렀다. 명적 중에서 가장 유명한 것이 태조 이성계가 즐겨 사용했다는 '대초명적大哨鳴鏑'이다. 살대는 싸리나무로 만들며, 촉은 사슴뿔, 깃은 학의 깃털로 만든 대초명적은 촉의 크기가 다른 화살들의 배로 커서 이성계가 아닌 다른 사람들은 감히 사용할 엄두도 못 냈다고 한다.[31]

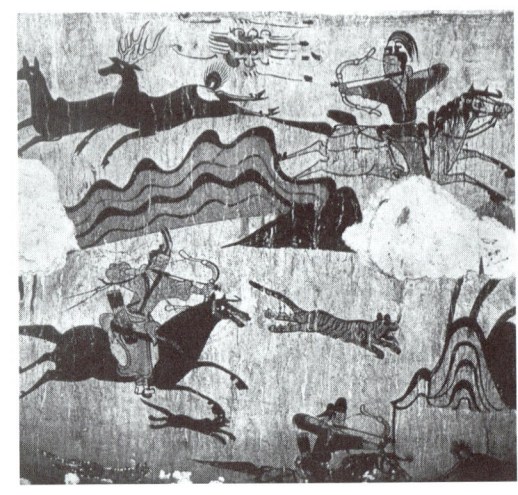

〈수렵도〉. 길림성 집안 무용총 서벽. 고구려. 5세기경.

무용총이나 덕흥리 고분의 수렵도에는 뒤를 돌아보며 활을 쏘는 무인들이 여럿 보인다. 이런 기법을 '안식기사법安息騎射法(Parhtian shot)'이라고 한다.[32] 이 기법은 흔히 퇴각하면서 적을 공격하는 데서 유래했다고 알려져 있다. 이 자세의 명칭에 안식국(Parthia)의 이름이 포함된 이유는 기원 전후 페르시아의 부흥

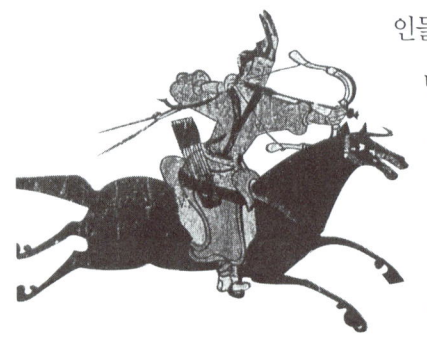

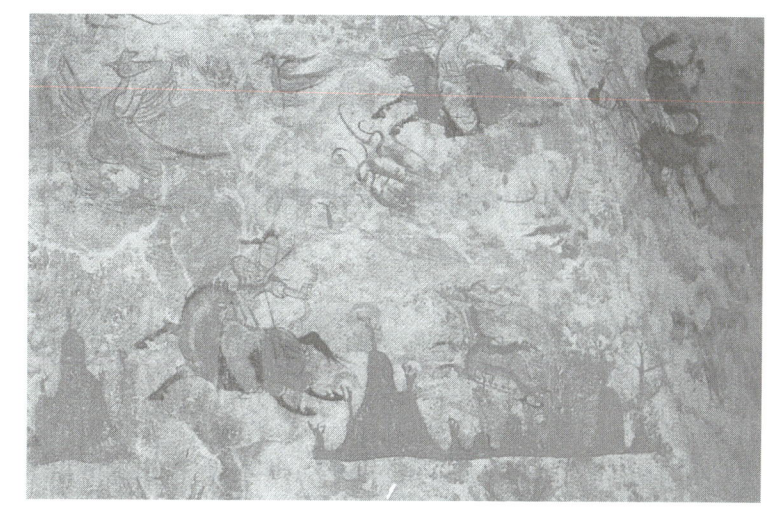

<수렵도>, 평남 대안시 덕흥리 벽화고분 전실 동쪽 천장, 고구려, 408년. 화면 가득 활기차게 움직이고 있는 무사들과 동물들은 보는 사람의 시선을 강렬하게 끌어들인다.

운동을 주도한 안식국에서 이런 기사법이 널리 성행했기 때문이라고도 한다.

원래 이 기사법은 북방유목민들 사이에서 널리 사용되었다. 스키타이인들이 흑해 북부에 도착했을 당시 그곳의 키메라인들이 이미 이 기사법을 사용하고 있었다고 하므로, 그 유래는 기원전 7세기 이전으로 거슬러 올라간다.[33]

안식기사법은 말 위에서 손을 놓고 활을 쏘는 것이라서 중심을 잡기 위해 발을 거는 등자鐙子의 발달이 필수적이다. 등자는 고구려 고분벽화에서도 목격되는데 말을 타고 행군할 때 안장과 더불어 무사들의 안정을 보장하는 장치다. 말이 달릴 때나 적과 격렬한 싸움을 할 때 쇠갑옷으로 중무장한 무사들의 육중한 무게를 지탱해주는 역할을 한다. 그러므로 등자는 튼튼하게 만들어져야 한다. 실제로 고구려 유적에서 나온 등자는 모두 쇠로 만들어졌는데, 청동이나 그밖의 재료로 만든 것도 있을 수 있지만, 이런 등자는 쇠 등자만큼 튼튼하지 못해서 제 역할을 원만히 수행할 수는 없었을 것이다.[34]

수렵도에 보이는 활은 다섯 마디로 된 복합궁[35]이다. 지금까지 알려진 전세계 여러 종족의 활은 그 구조와 형식에 따라 '단순궁', '강화궁', 그리고 '복합궁' 세 종류로 나뉜다. 단순궁은 활채를 단면이 둥근 나무나 대로 만든 가장 간단한 활로서, 활고자 부분이 가느다랗게 되어 있으며, 그 양끝에 식물에서 뽑은 섬유 또는 동물의 힘줄로 만든 활시위를 걸었다. 단순궁은 활채의 앞면이나 뒷면, 때로는 앞뒤 양면을 편편하게 깎아 타원형·삼각형의 단면을 만들기도 했다. 강화궁은 끈 같은 것으로 활채를 감아 활의 저항력을 강하게 만든 것으로, 활채에 등藤줄 또는 동물의 힘줄 등을 감은 것이다. 복합궁은 나무 활채의 뒷면에 동물의 힘줄 또는 두 장의 나무판자를 풀 같은 것으로 단단하게 덧붙여 활채를 강하게 한 것으로서 구조상 강화궁과 별로 다르지 않은데, 고구려의 활은 복합궁(덧댄활)으로 볼 수 있다.

긴장감 넘치는 무과시험

고구려 고분벽화에 나타난 활쏘기가 '사냥'을 위한 것이었다면, 조선시대의 화가 한시각韓時覺(1621~1691 이후)이 그린 《북새선은도권北塞宣恩圖卷》 중 〈길주과시도吉州科試圖〉는 활쏘기 '시험'을 그린 그림이다.

이 그림은 현종 5년(1664) 함경도 길주에서 처음으로 시행된 북도별과北道別科를 기념하여 제작된 일종의 기록화다. 도화서 교수敎授까지 지낸 한시각은 인물화와 기록성이 강한 실경산수도, 계화界畵(자를 사용하여 섬세하고 입체적으로 그리는 화법)에 모두 뛰어났다. 그는 1655년 통신사행通信使行의 수행화원으로 일본에 다녀왔으며, 현종 5년(1664년) 길주 도회시都會試의 감독시관이었던 김수항金壽恒을 수행하여 함경도 지방을 여행하고 이 그림을 그렸다.

《북새선은도》는 횡권橫卷, 즉 가로로 펼쳐지는 긴 두루마리 그림이며, 두루마리의 시작 부분에 전서篆書로 '北塞宣恩'이라고 씌어져 있다. 그 옆으로 함경도 길주에서 시행한 문무 양과의 과거시험을 그린 〈길주과시도〉와 함흥 관아에서 합격자를 발표하는 〈함흥방방도咸興放榜圖〉, 그리고 김수항을 비롯한 시험감독관과 문무과 합격자 명단이 순서대로 구성되어 있다.

〈길주과시도〉에는 말타기와 활쏘기 등 무과시험 장면이 생생하게 표현되어 있다. 왼쪽의 중앙건물에서는 관리들이 성적을 채점·감독하고 있으며, 그 아래쪽에는 대기자들이 응시할 순서를 기다리고 있다. 응시자로 보이는 무인들 가운데서 말에 탄 사람은 활쏘기를 기다리는 중일 것이다. 오른쪽 가운데 부분에는 말을 타고 달려가는 무사가 있는데, 이미 자기 차례가 끝나서 대기석이나 시험관들이 있는 곳으로

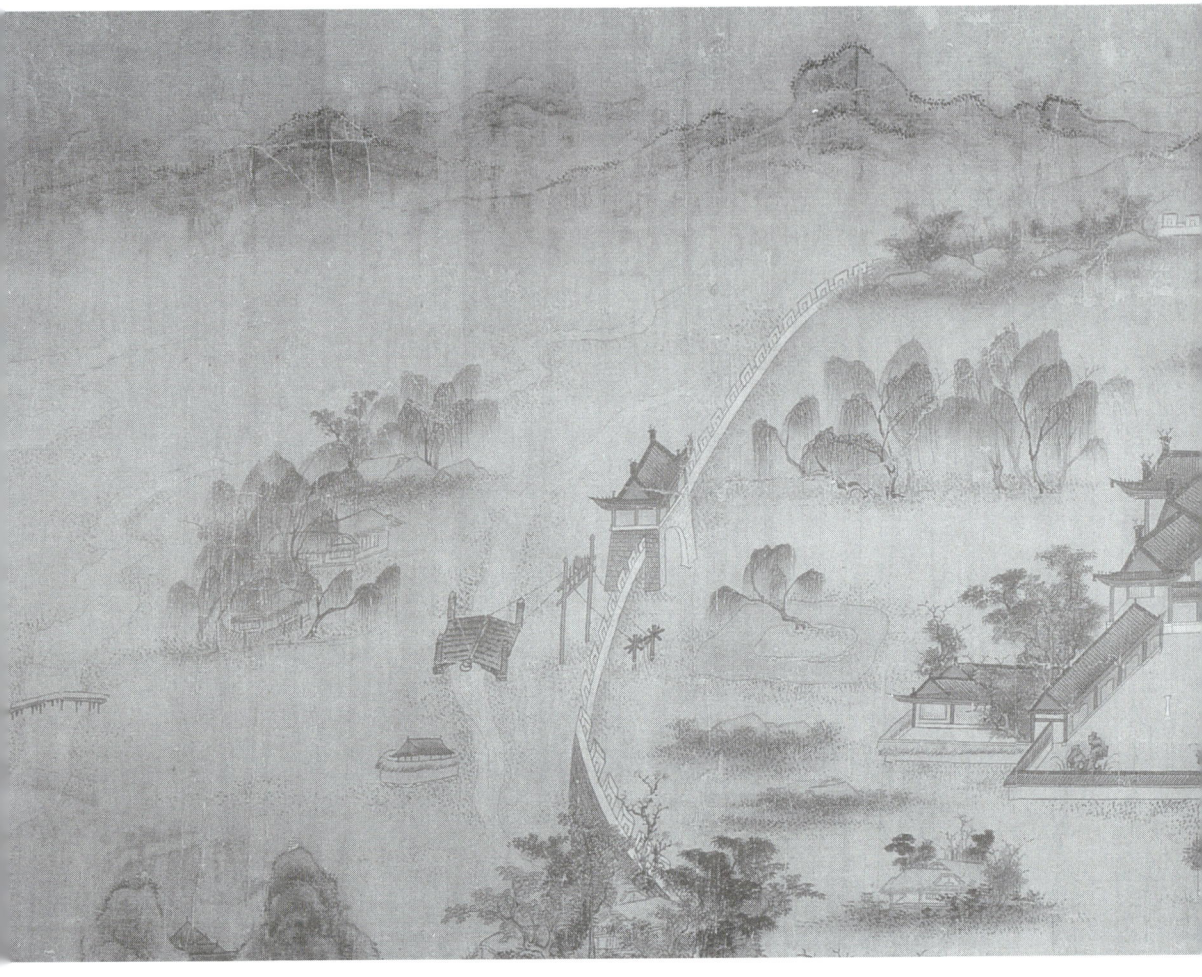

《북새선은도권》'길주과시' 중 시험장 부분
— 국립중앙박물관 소장

좌측 중앙건물에는 관리들이 성적을 채점하고 감독하고 있으며, 좌측 하단에는 대기자들이 다음 순서를 기다리고 있다. 대기자들로 보이는 인물들 중 말에 타고 있는 사람은 활을 쏘고 있는 시험자의 바로 다음 순서일 것이다. 우측 가운데 부분에는 말을 타고 달려가는 인물이 있는데, 이는 자기 차례를 끝내고 대기석이나 혹은 시험관들이 있는 곳으로 돌아가는 시험 완료자로 여겨진다.

되돌아가는 것으로 보인다. 그가 달려가는 왼쪽편에 건물이 하나 있고 근처에 말 한 마리가 매여 있다. 시험 감독관들이 있는 왼쪽 건물에는 한 사람이 무릎을 꿇고 앉아 있으며, 관원이 단 위에서 동개(활과 화살을 꽂아 등에 메는 통)를 착용한 또 다른 사람에게 무언가 물어보고 있다. 아마도 면접을 보는 중이 아닐까? 시험을 마친 응시자들은 말을 묶어놓고, 구두시험 또는 면접을 보았던 듯하다. 응시자가 출발하는 지점에서 나팔을 들고 있는 사람은 출발 신호를 담당하였을 것이다.

동개 일습
화살을 꽂는 시복과 활을 넣는 궁대.

　　허수아비를 표적으로 사용한 것은 선조 26년(1593) 10월 이후였다. 기사騎射할 때 과녁을 말의 배 아래에 설치하고 쏘는 것에 대해 국왕 선조는 '적이 어찌 말의 배 밑에 숨겠는가' 라는 의문을 제기하면서, 과녁 대신 추인으로 시험하고 싶다는 뜻을 비쳤다. 그러자 공조판서 김명원金命元이 "기사는 말달리기를 익히는 것에 불과하므로 임금의 분부대로 추인으로 활쏘기를 시험하는 것이 합당하다"[36]고 대답했다. 추인은 일명 '표추標芻'라고도 했는데, 길이가 6척 2촌(195센티미터), 얼굴, 어깨, 엉덩이 부분은 각 1척(31센티미터), 허리 9촌(28센티미터), 추인 사이의 거리는 각 35보(42미터)였다.[37]

　　조선 전기에 행해진 기사의 모습은 《경국대전》 〈병전兵典〉 기록을 통해 비교적 자세히 알 수 있다. 높이가 1척 5촌(47센티미터)이고 직경이 1척(31센티미터)인 둥근 적的(과녁)을 세워놓고 그 사이로 달려가 쏘는 방식이었다. 홍색과 백색으로 구분한 각 5개의 둥근 표적을 좌로

홍·백·홍·백·홍, 우로 백·홍·백·홍·백 순으로 설치했다. 좌우 표적의 거리는 각각 35보(29미터)이며, 마주보이는 적의 거리는 50보(60미터) 였다. 오른손잡이는 홍적만을 쏘되 처음 왼쪽 1적을 쏘고 오른쪽 2적, 왼쪽 3적, 오른쪽 4적, 왼쪽 5적을 쏘는 형식이었고, 왼손잡이는 그 반 대였다. 이때 응시자가 말을 능히 제어하지 못하여 왼쪽으로 활을 쥐 고 오른쪽으로 적을 쏘거나 오른쪽으로 활을 쥐고 왼쪽으로 적을 쏘아 서 맞힌 경우에도 점수로 인정했다.

이제 〈길주과시도〉를 좀 더 자세히 살펴보자. 먼저 왼쪽 상단의 첫 번째 추인에게 화살이 적중했음이 확인된다. 시험응시자가 오른손잡 이라서 왼쪽의 추인을 먼저 쏜 것으로 여겨진다. 시험응시자는 나팔소 리와 함께 출발해 5개의 추인을 향해 차례로 화살을 쏘고, 화살이 적중 하면 과녁 주위에 앉아 있던 진행요원들이 고전기告傳旗 중 빨간 기를 올림과 동시에 북을 울려 그 사실을 알렸던 것이다. 다른 4개의 추인 옆에 앉아 있는 이들은 붉은 기와 하얀 기를 지면과 평행하게 들고 있 고 북을 잡은 진행요원도 앉은 자세를 취하고 있다. 반면, 화살이 적중 한 첫 번째 추인 옆에 있던 진행요원은 몸을 일으켜 세우고 붉은 기를 곧게 세워 하늘을 향하게 하고 있다. 하얀 기의 진행요원은 앉은 채 기 를 지면과 수평이 되게 유지하고 있다. 그 옆에서 북을 든 진행요원도 일어나서 북을 두드리고 있다.

그렇다면 현재 시험을 보고 있는 응시자는 몇 번째 활을 쏘고 있는 것일까? 번갈아 화살을 쏜다면, 첫 번째 추인을 맞춘 응시자는 이번에는 오른쪽(그림 하단)의 두 번째 추인을 쏴야만 한다. 그런데 그림에서는 왼쪽(그림 상단)의 두 번째 추인을 겨냥하고 있는 듯하다. 이는 응시자가 오른쪽(그림 하단) 두 번째 추인을 놓치고, 왼쪽(그림 상단) 세 번째 추인을 겨냥하는 것으로 여겨진다. 오른쪽(그림 하단) 두 번째 추인을 담당하는 진행요원들이 미동이 없는 것을 볼 때 그런 생각이 든다. 만약 두 번째 추인에 화살이 적중했다면 이들 진행요원들은 달리 대응하였을 것이기 때문이다. 그러나 솔직히 말해서 그림만으로는 겨냥하는 것이 왼쪽(그림 상단) 세 번째 추인인지 두 번째 추인인지 정확히 알수 없다. 만약 응시자가 겨냥하고 있는 표적이 두 번째 추인이라면 조선 전기처럼 오른쪽·왼쪽을 번갈아 쏘지 않고 한 방향만을 쏴도 되었다는 해석이 가능하다. 참고로 세종 11년(1429)의 기록을 보면 "기사의 표적을 좌우에 각각 3개씩 설치하는데, 표적과 표적 사이의 거리는 25보, 3개 표적의 거리는 모두 50보다. 좌사左射하는 자는 좌편에 있는 표적을 쏘고 우사右射하는 자는 우편에 있는 표적을 쏜다"[38]라고 되어 있다.

채점 방식은 모두 5시矢를 쏘되 과녁을 맞추면 5분을 주었다. 4발4중四發四中은 5발3중五發三中에 준하며 4발3중四發三中은 5발2중五發二中에 준한다. 얼핏 이해가 잘 안 되지만 이런 채점 방식은 말을 달리면서 활을 쏠 때는 정확성과 함께 기민성도 중요하다고 봤기 때문이었다. 다시 말해 4발4중이면 20점이 돼야 하나 1발을 놓쳤기 때문에 5점을 깎아서, 5발을 다 쏘았을 때 3번 맞힌 경우와 같이 성적을 준 것이다.

기사는 말을 빨리 달려 표적을 맞추는 시험이었다. 마주보이는 표적 중에서 말을 똑바로 달리면서 좌우의 목표물을 쏴야 했다. 이때 표적을 맞추면 점수를 주지만, 달리는 속도가 빠르지 않으면 한 번에 1분分씩 점수를 감하도록 했다. 시간을 정확히 재기 위하여 주통注筒을 만들어놓고 말이 달리는 속도를 측정했다. 속도가 늦은 자, 활을 충분히 당기지 못한 자, 기사 할 때 채찍을 버린 자 등은 표적을 맞히더라도 점수를 인정하지 않았다.[39]

주통을 사용한 까닭은 말의 속도를 측정하는 데 인정人情의 개입을 막기 위해서였다.[40] 말달리는 속도를 잴 때 부정이 일어나기 쉬웠던 까닭은 말을 타고 활을 쏠 때 '빠르기'를 가장 중시하였기 때문이다.[41]

〈길주과시도〉를 계속해서 살펴보자. 기사시험에는 과녁 5개가 사용되었는데, 이는 조선 초기에 편찬된 《경국대전》〈병전〉의 내용과도 부합한다. 본래 3개였던 과녁이 《경국대전》 편찬 과정에서 5개로 변했고, 이것이 조선시대 기추시험의 표준이었다.

그러한 전통은 고구려시대에도 존재했던 것으로 생각된다. 덕흥리 고분벽화를 보면 5개의 과녁이 세워져 있고, 2명의 무인이 말을 타고 달리면서 활을 쏘고 있다. 그 위로는 신중하게 성적을 기록하는 사람과 미소를 머금은 사람 두 명이 있는데, 심판관이 아닐까 한다.

두 경기자가 말을 타고 질풍같이 달려나가면서 각각 과녁을 쏘았는데, 5개의 과녁 중에서 오른쪽의 무인이 2개를 맞혀 화살이 땅바닥에 떨어져 있다. 그리고 그림의 오른쪽 끝에는 "말 타고 활쏘기 경기하는 사람此爲西　中馬射戱人"이라는 간략한 설명이 씌어져 있다.

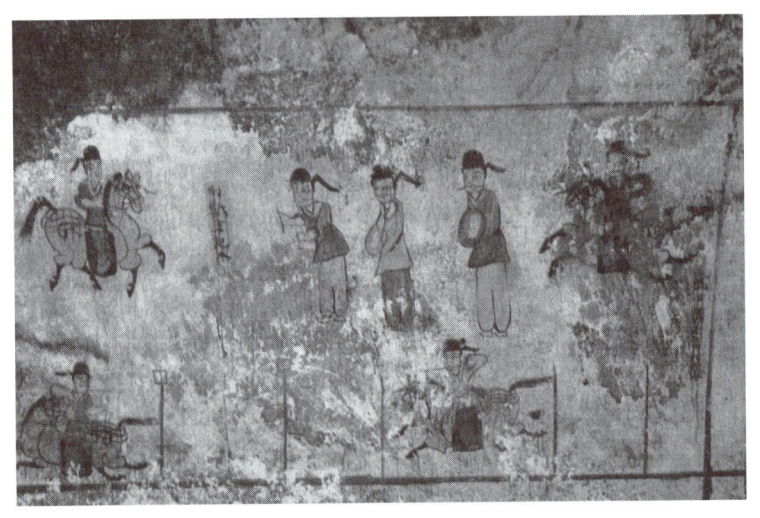

〈기사도〉, 평남 대안시 덕흥리 벽화고분 현실 서벽, 고구려, 408년.
5개의 과녁이 세워져 있고, 2명이 말을 타고 달리면서 활을 쏘고 있다.

일본인들 앞에서 뽐낸 기사 솜씨

말을 달리며 허수아비 모양의 표적을 활로 쏘는 기추에 관하여, 영조 24년(1748) 통신사의 종사관으로 일본에 갔던 조명채曺命采의 글이 참고된다. 그는 일본에서 보고 들은 것을 일기 형식으로 적었는데, 《봉사일본시문견록奉使日本時聞見錄》이 그것이다. 거기에 이런 내용이 있다.

다음에는 기추를 시험하는데, 추인은 우리나라에서 쓰는 추적芻的보다 조금 컸다. 임세재林世載·인문조印文調·이세번李世蕃 3인은 3발을 맞히고 그 이외의 사람은 모두 5발을 맞혔다. 말이 매우 살찌고 훌륭하여 나는 듯 달리는데, 이일제李逸濟는 첫 추적을 맞히자마자 말안장이 기울어져 떨어질 뻔하다가 곧 몸을 솟구쳐 안장에 바로 앉았다. 그가 나머지 표적을 다 맞히니, 사면에서 구경하는 사람들이 모두 입을 벌리고 감탄했다. 대개 왜인은 말 다루는 것에 익숙하지 못하므로 날쌘 말이 내닫는 것을 보고도 장하게 여겼었는데, 더구나 사람마다 화살을 헛되이 쏘지 않자, 구경하는 사람이 모두 혀를 내두르며 탄복하지 않은 사람이 없었다.

일본인들은 조선 무인들의 뛰어난 기추 솜씨뿐만 아니라 마상재인馬上才人 이일제의 뛰어난 기마술에도 탄복하였다. 일본 사행 때 관백關白이 참관한 가운데 활쏘기를 하던 풍경은 조엄趙曮의 《해사일기》에도 기록되어 있다.

(갑신년 3월 6일) 관백이 활 쏘는 기예를 관람하자고 청하는 것은 일정한 규칙에 의해 정해진 관례이다. 기해년(숙종 15년)과 무진년(영조 24년)에는 연속 여덟 사람을 뽑아서 보냈었다. 영장營將 김상옥金相玉·영장 유달원柳達源 도사都事 임흘任屹·장사군관壯士軍官 조신曹信과 임춘흥林春興·마상재 정도행鄭道行과 박성우朴聖遇를 보내고, 명무名武 중에 마침 아픈 사람이 많았기 때문에 부방반인副房伴人 전前 만호萬戶 김응석金應錫으로 인원 수를 채워보냈는데, 날이 저물어서야 돌아왔다.
들자하니, 활터는 거의 200보에 가까웠고 후포帿布(베로 만든 표적)는 매우 작았다는데, 마침 역풍을 만난데다, 말이 달리는 길은 경사가

져서, 말 달리며 쏘는 일이 몹시 어려웠다 한다. 그런데도 조 비장神將(조신)은 후포를 다섯 번, 추인을 네 번 맞히고, 김 비장(김상옥)·임 비장(임흘)은 후포를 세 번, 추인을 다섯 번 맞히고, 박성우는 추인을 다섯 번, 후포를 세 번 맞히고, 임 비장(임춘흥)은 후포를 세 번, 추인을 네 번 맞히고, 유달원은 후포·추인을 각 세 번 맞히고, 김응석과 정도행은 각기 추인은 세 번 맞혔으나 후포는 하나도 맞히지 못했다고 한다. 추인을 쏘는 데 몰기沒技한 사람이 네 명이 있었다. 영광스러운 일이라 생각되어서 무명베 다섯 필을 상으로 주었다.

김응석으로 말하면, 5중8분의 실적으로 과거에 올랐고 3중4분의 실적으로 변장邊將을 얻은 사람인데, 후포를 한 번도 맞히지 못했다. 활 쏘는 일이 요량하기 어렵다고들 하지만 진실로 그러하다. 그 자신도 대단히 겸연쩍게 여기고는 자결하고 싶다면서 갑자기 한바탕 희극을 꾸미기에 나는 좋은 말로 위로했다. 역시 한탄할 일이었다.

조선 무인들의 활 솜씨는 악조건 속에서도 거의 빗나가지 않을 만큼 매우 뛰어났다. 후포를 한 번도 맞히지 못한 김응석의 장난기 있는 태도에서 그 당시 사람들의 정겨운 인간미가 느껴진다.

크로키로 그려낸 기마인물

〈길주과시도〉나 위에서 인용한 기행문 외에도 기사 광경을 보여주

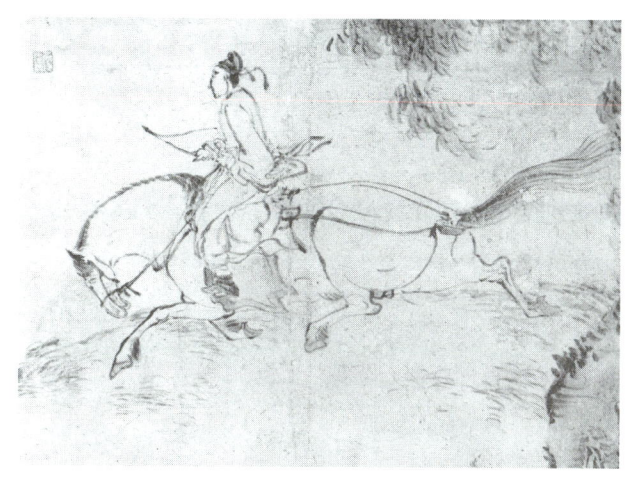

는 자료는 또 있다. 원교圓嶠 이광사李匡師(1705~1777)가 그린 〈기마인물도〉를 보자. 정제두鄭齊斗에게 양명학을 배운 이광사는, 윤순尹淳에게 글씨를 배워 진서·초서草書·전서篆書·예서隸書에 두루 뛰어났고 원교체圓嶠體라는 독특한 필체를 이룩했다. 그는 그림에도 뛰어나 산수·인

〈기마인물도〉, 18세기 후반, 종이에 담채
크로키 같이 붓질 몇 번 만에 빠르게 그려낸 것처럼 단순하다. 하지만 역동적인 모습을 잘 포착했다.

물·초충草蟲을 잘 그렸고 문인 취향의 화풍을 이루었다.

〈기마인물도〉는 몇 번의 붓질로 빠르게 그려낸 듯 단순하지만 기사의 역동적인 모습을 제대로 포착했다. 그림 속 인물은 활을 오른쪽 겨드랑이에 끼었는데, 동개에 화살이 담긴 것으로 보아, 말을 타고 활을 쏘러 나가는 것이 분명하다.

전쟁터에서 말달리며 쏘는 화살을 '동개살'이라고 하는데 그 명칭은 화살을 동개에 넣고 다닌 데서 붙은 것이다. 동개살은 달리며 쏘기 때문에 깃을 보통 살보다 길게 붙였다. 깃이 크다 하여 '대우전大羽箭'이라고도 하는 동개살은 살이 공기의 저항을 많이 받는 대신 정확하게 날아간다. 동개는 한자로 '통개筒介' 또는 '동개同介'라고 표기한다. 말을 타거나 등에 지고 다닐 때 활을 넣어두고 언제든지 빼서 쏠 수 있도록 활의 아랫장이 들어갈 정도의 크기로 만든 활 모양의 주머니다. 주머니는 검

은 가죽으로 만들고 띠는 사슴가죽으로 만든다. 소의 가죽을 동네 우물의 수채에 6개월 가량 묻어놓으면 털이 다 썩고 기름이 빠져나간다. 그렇게 된 쇠가죽을 활 모양으로 접어 젖은 상태에서 바늘로 꿰맨다. 이것을 말리면 마치 주조한 것처럼 그 모양이 그대로 유지된다. 또한 탄력도 좋아서 다른 물건에 눌렸다가도 금방 제 모습을 되찾는다.

화살촉을 꽂아서 화살을 메고 다니는 주머니도 있는데, 이것은 접개貼介, 또는 시복(矢箙, 성시구盛矢器라고도 하며, 돼지가죽으로 만들고 사슴가죽으로 띠를 만들어 맨다.[42]

폭포에서 활을 쏘다

18세기 초 제주도의 풍물을 담은 《탐라순력도첩耽羅巡歷圖帖》에도 활쏘기 장면이 여럿 있다. 이 화첩은 1702년(숙종 28)에 병와瓶窩 이형상李衡祥(1653~1733)이 제주목사 겸 병마수군절제사에 부임하여 제주도의 각 고을을 순력하면서 거행한 여러 행사 장면과 제주의 자연, 역사, 산물, 풍속 등을 화공畵工 김남길金南吉이 그린 것이다.

이중 활쏘기 장면을 담은 그림은 〈교래대렵橋來大獵〉·〈별방시사別防試射〉·〈천연사후天淵射帿〉·〈현폭사후懸瀑射帿〉·〈대정강사大靜講射〉·〈명월시사明月試射〉·〈제주전최濟州殿最〉의 7폭이다.

교래대렵橋來大獵

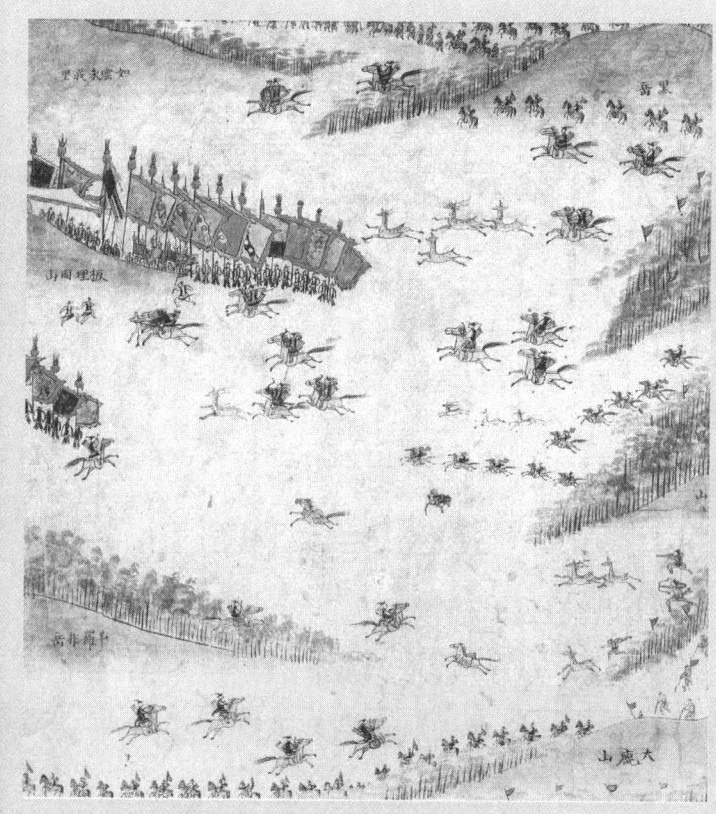

1702년, 종이에 채색

— 국립제주박물관

〈교래대렵〉은 1702년 10월 11일 교래橋來에서 진상용 동물을 사냥하던 모습이다. 동원된 군사들이 사냥터를 빙 둘러싸고 동물들을 한 곳으로 몰아주고, 마군馬軍들이 활로 사냥을 한다. 사냥감으로는 노루·사슴·돼지·오소리 등의 산짐승과, 꿩·까마귀·솔개·참새 등의 날짐승이 눈에 띈다.

제주목사, 대정大靜 현감縣監, 정의旌義 현감 등 삼읍 수령과 감목관監牧官이 사냥에 참여했으며, 말 타고 활을 쏘아 사냥하는 마군 200명, 보졸 400여 명, 포수 120명이 동원되었다. 그날 사냥에서 사슴 177마리, 돼지 11마리, 노루 101마리, 꿩 22마리가 잡혔다. 그림에는 사람 모습은 보이지 않고 안장을 얹은 말들만 보이는 경우도 있다. 사냥 도중 마군이 말에서 떨어진 모양이다.

별방시사 別防試射

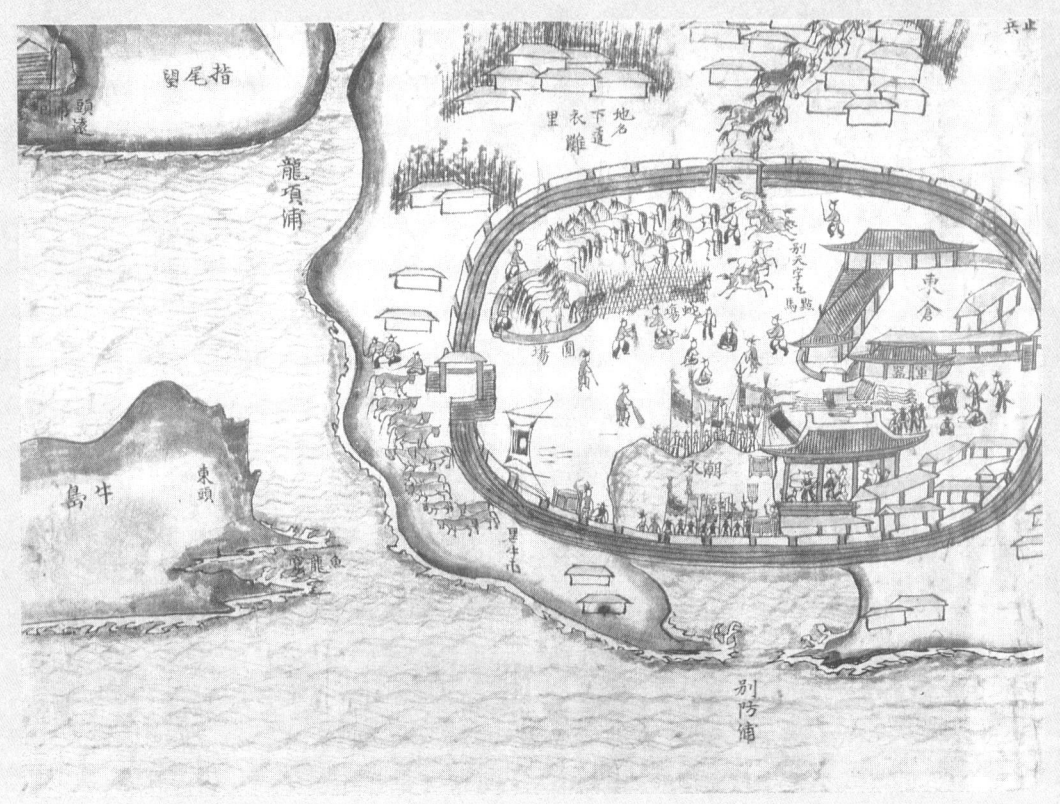

　　〈별방시사〉는 11월 초하루 별방에서 활 잘 쏘는 사람을 선발하는 광경을 그린 그림이다. 활쏘기에 참여한 인물은 모두 208인이었고, 교사장敎射長은 10명이었다. 몇 발자국 떨어져서 또는 말을 타고 달리면서 활을 쏘는 방식으로 시험이 진행되었다.

천연사후 天淵射帿

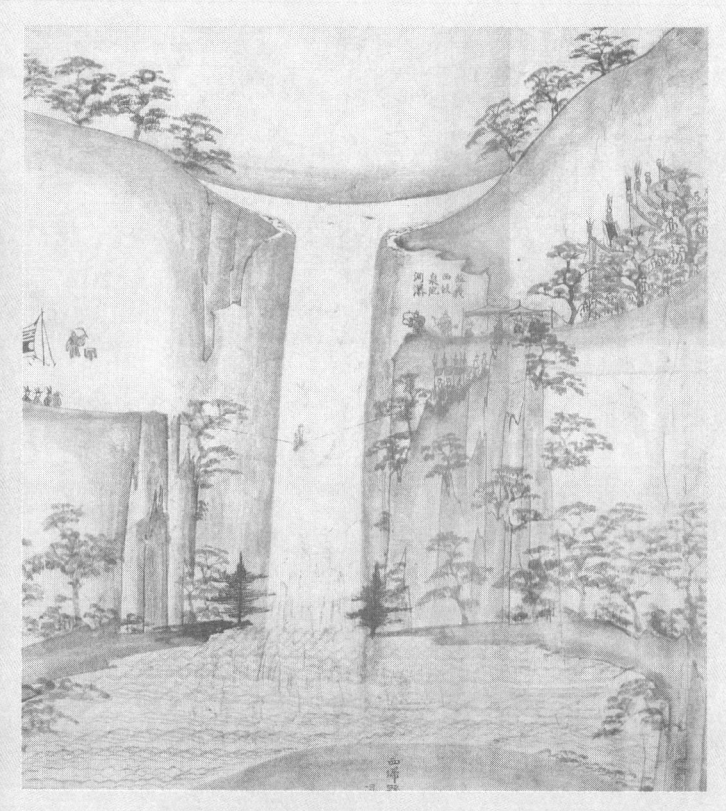

〈천연사후〉와 〈현폭사후〉는 폭포에서 활 쏘는 모습을 담은 그림이다. 활쏘기 시합은 모두 11월 초엿새에 실시되었다는데, 그 장소는 천지연天池淵 폭포와 천제연天帝淵 폭포다. 천지연 폭포는 길이 50여 척, 너비 10여 척이었다 하며, 상폭上瀑과 하폭下瀑으로 나뉜 천제연 폭포는 길이 50여 척, 너비 5척이라 하였다.

〈천연사후〉를 보면, 폭포의 좌측에는 표적인 솔이 설치되어 있고, 활쏘기는 천막이 있는 폭포 우측에서 실시되고 있다. 솔 옆에서 큰 북과 북채를 든 사람이 적중 여부를 북소리로 알려준다. 폭포 좌우에는 줄을 동여매놓고, 그 줄로 추인을 좌우로 이동시키는데, 추인의 등에 달린 통에 화살이 가지런히 꽂혀 있다. 과녁 부근에 있는 사람이 솔에 꽂히거나 솔 주위에 떨어진 화살을 정리하여 추인의 등에 있는 통에 꽂아 보내는 게 아닌가 생각된다.

현폭사후懸瀑射帿

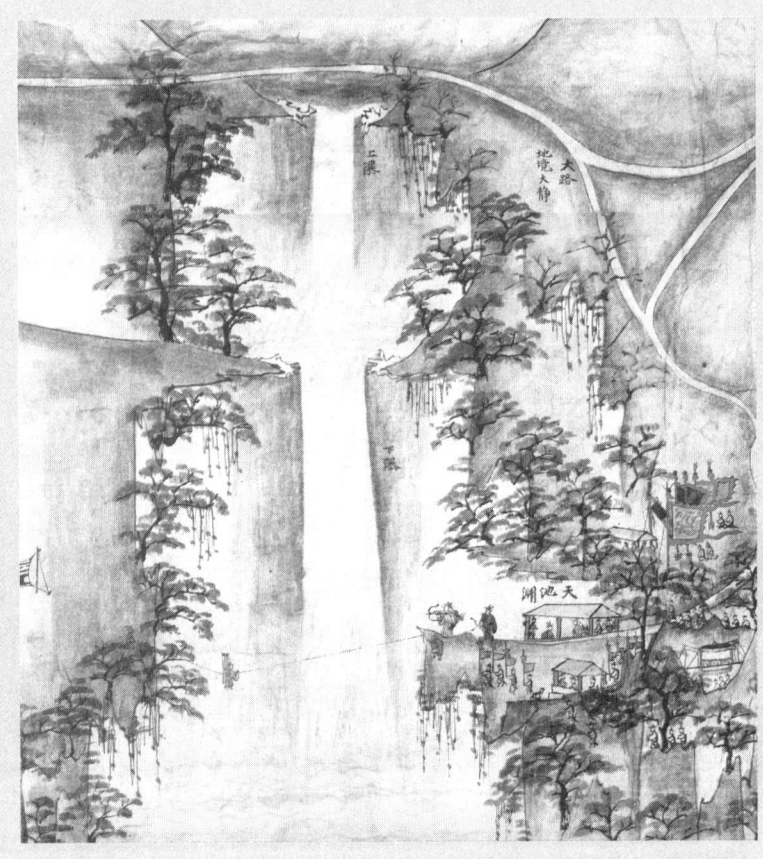

〈현폭사후〉 상폭上瀑의 서쪽 암벽에는 임관주任寬周의 시가 적혀 있다.

천제연 열린 곳에 큰 폭포 흘러내려

총석叢石으로 옮겨오고 깊은 못에 쏟아지네

추인은 화살을 지고 공중을 걸어가니

제일 기이하고 볼 만한 것이 이 사후射帿가 아닌가

대정강사 大靜講射

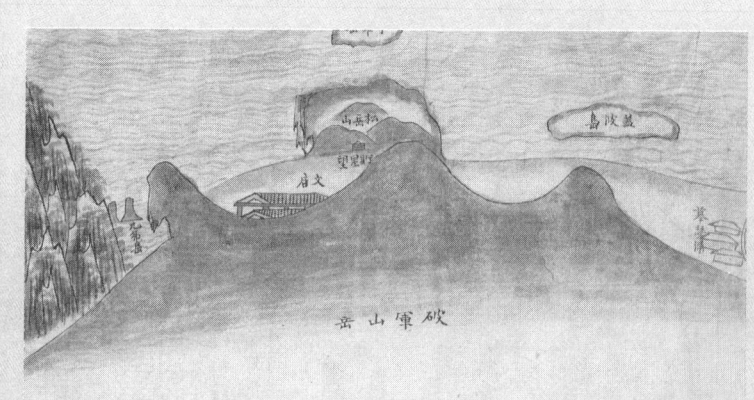

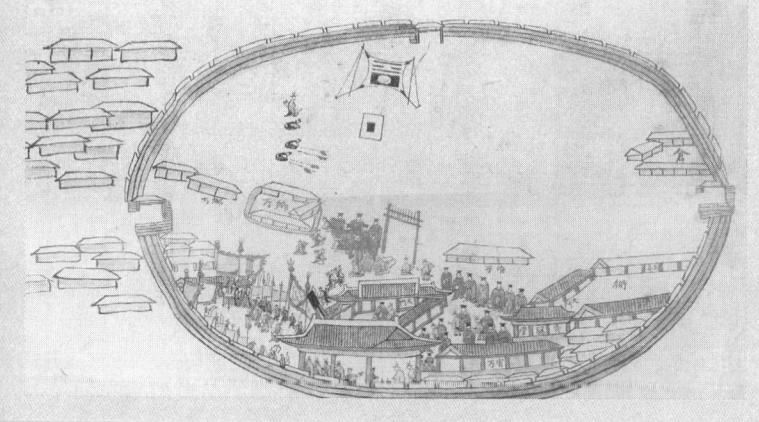

〈대정강사〉는 11월 12일 대정현大靜縣에서 열린 활쏘기시험을 기록하였다. 대정현성 안의 건물 위치는 물론이고 주변의 송악산松岳山·형제도兄弟島·산방산山房山·파군산破軍山 등의 위치가 표시되어 있는데, 파군산 뒤편에는 향교가 보인다. 활을 쏜 이는 21명이었다고 기록되어 있으나, 아직 활쏘기가 시작되기 전의 준비 단계인 듯하다. 표적은 이미 설치되어 있고, 그 옆에는 관원 두 명이 붉은 기 2개를 바닥에 내려놓은 채 앉아 있다. 수중에 아무것도 없이 그냥 앉아 있는 사람은 기록을 맡은 이가 아닐까 싶다. 앉아서 대기하는 무인(인물)들 중에는 활을 당기면서 긴장을 푸는 사람도 보인다.

명월시사明月試射

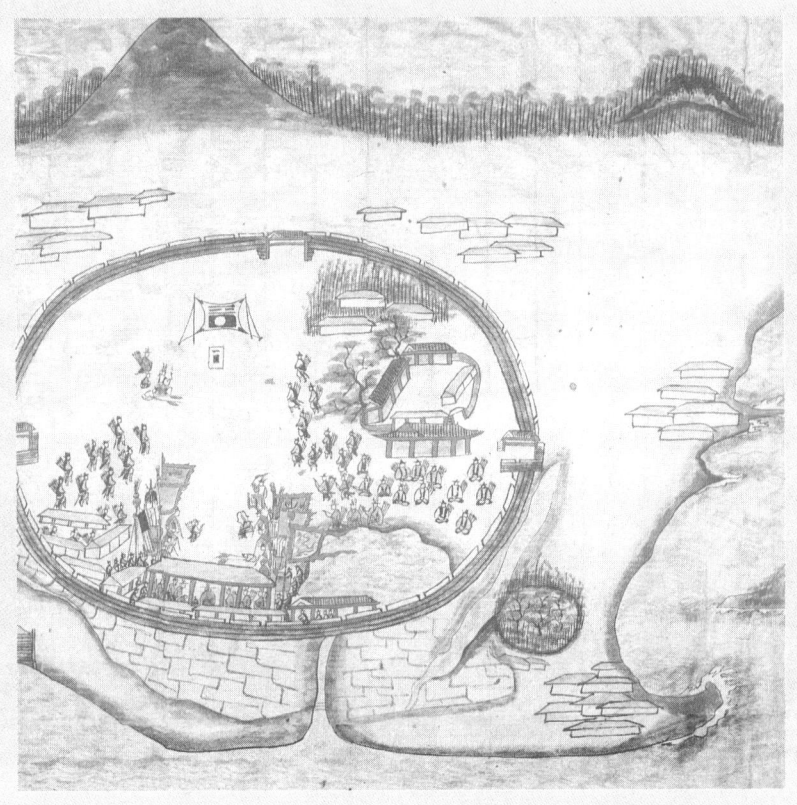

　〈명월시사〉는 11월 14일 명월진성明月鎭城에서 활 잘 쏘는 사람을 선발하는 그림이다. 명월진성은 왜구의 침입을 방지하기 위해 중종 5년(1510)에 축조되었다. 시사에는 교사장 17명과 사원射員 141명이 참여했다. 있는 활을 힘껏 당겨 겨냥하는 모습, 말을 타고 활을 쏘는 모습 등이 보인다.

제주전최濟州殿最

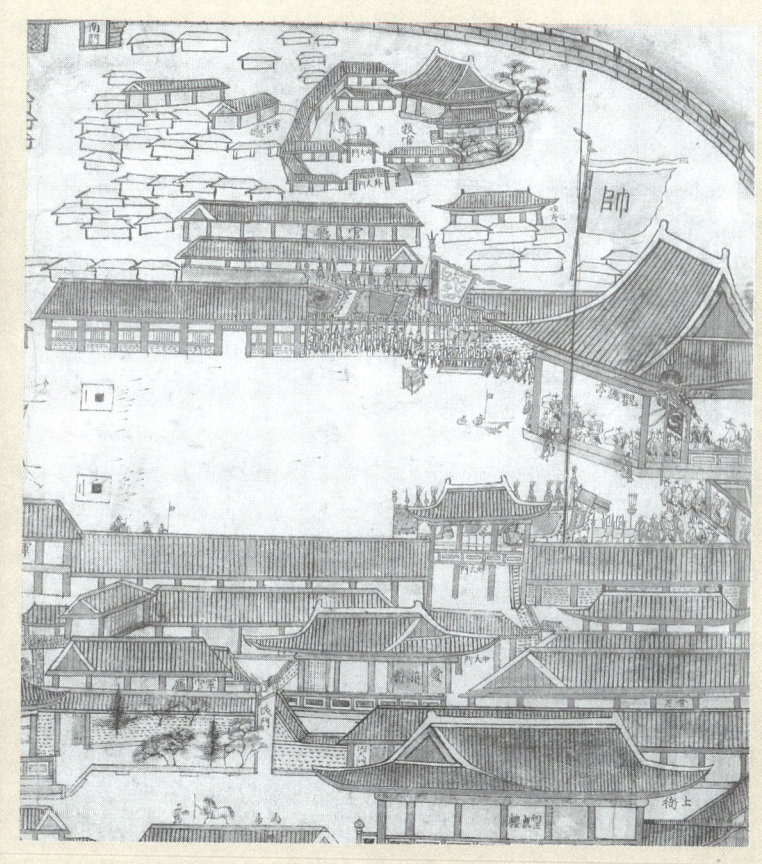

　　〈제주전최〉는 11월 17일 제주목사가 휘하의 관리들을 상대로 치적을 심사하는 모습을 그린 것인데, 제주읍성 안의 관아 건물이 상세하다. 322인이 활쏘기에 참여했다 하고, 관덕정觀德亭 주위에는 많은 구경꾼이 그려져 있어서 시험의 규모가 짐작된다. 많은 화살이 과녁을 향해 날아가고 있는 가운데, 한쪽에서는 북을 쳐서 분위기를 고조시키고 있다.[43]

성균관에서 펼쳐진 활쏘기 의식

활쏘기 행사는 실로 다양한 공간에서 활발하게 이루어졌다. 왕실도 예외는 아니었다. '대사례大射禮'는 왕이 성균관에서 석존례釋尊禮를 지낸 뒤 신하들과 함께 활쏘기를 하는 의식이었고, 지방 향교에서 지방관이 주관하는 경우에 '향사례鄕射禮'라고 하였다. 중국에서는 대사례가 이미 주나라 때부터 시행되었고, 조선시대에는 성종 8년(1477)에 대사례를 시행했다는 기록이 남아 있다. 이후 대사례는 연산군과 중종이 계승하였던 것 같은데, 임진왜란 이후 꽤나 오랫동안 시행되지 못했다. 18세기에 이를 부활시킨 이가 영조였다. 영조 19년(1743) 윤4월 7일에 거행된 대사례 광경은 〈대사례도〉로 형상화되었다. 대사례는 단순히 기예를 겨루는 게 아니라 덕을 기르는 것이었으므로 늙은 재상들도 활 쏘는 반열에 참여하였다.[44]

그 그림은 왕이 활 쏘는 모습을 담은 〈어사도御射圖〉, 종친·문무관 등 신하들이 짝지어 활 쏘는 장면을 그린 〈시사도侍射圖〉, 시상의 모습을 그린 〈상벌도賞罰圖〉, 이렇게 세 장면으로 구성되어 있다. 이러한 구성은 대사례에 대한 종합보고서인 《대사례의궤大射禮儀軌》의 도설과 동일하다. 그림 뒤에는 '어사삼획御射三獲'이라 하여 영조의 활 솜씨를 찬양하고, 시사관 30명의 성적과 병조판서 서종옥徐宗玉이 쓴 〈대사례도서大射禮圖序〉를 차례로 수록했다.

세 개의 그림은 이야기를 시간 순서에 따라 동일한 배경에 반복·배치하는 방법을 적용하고, 건물 지붕을 이용하여 각 장면을 구별 짓는

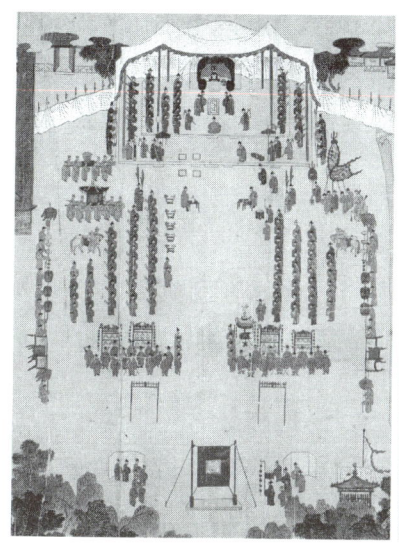 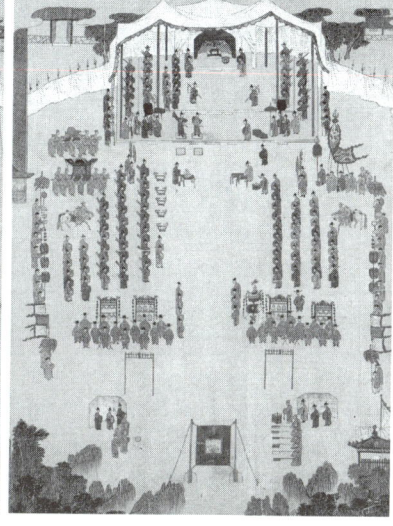 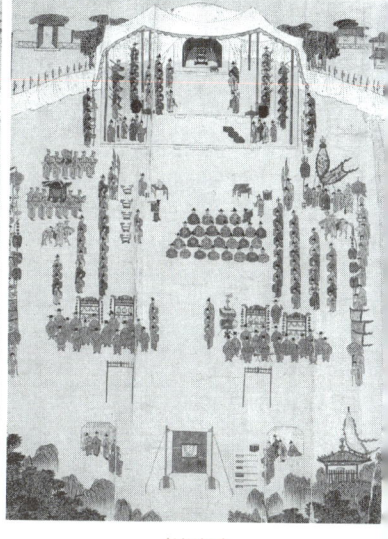

〈어사도〉 〈시사도〉 〈상벌도〉

〈대사례도〉, 1743년, 견본
채색, 18세기
— 고려대학교박물관 소장
영조 19년(1743) 윤4월 7
일에 거행된 대사례의 광
경을 그린 것이다. 대사례
는 덕德만 보고, 기예技藝
를 겨루는 것이 아니었음
으로 늙은 재상宰相들도
활 쏘는 반열班列에 참여
했다.

동시에 화면 하단에 있는 나무들을 통하여 각 장면을 자연스럽게 연결
시키고 있다. 〈어사도〉를 보면 왕이 활을 쏘는 어사대에는 차일과 장
막을 설치하여 위엄을 높였고, 시사관과 의장이 줄지어 순서대로 서
있다. 〈시사도〉는 〈어사도〉와 비슷하되, 시사대에 관원 두 사람이 나란
히 서 있는 점, 과녁은 사슴이 그려진 푸른색의 도후渡侯인 점, 그 옆에
성적을 알리는 각 방위색의 깃발이 마련된 점이 다르다. 〈상벌도〉에는
적중한 사람은 병기兵器의 제조를 맡은 군기시軍器寺에서 주는 옷감인
표리表裏와 화살을 상으로 받고, 못 맞힌 사람은 음식을 담당하는 사용
원司饔院 관원이 주는 벌주를 받아 마시는 장면이 그려져 있다.[45]

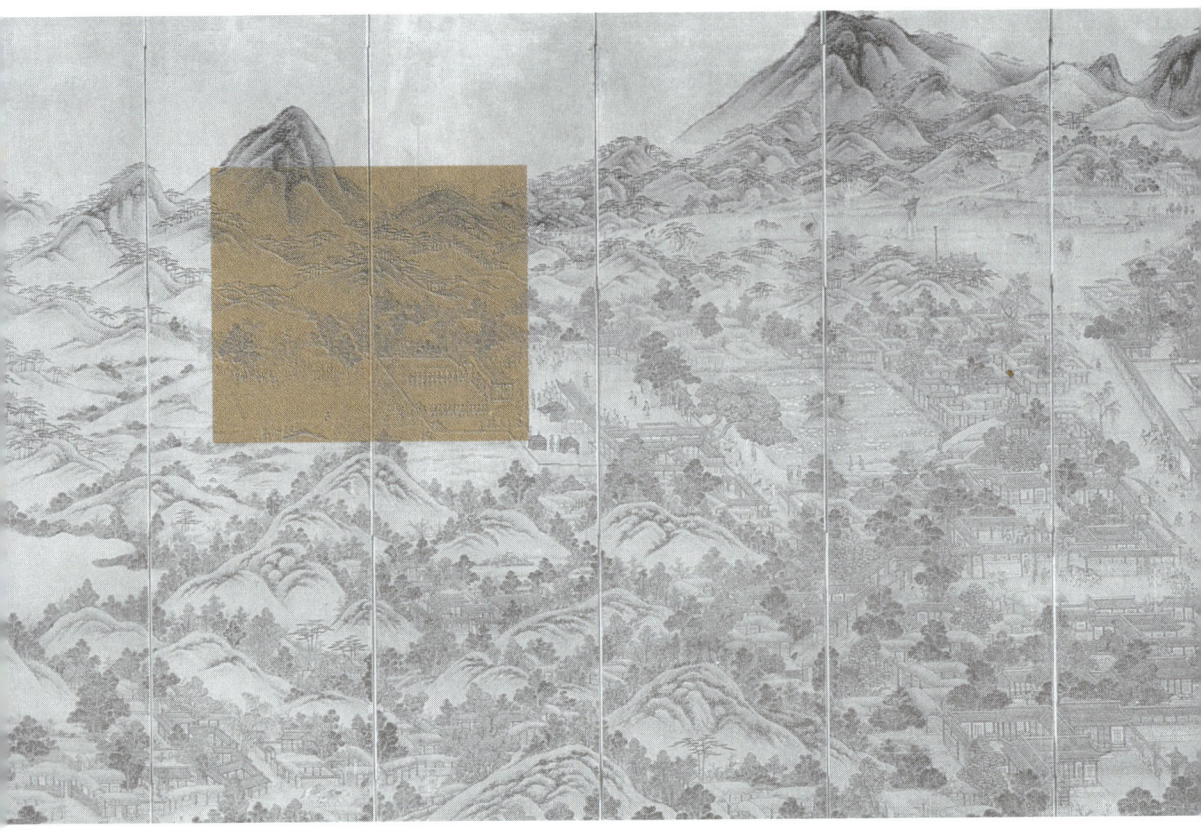

〈경기감영도〉, 10폭과 11폭에 걸쳐 그려진 활쏘기 장면. 종이에 채색
— 호암미술관 소장

활터인 즙승정에서 활을 쏘는 이들이 있고, 그 주위에 활을 소지한 많은 사람들이 모여 있다. 영은문 주위에도 활을 소지하거나, 활쏘기를 연습하고 있는 사람들이 있다. 또한 즙승정 마당에는 관원들이 열지어 서서 분위기를 엄숙하게 만들고 있어, 무과시험을 보는 것이 아닌가 싶다.

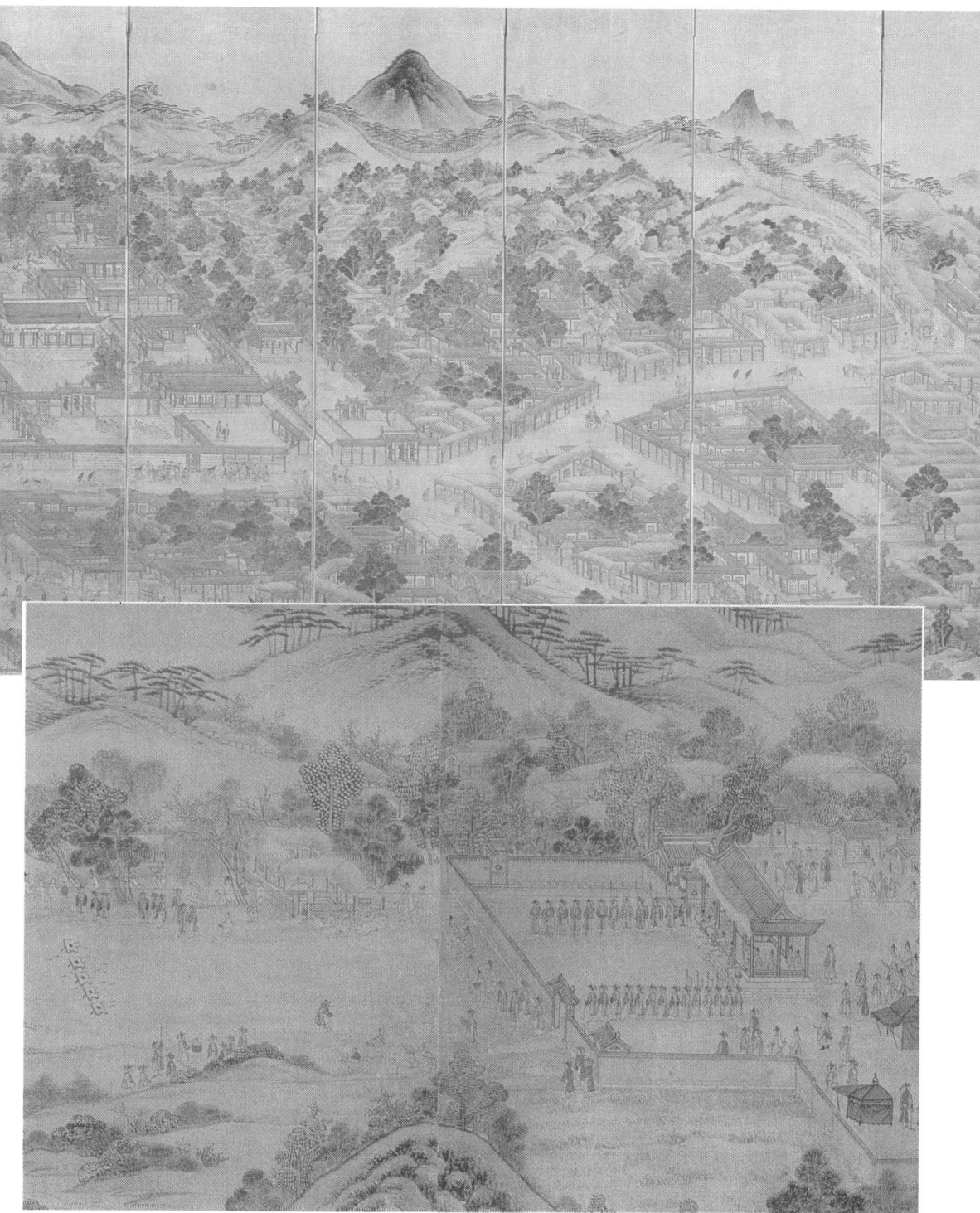

분주한 활쏘기 시험장

조선 후기의 〈경기감영도京畿監營圖〉에도 활쏘기 장면이 보인다. 12폭 병풍으로 된 이 그림은 1983년 호암미술관의 '민화걸작선' 전시에서 〈한양도漢陽圖〉로 처음 소개되었으나, 나중에 민화나 한양성도가 아니라 경기감찰사가 집무하는 경기감영을 그린 전형적인 관아도官衙圖로 밝혀졌다. 누가 그렸는지 정확히 알 수 없지만 능숙한 화원 몇 명이 동원됐을 것이 분명하다. 제작시기는 대략 19세기로 추정된다.

병풍의 오른쪽부터 시작하여 파노라마처럼 시점을 이동하면서 서대문 밖 전체를 조망하는 듯한 그림인데 제1폭에 보이는 대문은 돈의문敦義門(서대문)이고, 제4폭의 기영圻營이라 씌어 있는 솟을대문 위쪽에 자리 잡은 산봉우리는 북악산이다. 제6폭의 중앙에 있는 큰 건물은 관찰사가 집무하는 선화당宣化堂이고, 제6폭에서 제9폭까지 이어진 봉우리들이 인왕산이다. 제8폭 위쪽의 일주문은 영은문迎恩門(현재 독립문 자리)이고 그 아래 모화관慕華館이 보인다. 다시 그 아래쪽으로 눈에 띄는 큰 연못이 천연정天然亭이다. 《한경식략漢京識略》에 보면, "본래 이해중李海重의 별장이었으나 지금은 경기감영의 중영中營, 공청公廳으로 되어 있다"고 나온다. 이 일대는 지금도 천연동天然洞이라 부른다. 제10폭에는 '즙승정楫升亭'이라는 활터가 있고, 제11폭을 가득 채운 산봉우리는 안산鞍山이다. 감영 주변의 건물과 배경을 차지하고 있는 산은 진경산수의 묘법을 그대로 따른 것이다. 시가의 인물이나 집채는 매우 사실적으로 표현되어 있는 반면, 북악산·인왕산·안산은 중간 톤의

먹으로 산의 골세骨勢와 위용이 강조되어 있어 화면 전체에 무게와 활
기를 더해준다.[46]

〈경기감영도〉를 들여다보면 활터인 즙승정 주변과 영은문 주변에
서 활쏘기 하는 장면이 보인다. 활을 들고 있거나 활쏘기 연습을 하고
있는 여러 사람들 가운데 특히 즙승정 마당에 열을 지어 서 있는 관원
들이 눈에 띈다. 엄숙한 분위기로 보아 단순한 활쏘기 시합이 아니라
무과시험을 보는 중이 아닌가 생각되기도 한다. 관아의 담장 너머 공
터에는 과녁이 5개 놓여 있고, 과녁 아랫부분에는 하얀 기를 위로 올리
고 있는 관원과 북을 치는 관원 등 진행요원들의 모습이 보인다. 즙승
정 담 너머로 활쏘기를 보기 위해 모인 구경꾼들이며 사람들이 모인
곳에는 어김없이 나타나는 노점상도 눈에 띈다.

활터 풍경

즙습정과 같은 활터는 서울 안에 여러 군데가 있었다. 활터는 순우
리말로 '살터' 또는 한문으로 '사장射場'이라고도 한다. 김홍도의 〈북
일영도北一營圖〉에는 조선시대 활터의 모습이 잘 나타나 있다. 이 그림
은 북일영 밖 활터에서 활을 쏘는 한량들의 모습을 꼼꼼히 담았다. 북
일영은 경희궁慶熙宮 무덕문武德門 밖 군자정君子亭 옆, 지금의 사직동에
있던 훈련도감의 분영으로, 어영청御營廳의 분영인 북이영北二營이 가
까이에 있었다.

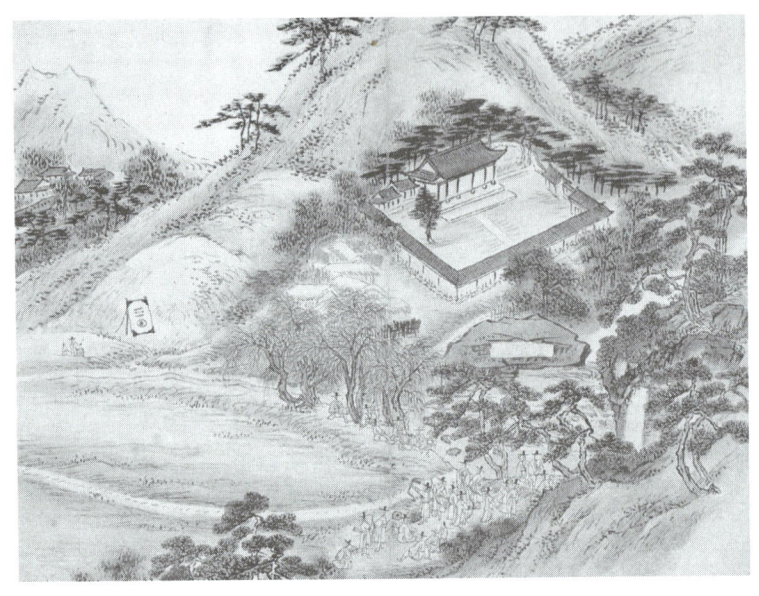

　김홍도는 북일영의 건물과 그 옆에 위치한 활터를 대등한 비중으로
배치하고 활쏘기 장면을 묘사했다. 큼지막한 과녁이 있고 그 옆에는
북을 쳐서 명중 여부를 알리는 사람도 보인다.

　활쏘기 하는 사람들을 자세히 살펴보면, 흑립을 쓴 대부분의 사람
들과는 달리 노란색 갓을 쓴 세 사람이 시선을 끈다. 이들은 황색 철릭
에 황색 초립을 근무복장으로 착용하던 선전관이었을 것이다. 그리고
과녁 근처에 포진한 사람은 화살의 적중 여부를 알려주는 고전告傳 일
을 맡은 사람일 것이다.

　대개 조선시대의 과녁은 높이 12자, 너비 8자였는데, 활터에서는 이
과녁을 80간間(145미터) 거리에 세워놓고 사수들이 한 번에 한 대씩 돌

려가며 다섯 대를 쏘는 방식으로 활을 쏘았다. 〈북일영도〉를 보면, 과녁이 뒤로 기울여져 있다. 과녁의 뒤에는 산언덕이 있을 뿐이어서 화살이 빗나가지 않고 더 이상 나가지도 않는다. 조선 전기 무과전시武科殿試에서 시험과목인 보사步射는 원후遠侯(멀리 있는 표적) 240보, 중후中侯(중간정도에 있는 표적) 180보, 근후近侯(가까운 거리에 있는 표적) 80보라고 했다. 전시를 시행하기 전에는 유사有司가 활터의 땅을 골라 다듬어 단壇을 만들고, 임금이 관람할 대차大次를 그 단 위에 남향으로 설치하며, 그 남쪽에 보사步射의 후侯 3개를 세워놓는다고 한다.[47]

초보는 힘들어

민간에서 활쏘기는 어떤 식으로 행해졌을까?

조선시대의 대표적인 풍속화가 김홍도가 활쏘기란 흥미로운 주제를 놓쳤을 리가 없다. 그의 《풍속화첩》에 실린 〈활쏘기〉는 진지한 표정으로 자세를 교정해주는 나이 지긋한 사람과 그의 지도에 따라 활을 당기고 있는 젊은 궁사, 그리고 또 다른 두 사람의 젊은 궁사가 그려져 있다.

활을 힘껏 당기느라 일그러진 표정도 재미있거니와 바위 위에 걸터앉아 오른쪽 눈을 지긋이 내려감고 화살을 살펴보는 이와 활을 얹기위해 무릎으로 한쪽 고자를 누르며 시위를 걸고 있는 이의 모습도 무척이나 사실적이면서 익살스럽다. 지도를 받고 있는 이는 아마도 손에 활을 처음 잡아보는 사람인 듯하다. 활을 잡아당기는 손과 같은 쪽 발이 뒤쪽에 있어야 하는데, 이 궁사의 발은 당기는 손(왼손)과 같은 쪽(왼발)이 앞으로 나와 있어서 어색하다.

활을 쏠 때 발은 비정비팔非丁非八 형태가 된다. 우궁右弓의 경우 왼발 끝을 과녁 오른쪽 귀퉁이를 향해놓는데, 그러면 과녁과 발은 '丁'자 모양으로 만난다. 하지만 과녁의 정중앙을 향해 맞춘 게 아니라, 과녁의 오른쪽 위에 맞췄기 때문에 정확한 '丁'자가 나오진 않는다. 그래서 '丁'자를 닮기는 했지만 정확한 '丁'자가 아니라는 뜻에서 비정非丁이라고 한다.

비팔非八도 그와 마찬가지로 팔자 모양이 아니라는 뜻인데, 이는 두 발의 모양과 관계가 있다. 우궁을 기준으로 설명하자면, 왼발을 과녁을 향해서 우선 정하고 오른발을 왼발장심掌心에 댔다가 대각선 방향으로 어깨 너비만큼 자연스럽게 벌리는데, 이때 모양이 '八'자 비슷하게 되지만, 엄밀한 의미에서 '八'자는 아니라는 데서 나온 말이다.

발 자세와 손을 일치시키는 것은 조금만 배우면 누구나 알 수 있는 기본이므로, 그림에서 자세를 교정받고 있는 궁사는 초보자임이 분명하다. 초보 궁사는 있는 힘껏 활시위를 잡아당기느라 얼굴이 심하게 일그러져 있어, 활을 얹고 있는 이나 바위에서 화살의 휜 정도를 살펴보는 다른 궁사들의 여유로운 표정과는 대조적이다. 활을 잔뜩 당긴 자세를 '만작滿作'이라고 하는데, 언뜻 보면 동작을 멈춘 듯 보이기도

《단원풍속화첩》 중 〈활쏘기〉, 종이에 수묵담채
— 국립중앙박물관 소장
자세를 교정해주는 선생의 진지한 모습과 지도를 받으며 활을 당기고 있는 궁사의 일그러진 표현이 재미있게 표현되었다.

한다. 그러나 만작 상태를 유지하려면 계속 힘을 주어 당기고 있어야만 한다. 따라서 자세를 교정받는 동안 활시위를 바짝 당긴 궁사는 온 힘을 쏟고 있었을 것이다. 활의 장력은 엄청나서 보통 초보자들이 활시위를 당기거나 그 상태를 유지하기란 생각보다 어렵다. 그런 활시위를 최대한 당겨서 그대로 유지하려니 얼마나 힘이 들겠는가. 〈활쏘기〉의 주인공인 초보 궁사는 활시위를 놓치지 않기 위해 안간힘을 쓰면서 버티느라 입을 꼭 다물고 있다.

개울가에서 활쏘기를 즐기다

활쏘기는 무인뿐만 아니라 문인들에게도 사랑받는 스포츠였다. 직업 화가는 아니었지만 그림 재주로 명성이 높았던 담졸澹拙 강희언姜熙彦(1710~1784)은 《사인삼경도첩士人三景圖帖》이라는 그림을 남겼다. 그는 선비 화가인 강세황姜世晃과 교분이 두터웠고, 특히 정선鄭敾의 이웃에 살며 그림을 배웠다고 한다. 김홍도에게도 많은 영향을 끼쳤다고 하는 강희언은 《사인삼경도첩》 외에 〈인왕산도仁王山圖〉라는 대표작을 남겼다.

선비들을 주인공으로 한 《사인삼경도첩》은 시를 짓는 모습을 담은 〈사인시음士人詩吟〉, 붓글씨를 쓰는 〈사인휘호士人揮毫〉, 활쏘기를 하는 〈사인사예士人射藝〉의 세 장면으로 되어 있다.

강희언이 그린 활쏘기는 배경을 완전히 생략하고 인물만 포착해서 그린 김홍도의 〈활쏘기〉와는 달리 소나무 아래서 활 쏘는 무인들의 뒷편으로 계곡이 흐르고 있으며 멀리 빨래하는 여인들도 보인다. 빨래터와 활쏘기가 한 화면에 담겨 있어, 일상생활 속에서 활쏘기가 자연스럽게 이루어지고 있었음을 알 수 있다.

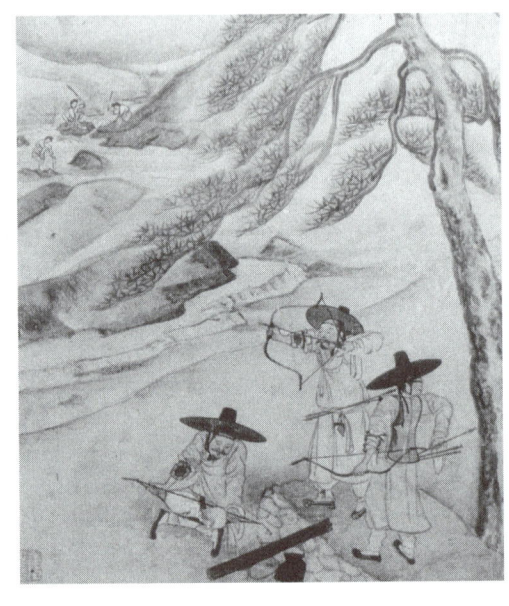

무인들이 꼿꼿이 선 채 활을 당기고 있는 곳은 주위에 비해 약간 높게 북돋워진 설자리였는데, 이를 사대射臺라고도 하였다. 아마도 개울 건너편에는 과녁이 놓여 있었을 것이다. 소나무 아래 있는 설자리에 올라선

두 사람은 벌써 두 대의 화살을 날리고 세 번째 화살을 쏘려고 하는 중이다. 허리에 매달린 궁대弓帶에 화살이 3대씩 남아 있는 것을 보면 알 수 있다. 궁대는 시위를 풀어 놓은 부린활을 넣어두는 주머니로, 활을 쏠 때는 이 띠에다 화살을 넣어서 허리에 두르고 한 대씩 뽑아서 쏜다. 한 발씩 연달아 다섯 발을 쏘는 것을 '한 순巡'이라 하는데 궁사弓士는 궁대에 꽂힌 한 순을 하나씩 빼어 쏜다.

설자리 아래에는 한 궁사가 활을 얹고 있다. 그는 책상다리를 하고 앉은 상태에서 안으로 접힌 다리의 무릎을 높이 들어올리고 허벅지와 종아리 사이의 홈에 각궁의 줌통을 대고 각궁의 정탈목과 도고자 근처를 잡아 당겨서[48] 왼발의 허벅지 위에 걸쳐놓았다. 그 다음, 왼손으로

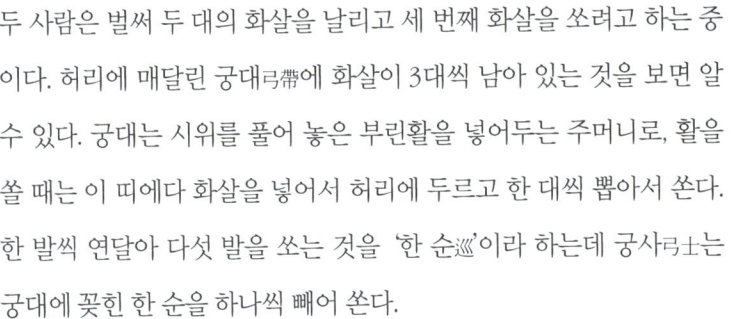

시위의 심고를 잡아서 양냥고자에 걸고 나서(왼발로 활을 눌러 올린 사람은 반대로 하면 됨) 줌통과 위·아래 목소 두 곳인 삼동이 올라왔는지 살펴보는 중이다. 줌통이 너무 올라오면 딱딱한 대신에 활을 잘 채주고, 줌통을 많이 밟아 내리면 말랑한 대신에 덜 채주기 때문이다.[49]

과녁을 개울에 두고 활을 쏘는 장면은 구한말 선교사가 찍은 사진에서도 발견된다. 산으로 빙 둘러싸인 마을에서는 넓은 공터를 찾기 어려우므로, 앞쪽에 넓은 공간을 확보할 수 있도록 개울을 사이에 두고 건너편 둔치에 세워둔 과녁에 활을 쏘곤 하였을 것이다.

남녀노소가 즐긴 활쏘기

김준근은 19세기 말 서울·부산·제물포 등지에서 풍속화를 주로 그렸으며 구한말 전래된 《천로역정天路歷程》의 삽화도 그렸다. 김준근 풍속화의 가장 큰 특징은 다양한 민속 소재를 다루었다는 점이다. 그리고 그의 그림에 등장하는 인물들은 이목구비가 분명하긴 하나 표정의 변화가 적고 비슷한 형태를 지녀 삽도揷圖와 같은 인상을 풍기기도 한다.[50] 서양 화풍의 영향을 받은 듯 다채로운 색채와 표현 대상의 입체감을 표현하기 위해 선염渲染 기법을 구사한 것도 특징적이다.

활쏘기와 관련해서 김준근의 그림 중에서 우선 눈에 띄는 것은 '궁장弓匠'을 그린 그림이다. 활을 만드는 장인인 궁장의 모습을 그린 그림은 이 그림이 거의 유일하지 않을까 생각된다. 《경국대전經國大典》에

궁인弓人과 시인矢人이 구별되어 있어, 이미 조선 전기에
활 만드는 사람과 화살을 만드는 사람이 나뉘어져 전
문화되었음을 알 수 있다. 완성된 활이 제대로 잡혔
는지 살펴보는 듯 활을 거꾸로 들고 보는 기산의
〈궁장이〉에도 화살은 보이지 않는 것으로 보아,
조선 후기까지도 궁장과 시장矢匠이 나뉘어 있
었던 것 같다.

　　활을 직접 쏘는 장면을 그린 그림도 몇 점이 있다.
〈활 쏘는 사람〉과 〈홍문 쏘는 모양〉은 성인의 활쏘기
장면을, 〈아히 새 잡는 모양〉은 어린이의 활쏘기 장면을 그렸다. 〈활
쏘는 사람〉을 보면, 활시위를 당기고 있는 사람의 궁대에 3시矢의 활이
있는 것으로 봐서 총 다섯 발 중에서 현재 한 발을 쏘고 두 번째 화살을
쏘려는 것임을 알 수 있다. 이 그림은 강희언의 활쏘기 그림과 유사하
다. 활쏘기를 하고 있는 세 명의 한량과 활쏘기에는 관심이 없는 세 사
람, 그리고 곰방대를 입에 물고 활쏘기를 바라보고 있는 인물들이 화면
에 배치되어 있다. 아마도 과녁은 상대편 언덕에 있을 것이다.

　　〈홍문 쏘는 모양〉은 걷거나 뛰면서 쏘는 보사步射의 형태를 보여준
다. 그러나 제목에 나오는 홍문이 무엇을 뜻하는지는 알 수 없다. 홍살
문紅살門을 말하는 것인가 생각되는데, 홍살문을 표적으로 삼았을까
하는 의문도 들어 단정 짓기는 어렵다. 두 사람 모두 활을 쏠 때 거추장
스럽지 않도록 허리에 띠를 매어 웃옷을 여민 것이 독특하다.

〈궁장이〉
—— 프랑스 기메박물관 소장
김준근의 그림에 나타나
는 〈궁장이〉 그림에도 화
살은 보이지 않는 것으로
봐서, 조선 후기까지도 궁
장과 시장이 나뉘어져 있
었던 것 같다.

기산 김준근이 그린 활쏘기 그림 〈아히 새 잡는 모양〉은 제목 그대로 활을 가지고 노는 아이들을 그렸다. 활을 쥔 아이는 활을 잡은 손에 팔지를 착용하지 않은 점으로 보아 본격적으로 활쏘기를 배우는 것 같지 않다. 긴 막대기를 든 소년의 왼손에는 새 한 마리가 앉아 있는데 제일 어려 보이는 아이가 새를 달라고 칭얼거리자 그 새를 건네주는 듯한 표정이다.

〈활 쏘는 사람〉
— 프랑스 기메박물관 소장

활을 쏘려는 소년의 아랫배 부분을 잘 살펴보면 '주살'이 보인다. 줄살에서 'ㄹ'이 떨어져나가 '주살'이라고 하는 이 물건은, 활쏘기를 처음 배우는 사람이 궁체(弓體)를 익힐 때 사용하는 도구다. 사대 옆 한가한 곳에 장대를 세워두고 줄을 묶은 다음 그 줄에 화살을 매어 활을 쏘면, 화살이 줄에 묶여 있어서 멀리 날아가지 못하고 되돌아오므로 연습을 계속할 수 있는 것이다. 주살을 이용하면 과녁을 의식할 필요가 없으므로 자세를 바로잡는 데 그만이다. 그런데 기산의 그림에는 장대도 보이지 않고, 그 줄도 소년의 가슴에만 매달려 있는 것으로 보아, 주살로 단정하기 어려운 점이 있다. 《민족생활어

〈홍문 쏘는 모양〉
— 프랑스 기메박물관 소장

사전)에는 주살에 대해 "두 가닥 끈 끝에 추를 달아 던져서 맞추면 감겨 떨어지게 한 무기, 또는 화살 끝에 줄을 달아서 날아가는 새를 쏘아 맞추면 새에 칭칭 감겨 떨어지게 한 장치를 말한다"고 했다. 그림 제목을 고려하면, 두 번째 설명이 좀 더 그럴듯해 보인다.

아이들의 활쏘기에 대해서는 1890년 새비지-랜도어(A. H. Savage-Landor)가 조선을 방문하고 나서 그 소감을 적어둔 아래의 글이 참조된다.

〈아이 새 잡는 모양〉
— 프랑스 기메박물관 소장
제목 그대로 활을 가지고 노는 아이들을 그렸다.

능력이 닿는 사람들은 아이들의 세계에서 사용하도록 아이들에게 좀 더 작게 만든 장난감을 제공한다. 아이들은 작은 활과 화살, 칼 그리고 짚으로 만든 작은 허수아비를 가지고 논다. 허수아비를 가지고 놀며 거기에 대고 화살을 쏘기도 하다가 싫증이 나면 언제든지 그 목을 베면서 즐거워한다.[51]

물론 이 글은 여행자의 입장에서 단편적인 인상을 기록한 것이라 정확하지 못할 수도 있다. 그럼에도 불구하고 아이들의 활쏘기를 확인해준다는 점에서 의의가 있다. 구한말 외국인들의 카메라에는 활쏘기를 즐기던 여성들의 모습도 포착되어 있다. 남녀노소를 가릴 것 없이 다들 활쏘기를 즐겼던 것이다.

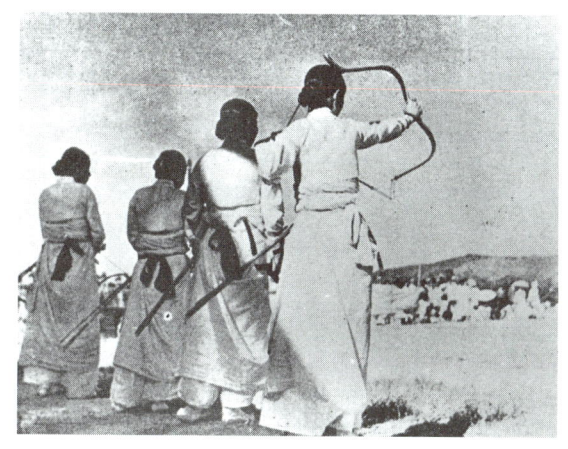

왼손잡이일까 오른손잡이일까

조선 후기 활쏘기 그림들을 살피다 보면, 궁사들 중에는 왼손잡이가 의외로 많다. 김홍도의 〈활쏘기〉에 나오는 초보자나 강희언의 〈사인사예〉에 등장하는 세 사람의 궁사 가운데 두 사람도 왼손잡이다.

오른손잡이(우궁右弓)인지 왼손잡이(좌궁左弓)인지는 활시위를 당기는 손으로 구별한다. 활을 당기고 있지 않더라도 구별하는 방법이 있다. '팔지'를 어느 쪽에 착용했는지를 보면 되는 것이다.

팔지는 한복처럼 소매가 넓은 옷을 입고 활을 쏠 때 시위가 줌손(활을 잡는 손)의 옷을 건드리지 않도록 잡아매는 도구다. 따라서 팔지를 착용하지 않은 손이 활을 당기는 손이다.

팔지는 발싸개나 붕대를 감듯 긴 천으로 둘둘 말아서 고정시키기도 하고, 천을 네모나게 잘라서 양쪽에 둥근 고리를 매달고 끝에 긴 끈을 늘어뜨려 지그재그로 묶는 방식도 있다. 김홍도나 강희언의 그림에 보이는 팔지가 바로 후자의 경우다.

팔지 외에도 허리에 묶은 궁대의 어느 편에 화살이 꽂혀 있는지만 봐도 궁사가 어느 손을 쓰는지 대번에 알 수 있다. 화살을 꺼내기가 쉽게 활시위를 당기는 쪽에 화살을 꽂기 때문이다. 신윤복

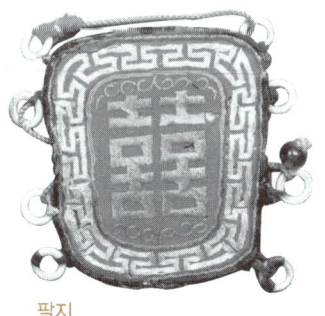

팔지

〈활 쏘는 여성들〉, 조선 말기. 구한말 외국인의 카메라에 찍힌 여성들의 활쏘기 장면이다.

의 〈계변가화溪邊佳話〉에서 창옷을 입고 미
투리를 신은 한량은 오른손에 활, 왼손에 화
살을 들고 있다. 그는 왼손에 팔지를 하고
있기도 한데 오른손잡이가 틀림없다.

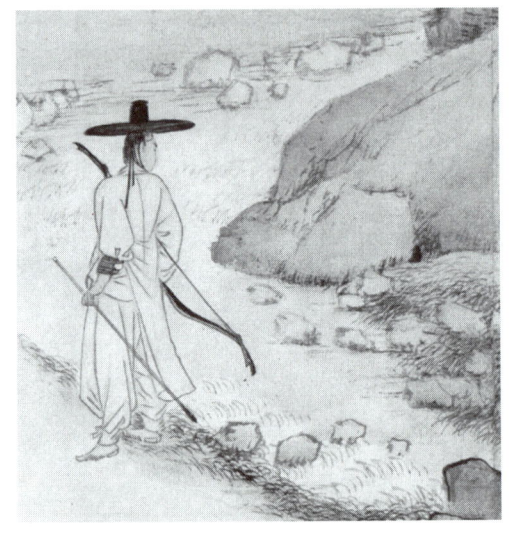

활쏘기의 현재

활쏘기는 이미 오래 전에 무기로서의 기
능을 상실했다. 하루가 멀다하고 쏟아져 나
오는 다양한 놀거리 때문에 활쏘기는 놀이
로서도 가치를 잃어버렸다. 우리가 활을 잘
쏘는 민족이었다는 기억은 올림픽 경기에서 '퍼펙트 골드(Perfect
Gold)'를 연달아 쏘는 양궁선수들의 모습을 볼 때나 되살아난다고 해
야 할까.

활쏘기는 택견이나 씨름 등 다른 전통무예와 비교할 때 일반인의
관심에서 더 멀리 벗어나 있다. 막상 활을 쏘고 싶어도 배울 곳을 찾기
가 쉽지 않다. 곳곳에 활터가 없는 것은 아니지만, 생활에 바쁜 현대인
이 짬을 내어 배우기란 쉽지 않다. 공간이 조금만 있어도 연습할 수 있
는 다른 전통무예와는 달리 활쏘기는 화살이 날아가는 거리와 안전을
고려해야 하기 때문에 상당히 넓은 공간이 있어야만 한다. 도심에는
활터가 들어서기 어렵다. 또한 활쏘기에 필요한 장비를 구입하는 데

《혜원전신첩》 중 〈계변가
화〉, 국보 135호, 종이에
채색
— 간송미술관 소장
오른손에 활, 왼손에 화살
을 들고 있는데, 인체와
비교할 때 상당히 크다.
그런데 왼손에 팔찌를 하
고 있어 오른손잡이(우
궁)임을 알 수 있다.

드는 비용도 만만치 않다. 큰맘을 먹지 않으면 실행하기가 쉽지 않은 것이다.

돌이켜보면 활쏘기는 우리 민족이 가장 자랑스럽게 여긴 기예였다. 우리의 관심에서 더 멀어지기 전에 활쏘기를 다시 살리기 위해 노력을 기울여야 할 것이다. 활쏘기가 옛 선비들이 갖춰야 할 육예六藝의 하나였음을 생각할 때 활쏘기를 포함한 전통무예를 전통문화로 어린 시절부터 교육시키는 것도 하나의 방법론이 될 듯하다.

활쏘기 용어

1. 몸에 관한 용어

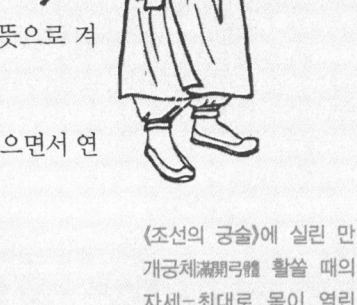

《조선의 궁술》에 실린 만개궁체滿開弓體 활쏠 때의 자세—최대로 몸이 열린 상태의 활쏘기 자세.

- 가슴통–가슴 전체를 가리키는 말.
- 깍지손–깍지를 끼는 손.
- 깍지손꾸미–깍지손의 팔꿈치.
- 곁동–겨드랑이. 곁은 옆이라는 뜻이고 동은 덩어리라는 뜻으로 겨드랑이를 비롯한 근처를 가리킨다.
- 등힘–줌손의 어깨에서 손등까지 팔의 바깥쪽으로 곧게 뻗으면서 연결되는 힘.
- 불거름–단전꣡田을 가리키는 말.
- 바닥끝–손바닥의 가운데 금이 끝난 곳.
- 반바닥–엄지손가락이 박힌 뿌리 부분으로 손바닥 가운데 살이 가장 통통한 부분이다.
- 범아귀–엄지손가락과 검지손가락 사이, 즉 호구虎口.
- 중구미–줌손의 팔이 접히는 부분.
- 죽머리–줌손의 어깨.
- 줌손–활을 잡는 손.
- 회목–손목.
- 하삼지下三指–줌손의 셋째, 넷째, 다섯째 손가락.

2. 얹은활에 관한 용어

활을 쏠 수 있도록 시위를 고자에 거는 것을 '활을 얹는다'고 하고, 이렇게 해놓은 활을 '얹은활張弓'이라고 한다. 반대로 쏘던 활의 시위를 내려서 두는 것을 '활을 부린다'고 하고, 그렇게 해놓은 활을 '부린활弛弓'이라고 한다.

- 절피—시위의 오늬를 먹이는 부분에 감은 실, 또는 실을 감아놓은 부분.
- 시위—활에 화살을 끼워 당기는 줄.
- 도고자—끝이라는 뜻을 가진 고자는 도고자부터 양냥고자까지를 말하는데, 도고자는 '도'라는 우두머리를 뜻하는 말인 도가 붙어 고자가 시작되는 부분을 말한다.
- 심고—시위 양 끝에 심으로 둥글게 만들어 양냥고자에 거는 고리. '고자'에 힘이 닿는 곳이라는 뜻을 가지고 있다.
- 고자잎—도고지와 양냥고자 사이.
- 양냥고자—고자의 맨 끝으로 뾰족하게 튀어나온 부분. 양냥은 뜻이 분명치 않으나 턱끝의 뾰족한 뼈인 '양냥이뼈'나 마르고 호리호리한 것을 가리키는 '양냥하다'라는 말로 미루어 볼 때 뾰족한 부분을 말하는 것 같다.
- 정탈목—도고지 밑의 굽은 부분.
- 창밑—목소의 중간 부분부터 정탈목까지를 말함.
- 후궁목소—후궁은 짧은 뿔을 댄 각궁으로, 우리말로 정착하면서 휘

궁으로 굳어졌다. 후궁목소는 휘궁의 뿔이
끝나는 부분부터 가늘어지는 부분을 말한
다. 목소는 후궁의 뿔에 댄 뽕나무를 가리
키나, 지금은 삼삼이부터 도고지까지를 가
리킨다.

- 후궁뿔끝-휘궁에서 뿔이 끝나는 부분을 가
  리킨다.
- 삼삼이-대나무와 뽕나무가 만나는 곳으로
  먼오금 아래.
- 먼오금-활의 한 가운데인 줌으로부터 멀리
  떨어져 있다는 뜻으로 한오금과 삼삼이 사이.
- 한오금-받은 오금과 먼오금 사이 가장 많이
  휘어지는 곳.
- 받은 오금-대림끝과 한오금 사이.
- 대림끝-줌으로 붙인 참나무의 양쪽 끝부분.
- 아귀-줌피의 양쪽 끝부분.
- 출전피出箭皮-줌 바로 위에 화살 닿는 곳에 대는 가죽. 살이 나갈 때 활
  몸채를 긁고 나가기 때문에 닳는데, 이를 예방하려고 붙인 가죽이다.
- 줌피-줌을 싼 껍질로 손에 나는 땀을 흡수하도록 한 것.
- 줌통-줌과 같은 말.
- 화피단장樺皮丹粧-화피는 활의 겉을 싸는 벚나무 껍질인데, 원래 화

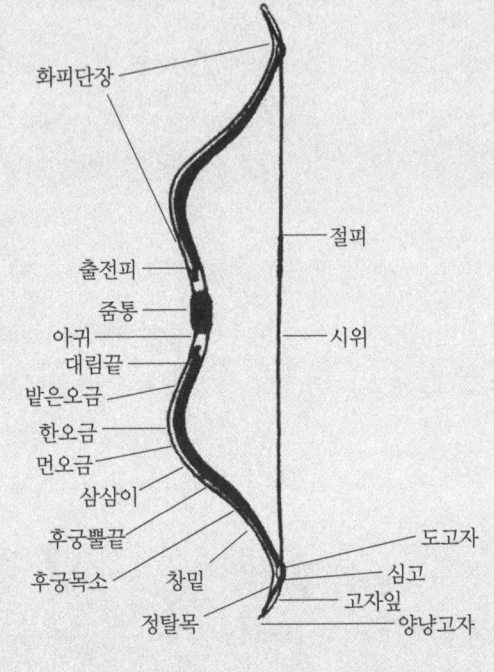

화피단장
절피
출전피
줌통
아귀
대림끝
받은오금
한오금
먼오금
삼삼이
시위
후궁뿔끝
후궁목소
창밑
정탈목
도고자
심고
고자잎
양냥고자

《조선의 궁술》에 실린 활
의 세부 명칭

樺는 자작나무를 뜻하지만, 활쏘기에서는 벗나무를 말한다. 따라서, 화피단장은 화피로 꾸민 것을 말한다.

오늬 ——
——— 오늬도피
깃 ——
——— 깃간
각명 쓰는 곳 ——
——— 웃마디
하리 ——
——— 가운데마디
아랫마디 ——
은오절 —— 상사
—— 더데
촉

《조선의 궁술》에 실린 화살의 세부 명칭

3. 화살에 관한 용어

• 오늬–화살의 꽁치에 박힌 참싸리나무. 홈을 파서 시위에 끼울 수 있도록 만들었다.
• 오늬도피–오늬를 싼 복숭아나무 껍질.
• 깃–화살의 뒤편에 바람을 가르도록 세 갈래로 붙인 깃. 보통 꿩깃을 쓰나, 옛날에 멋을 즐기던 사람들은 흰죽지참수리깃을 최고로 쳤다고 한다.
• 깃간–오늬 아래부터 깃 위까지를 말함.
• 각명刻名 쓰는 곳–깃 사이에 이름을 쓰는 것.
• 상사–살대 끝에 끼운 대나무통.
• 더데–살촉을 쇠촉으로 했을 때, 살촉 중간을 둥글고 우뚝하게 하여 내촉과 외촉을 구별한 것. 다른 말로는 덧테라고 한다.
• 은오절隱五節–둥근 촉 속에 들어간 살대의 끝부분. '감추어진 다섯 마디'라는 뜻. 이것은 오늬를 첫마디로 보고 갓간마디, 허릿간마디, 아랫마디까지 네 마디로 쳤을 때, 촉이 박힌 살의 끝은 다섯째 마디가 된다. 그런데 그 끝이 둥근 촉 속에 들어가 있어 숨었다고 표현한 것이다.

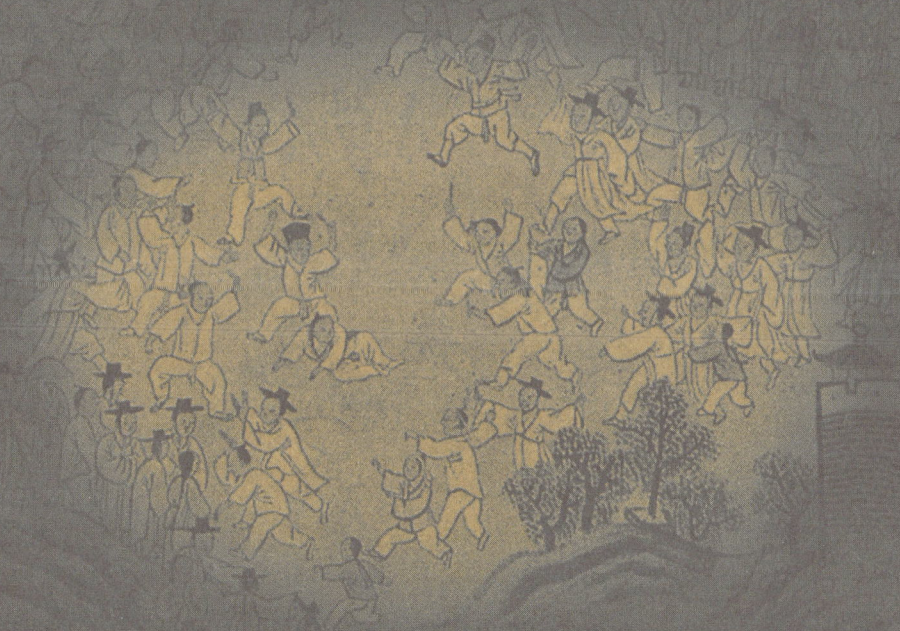

공인된 전쟁놀이
석전

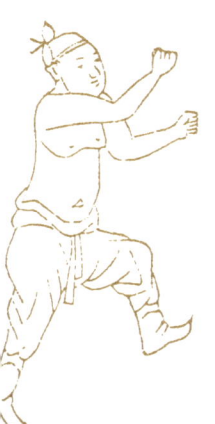
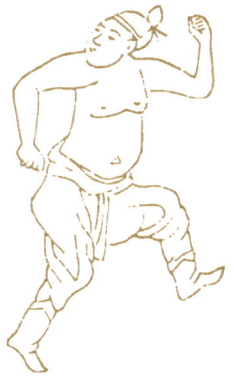

　석전石戰, 즉 돌싸움은 주로 개천이나 강을 경계로 삼아서 두 편의 마을 사람들이 돌멩이를 마주 던지며 싸우다가 백병전을 벌이는 편싸움으로 발전한다. 한자로 '척석희擲石戱'라고 하는데 민속놀이 중 가장 전투적인 놀이로, 실제 전쟁터에서도 중요한 역할을 하였다고 한다. 1970년대까지도 시골에서는 돌싸움의 풍습이 남아 있어서 맨 마지막에는 마을끼리 몽둥이질을 하며 싸우기까지 하였다.

고대부터 이어져온 돌팔매 풍습

　돌싸움이 문헌상 최초로 기록된 예는 《수서隋書》〈동이열전東夷列傳〉일 것이다. 거기에는 "매년 초 패수浿水에 모여서 놀 때, 왕은 가마를 타고 의장을 벌려 세우고 놀이를 구경한다. 놀이가 끝나면 왕은 옷을 입은 채로 강물 속에 들어가 신하들을 좌우 두 편으로 나누어, 서로 물을 끼얹고 돌을 던져가며 소리 지르고 달리고 쫓는 놀이를 두세 번하고 그친다"고 기록되어 있다. 해마다 국왕이 친히 관람할 정도로 고구려에서는 돌싸움이 중요했던 것이다. 《삼국사기》를 보면 신라에는 '석투당石投幢'이라는 돌팔매 군대가 조직되어 있었다.[1] 이는 돌팔매질이 군사적인 용도로도 활용되었음을 증명한다.

돌싸움 풍습은 고려시대에도 이어졌다. 고려에도 '석투반石投班'이라는 돌팔매질 부대가 있었다. 공민왕 연간에 격구擊毬와 석전石戰을 금지했다는 기록이 있는 것으로 보아[2] 민간에서도 돌싸움이 있었다는 이야기다. 《고려사》〈신우전辛禑傳〉을 보면, "단오에 무뢰한들이 길거리에 모여들어 각기 편을 지어 깨진 기와 조각이나 짧은 막대기로 서로 던지거나 치면서 싸운다. 이를 돌싸움石戰이라 한다"[3]고 하였다. 고려 말까지도 석전이 이어졌음을 알 수 있는데, 싸움의 형태는 삼국시대 석전과 비슷했을 것이다.

우왕禑王 9년(1383)을 비롯하여 10년·12년·13년 5월에는 왕이 직접 석전을 구경했다고 되어 있다. 우왕은 아마 거의 매년 석전을 구경한 듯한데 10년 5월의 기록을 보면, 치암鴟巖에서 석전을 구경하고 돌싸움에 능한 사람 몇 명을 불러 술과 몽둥이를 상으로 주어 기예를 모두 발휘하게 하였다고 할 정도였다.[4] 지신사知申事 이존성李存性이 '석전은 임금의 구경거리가 아닙니다'라고 간언을 하자, 화가 난 우왕은 이존성을 때리게 했다. 이존성이 피해 달아나자 우왕은 탄환彈丸을 가져다가 그를 쏘았다고 한다.[5] 이 이야기에는 물론 우왕의 실정을 강조함으로써 조선 왕조의 건국을 정당화하려 했던 《고려사》 편찬자들의 의도가 작용하였을 것이다. 그렇기야 하지만, 고려 말에 석전이 널리 행해졌다는 사실을 확인하는 데는 무리가 없다.

돌싸움의 전통은 조선시대 내내 이어졌다. 고려 때 설치된 척석군擲石軍을 근년에 와서 폐지했다가, 다시 예전의 군졸을 모으고 인원을 보충하였다[6]는 세종 대의 기록을 통해 그 부대가 오랫동안 이어져왔음이 확인된다. 태조 이성계는 청심정淸心亭에 올라 척석희擲石戲를 구경했고[7] 성안에 척석희 하는 사람을 모아두고 척석군이라고 부르게 하였으며,[8] 그들을 동량청東凉廳에서 사열하고 중추中樞 조기趙琦에게 지휘권을 맡기는 등 석전에 큰 관심을 보였다.[9] 돌 잘 던지는 사람들을 모아 편성한 이 부대는 태조 6년(1397) 7월과 8월, 왜구를 막는 데 실제로 동원되었다.

단오에는 좌우로 편을 나눠 하루 종일 돌싸움 시합을 했다. 태조 7년(1398) 5월의 기록을 보면, "임금이 궁성宮城의 남문에 거동해 석전을 구경했다. 절제사節制使 조온趙溫은 척석군擲石軍을 거느렸고 판중추원사判中樞院事 이근李懃은 여러 위衛의 대부隊副를 거느린 채 좌우편으로 나뉘어 해가 질 때까지 서로 시합했는데, 죽고 상한 사람이 자못 많았다"[10]고 했다. 돌싸움의 격렬함이 엿보이는 기록이다.

금지했어도 지속된 석전

태종 이방원도 돌싸움에 관심이 많았다. 한때 돌싸움을 금지하기도 했지만[11] 돌싸움 구경을 매우 좋아하여 세종과 함께 구경하기도 했다.

세종은 원래 돌싸움을 달가워하지 않았지만 상왕인 태종이 돌싸움은 놀이가 아니라 무재武才를 연습시키는 것이라 말하며 억지로 동반하게 한 것이다. 상왕 이방원은 방패군防牌軍 3백여 인과 척석군擲石軍 백오십여 명을 좌우로 나눠 모의 전투를 시켰다. 지휘자가 북을 치고 함성을 지르면서 양편이 어울려 싸우게 했는데, 그때마다 방패군이 이기지 못하고 달아났다. 총제摠制 하경복河敬復·곽승우郭承祐·권희달權希達·박실朴實과 상호군上護軍 이징석李澄石·대호군大護軍 안희복安希福 등이 말 탄 군사를 거느리고 공격했으나, 또 패하여 달아났다. 하경복은 돌에 맞아 구레나룻을 상하고, 박실은 여러 척석군에게 공격을 당해 위험해지자, 척석군들에게 "너희들이 내 옥관자(옥으로 만든 망건 관자. 정3품 당상관 이상의 관원이 사용함)를 보았느냐?"라고 말한 후에야 공격당하는 것을 면하기도 했다. 또한 척석군이 이징석이 타던 말을 빼앗아 바치니, 상왕 이방원이 말하기를 "경복의 무리가 크게 다치진 아니했는가?" 하고 물었다. 이에 하경복 등이 "비록 싸움은 패했으나 상하지는 않았습니다"라고 아뢰면서, 가까스로 일어나 누각 위로 올라왔다. 상왕 이방원이 방패군들에게 "어찌하여 매번 이기지 못하느냐?" 하고 물으니, 방패들이 꿇어앉아 아뢰기를 "저녁놀이 눈부시게 비쳐오고, 바람과 티끌이 얼굴에 가득히 날아와서 돌을 보기가 심히 어렵기 때문입니다"라고 했다. 이에 이방원이 장소를 바꾸어 싸우게 하고, 그때는 돌 던지는 것을 금지하고 몽둥이만 가지고 격투하게 했다. 그러나 방패군이 또 이기지 못했다. 상왕은 "방패군이 건장한 보졸步卒인

줄로 알았더니, 실상 겁이 많고 용기가 없는 자들이다"라고 말하면서, 척석군 40여 인을 뽑아서 방패군을 도와주게 했다. 그러나 이번에도 앞장서서 싸우는 자는 척석군뿐이고, 방패군은 모두 도망하여 숨었다. 도망하지 않은 자는 고함만 지를 뿐이었다. 이방원이 "맞아서 넘어진 사람은 다시 치지 말라. 죽거나 다치게 해서는 안 된다"고 하면서 의원들에게 다친 자를 치료하게 하고, 저녁 무렵에 이르러서야 모의 전투를 그쳤다고 한다.[12]

석전은 바로 다음날에도 이어졌다. 상왕 이방원과 세종이 함께 종루에서 돌싸움을 보았는데, 척석군을 좌우대左右隊로 나누고, 잘 싸우는 자를 모집하여 충당했다. 좌군은 흰 기[白旗]를 세우고, 우군은 푸른 기[靑旗]를 세워 표시하게 했는데, 양 편의 거리가 2백여 보나 되었다. 깃대를 세운 곳을 넘어서 끝까지 추격하지는 못하게 하고 기를 빼앗는 편이 이기는 것으로 규칙을 정했다. 이긴 편에게 상을 후히 주겠다는 영을 내리고 시합을 시켰는데, 좌군은 강하고 우군은 약하여 매번 이기지 못했다. 권희달·하경복이 말을 탄 기사를 거느리고 공격했으나, 좌군이 굳게 막고 비오듯 돌을 던지니 권희달이 돌에 맞아 말에서 떨어져 달아났다. 기사騎士가 이를 분하게 여기고 고함치며 힘을 내 추격하니, 좌군이 무너지므로 흰 기를 빼앗아 바쳤다. 상왕 이방원이 좌군 패두牌頭 방복생方復生을 불러 "기를 빼앗긴 것은 치욕이니, 마땅히 다시 힘을 다해야 할 것이다"라고 말했다. 이에 방복생 등이 분발하여 싸워서 크게 이겼다. 모의 전투가 끝나자 상왕 이방원이 척석군에게 술과 고기를 내리고, 면포 1백 필, 정포正布 2백 필과 저화楮貨 4천 장을 상으로 주었다.[13] 이 기록은 석전이 군사훈련의 하나로 시행되었음을 보여주는 증거다.

　석전은 사상자가 많이 나기 때문에, 무인 기질이 다분한 태조 이성 계나 태종 이방원 외의 다른 왕들은 석전을 금지하는 경우가 많았다. 아버지 때문에 억지로 석전을 구경해야만 했던 세종은 재위 11년 (1429) 6월에 석전을 금했다. 이는 판부사判府事 허조許稠가 올린 계啓에 서 비롯되었다. 허조는 "태종 때 사신이 관람을 원하여 병조에서 날센 사람을 모아 석척패石擲牌를 만들고 해마다 단오에 종루 가에 모여서 서로 용맹을 겨루게 했다. 그러나 몸을 다치거나 목숨을 잃은 사람이 많았던 데다가, 강하고 사나운 무리들이 붕당朋黨을 맺어 혹시 뜻하지 않은 변고, 즉 역모를 일으킬까 걱정이 된다. 아무런 이익도 없는 것을 국가에서 왜 금지하지 않느냐"고 했다. 그러자 세종은 "해마다 명나라 사신이 이를 보고 싶어 하는 까닭에 마지못하여 그렇게 했는데, 사신 들이 꼭 그것을 보려고 하면 어찌 해야 하느냐"고 반문했다. 허조는 "만일 사신들이 석전을 보고 싶어 한다면, 임시로 사람을 모집하면 되 지 패를 만들어 둘 필요는 없다"고 대답했다. 이를 옳게 여긴 세종은 패기牌記를 회수하고 병조로 하여금 석전을 금지하게 했다.[14]

　그러나 돌싸움은 오래 전부터 이어져온 풍속이라 금지시키기가 어 려웠던 모양이다. 세종 20년(1438)에는 반송정盤松亭에서 석전을 벌였 다. 양녕대군讓寧大君 이제李褆와 익녕군益寧君 이치李袳·서산군瑞山君

혜譓·순성군順成君 개譓·원윤元尹 이녹생李祿生·정윤正尹 겸謙 및 이무생李茂生 등이 같이 가서 석전을 구경했다. 뿐만 아니라, 혜와 겸 등은 돌 던지기에 능한 자 20여 명을 불러 모아 좌우대로 나눈 뒤, 스스로 말을 달려 종횡으로 지휘하며 싸움을 독려하기도 하고 몸소 작대기를 잡고 서로 쫓으며 싸움을 크게 벌여 많은 부상자와 사망자를 냈다.[15] 의금부에서 법으로 금지시켰는데도 태종 이방원의 큰아들이자 세종의 형이었던 양녕대군 이제를 비롯한 종실 사람들이 직접 석전에 참여했던 것이다. 세조 7년(1461) 5월에도 돌싸움을 금지하는 기사가[16] 나오는 것으로 보아 나라에서는 돌싸움을 금지시키려 한 것 같다. 그러나 금지 기사가 자주 되풀이되었다. 법으로는 금지했음에도 불구하고 일반 백성들 사이에서는 여전히 행해졌기 때문이리라.

공식적으로 돌싸움이 다시 시행된 시점은 예종 1년(1469) 5월 단옷날이었다. 단오에 성중의 사람들이 훈련관訓鍊館 사장射場에 모여 척석희擲石戱를 했다. 사상자가 나올 정도로 양쪽 진陣의 싸움이 치열했으며, 사대부가의 여자들도 다투어 석전을 구경했다[17]고 한다. 이 기록에는 "석전은 조선 초기부터 있었는데, 세종이 사람이 다칠까 염려하여 금지했다. 그러나 이때에 이르러 다시 행하게 되었다"는 사관의 글이 덧붙여져 있어 석전이 공식적으로 다시 행해졌음을 알려준다. 이후 성종 4년(1473)에 선전관宣傳官 이윤검李允儉을 보내 동대문 밖에서 석전을 금지하게 했다[18]는 기록이 있다. 이때 다시 돌싸움이 금지된 것으로 볼 수도 있지만, 동대문 밖이라는 특정 지역을 거론했으므로 모든 지역에서 돌싸움을 금지하지는 않은 듯하다.

그런가 하면 명종 10년(1555) 석전군石戰軍으로 김해 사람 1백 명을 뽑았다[19]고 되어 있어서 전투부대로서 석전군도 계속 유지되었던 것 같다. 전투에 석전이 활용된 예는 행주대첩에서였다. "이곳에 돌이 많기 때문에 모든 군사들이 다투어 돌을 던져 싸움을 도왔다"[20]라고 하였던 것을 볼 때 전문적인 척석군이 동원되진 않았지만 돌싸움이 전술로 활용된 것은 분명하다. 조선 후기에 총기가 발달하면서 척석군은 실전에서 점점 효용 가치를 잃어갔다. "중종조에 왜를 정벌할 때 석전대石戰隊를 모집하여 선봉을 삼으니, 적이 감히 전진하지 못했다. 임진란에 이르러 적이 조총을 사용하게 된 까닭에 힘을 얻지 못했다"라는 《지봉유설芝峰類說》의 기록이 참고된다.

단오놀이로 명맥 유지한 석전

돌싸움은 전투에서 효용성을 잃었을 뿐 아니라 물리적으로도 위험하기 때문에 놀이로서도 그다지 환영받지 못했다. 석전을 금지하려는 움직임이 다시 고개를 들었다. 영조 47년(1771)에는 경중京中에서 단오에 씨름을 벌이는 자와 대보름에 석전하는 자를 처벌하라는 명령이 내려졌다.[21] 그러나 민간에서는 이 금지령이 별로 효력을 발휘하지 못했는지, 서울의 만리재와 우수재가 석전장소로 남아 있고, 남대문 밖 굴개, 서대문 밖 녹개천, 동대문 밖 무당개울, 문안(사대문 안)의 하남

촌조산下南村造山(지금의 청계천 6가) 편싸움이 조선 후기에 유명했다고 한다. 서울 3문(남대문, 서소문, 서대문) 밖 석전에 대한《동국세시기東國歲時記》의 설명을 보자.

3문 밖 및 애오개 사람들이 떼를 이루어 편을 가른 다음 몽둥이를 들고 혹은 돌을 던지고 고함을 치면서 달려들어 접전하는 모양을 만리현萬里峴 위에서 행한다. 이것을 변전邊戰이라 한다. 그리하여 패주하는 편이 지는 것이다. 속담에 3문 밖 편이 이기면 기내畿內(경기도 안)에 풍년이 들고 아현 편이 이기면 다른 지방에 풍년이 든다고 한다. 이에 용산과 마포의 불량소년들은 작당하여 아현 쪽을 돕는다. 매우 심한 싸움일 때는 고함치는 소리가 지축을 흔들고 머리를 싸매고 서로 공격하는데 이마가 터지고 팔이 부러지며 피를 보고서도 그치지 않는다. 비록 사상에 이르러도 후회하지 않고 또 생명에 대한 보상법도 없다. 그러므로 관청이 이런 싸움을 못하도록 금지해도 고질이 된 악습이 온전히 고쳐지지 않았다. 그 후 성안의 아이들도 이를 모방하여 종가鍾街와 비파정에서 편싸움을 했으며, 성 밖에서는 만리현과 우수현雨水峴이 편싸움하는 곳이 되었다.

《경도잡지京都雜誌》에도 당시의 돌싸움 모습이 비슷한 내용으로 나와 있다.

3문 밖과 애오개 사람들은 돌팔매로 만리재 위에서 맞서 싸운다. 흔히 말하기를 3문 밖이 이기면 서울 부근 일대에 풍년이 들고 애오개가 이기게 되면 다른 지방에 풍년이 든다고 한다. 용산이나 마포에 사는 젊은이들 건달패가 떼를 지어서 애오개 편을 돕는다. 한창 어울려 싸울 때에는 아우성 소리가 땅을 뒤흔든다. 이마가 깨지고 어깻죽지가 부러진대도 원망하지 못한다. 관청에서는 이따금 금지시켰다. 문안에서도 무리를 이룬 아이들이 이를 배워 돌팔매로써 편싸움을 한다. 길가는 사람은 날아오는 돌이 무서워서 한결같이 피하게 된다.

만리재 돌싸움에서 이기는 쪽이 풍년이 든다는 믿음은, 조선 후기 들어서면서 편쌈이 풍년을 기원하는 '농경의례'로 정착되었음을 보여준다.

다음으로 담정薰庭 김려金鑢(1766~1821)의 《상원이곡上元俚曲》 중 석전을 묘사한 시를 보자.

몰우전沒羽箭 먹여 허공으로 쏘아 올리면
돌팔매질이 시작되어 밤새도록 승부를 겨루네
이 가운데도 적을 치는 손자병법이 있으니
정예 장정들은 장원서掌苑署[22] 동쪽에 숨겨둔다네

18, 19세기에는 깃이 없는 몰우전을 쏘아 올려 시합을 시작하는 신

호로 삼았던 것이다. 몰우전이란 수렵이나 전투 시 신호용으로 쏘아올리던 명적鳴笛을 문학적으로 표현한 게 아닐까 한다. 이 시에 붙여진 주註를 보면, 당시에도 의금부나 포도청의 순라군들이 싸움을 못하게 했다고 한다. 그야 어쨌거나 돌싸움은 백성들 사이에서 줄곧 행해지고 있었다.

이방인이 본 석전

구한말 편쌈의 모습은 외국인들이 남긴 글에서 좀 더 자세히 알 수 있다. 먼저 알렌(H. N. Allen)의 《한국의 문물 Things Korean》을 들여다보자.

서로 경쟁관계에 있는 두 마을 주민들이 초봄 무렵 들판에 모여 힘겨루기를 한다. 선봉대는 머리를 보호하기 위해 밀짚모자를 쓰고 막대기로 무장한 채 대치선을 넘어 상대 진지로 쳐들어간다. 나머지는 언덕으로 올라가 상대편에게 돌을 던진다. 맨 마지막 승부는 돌싸움에서 결판이 나는데, 모두들 돌 던지는 솜씨가 매우 능숙하다. 우세한 진영은 밀리는 상대방을 향해 함성을 지르며 제압해나가는데, 이 광경을 보기 위해 인근 언덕에는 수천 명이 자세를 낮춘 채 모여 있었다. 돌 세례를 피하려는 상대 진영은 금세 아수라장이 되어버린다. 매년 서너 명의 사망자와 다수의 부상자가 발생한다. 싸움이 끝난 다음날 아침 일찍 치료를 받기 위해 나를 찾은 환자들 중에는 앞

이마가 으스러져 머릿속까지 상해 있는 경우도 있었다.[23]

알렌이 본 석전은 경쟁관계에 있는 마을 사이에 벌어진 시합이었다. 머리를 보호하기 위해 보호대를 착용하기도 했다지만, 물론 그렇다고 부상자가 발생하지 않은 것은 아니었다.

언더우드(L. H. Underwood)의 《상투를 튼 사람들 사이에서의 15년 또는 한국에서의 삶 Fiften Years among the Top-Knots or Life in Korea》에 실린 내용을 보자.

조선에서의 첫해에 나는 석전을 참관하는 흥분을 맛보았는데 과연 이것이 특권인지 의심스러웠다. 그것은 끔찍한 경험이었으며, 특히 지적이고 견문이 넓은 여성들은 참관을 꾸준히 거절해왔었다. 두 이웃 간에 혹은 파벌 간에 서로 불만을 가지고 있는 경우 한 해의 어느 계절에 이러한 전투로 그것을 해결한다. 그들은 대장을 뽑고 편을 짜서 서로 도로 가의 기와 조각을 던지기 시작한다. 한편과 다른 한편이 교대로 승기勝氣를 잡는데, 한순간 승리했더라도 다음번에 패배하여 쫓기는 경우가 많기 때문에 관객의 입장에서 보면 승부의 시점을 알 수가 없다. 구획을 지어 안전한 승리의 위치라고 정해놓은 장소는 어느 순간에 격심한 전투장소가 되기도 한다. 그렇게 빈번하지는 않지만 때로는 아주 커다란 돌을 던져 치명적인 부상을 당하는 경우도 있다. 수백 명이 죽거나 다치지 않는 것이 이상할 정도다.

내가 평양에 도착하여 몇 주 지난 어느 날, 친구를 방문하기 위해 집을 나가는 길에 많은 사람들이 모여 있는 곳을 지나야 했는데 그들은 두 편으로 나뉘어 있는 듯이 보였으며 아주 격노해 있었다. 나는 친구에게 주의를 환기시키면서 사람들에게 물어보았는데, 그것이 내가 보았던 투석전의 시초라는 것을 알았다. 그의 남편은 내가 혼자 돌아가는 것이 위험하다면서 감사하게도 나를 집까지 바래다주었다.

우리는 돌과 다른 조각들이 우리 쪽으로 날아오고 있다는 것을 알고는 그것을 피하기 위해 어느 조선인의 집으로 달려가야 했다. 잠시 동안은 우리 주위에서 싸움이 치열했지만, 곧 무리들이 거리 훨씬 아래쪽으로 간 듯하여 그 조수가 다시 밀려오지 않는가를 알아보기 위해 모험을 감수하고 밖으로 나왔다. 모든 군중들이 우리 쪽으로 몰려오고 있었다. 어찌할 수 없는 상황에 처한 벙커 씨는, 반쯤 허물어진 벽을 올라가 인접해 있는 구내 주택으로 피신한 후, 멀지 않은 길모어 씨 집으로 가는 수밖에 없다고 말했다. 따라서 나는 좋은 옷에 개의치 않고 민첩하게 담을 올라가 전혀 부끄러움도 없이 달렸다. 상당한 크기의 돌 조각들이 우리 주위에 비 오듯 쏟아졌으며, 하나가 곧 우리 머리 위에 떨어질 것 같은, 아니 반드시 그럴 것 같다는 생각에 우리는 더욱 빨리 달렸다. 이 일을 회고하면 자주 웃음이 나오지만 그때는 결과가 아주 불확실했기 때문에 아주 비참한 생각이 들었다. 그러나 여러 번 요리조리 피하고, 우회하며 담 밑으로 피하면서 마침내 길모어 씨의 집에 도착했다. 그때 나는 헝클어지고 혼란한 상태에서 주위가 아주 조용해질 때까지 기다리고 나서야 본래의 현명하고 사려 깊은 여인으로 돌아왔다.

사건이 있은 후 얼마 되지 않아 우리 중 성미가 급한 젊은 동료 때문에 심각한 문제가 일어났다. 원인인즉슨 그가 싸움 광경을 찍겠다고 나섰던 것이다. 어느 침착한 미국인이 그것을 촬영하기 바로 직전에 그 포악한 무리를 향해 있던 카메라를 낚아챘는데, 우리의 젊은 친구가 그렇게 한 것은 그에 대한 경쟁의식에서였는지도 모른다. 그는 자신이 날아오는 모든 돌덩이의 표적이 되었다는 것과 흉악한 무법자들이 그의 목숨을 노린다는 것을 알게 되었다. 유감스럽게도, 불법적인 것이긴 하지만 그는 6연발총을 가지고 있었는데 너무 흥분하고 놀란 나머지 군중을 향해 총을 발사하고 도망쳤다. 그의 총탄은 조선인의 다리를 뚫고 들어갔다. 그가 쓰러지자 치명적인 상처를 입었다고 생각했다. 이제 양측의 격해진 분노는 몹시 놀란 젊은이에게 향했다. 그는 필사적으로 도망쳤고, 군중은 소리를 지르며 쫓아왔다. 카메라와 코트가 내팽개쳐졌으며, 그는 피신처인 미국 공사관으로 가기 위해 거의 1마일을 달려야 했다. 마침내 그는 헐떡이며 지친 상태로 그곳에 당도했다. 그의 총을 맞은 사람이 그렇게 심각하게 상처 입지 않았기 때문에 그는 벌금을 물고 몇 주 동안 투옥되어 심한 질책을 받은 다음 조선을 떠나라는 요구를 받고 석방되었다.

조선인들은 이러한 석전전술에서 상당한 군사전략을 보인다. 투석기로 무장한 저격병들은 높은 장소를 점유하며, 다른 사람들은 뒤에서 살금살금 다가가거나 적이 쏘아대는 정면에서 방어물을 기어올라가 느닷없이 그들을 잡거나 격퇴한다. 이 사람들은 무장했을 때나 자신과 비슷한 사람들과 대치할 때 늘상 자신이 훌륭한 전사이며 겁쟁이가 아니라는 것을 보여준다.[24]

조선에 와서 신기한 듯 구경하다가 갑작스레 편싸움에 휩쓸린 이방인의 당황한 모습이 떠오른다. 새비지-랜도어(A. H. Savage-Landor) 의 《코리아 혹은 조선: 조용한 아침의 나라 Corea or Cho-sun: The Land of the Morning Calm》에도 석전에 관한 글이 있다.

모든 경기들 중에서 가장 중요한 경기는 돌과 곤봉을 가지고 하는 싸움인데, 그것은 나라에서 공인하고 만백성이 후원하는 국민적인 행사이다. 그들은 때때로 정규전을 벌이는데, 만약 한 마을이 주변의 마을에 질투나 다른 원인으로 불만을 가지고 있었다면 새해 정월에 불화를 해결하는 적절한 방법으로 돌싸움이 선택된다. 그들이 싸우는 방식은 이쪽 마을의 가구와 친지들이 다른 쪽 마을과 맞붙는 것이다. 때로는 상인 동업조합이 다른 동업조합과 맞붙어 싸우는데, 그럴 때면 몇 백 명의 남자들이 양편으로 갈려서 격전장에 모여든다. 어른들은 아이들을 강하고 대담하게 만들기 위해 이런 경기에 참여하도록 종용한다. 나는 엄마들이 기껏해야 8세나 9세밖에 되지 않은 어린아이들을 출발선에 데려나와 같은 수의 동년배들과 싸우게 하는 것을 실제로 보았다. 각 편의 가장 용맹스러운 소년이 지휘관을 맡고 있는데, 그는 조그만 곤봉을 지니고 있었으며 머리에 가해질 수도 있는 강한 충격에 대비해서 화관花冠을 두른 큰 모전毛氈 모자를 쓰고 있었다. 그 소년의 뒤에는 조그만 붉은 저고리를 입은 열 내지 스무 명 이상의 다른 소년들이 각각 곤봉을 들거나 한아름씩 돌멩이를 안고 따르고 있었다. 싸움에 필요한 물자를 공급하기 위해서 대개 후방에 군수품들을 보관하는 안전한 제방을 쌓는다.

이제 전격적인 교전을 위해 두 지휘관을 앞세운 양쪽 병력이 삼각 편대를 이루며 돌진하기 시작한다. 그리고 잠시 망설이는 듯한 두 지휘관이 곤봉으로 서로의 머리통에 세찬 강타를 몇 차례 교환하면서 본격적으로 전투가 시작되면, 한편이 다른 편을 물리쳐 완전히 몰아낼 때까지 돌 세례가 난무하고 곤봉들이 춤을 춘다.

이러한 종류의 싸움은 아이들 사이에서조차도 몇 시간 동안 계속되기 때문에, 여러분들도 짐작하겠지만 싸움이 끝날 무렵에는 대부분의 소년들이 코피를 흘리거나 이가 부러지며 심한 타박상을 입게 된다. 이 싸움에서 승리한 쪽은 그들의 부모와 친지들로부터 선물을 받는다. 이 싸움 기간 동안에는 서울의 주요 거리와 개방된 장소들은 젊은이들로 활기가 넘치며, 스페인 사람들이 투우에 흥미를 가지듯이 그 싸움에 많은 관심을 가진 다수의 군중들이 모여든다.

어린 소년들 간의 싸움보다 더 위험천만한 것은 두 동업조합 간에 종종 벌어지는 교전이다. 내가 서울에 체류하고 있을 당시에 도축업자들과 진흙을 바르는 희귀한 기술로 먹고사는 사람들 간에 큰 반목이 일어난 적이 있었다. 두 업자들은 조선 사회의 가장 낮은 계층에 속했기 때문에 자연스레 그 싸움은 더 살기등등하고 난폭할 것으로 예상되었다. 어느 쪽의 주장이 타당한지를 결정하기 위해 싸움을 벌일 날짜가 정해졌으며 싸움장소는 남대문 바로 바깥의 평지로 잡혔다. 싸움터는 서울을 가로지르는 얼어붙은 개울로 나누어져 있었다. 싸움터는 성벽 서북편의 낮게 언덕진 곳에 있었는데, 결투를 벌이기로 약속된 날 나는 스케치북과 메모할 공책을 가지고 나가 자리를 잡았다.

양 패거리들이 정시에 도착한 다음 개울을 중심으로 각각 반대편에 운집하여 대치했다. 그곳에는 모두 약 천 팔백 명의 남자들이 있었는데, 말하자면 한편에 약 구백 명씩이 되는 셈이다. 내가 처음에 자리를 잡은 곳은 너무 높아서 싸움이 잘 보이지 않았기 때문에 어리석게도 계곡으로 내려갔다. 막상 싸움이 시작되고 나서야 나는 갖가지 무게와 크기를 가진 돌들이 엄청난 속력과 강도로 머리 위를 빗발치듯이 날아다니는 사태를 인식했다. 양편은 미리 돌무더기들을 수북히 쌓아놓고 있었으며, 쉴새없이 새로운 돌들을 공급해왔다. 투석기로 쏘아 올린 돌들이 엄청난 굉음을 내며 머리 위를 날아다니고 있었기 때문에 나는 이곳에 온 목적을 달성할 경황이 없었다.

대단한 혼전이 벌어졌다. 어떤 사람들은 돌을 다시 산더미같이 모으느라 바빴고 다른 사람들은 돌을 가지러 가거나 새로운 탄약을 앞쪽으로 나르느라 분주하게 뛰어다니고 있었다. 그러면서 두 진영은 한눈에 들어올 정도로 좁은 개울의 양쪽 기슭에 서서히 접근하고 있었다. 투석을 통해서 어느 한쪽이 다른 한쪽을 성공적으로 격퇴했다고 단정하기가 매우 어려웠다. 내가 위치한 곳은 반대편 사람들의 급습으로 수세에 몰리는 듯했으나 힘을 배가해서 다시 돌 세례를 퍼붓기 시작했다. 하지만 또다시 반대편 사람들이 선봉대를 앞세워 이쪽의 우측 전선을 무너뜨리면서 개울을 건너왔다. 물론 나는 싸움에는 적극 참여하지 않았으나 난투극을 끝까지 보기 위해서는 머리가 부서질 각오를 해야 한다고 생각했다. 그렇다고 내가 심하게 당한 것은 아니었지만, 그들의 난투극은 점차 격해져서 곤봉을 휘두르거나 급기야는 칼을 꺼내 상대방에게 상처를 입히기도 했다. 물론 나도 자연히 적지 않게 얻어터져 타박상을 입었으며 실제로 살기등등한 장면을 몇 차례 마주치기도 했다.

만약 당신이 비교적 제한된 공간에서 혼잡하게 뒤엉켜 두 진영으로 나누어 싸우는 천 팔백 명의 사람들을 상상할 수 있다면, 만약 당신이 극도로 흥분한 그들이 내지르는 날카로운 비명과 노호怒號와 같은 괴성을 상상할 수 있다면, 투석전의 개념을 확실하게 깨닫게 될 것이다. 싸움은 3시간 남짓 동안 활기차게 계속되었고 수많은 사람들의 머리가 깨졌다. 쓰러진 채 죽도록 짓밟힌 사람도 있었고 칼에 깊이 찔린 사람도 있었으며, 그 중 몇 사람은 숨이 끊어졌다. 싸움이 끝났을 때 극소수의 사람은 아무런 타박상이나 부상도 입지 않고 도망친 것으로 확인되었으며 격렬했던 난투극에 비하면 사망자 수는 매우 적었다. 성의 폐문을 알리는 큰 종이 울림에 따라 그들이 떠난 뒤에 싸움터에 남은 시체는 도합 여섯 구에 불과했다.

양측의 지도부는 장시간의 논의를 거친 뒤에 싸움은 무승부로 결론지어졌으며, 따라서 다음날 오후에 다시 재개할 것이라고 발표했다. 내가 들은 바로는 한쪽 진영이 상대 진영을 침입했지만 완전히 패퇴시키지 못했고 이어 강력한 저항을 받았다는 이유로 싸움의 승패가 가려지지 않았던 것이다. 그러나 다음날과 셋째 날은 폭설이 내려 싸움이 연기되었고, 정작 난투극이 재개되던 날 애석하게도 나는 입궐하라는 명을 받았기 때문에 그 광경을 지켜볼 수 없었다. 나로서는 만족스럽게도 내 쪽에 있었던 미장이들이 결국 승리를 거두었다고 들었다.[25]

헐버트(H. B. Hulbert)도 《대한제국멸망사 The Passing of Korea》에서 석전을 소개했다.

한국에서는 석전과 같이 그들만이 즐기는 놀이가 있다. 한국인들은 중용적이고 남에게 해를 끼치는 짓이란 하지 않는다. 이 점에서 본다면 이 놀이는 좀 변칙적이다. 그러나 미국인들이 야구를 즐기는 만큼 한국인들이 이 위험스러운 놀이를 그렇게도 좋아하는 이유가 무엇인가를 알기 위해서는 음력 정월을 이곳에서 지내보는 수밖에 없다.

석전을 오직 정월에만 즐긴다는 사실은, 놀이의 시간성을 지킨다는 점에서 한국보다 더 철저한 민족이 없다는 것을 보여준다. 석전·연날리기·돈치기·수영·팽이 등은 특히 그것을 즐기는 계절이 있다. 석전이 오직 정월에만 열리는 이유는 그때만이 밭에 아무것도 심지 않아 그 놀이를 즐길 수 있는 넓은 터를 얻기가 쉽기 때문이다. 겨우내 조그만 초가지붕 밑의 갑갑한 방구석에서 3개월 동안을 꼬박 갇혀 있다 보면 그들이 느끼는 봄의 감촉은 비교적 넓은 집에서 살고 있는 미국인들보다 훨씬 더 매혹적이다. 겨울잠을 자던 그들의 근육은 활기를 되찾게 되므로 밖으로 나와 언덕에서 뛰어놀거나 가슴을 풀어헤치고 그동안 움츠러들었던 기운을 발산하지 않을 수 없다.

같은 마을의 주민들끼리 패를 갈라서 석전을 할 수도 있지만 흔히 도전기를 휘날리며 이웃 마을에게 싸움을 건다. 그들은 울타리가 없는 빈 들판으로 쏟아져나가는데 어떤 사람들은 두꺼운 장갑을 끼고 무거운 철모로 무장을 하며 한편에서는 단순히 돌을 던지기만 한다. 양편의 대장들은 장갑 낀 주먹을 휘두르고 상대편을 모조리 때려죽일 듯이 씨근거리며 거만스럽게 자기 패의 앞으로 나와 선다. 돌이 날기 시작하면 대부분은 돌을 막지 못하여 쓰러지며 나머지는 교묘하게 돌을 피한다. 두 패는 심한 욕으로 상대편을 비방하여 사기를 돋운다. 싸움이 절정에 이르게 되면 그들은 사납게 상대편으로 돌진하여 더 많은 돌을 던지고 대장은 더 크게 뽐내며 앞으로 나아간다. 그러는 동안 흰옷을 입은 수많은 구경꾼들은 언덕에 둘러서서 자기가 좋아하는 패에게 응원을 보낸다. 이때 대장들은 머리와 어깨에 돌이 맞는 소리를 퍽퍽 내면서 점차 접근하며, 그러는 동안에도 그들의 머리 위로 많은 돌들이 날아온다. 그때 갑자기 고막이 찢어지는 듯한 함성이 한편에서 일어나며 억세게 밀기 시작한다. 반대편은 뒤로 물러서며 승리가 결정된 듯 보이지만 처음에 추격하던 패의 정렬은 도망하던 쪽으로 넘어가서 반대로 밀기가 시작된다. 이때 자기 패에게로 되돌아가지 못하고 뒤로 처지는 사람은 매우 운이 나쁘다. 서로 밀고 밀리며, 흥분한 관중들은 땅이 꺼질 듯 소리친다. 이때의 흥분은 마치 스페인의 투우와 마찬가지여서 그와 같이 격렬했던 감정도 얼마 지나면 참가자나 구경꾼에게서 다 함께 풀어진다.

한철에 이런 접전이 벌어지면 서너 명씩은 죽게 마련이지만 너무 싸움이 격렬하게 되면 경찰이나 헌병이 개입하는 것 같다. 싸움이 심한 때에는 집이 무너지는 경우도 있지만, 대개의 경우 팔에 타박상을 입거나 머리가 깨지고 욕이나 한없이 퍼붓는 정도로 그친다.[26]

외국인들의 기록에는 돌싸움의 모습이 무척 자세하게 묘사되어 있다. 그들은 문화적인 배경이 우리와 다르므로 과연 돌싸움 광경을 제대로 이해하였는지 의심스러운 부분도 있다. 그러나 돌싸움이 진행되는 과정이나 주변 환경에 대한 설명 따위는 객관적인 진술로 봐도 좋을 듯하다.

소년들의 돌싸움

이제 돌싸움 장면을 묘사한 그림들을 살펴보자. 19세기 조선의
다채로운 풍물을 그림으로 남긴 김준근의 그림 중에 석전을
소재로 한 것이 있다. 〈석전하는 모양〉을 보면, 사람들
이 양편으로 나뉘어 서로 돌을 던지고 있는데, 젊은
이들뿐 아니라 나이가 상당히 들어 보이는 사람들
까지도 참여하고 있다.

석전은 맨손이나 나무를 들고 싸우는 단계로까
지 발전되곤 하지만 기산의 〈석전하는 모양〉에서
는 두 편이 무기를 들지 않고 맨손으로만 싸우고
있어서 몽둥이를 든 것보다는 덜 격렬해 보인다.
치열한 공방이 이뤄지고 있지만, 그림 왼쪽 하단에 그
려진 패거리는 발모양새가 전진하며 몰아가는 형세다. 반면 우측 상단
에 위치한 패거리들은 발이 후방으로 향하고 있고 등이 보일 듯 말 듯
한 점으로 미루어볼 때 도망가기 직전의 상황임을 알 수 있다. 곧 승부
가 판가름 날 것으로 보인다.

김준근의 또 다른 돌싸움 그림 〈편쌈하는 모양〉에는 상투를 틀지 않
고 길게 댕기를 드리운 아이들이 주인공이다.

비슷한 나이 또래의 마을 아이들끼리 편쌈하는 모습이다. E. 와그너
는 《한국의 아동생활》에서 "돌싸움은 거칠고 매우 위험한 경기인데
수많은 젊은이들이 여기에 참여한다"고 썼다.[27]

〈석전하는 모양〉
양편의 치열한 공방이 이
뤄지고 있지만, 그림 왼쪽
하단에 위치한 패거리들
의 발이 전진하는 반면에
우측 상단에 위치한 패거
리들은 발이 후방으로 향
하고 있고, 등이 보일 듯
말 듯한 데서 도망가기
직전의 상황임을 알 수
있다.

〈편쌈하는 모양〉
상투를 틀지 않고 길게 댕기를 드리운 아이들이 참여하고 있음을 볼 수 있다.

전주 지방의 석전 풍습을 보면, 나이에 따라 참가자들이 대열을 나누었다.

둥근 달이 기린봉에 솟아오르면 서천교, 남천교는 완전히 돌멩이 세례를 받아 아수라장이 되어버렸다. 학봉리, 사정골, 남문거리, 반석리, 향교골, 공수내의 동쪽 패거리들과 서문거리, 곤지리, 은송리, 군사정, 용머리골, 서쪽 패거리들의 싸움이었다. 두 패거리들은 지금의 전주교를 경계로 천변을 따라 진을 친다. 쌍방 패거리들은 각기 1백여 명씩 10대가 앞서고, 20대가 그 다음, 30대가 맨 나중에 도사리고 앉아 승부를 겨룬다. 그들 손에는 돌팔매와 돌멩이밖에 없다. 싸움이 시작되면 쌍방 진지에서는 달걀만 한 돌멩이가 비 오듯 쏟아진다. 고함소리와 비명소리가 넘쳐나고, 남천과 서천에서는 온통 소름이 끼치는 처절한 싸움이 계속된다. 10대들이 물러서면 20대가, 20대가 물러서면 30대가 한바탕 투석전을 계속한다.[28]

이런 진행 방식은 비단 전주 지방만의 독특한 것은 아니었던 듯하다. 스튜어트 쿨린의 저서 《한국의 놀이》를 보면,

편싸움이라고 불리는 이 시합은 어린 소년들에 의해 시작되며, 그

들은 짚으로 꼰 새끼줄을 가지고 싸운다. 양 진영은 대오를 정렬해 후퇴와 전진을 반복하며 싸운다. 나이 먹고 몸집이 큰 소년들이 참가하고, 마지막에는 남자 어른들까지 그 싸움에 참가한다. 돌이 기본적인 무기여서 많은 사람들이 죽거나 다치는 결과를 초래한다.

라고 기록되어 있다. 서울에서도 어린 소년들로부터 시작하여 남자 어른들이 싸움을 마감하는 게 규칙이라면 규칙이었다.

줄팔매를 사용해 위력을 더하다

돌싸움을 할 때 돌은 맨손으로 던지는 게 보통이지만, 도구를 이용하는 경우도 있었다. 《그래픽 The Graphic》 1902년 2월 8일자에 실린 돌싸움 그림에는 '줄팔매'가 눈에 띈다. 이 그림은 영국의 판화작가 해넨이 서울 시내 한 마을에서 벌어진 돌싸움을 찍고 그 사진을 보고 나중에 다시 그린 것이다. 초가집이 있고 그 앞의 넓은 공터에서 치열한 공방전이 벌어졌다. 이 그림에서는 줄팔매가 등장한다. 줄팔매는 대님 같은 끈을 두 겹으로 접어, 고에 돌멩이를 끼우고 양끝을 손에 쥐고 휘두르다가, 갑자기 한쪽 끝을 놓아 돌을 날려보내는 방식이다. 대님 한 끝에 돌멩이를 붙잡아매고 다른 한 끝을 쥐고 팔을 앞에서 뒤쪽으로 돌리면서 휘두르다가 대님 째 날려보내기도 한다. 맨손으로 던지는 것보다는 훨씬 더 센 기세로 멀리까지 날아간다고 한다.

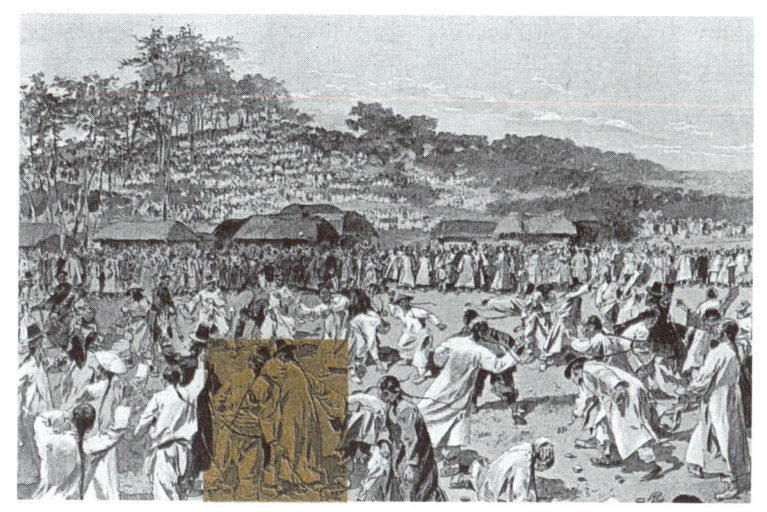

《그래픽》 1902년 2월 8일자에 실린 석전 그림(영국 판화작가 해넨이 사진을 바탕으로 그린 것) 석전이 벌어지고 있는 장소 주위로 구경꾼들이 빼곡히 차 있어 당시 석전의 인기를 알 수 있다. 특히 이 자료에선 앞선 그림들에서 볼 수 없었던 줄팔매의 모습을 볼 수 있다.

조선 영조 때 동지중추부사를 역임한 송규빈宋奎斌(1696~1778)이 해이해진 국방정책을 과감히 개선하고, 방어체제를 확립하여 군사훈련을 강화시킬 방안을 제시한 《풍천유향風泉遺響》에도 돌팔매질에 관한 내용이 보인다.

투석용 돌멩이는 준비하기가 매우 쉽고 다양하게 사용할 수 있는 바, 이것을 비석飛石이라 하는데, 적이 가장 두려워한다. (……) 돌을 손으로 던진다면 힘이 약하여 멀리 나가지 못하므로, 반드시 대나무를 이용하여 돌을 돌려 쳐야 힘이 강하고 맹렬하여 맞히는 것을 모두 부술 수 있다. 이것이 바로 적을 막는 데 더없이 좋은 기구이다. 대나무를 가지고 돌려 치는 방법을 군사들이 평상시에 미리 익혀두지 않으면 갑자기 쳐들어오는 적을 대응하기 어렵다. 태평할 때에 미리 집집마다 소년들을 빈터에 모이게 하여 오랫동안 교습시킨다면 돌 던지기에 익숙해질 것이다.

정규군의 방어체제로 편입하면 좋겠다는 견해가 나올 만큼 돌팔매질은 위력적이었다.

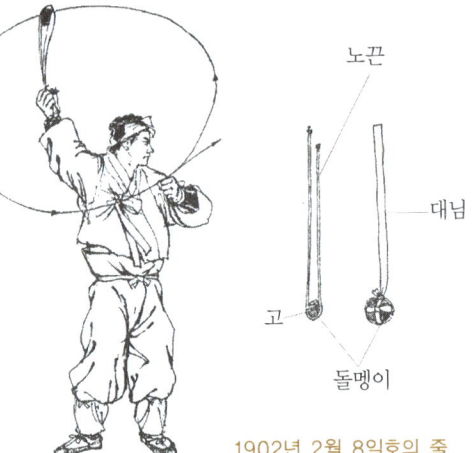

노끈

대님

고

돌멩이

1902년 2월 8일호의 줄 팔매 그림.
(조완묵, 《우리 민족의 놀이 문화》, 정신세계사, 1996, 55쪽)

돌싸움의 고장 평양

《신증동국여지승람新增東國輿地勝覽》에도 나와 있듯, 편싸움은 조선 전역에 퍼져 있었다.

석전−매년 정월 16일 부내에 거주하는 사람들이 중계中溪를 사이에 두고 좌우편으로 나누어 돌팔매질로 서로 승부를 결정한다〈안동 대도호부 풍속〉.

석전을 좋아한다. 매년 4월 초파일부터 아이들이 성 남쪽에 모여들어서 석전을 연습하고 단오가 되면 장정이 다 모인다. 좌우 패로 편을 갈라 깃발을 세워 북을 치며 고함을 지르고 사납게 날뛰면서 돌팔매질을 하는데 마치 비 쏟아지듯 던져서 승부가 결판난 다음이라야 그만둔다. 비록 사상자가 나더라도 후회하지 않고 수령도 금지시킬 수가 없었다〈김해도호부 풍속〉.

위의 기록은 안동과 김해의 석전풍속에 대한 설명이다. 두 글의 끝에 왜를 정벌할 때 돌을 잘 던지는 자를 선봉으로 삼았더니, 적군이 앞에 나서지 못했다고 한 것이 인상적이다. 경주에서도 해마다 정월 보름날 석전을 했다는데《졸옹집拙翁集》에 이렇게 되어 있다.

작년에 영남 지방을 돌아보고 경주 땅에 이르렀다. 때는 정월 중순이라, 달 밝은 밤에 소리가 있어 길거리가 시끄러웠다. 다투는 듯하고 싸우는 듯하여 새벽이 되도록 그치지를 않았다. 그 까닭을 물어보았더니, 이 고장 풍속에 옛날부터 석전이 있단다. 이 고장 사람들은 해마다 정월 보름날이면 좌우로 편을 나눠 서로 겨룬다. 손에 돌멩이를 쥐고 싸우되, 숱한 돌멩이가 뒤섞여 던져지니 비가 쏟아지듯 퍼붓는 가운데 자웅을 결판낸다. 달이 지새는 무렵을 한정해서 비로소 그치게 된다. 이기면 그해 일 년 동안 재수가 좋고, 지게 되면 그야말로 나쁘다.

편싸움이 전국에 널리 퍼져 있었다고 하지만 평양 지방의 편싸움이야말로 규모가 가장 크고도 치열했다. 영조는 석전의 위험성을 논하면서 평양의 석전을 예로 들었고,[29] 최남선도《조선상식》〈풍속〉편에서

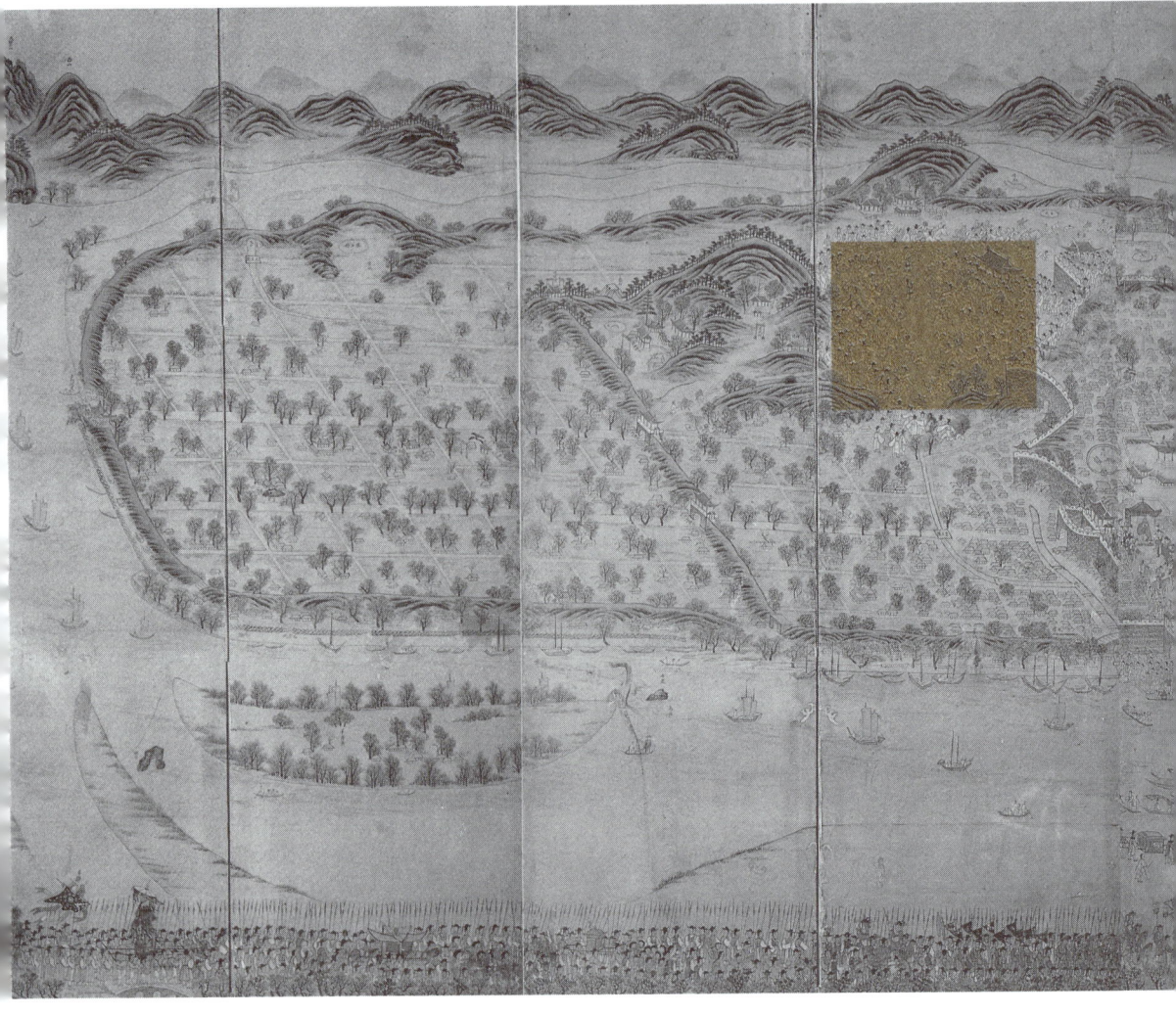

〈평양도〉
서울대학교박물관 소장

구경꾼들과 편쌈에 참여한 사람들의 모습이 어지럽게 그려져 있어 평양 석전의 모습을 살펴볼 수 있다. 두 패로 나뉜 참가자들과 건물이나 성벽 그리고 산등성이를 따라 빙 둘러선 구경꾼들의 모습을 볼 수 있다. '성황사'라고 씌어진 건물 앞의 구경꾼들은 아예 자리를 잡고 앉아서 여유 있게 구경하고 있다. 그리고 '훈련'이라고 씌어진 건물 주위에는 잔뜩 모인 구경꾼들과 그 사이로 두 명의 엿장수들의 모습이 보이는데, 해마다 이뤄진 편쌈의 규모가 성대했음을 볼 수 있다.

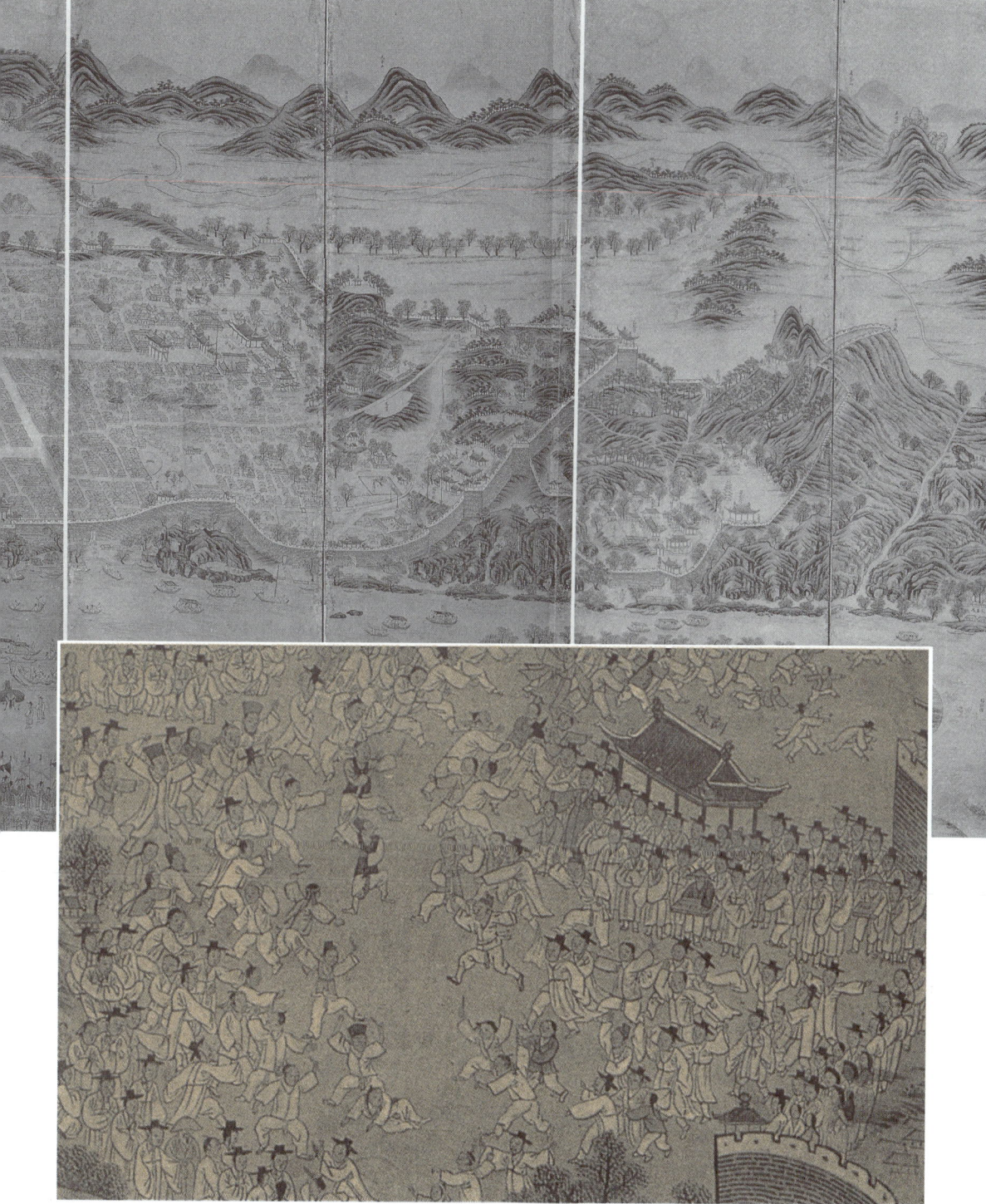

평양을 '석전향石戰鄕'으로 손꼽을 정도였다.

작자 미상의 〈평양도平壤圖〉에도 편싸움하는 모습이 기록되어 있다. 그림 속에는 두 패로 나뉜 참가자들과 산등성이를 따라 둘러선 구경꾼들이 그려져 있다. '성황사城隍祠'라는 현판이 달린 건물 앞에는 아예 구경꾼들이 자리를 잡고 앉아서 한가로이 구경하고 있다. '훈련訓練'이라고 쓰인 건물 주변에도 구경꾼들이 잔뜩 모여 있는데 그 사이로 엿장수의 모습이 보인다.

돌이 공중을 날아다니지 않고 있는 데다가 두 패거리들이 막대기를 들고 있는 것으로 봐서 백병전 상태에 돌입한 듯하다. 그림 하단에 보면 우측 패거리가 좌측 패거리를 밀어붙인 듯 좌측 패거리들의 대오가 흐트러져 있다. 반면, 상단에는 거꾸로 좌측 패거리들이 우측 패거리들을 압도하고 있다. 도망가는 사람들의 허둥대는 모습이 잘 표현되었다. 그들이 구경꾼 사이로 섞여 들어가자 구경꾼들도 당황하고 있다. 꽁무니가 보일세라 도망치는 선두그룹은 벌써 '전영前營'이라 표기된 곳을 지나가고 있다. 도망치다 넘어진 아이는 상대편이 어디까지 추격해오는지 뒤돌아보고 있어 웃음을 자아낸다.

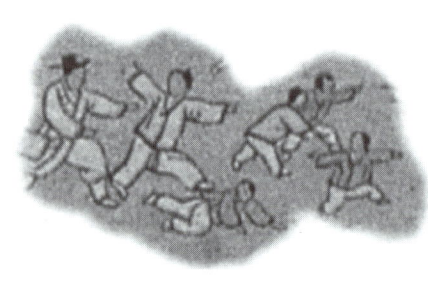

평양의 석전은 칼스(W. R. Carles)의 《한국에서의 삶 Life in Corea》에도 나타나 있다.

사람들이 싸우기와 돌팔매질을 좋아하기 때문에 평양은 위험한 곳이라고 알고 있었지만 적대감을 전혀 찾아볼 수 없었다. 매년 어떤 정해진 때에 싸움을 할 수 있는 허가가 내리면, 대략 3일 동안 읍내 주인과 시골 사람들 사이에 석전이 벌어진다. 만일 사람이 죽으면, 그 사람의 죽음은 불가피한 사고로 여겨지고 당국은 그 사고에 신경을 쓰지 않는다. 한 번은 나의 통역자인 김씨가 머리에 돌을 맞아 두 달 동안 몸져누워 있어야 했는데, 그의 두개골에는 크게 움푹 패인 자국이 아직도 남아 있다.[30]

평양의 석전은 3일 정도 계속되었으며, 석전을 하다 사람이 죽거나 다치는 일에 대해 주민들이 별로 신경을 쓰지 않았다고 했다. 그것이 평양 사람들에게는 매우 익숙한 놀이로 인식되었던 것이다.

포교도 참여했을까

석전은 무척 위험한 놀이였으므로 조선시대 내내 자주 금지령이 내려졌다. 평민들은 금령을 어기고 놀이를 계속 했고, 관아의 포졸들은 편쌈을 막았다. 석전 장면을 그린 그림에서 포교들은 어떤 모습으로 나타날까? 〈포교놀이도〉라는 제목이 붙은 그림이 한 점 있다.

자세히 살펴보면 편쌈을 묘사한 그림이다. 어찌 보면 포교들이 육모방망이를 들고 편쌈을 말리는 모습이 아닌가도 생각된다. 그러나 왼쪽 하단에 있는 포졸들은 싸움을 금지하기는커녕 구경에만 한창이다.

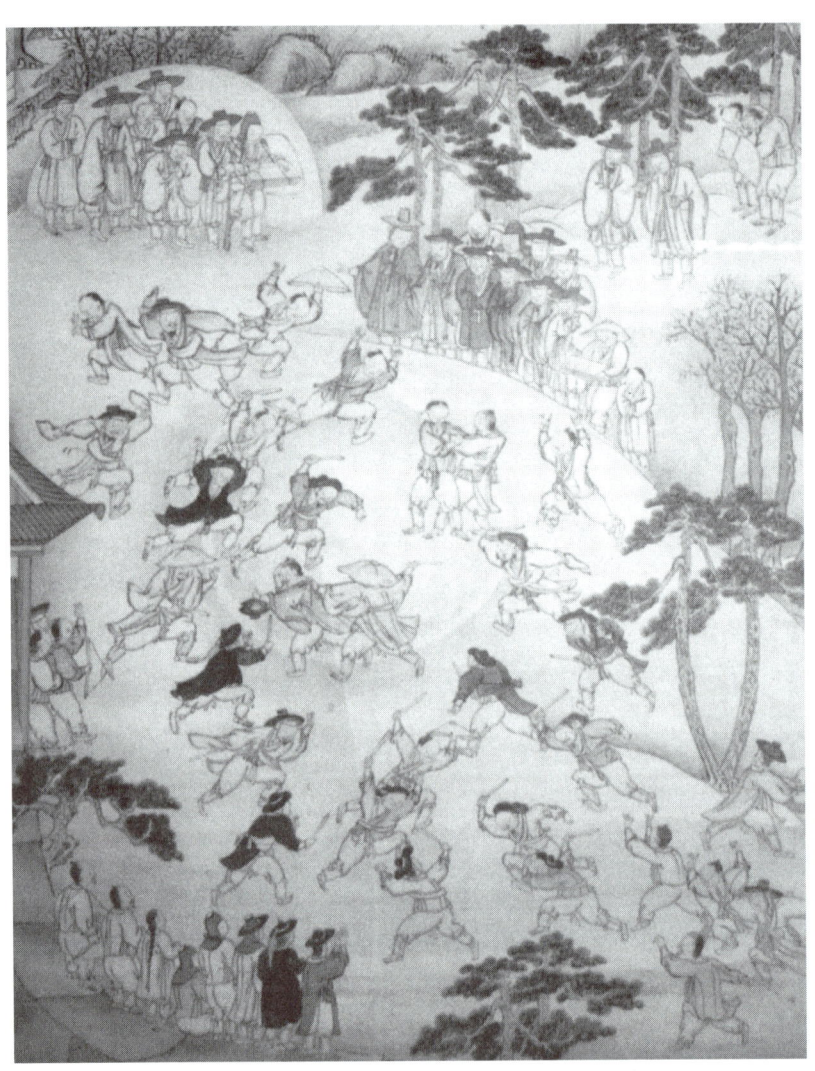

〈포교놀이도〉

하버드포그박물관 소장

몽둥이를 들고 쫓고 쫓기고 혹은 서로 달려들고 있는 모습에서 편쌈의 격렬함을 볼 수 있다.

육모방망이를 들고 싸움판에 뛰어든 포졸들도 싸움을 금지시키려고 하지 않는다. 포졸들을 피해 도망쳐야 할 일반인들이 오히려 싸움에 열을 올리고 있다.

몽둥이를 들고 쫓고 쫓기고 사납게 달려드는 모습에서 편쌈의 격렬함이 드러난다. 몽둥이 대신 맨손으로 멱살을 잡고 힘을 겨루는 장면도 있다. 그럴 때는 어릴 때부터 배웠던 씨름이나 택견 기술이 동원되었을 법하다. 1919년 안확安廓(1886~1946)이 저술한 《조선무사영웅전》의 "석전을 열 새 양방의 군중이 상대로 작대作隊하여 전투를 개시할 새 그 전투는 2인 혹은 3인이 대립하여 '두발낭성', '딴죽' 등의 유술柔術을 쓰고…"라는 내용을 통해서도, 편쌈에서 택견의 기술이 사용되었음이 확인된다.

한편 새비지-랜도어(A. H. Savage-Landor) 의 《코리아 혹은 조선: 고요한 아침의 나라 Corea or Cho-sun: The Land of the Morning Calm》에서는 포졸들이 편쌈에 관여했는가 하는 문제를 다음과 같이 다루었다.

포졸들은 대체로 관중을 보호하기 위해서 참석할 뿐, 교전에 개입할 수 없다. 군인은 자신들과 무관한 싸움에 적극적으로 참여하는 것이 금지되었으나 법으로 인정한 자유로운 기간 동안은 자신의 의지만 있다면 얼마든지 싸움판을 벌일 수 있었다. 그들은 누구보다

격렬하게 싸웠으며 군복이 더러워지지 않도록 늘 웃통을 벗은 채로 싸움을 시작했다.[31]

일반적으로 말해서 포졸은 관중을 보호하기 위해 편쌈 현장에 참석할 뿐이라고 했지만 허가된 기간 동안에는 그 싸움에 직접 참여할 수도 있었다고 했다. 이렇게 볼 때 〈포교놀이도〉의 편쌈은 그것이 허가된 대보름이나 단오에 벌어진 것으로 짐작된다.

돌싸움의 부활을 기대하며

이제 돌싸움은 흔적조차 찾아보기 어렵다. 현대화의 물결에 휩쓸려 돌싸움을 비롯한 전통놀이는 떠내려가 버렸다. 말로는 '가장 한국적인 것이 가장 세계적인 것'이라고 떠들지만, 실제로 전통 문화를 지키려고 노력하는 사람은 거의 없는 실정이다.

뒤늦게 1990년대 후반부터 여러 지방에 축제가 생기면서, 전통놀이도 해당 지방의 문화상품으로 재현·복원되고 있다. 그러나 정말 향토색을 드러내는 전통놀이는 별로 없는 실정이다. 특성화된 관광상품으로 돌싸움은 어떨까? 위험을 줄이게끔 새로운 도구와 보호 장비를 개발하고 규칙도 새로 정한다면 돌싸움은 재미있고 특색 있는 단체놀이가 될 수 있지 않을까.

사람과 말이
하나 되어 부리는 재주
마상재

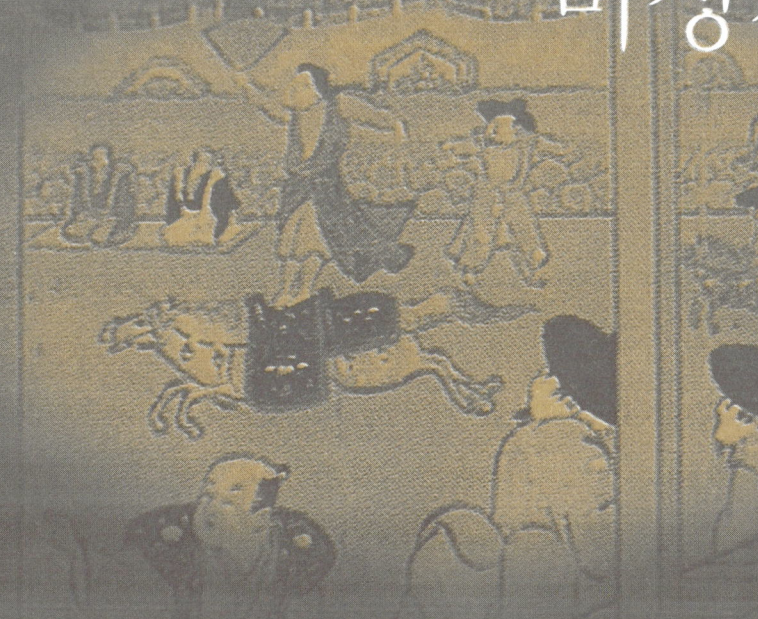

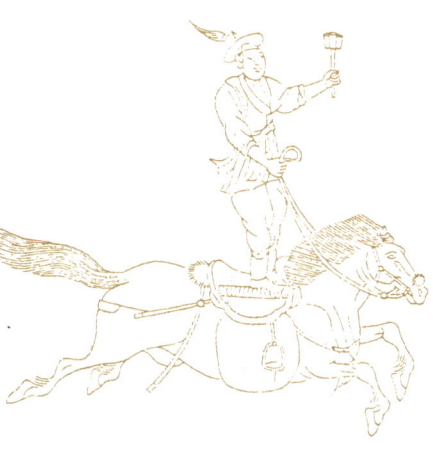

달리는 말 위에서 부리는 각종 기술이 '마상재馬上才'인데 그것은 '격구擊毬(말을 타고 숟가락처럼 생긴 막대기로 공을 쳐서 상대방 문에 처넣는 놀이)'와 마찬가지로 말 타는 기술을 닦기 위한 군사훈련 종목이 되기도 하였다. 다른 말로는 말놀음(마희馬戱)·곡마曲馬·말광대(마광대馬廣大)라고도 하며, 달리는 말 위에서 원숭이와 새처럼 온갖 장난을 부리기 때문에 원기猿騎[1]라고도 불린다.

기록에 보이는 마상재

우리나라에서 언제부터 마상재가 행해졌는지 잘 알 수는 없지만, 삼국시대 이전까지 거슬러 올라가는 것만은 분명하다.

"신라 사람 이사부異斯夫가 마희馬戱로 가야를 정벌했다"[2]는 꽤나 오래된 기록이 있는데, 거기서 말하는 마희는 마상재와 다름이 없을 것이다. 마상재는 고려시대에도 있었다. 고려 의종 22년(1168) "(의종이) 부벽루浮碧樓에 나가서 신기군神騎軍의 농마희弄馬戱를 구경하고 백금白

金 두 근을 주었다"[3]라는 기록이 주목된다. 농마희 역시 마상재로 볼 수 있다. 신기군의 마상재를 시험했다는 구절에서 마상재가 고려의 기병부대에서는 제법 널리 행해지던 기예였으리라 짐작하게 된다.

조선시대에는 어땠을까. 조선을 건국한 태조 이성계가 원나라 군대와 싸울 때 적장이 찌르는 창을 말다래(말을 탄 사람의 옷에 흙이 튀지 않도록 가죽 같은 것을 말 안장 양쪽에 늘어뜨려 놓은 것)에 붙어 피하자 상대방이 기세를 못 이겨 쓰러졌다는 기록[4]이 흥미롭다. 이성계는 마상재의 명인이었던 것이다. 중종 때 승지 윤희평尹希平은 무재武才는 모두 말 위에서 능해야만 하는데 무인들이 말타기를 익히지 않으니 걱정이 된다면서 해당 관부에서 마상재를 시험해야 한다고 주장했다.[5]

임진왜란 중에 선조는 살수殺手에 편입되어 있던 아동들을 대상으로 마상재 시험을 보기도 했고,[6] 조선 고유의 검술과 함께 마상립馬上立과 마상도립馬上倒立 등 마상재 기예를 명나라 장수에게 보여줘서 잘한다는 평가를 받기도 했다.[7] 정기룡鄭起龍은 왜군과 접전할 때 말에서 내려 적을 베고 곧바로 말에 올라타는 기술을 써서 적에게 살해될 위기에 처한 조경趙儆을 구해주었다고 한다.[8] 광해군 때는 서울 살곶이(지금의 성동구 왕십리와 뚝섬 사이 전곶교箭串橋 부근)에서 임금이 참석해 말의 재주를 겨루는 대회를 열기도 했으며, 인조 때는 일본 정부의 간청으로 마상무예에 뛰어난 장효인張孝仁과 김정金貞이 사절단을 따라 일본에 건너가 재주를 선보이기도 했다. 그밖에도 이세번李世蕃, 인문조印文調 그리고 영조 때 지기택池起澤, 이두흥李斗興도 마상재에 뛰어났다

고 한다.[9]

효종 3년(1652) 8월에는 관무재觀武才를 시행하면서 마상재를 시험하기도 했다. 나이가 여든 살이나 된 동지同知 엄황嚴榥과 주경순朱景順 등이 말을 타고 달리자 자품資品을 올려주고 말을 하사하기도 했다. 1686년(숙종 12) 숙종은 몸소 춘당대春塘臺에 나아가 언월도偃月刀, 기추騎芻 등 각종 기예와 더불어 마상재를 시험했고,[10] 영조도 1739년(영조 15) 2월 춘당대에서 마상재를 시험[11]하는 등 마상재의 전통은 계속 이어졌다.

노명흠盧命欽(1713~1775)이 편찬한 《동패락송東稗洛誦》에는 마상재와 관련된 일화가 하나 있다. 이인좌李麟佐의 난 때 반란군 평정에 나섰던 오명항吳命恒이 마상재에 뛰어난 기병을 시켜 반란군 앞에서 재주를 피우게 하였다. 마상재인이 말을 달리면서 말 위에서 눕기도 하고 올라서기도 하고 말 배 밑으로 나타났다 사라졌다 하는 묘기를 보이자, 반란군들은 물론이고 그 우두머리인 이인좌까지 그 묘기에 정신을 팔게 되었다. 원래 애꾸눈인 이인좌는 군막 안쪽에 구멍을 뚫고 그 광경을 바라보았다. 마상재인은 이 틈을 놓치지 않고 말 등에 누운 채 활을 쏴서 이인좌의 눈을 멀게 했다고 한다. 신빙성이 없는 이야기지만 마상재가 유용한 전술이었음을 짐작하게 하는 데는 손색이 없다.

조선시대 사람들이 어떤 마상재 기술을 익혔는지는 《무예도보통지》에 기록되어 있다. 그러나 《무예도보통지》에 실린 기예는 현재 전승되지 못해 아쉬움이 많다. 마상재는 말타기 기술을 연마하면서 대담성과 민첩성을 키우는 것으로서 전쟁에서도 진가가 발휘되는 기예였다. 《무예도보통지》에는 마상무예로 마상월도馬上月刀·마상쌍검馬上雙劍·기창騎槍·마상편곤馬上鞭棍 등의 무예가 실려 있는데, 모두 마상재를 기본으로 삼는다.

마상재를 부릴 때 훈련이 잘 된 말을 한 마리 또는 두 마리 이용했고, 암말보다 수말을 주로 탔으며, 특히 흰말을 선호했다. 그때 안전을 위해 안장과 등자를 말 잔등에 올려놓는 게 보통이었다.

마상재를 하는 무인은 머리에 전립戰笠을 동여매고 호의號衣를 입고 발에는 가죽신을 신었다. 벙거지라고도 불리는 전립은 보통 짐승의 털로 만들었는데, 왕이 쓰는 전립은 말총으로 만들었고, 구군복具軍服 차림에서 무관이 쓰는 전립도 일반 벙거지보다는 낫게 만들었다. 호의는 방위에 따라 색을 달리하였다. 동은 청색, 서는 백색, 남은 적색, 중앙은 황색으로 하여 소속을 표시했다. 마상재군은 대개 주황색 호의를 입었는데, 각 영문營門(조선시대에 각 도道의 감사가 직무를 보던 관아)의 군사와 마찬가지로 소매가 없는 호의를 입었다.

일본인이 부러워 남긴 마상재 그림

조선시대 마상재의 모습은 일본인이 그린 그림에도 남아 있다. 일본 교토대학京都大學 문학부文學部 박물관에 소장된 《한인희마도韓人戲

馬圖》는 도쿠가와 이에야스德川家康(1542~1616)의 요청으로 통신사 일행으로 파견된 마상재인 두 명이 강호성江戶城(지금의 도쿄)에서 장군과 막부의 고관 및 유명한 영주들 앞에서 각종 말재주를 펼치는 광경이 그려져 있다. 모두 9면으로 된 이 그림은 현재 모사본이 남아 있는데, 그림의 크기는 25.6×43.5cm이다. 이 그림을 《무예도보통지》와 함께 자세히 연구한다면, 조선 후기의 마구와 마복, 말치레 등 마상재와 관련된 복식과 공예 연구에 적지 않은 도움이 될 것이다.

1635년(인조 13), 일본 정부의 요구를 받아들여 마상재에 뛰어난 장효인과 김정이 사신을 따라가서 재주를 선보인 뒤로, 통신사행에는 반드시 마상재인이 동행하였다. 숙종 8년(1682)에 오순백吳順白과 형시정邢時挺이 따라갔는데 사행 도중에 영천永川 남천南川 가에서 오순백이 마상재를 시연하게 되었다. 이를 보려고 몰려온 구경꾼들이 모래사장에 가득하였다고 하니, 그의 마상재 솜씨가 가히 일품이었던 모양이다.

18세기에 통신사로 간 박경행朴敬行이 "조선에서는 말을 타고 적진 속으로 뛰어들어가는 기술을 무예로 꼽는데, 봄과 가을마다 이를 시험하여 우열을 가려 상을 준다. 따라서 전쟁터에 나아가 창과 검이 빽빽하게 늘어서 있고 깃발과 북소리가 요란한 적진에 몸을 감추었다가 적의 깃발을 빼앗거나 적군의 목을 베어올 수 있는 사람이 4~500명은 족히 된다"[12]고 말한 적이 있다. 일본인들에게 겁을 주기 위해 과장하였을 것이 분명하지만, 마상재가 그만큼 중시되었다는 뜻으로 이해해도 무방할 것이다.

마상재를 구경하고 경탄한 사이토齊藤定易는 이를 모방하여 '다이헤
이혼류大坪本流'라는 승마기예 유파를 만들기도 했다. 《한인희마도》는
그들이 경탄해 마지않는 마기예馬技藝를 그림으로라도 남겨두고자 하
는 마음에서 제작되었을 것이다.

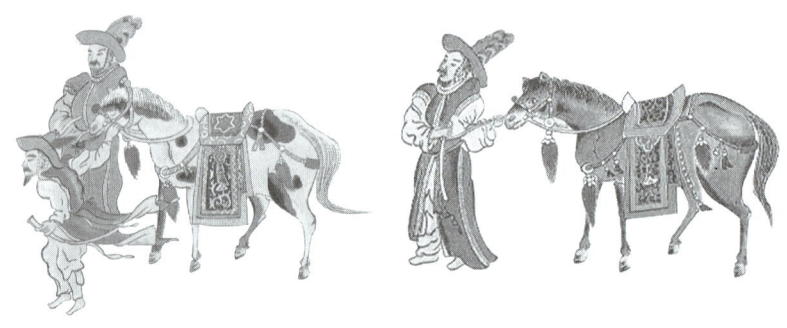

〈한인희마도〉　　　　　　　　　　견마출마대
—— 일본 교토대학 문학부 박물관 소장

　　이제 《무예도보통지》와 《한인희마도》를 차례로 살펴보자.
　　《한인희마도》 9면 그림 가운데 〈한인희마도韓人戲馬圖〉와 〈견마출마
대牽馬出馬待〉는 기예와 직접 관련이 없으므로 설명에서 제외한다. 기
예에 관련된 그림은 〈마상립馬上立〉·〈좌우칠보左右七步〉·〈마상도립馬上
倒立〉·〈등리장신鐙裏藏身〉·〈마상앙와馬上仰臥〉·〈마상도파馬上倒把〉·〈쌍
기마雙騎馬〉의 일곱 개이다.
　　〈마상립〉은 《무예도보통지》에서는 "초출마수지삼혈총주마입마상
初出馬手持三穴銃走馬立馬上"이라고 말한 것에 해당한다. 한 손으로 고삐
를 잡고 다른 손으로는 총구가 세 개 겹쳐 있는 삼혈총三穴銃을 들고,

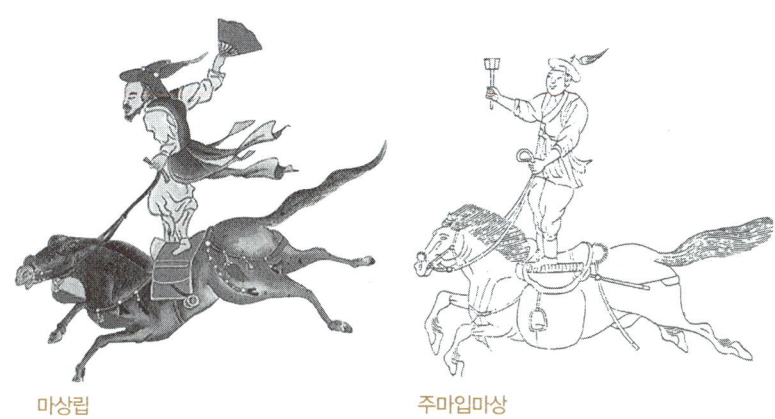

마상립   주마입마상

달리는 말 위에 두 발로 서서 균형을 잡는 기예다. 김광언은 이 기술에 대해 "안장 위에 선 기수는 왼손으로는 고삐를 잡고 오른손에는 삼혈총을 높이 들어 공중을 향해 쏜다. 또 기수는 고삐를 약간 늦추고 몸을 공중으로 솟구쳐 체중을 조금 덜어주면서 말이 내닫는 속도를 빠르게 하다가, 다시 고삐를 약간 당기고 체중을 더하면서 말의 속도를 늦추기도 한다. 이렇게 말의 달리는 속도를 조절하면서 다음 동작으로 넘어간다"[13]라고 설명했다. 《한인희마도》의 〈마상립〉은 손에 삼혈총이 아닌 부채를 들고 있다.

《무예도보통지》〈마상재〉 편을 보면, "《징비록》에 임진왜란 때 내금위內禁衛의 조웅趙雄이 용감하여 말 위에 서서 달리면서 적을 살육했다고 하는데, 이것이 지금의 제1자세이다"라고 되어 있다. 말 위에 서서 두 발로 중심을 잡고 단병기單兵器인 검보다는 창이나 언월도 같은 장병기長兵器를 이용해 적을 공격했던 것으로 생각된다.

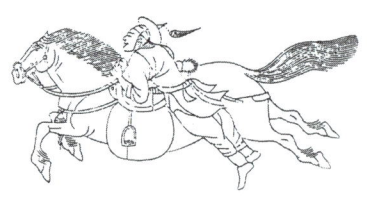

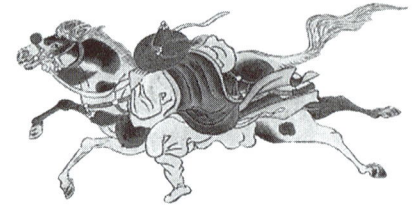

좌우초마   좌우칠보

〈좌우칠보左右七步〉는《무예도보통지》에 "잉거안교우초마복불마안족잠지지 우좌초마혹삼혹사무정수仍據鞍橋右超馬腹不磨鞍足暫至地 又左超馬或三或四無定數"라고 설명되어 있다. 안장에 의지해 말등을 넘나드는 동작이다. 먼저 전교前橋(안장 앞부분) 언저리를 두 손으로 짚고 몸을 뒤로 쭉 펴서 말등에 엎드리는 자세를 취한 후, 배가 말 등이나 안장에 닿지 않게 하면서 몸을 말의 왼쪽으로 넘긴다. 이때 발은 땅에 닿을 듯 말 듯한 정도까지 내려오며, 다시 몸을 들어 말 등에 닿지 않은 채 오른편으로 넘어간다. 오른편에서도 발이 땅에 닿을 듯하다가 다시 왼편으로 넘어가는 동작을 반복한다.

그런데《한인희마도》의 〈좌우칠보〉는 오히려 '등리장신' 의 모습(반대쪽에서 보고 그린 모습)과 더욱 유사하다. 몸 전체를 일자로 만들고 한 손은 전교를, 다른 한 손은 말고삐를 잡게 되어 있다. 〈한인희마도〉에 묘사된 동작은 한 손으로 말고삐를, 다른 손으로는 후교後橋(말안장 뒷부분)를 잡고 있으며 한 발(이 그림에서는 오른발)만 등자에 걸쳐 있어서《무예도보통지》의 '등리장신'과 비슷하다.

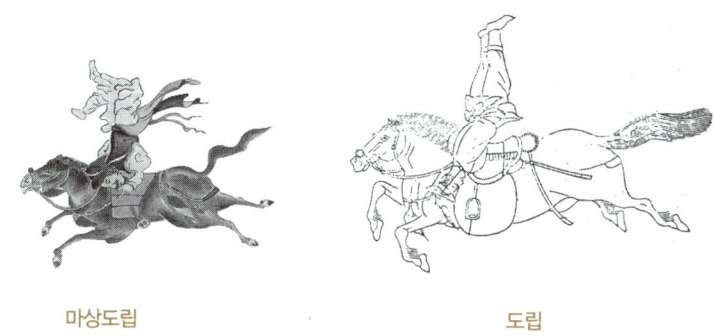

마상도립   도립

〈마상도립馬上倒立〉은 《무예도보통지》에 "즉도립식정마경지左卽倒
立植頂馬頸之左"라고 설명되어 있다. 간단히 말하면 말 위에서 거꾸로
서는 동작이다. 안장의 앞부분을 두 손으로 잡고 상반신을 말 왼쪽으
로 떨어뜨린 채 하반신을 공중으로 쫙 편다. 《무예도보통지》에서는 발
을 쭉 편 반면 《한인희마도》의 〈마상도립〉에서는 무릎을 구부렸는데,
중심을 좀 더 잘 잡기 위해서인 것으로 보인다.

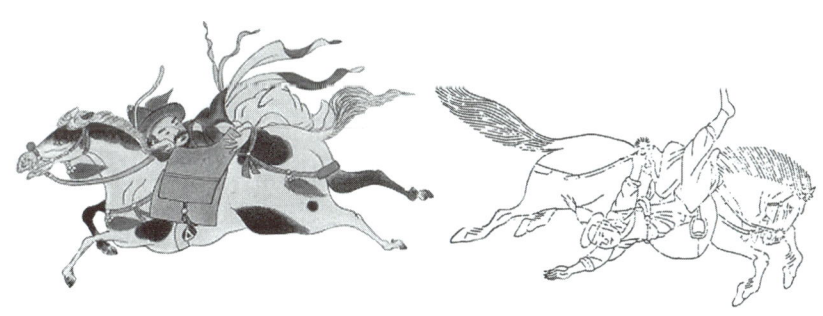

등리장신   좌우등리장신

〈등리장신〉은 말의 한켠으로 비스듬히 누워 모래와 흙을 움켜쥐고 상대방을 향해 던지는 기술이다. 《무예도보통지》에는 '우右등리장신'과 '좌左등리장신'으로 구분되어 있는 반면 《한인희마도》에서는 〈등리장신〉으로만 적혀 있다. 방향만 다를 뿐 같은 동작이므로 굳이 좌우를 구분할 필요가 없기 때문인 것 같다.

두 그림을 자세히 들여다보면 약간 차이가 있다. 《무예도보통지》에서는 한쪽 발을 안장에 얹고 다른 한 발은 공중으로 펴고 한 손으로 안장을 잡고 몸을 거꾸로 누인 채 다른 한 손으로 땅바닥의 모래를 훑고 있는 반면, 《한인희마도》〈등리장신〉에선 몸을 거꾸로 세우지 않고 바로 한 채 한 손은 말고삐와 말갈기를, 다른 한 손은 말안장 뒷부분을 잡고 있다. 《무예도보통지》의 '등리장신'은 마주 오는 적에게 모래를 뿌려 당황하게 만드는 동작이지만, 《한인희마도》의 〈등리장신〉은 말의 한 쪽 옆에 몸을 숨기고 적의 감시나 공격을 피하는 장면일 것이다.

'등리장신'이란 명칭의 기술은 여러 가지였다. 앞서 이성계가 고려 공민왕 11년(1362) 7월 원나라 군대와 싸움을 할 때 말다래에 붙어 적장이 찌르는 창을 피했다고 했는데, 그때의 동작도 말안장을 잡고 말 옆구리에 숨는 《한인희마도》의 〈등리장신〉 기술과 유사한 것으로 여겨진다. 〈등리장신〉은 한 가지로 고정된 기술이 아니라 다양하게 변형될 여지가 있었다.

〈마상앙와馬上仰臥〉는 말 위에 몸을 가로로 눕히거나 엎드리는 것, 또는 거짓으로 죽은 체하면서 적을 속이는 동작이다. 《무예도보통지》

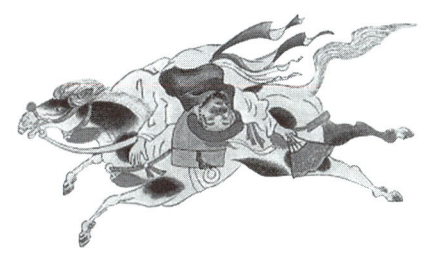

마상양와

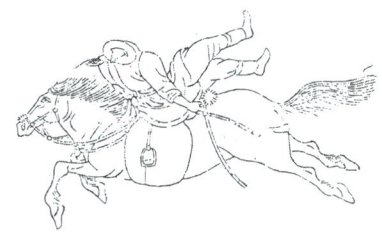

횡와양사

에서는 세로로 누운 동작을, 《한인희마도》에서는 가로로 누운 것이 눈에 띈다. 다양한 응용 동작이 존재했을 것으로 보인다.

〈마상도파馬上倒把〉는 뒤로 드러눕는 동작이다. 보통 때 말 타는 자세를 취하면서 두 발을 등자에 건 상태로 고삐를 놓은 채 뒤로 누워 죽은 체한다. 《무예도보통지》에서는 '침마미枕馬尾'라 하여 말꼬리 쪽을 베고 눕는 모양이라고 설명하고 있다. 전쟁터에서 거짓으로 활에 맞은 척 적을 속이는 동작이었을 것이다.

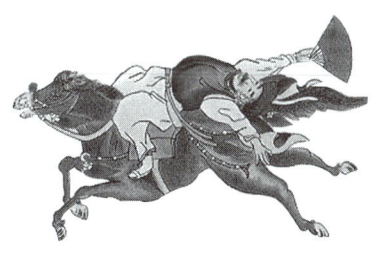

마상도파

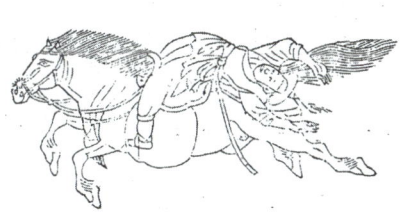

침마미

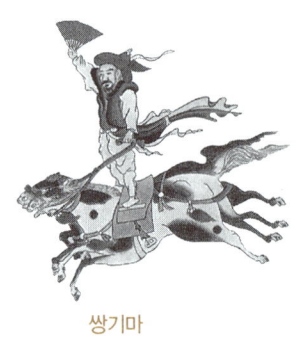

쌍기마

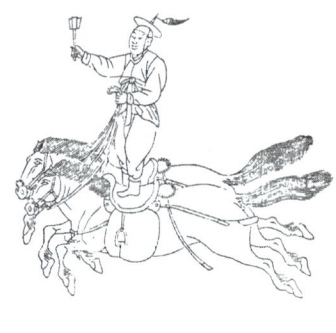

쌍기마 (무예도보통지)

〈쌍기마雙騎馬〉는 말 두 마리를 타고 앞에서 설명한 여러 가지 기술을 행하는 것이다. 《한인희마도》에 보이는 동작은 '마상립' 장면이다. 《무예도보통지》의 쌍기마 모습과 흡사하다.

　마상재를 묘사한 또 다른 그림으로는 일본 막부시대의 작품이 전해진다. 이것은 도쿠가와 시대에 도쿠가와 이에야스의 요청에 의해 기마술이 능한 마상재인 두 명이 에도성江戸城 (도쿄)에서 장군과 막부의 고관들 앞에서 마상재를 시연하게 되었을 때 함께 관람한 일본인 화가들이 그린 것이다.

　마상재 동작 중에 말 위에 서는 '마상립'과 말 좌우로 넘나드는 '좌우초마', 말 위에 거꾸로 서는 '마상도립'이 전하고 있다. 마상재인들은 호의를 입고 있는데 셋 중 두 사람만 전립을 썼다. 그들이 착용한 전립은 끝이 둥근 일반적인 전립이 아니라 끝이 뾰족한 검정색 벙거지 모양이다.

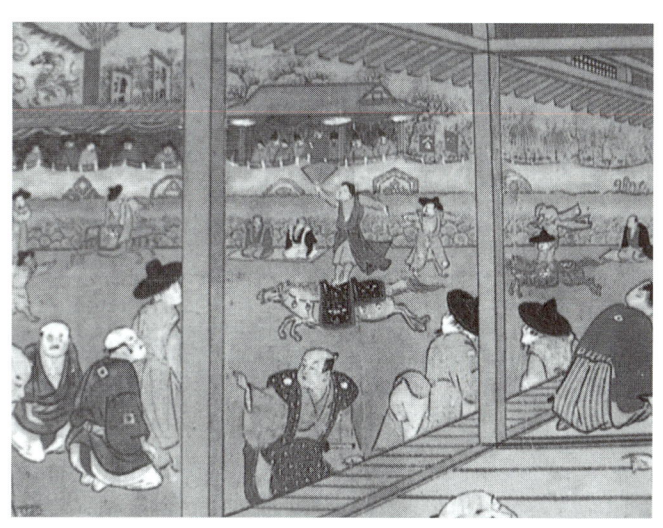

조정청신이 그린 〈마상재도〉
— 일본 고려미술관 소장
일본인들이 조선의 마상재를 구경하고 있다. 이 그림에는 마상재 동작 중에 말 위에 서는 '마상립'과 말 좌우로 넘나드는 '좌우초마', 말 위에 거꾸로 서는 '마상도립' 등의 세 가지 동작이 나타나고 있다.

다산이 보고 시로 읊은 마상재

조선에서도 마상재는 찬탄의 대상이었다. 연융대鍊戎臺에서 임금이 마상재를 사열했을 때 그 자리에 참석했던 다산茶山 정약용丁若鏞은 소감을 시로 적어두었다.

겨울 새매 창공을 쏜살같이 날아가듯
날쌘 말갈기 쳐들고 질풍처럼 내닫네

한 병사 길옆에 서서 놓칠세라 응시하다가
번개같이 가로채여 덥석 뛰어오르네

두 팔을 벌리고 말 등 위로 우뚝 서네
날개 돋친 선인이 황학루 높은 난간에 표연히 비껴 섰는가

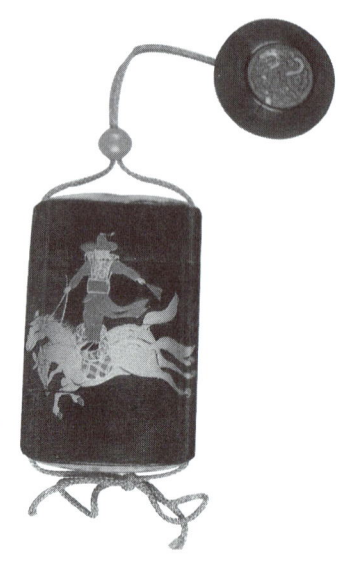

홀연히 몸을 뒤틀어 말허리에 내려 숨어
물오리 고개 숙이고 물속으로 풍덩 뛰어들었는가

홀연히 일어나 안장 위에 가슴을 대고 네 활개를 펴네
마치도 술 취한 사람에게 차인 바둑판 다리가 하늘을 향하듯

홀연히 허리 펴고 팔 들어 휘저으니
마치도 바람에 나부끼는 깃발들이
숲 사이로 비스듬히 지나가는 듯

인롱印籠
인롱은 도장을 넣는 궤로,
표면에 마상재 그림이
새겨져 있다.

홀연히 넘어져 뻣뻣이 굳은 시체인 양
홀연히 뛰니 원숭이를 치는 것 같고

척가무예戚家武藝[14] 18기 중에도
세상에 이 기술만은 우리 동방이 뛰어나니

기마전의 전술도 말 다루는데 있나니
사람과 말이 하나되어 제 마음대로 재주 피우는 것

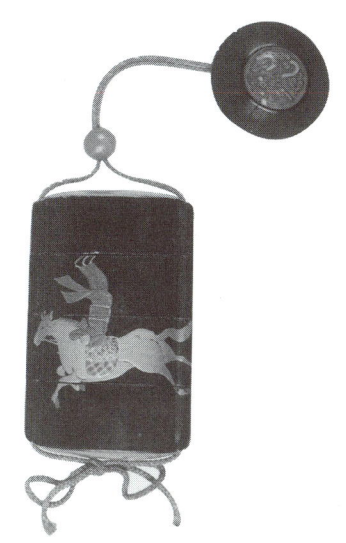

인롱에 새겨진 마상도립

이것이 말 모는 능숙함이라

세상에서 익히면 이루지 못할 것 없나니
장대놀이 줄타기도 다 성공했거니

그러나 전투에선 기묘한 무기 써야 되는 법
맨몸으로 달려들어 기예도 소용없다네

모름지기 갑옷 입고 긴 창을 메여야 하거니
그런 다음에야 그대들의 재간이 쓸모 있으리

　　이 시는 마상재의 동작을 구체적으로 설명하고 있다. 3연 1행에 '두
팔을 벌리고 말 등 위로 우뚝 서네'는 말 위에 올라서는 '마상립'을 묘
사한 것이다. 4연 1행의 '홀연히 몸을 뒤틀어 말허리에 내려 숨어'는
'등리장신'을, 5연 1행의 '홀연히 일어나 안장 위에 가슴을 대고 네 활
개를 펴네'는 '마상도립'을 기술하였다. 6연 1행의 '홀연히 허리 펴고
팔 들어 휘저으니'는 '마상도파'를 노래한 것이다. 7연 1행의 '홀연히
넘어져 뻣뻣이 굳은 시체인 양'은 '마상앙와'를, 7연 2행의 '혹은 뛰노
는 날쌘 원숭이인 양'은 '좌우칠보'를 표현한 것이다. 그밖에 2연 2행의
'번개같이 가로채어 덥석 뛰어 오르네'는 달리는 말과 같이 움직이다
가 뛰어오르는 동작을 표현한 것으로, 《무예도보통지》에서는 설명되

지 않은 동작이다. 이것은 추측이지만 그 옛날에는 현재까지 알려진 것보다 훨씬 많은 마상재 기술이 있었다고 보아야 하지 않을까.

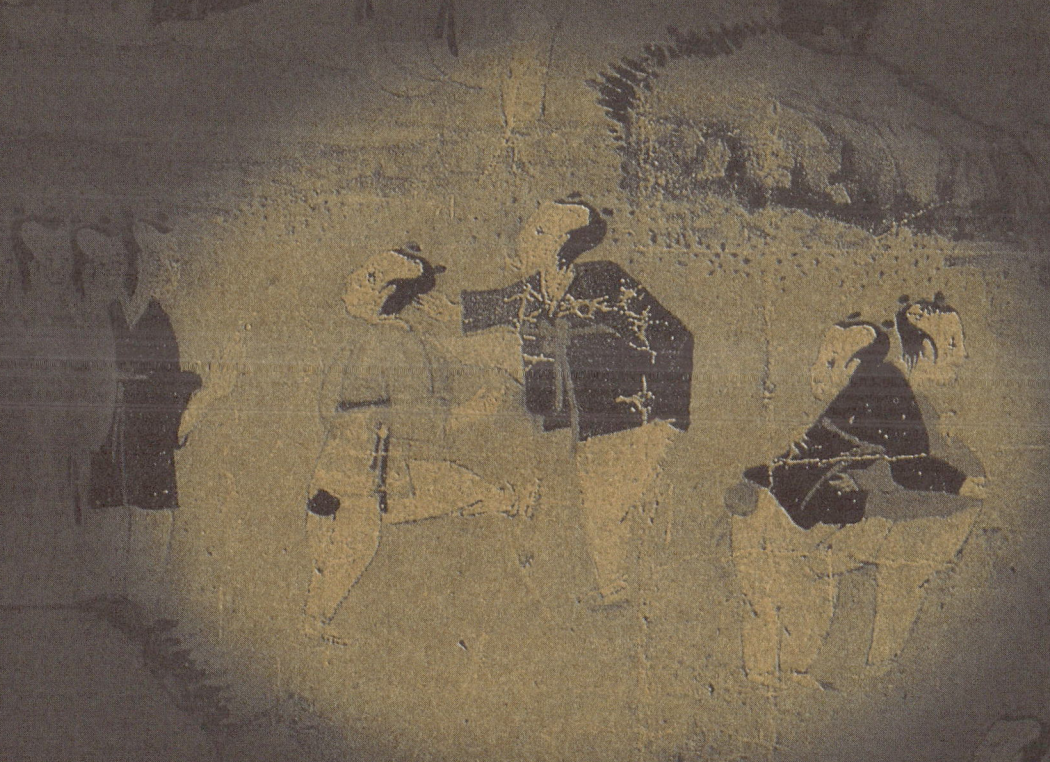

맨손으로 상대를 제압하다
수박

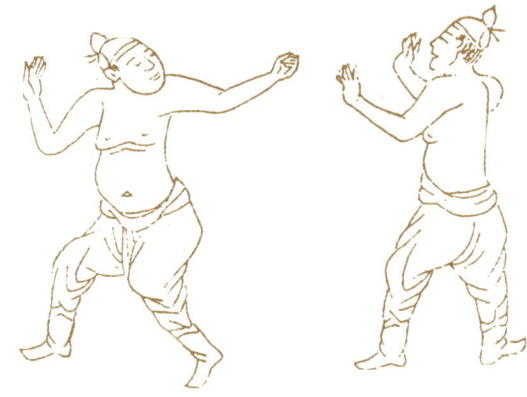

　수박은 무기를 사용하지 않는 '맨손무예'를 뜻한다. 이는 손과 발 또는 머리를 이용해 상대를 제압하는 것이다. 수박은 기록에서 찾을 수 있는 한국의 전통무예 중 가장 오래된 것으로, 수박手搏·수박手拍·수벽타手癖打·수벽치기 등 다양한 명칭으로 표기되어 왔다. 지금 우리에겐 씨름이나 택견에 비해 낯설지만, 수박은 고려시대, 나아가 조선 전기까지만 해도 무인으로 출세하려면 반드시 겸비해야 할 중요한 기예였다.

　수박은 한국 맨손무예의 뿌리를 알려주는 용어이기 때문에 지금까지 많은 사람들이 관심을 갖고 연구해왔다. 특히 전통무예임을 표방하는 대부분의 무예 유파들이 서로 수박을 자기 무예의 뿌리라고 내세우며 정통성을 주장하는 근거로 이용하기도 했다. 그러다보니 전통무예라고 주장하는 모든 유파가 전부 '수박'에서 비롯된 것처럼 서술되는 부작용도 생겼다.

수박은 우리 고유의 무예인가?

수박이란 용어는 《고려사》에 처음 나타난다. 의종毅宗 24년(1170) 8월 기록을 보자.

> 왕이 보현원普賢院으로 가는 길에 오문五門 앞에 다다라서 시신侍臣들을 불러놓고 술을 마셨다. 왕은 술이 거나하게 취하매 좌우 신하들을 돌아보면서 "훌륭하구나! 이곳은 군사 기술을 연습할 만하다"고 하였다. 그리고 곧 무신들에게 명령하여 오병五兵 수박희手博戱를 하게 했다.[1]

위의 기록은 무신정권 수립의 실마리가 된 소위 '보현원 사건'에 대해 쓴 대목이다. 의종은 이궁離宮이나 정대亭臺를 여러 군데 지어놓고 향연을 즐겼는데, 문신을 우대하고 무신을 천대하는 풍조 때문에 연회를 호위해야 하는 무신들은 과로와 푸대접에 시달렸다. 1170년 8월 신하들을 거느리고 연복정延福亭과 흥왕사興王寺를 거쳐 보현원에 행차한 의종은 무신들에게 '수박희'를 하게 했다. 이때 젊은 문신인 기거주起居注 한뢰韓賴가 다른 젊은 무관과의 시합에서 진 대장군 이소응李紹膺의 뺨을 때리며 모욕하자, 격분한 무신들은 문신과 환관을 살해하고 의종을 폐하여 정권을 장악하고 무신정권을 세웠다.

'수박'이라는 용어 자체는, 중국의 사서인 《한서漢書》〈예문지藝文志〉에 《수박육편手博六篇》이라는 책이 있었다는 기록을 볼 때 중국에서 먼저 사용되었음을 알 수 있다. 《한서》는 후한後漢시대 반고班固(32~92)가 82년 무렵 완성한 책으로, 우리나라 기록에서 수박이란 용어가 처음 나타나는 고려 의종대(1146~1170)보다 대략 1,000년 정도 앞서 있다. 그렇다면 수박을 한국 고유의 맨손무예라고 볼 수 있을까? 만일 '수박'이라는 용어가 중국에서 유입되었다면, 수박의 기술 역시 중국에서 들어왔다고 볼 여지도 있기 때문이다.

고려 선종宣宗시대(1083~1094)에 '병수兵手'[2] 기예를 가진 송나라 사람 진량陳養을 귀화시키기도 했다[3]는 《고려사》의 기록이 주목된다. 고려에서는 종종 유능한 송나라 사람들을 귀화시켜 고려에 봉사하도록 했는데 진량도 그런 인물이었다. 만약 고려가 '수박'이라는 용어를 수입해 사용했고, 그 기술도 중국에서 가져온 것이라면, 굳이 '병수'라는 다른 명칭을 사용했을 리가 없었을 것이다. 즉 고려의 '수박'과 송의 '병수'가 서로 다른 기예였기에 다른 용어를 사용해 구분했음을 알 수 있고, 이것은 고려에 독자적인 맨손무예가 있었음을 말해준다.

고려에 맨손무예가 존재했음은 몇 가지 예를 통해 알 수 있다. 1102년 고려 숙종肅宗의 행렬이 우타천牛陀川 들판에 이르렀을 때, 호랑이를 맨손으로 때려죽였다는 송종소宋宗紹의 사례를 보자.

(고려 숙종 7년) 11월 초하루 임오壬午에 왕이 우타천 들판에 이르자 웬 호랑이가 갑자기 나타났다. 왕이 시위 군사들에게 명령하여 이를 쫓게 했더니, 견룡牽龍 교위校尉 송종소가 호랑이를 맨손으로 때려죽

였다. 왕이 송종소에게 옷 한 벌을 하사했다.[4]

임금의 안전을 도모하고 맹수로부터 자신의 몸을 보호하려면 무기부터 빼드는 것이 당연할 텐데, 송종소는 무기를 사용하지 않고 맨손으로 호랑이를 때려죽였다. 그만큼 그가 맨손무예에 자신이 있었고, 고려의 맨손무예 기술도 발달했음을 뜻한다고 볼 수 있다.

텔레비전 드라마에 허약하고 우유부단한 인물로 그려졌던 고려 2대 왕 혜종惠宗(912~945) 역시 맨손무예에 능한 인물이었다. 혜종은 《책부원귀册府元龜》에 "용력이 뛰어나 능히 쇠를 구부린다"[5]고 기록되어 있을 정도로 뛰어난 무인이었다. 그의 뛰어난 무예 실력을 알려주는 일화가 《고려사》에도 전한다.

> 왕규王規는 광주원군廣州院君을 왕위에 세우려고 어느 날 밤에 왕이 깊이 잠든 틈을 타서 그 당黨을 침전에 잠입시켜 대역大逆을 감행하려 했다. 이때 혜종이 잠을 깨어 일권一拳으로 때려눕히고, 시종들을 불러서 끌어내게 하고는 다시 묻지 않았다.[6]

반란을 도모하는 자들이 임금을 살해하려고 궁궐을 침범했다. 임금의 침실까지 침입할 정도의 자객이라면 뛰어난 무예 실력에 위협적인 무기까지 갖고 있었을 것이다. 그런 이들을 한 주먹에 쓰러뜨렸다는 것은, 혜종이 대단한 용력의 소유자이자 맨손무예의 고수임을 보여주는 대목이라 할 수 있다.

또한 고려 원종元宗 12년(1271)에는 낭장郎將 김희목金希牧이 맨손으로 돌을 깨는 것이 매우 뛰어나, 원나라 세조世祖 쿠빌라이가 김희목을 직접 보고 싶다고 해서 그를 원에 파견한 일도 있었다.[7] 이 모두가 고려 맨손무예의 위력을 알려주는 사례들이다.

고려시대 이후 수박이란 말은 우리나라 맨손무예 전반을 가리키는 용어로 사용되었다. 우리나라 각 지역에는 나름의 독특한 맨손무예가 존재했다. 조선 말기까지만 해도 황해도와 경남의 거창 지방에는 '까기'라 하여 손바닥으로 치고 발로 차는 놀이가 있었다. 손으로 치거나 발로 차고 상대를 잡아 넘어뜨리는 체기體技로서 평안도의 '날파름', 전주의 '챔이', 김해와 양산·밀양 등지의 '잽이',[8] 제주도의 '발찰락' 등이 있었다. 각 지역의 맨손무예가 구체적으로 어떤 형태를 띠었고 어떤 차이점이 있었는지 확인하기는 어렵다. 그러나 지역 간 교류가 그다지 활발하지 못했을 것이므로 지역마다 각기 나름대로의 독특한 맨손무예가 존재했을 가능성은 매우 높다.

내기 도박까지 성행한 수박

고려시대 사람인 이의민李義旼과 두경승杜景升은 수박에 능한 대표적 인물로 알려져 있다. 이들에 관해서는 비교적 상세한 기록이 남아 있다.

의종은 이의민의 수박 솜씨가 뛰어난 것을 어여삐 여겨서 그를 정9

품의 교위校尉 바로 아래 직급인 대정隊正[9]에서 정7품인 별장別將으로 승진시켰다고 한다.[10]

이의민은 원래 소금장수인 이선李善의 아들로, 성인이 되었을 때 신장이 8척이나 되었고 힘이 남들보다 월등히 뛰어났다. 그는 힘을 믿고 두 형과 함께 경주의 구석구석을 횡행해서 고을 사람들의 우환거리가 되었다. 보다 못한 안렴사按廉使 김자양金子陽이 이들을 잡아다 가두고 고문을 했는데, 고문을 이기지 못한 두 형은 옥중에서 죽었으나 이의민은 살아남았다. 이를 장하게 여긴 안렴사 김자양이 그를 경군京軍으로 뽑아 넣었다.[11] 이 기록을 볼 때 이의민은 경군으로 들어오기 전까지 경주에서 계속 생활했음을 알 수 있으며, 수박도 경주 시절부터 익혔음을 알 수 있다.

반면, 두경승의 성장지는 확실하지 않다. 두경승은 공학군控鶴軍[12]에 편입되어 있었는데, 수박을 하는 사람이 그가 용력勇力이 있다는 것을 듣고 항오行伍(25명으로 구성된 소대)로 삼고자 했다. 그러자 그의 외삼촌(또는 장인)으로 추정되는 상장군上將軍 문유보文儒寶[13]가 '수박이란 천한 기예이니 장사壯士가 할 일이 아니다'라고 하여, 그 후부터 두경승은 수박 하는 곳에 가지 않았다고 한다.[14] 따라서 두경승이 개경에서 수박을 배웠을 가능성을 생각해볼 수 있다. 물론 출생지인 전주全州 만경萬頃에서부터 수박을 익혔을 가능성도 충분하다. 어쨌든 두 경우 모두 두경승이, 경주에서 성장한 이의민과는 다른 지역에서 수박을 익힌 것만은 분명해 보인다. 이처럼 각기 다른 지역에서 배운 맨손무예를 모두 수박이라 칭한 점에서, 고려시대 수박이라는 용어가 맨손무예 전반을 포괄적으로 가리키는 데 사용되었음을 알 수 있다.

맨손무예 전반을 가리키는 수박은 일반인들에게도 널리 유포되어 있었다. 이 사실은 의종이 수박을 서로 겨루게 했다는 기록과 함께 《고려사》 '형률'조를 보면 알 수 있다.

박희博戱로써 돈과 물건을 내기한 자는 각각 장杖 1백 대이며, 그들을 유숙시킨 주인 및 범凡(내기 돈)을 대고, 모여서 도박을 시킨 자도 또한 장 1백이며, 음식을 걸고 활쏘기를 익히는 무예자는 비록 돈과 물건을 걸었다 해도 죄가 없다.[15]

이 형률은 당唐 잡률雜律 14 '박희도재물조博戱賭財物條'를 모법母法으로 하고, 해당조문의 소의疏議에서 일부 채록한 것이다.[16] 당률을 모방한 법이긴 하지만, 고려에서 수박희를 이용한 도박이 널리 행해졌기 때문에 이 법이 채용되었음을 미루어 짐작할 수 있다. 수박을 내기 도박에 이용했다는 것은 무엇을 의미할까? 우선 수박이 맨손무예 전체를 아우르는 포괄적인 단어이면서, 한편으로는 나름의 형태를 갖춘 무예였음을 보여준다. 시합이 이루어지려면 무엇보다 시합에 참여하는 이들이 동의할 수 있는 규칙과 형태가 갖추어져야 한다. 전혀 다른 형태의 이질적인 무예를 겨뤄 승패를 정할 수는 없기 때문이다. 곧 내기 도박이 행해질 만큼 '수박'이라는 맨손무예 시합이 성행했고, 누구나 공감하고 합의할 수 있는 규칙이 제대로 정비되어 있었던 것이다.

수박의 기술

《고려사》에는 고려 28대 왕인 충혜왕忠惠王이 직접 내시들과 함께 씨름(각력희角力戱)을 하기도 하고,[17] 상춘정賞春亭이나 화비궁和妃宮·마암馬巖에서 수박희를 구경했다는[18] 기록이 보인다.

이 기록을 살펴보면, 수박과 씨름이 동시대에 존재하고 있었고, 당시 이미 수박과 씨름이 구분되어 있었음을 알 수 있다. 씨름은 임금이 직접 참여할 정도로 유희의 성격이 짙었던 데 비해, 수박을 직접 즐겼다는 기록은 남아 있지 않다. 단순히 사료의 부족 때문일 수도 있지만, 그만큼 수박이 다칠 위험이 높아 전문 무예인을 중심으로 행해졌기 때문에 그랬다고 추정할 수도 있지 않을까.

수박의 위력은 수박에 뛰어났던 이의민과 두경승의 다툼을 통해서 알 수 있다.

하루는 이의민이 두경승과 함께 중서성에 앉아 자랑하여 말하기를 "어떤 사람이 힘자랑을 하기에 내가 이렇게 때려눕혔다"고 하면서 주먹으로 기둥을 치니 기둥이 흔들렸다. 그러자 두경승이 말하기를 "어느 때 일인데 내가 주먹으로 후려쳤더니 뭇사람이 모두 도망쳤다"라고 하면서 벽을 치니 주먹이 벽에 묻혔다. 그 후에 이의민과 두경승이 성省에서 일을 토의하다가 의견이 충돌하였다. 이때 이의민이 주먹을 들어 기둥을 치면서 "네가 무슨 공이 있다고 지위가 나보다 높은가!"라고 했다. 그래서 사람들이 말하기를 "우리는 이(의민)와 두(경승)를 두려워하니 진실로 재상답도다. 황각黃閣 3~4년에 주먹의 위력이 만고에 떨쳤도다"[19]라고 하였다.

이의민과 두경승이 상대를 위협하는 수단으로 수박 기술을 사용했는데, 기둥이 흔들리고 벽에 손이 파묻힐 정도였다는 것이다. 또한 훗날 이의민이 경주에서 의종을 살해할 때 그의 손 움직임에 따라 의종의 등뼈가 부러지는 소리가 났다는 기록[20]을 통해서도, 수박의 위력을 짐작해볼 수 있다. 그 외 수박에 관련된 여러 기록을 살펴볼 때, 수박은 맨손을 사용하는 무예였으며, 유도와 같이 붙잡아 꺾고 던지는 기술보다는 타격 기술이 우선됐음을 알 수 있다.

물론, 상대를 붙잡고 넘어뜨리는 기술이 존재했을 가능성도 있다. 그러나 그렇다 하더라도 현재 우리가 알고 있는 상대의 허리춤을 붙잡고 경기를 하는 씨름과는 다른 형태였을 것이다. 얼굴 부근 타격이 허용되면, 두 사람이 허리춤을 잡고 경기를 하는 방식은 나타날 수 없기 때문이다.

고려시대와 조선시대에 나타나는 맨손무예인 수박에는 손기술 뿐만 아니라 발기술도 사용되었을 것이 분명하다. 고려시대의 발기술에 대한 기록은 《역옹패설櫟翁稗說》에도 나온다. 고려 정부는 후백제後百

濟 부흥을 목표로 일어난 '이연년李延年 형제의 난'[21]을 토벌하기 위해 군사를 동원했는데, 이때 밀양사람 박신유朴臣蕤가 도적의 무리에 있던 사나운 중과 무기를 들고 대결하다가 발로 차서 거꾸러뜨렸다는 내용이다.[22]

조선시대 기록에서도 발기술의 존재를 추정할 수 있다.

겸사복兼司僕 마흥귀馬興貴가 한봉련韓奉連을 차서 다치게 했으니 청컨대 죄를 다스리십시오.[23]

위의 기록은 세조 7년(1461)의 기사로 마흥귀와 한봉련의 사사로운 싸움에 대해 죄를 청하는 내용이다. 태종 대부터 방패군이나[24] 갑사 선발에 수박희를 하여 이긴 자들을 뽑았다는 기록들이 있으며,[25] 이는 세조 대에도 마찬가지였다. 세조 연간이라면 수박은 무인이 갖추어야 할 맨손무예의 하나로 인정받던 시기다. 게다가 마흥귀와 한봉련은 임금을 호위하는 '겸사복'이라는 관직에 있었다. 겸사복은 조선시대의 정예 기병 중심의 친위병으로 주로 국왕의 신변보호와 왕궁 호위 및 친병 양성 등의 임무를 맡았던 금위禁衛 군사로 사회적인 신분보다 무술 재능이 더 중시되었다. 따라서 겸사복은 시험에 응시하거나 그 직책을 유지하기 위해 탁월한 무예 실력이 필요했다. 그런 그들이 서로 다투면서 발로 차 다치게 할 정도라면 발기술이 상당 수준이었음을 말해준다. 더구나 한봉련은 재인才人 출신임에도 호랑이를 잡을 정도로 무예가 탁월하여 겸사복에 뽑힌 사람이다.[26] 그런 한봉련에게 상처를 입힐 정도였다니, 그 당시 발기술이 얼마나 발전해 있었는지 알 수 있다.

수박으로 출세한 사람들

고려시대와 조선 전기까지 나타나는 수박은 무인뿐만 아니라 문인들도 겸비해야 할 중요한 기예였다. 특히 무인이 수박 기술에 뛰어나면 승진하기에 좋았다. 이의민은 수박에 능해 대정에서 별장으로 승진했고,[27] 무인정권기의 최충헌崔忠獻은 손님을 초청하여 중방重房의 힘센 자들에게 수박을 하게 하고, 이긴 사람에게는 교위나 대정 벼슬을 상으로 주었다고 한다.[28]

조선 태종 때도 윤인부尹仁富란 사람이 수박을 잘해서 호군護軍으로 발탁되었다 하며,[29] 세조 때는 각 도의 관찰사에게 서신을 보내 '여러 고을에 거주하는 사람들 가운데 달리기를 잘하거나, 힘이 있거나 수박을 잘하는 등 한 가지 재주라도 취할 만한 것이 있는 자는 양인과 천인을 논하지 말고 관에서 양식을 주어 사람 임명하는 것을 지체하지 말라'고 했다.[30] 또 세종 연간에는 해연海衍이라는 중이 힘이 셀 뿐만 아니라 여러 사람들보다 수박 기술이 월등히 뛰어나므로 목면 1필을 하사하고 머리를 길러 환속하게 했으며, 진무鎭撫 김윤수金允壽가 수박으로 8인을 이기니 상을 내리고 잔치를 했다[31]는 기록이 남아 있다.

이처럼 수박은 무인으로 출세하는 데 중요한 역할을 했다. 신분제

사회인 조선에서 수박에 뛰어난 자를 양천에 상관없이 뽑았다는 세조 13년(1467)의 기록은 수박이 출세는 물론 신분 상승의 수단으로까지 이용되었기에 더욱 주목할 만하다.

군사무예로서 수박의 쇠퇴

수박은 조선 중기에 잠시 공식적인 기록에서 나타나지 않는다. 중종中宗 25년(1530)에 편찬된 《신증동국여지승람新增東國輿地勝覽》에 "작지鵲旨 마을은 군郡의 북쪽 12리에 있다. 은진현恩津縣과 경계를 이룬다. 매년 7월 15일에 근처에 있는 두 도의 백성이 모여서 수박희를 해 승부를 다투었다"[32]는 기록 이후 약 200년간 수박에 대한 기록이 안 보이다가, 《재물보才物譜*》에 다시 나타난다.

수박이 임진왜란 이후 관찬 사서에서 더 이상 나타나지 않는 이유는 아마도 정규군 내의 전술 운용과 관련이 있는 듯하다. 임진왜란 전까지 조선의 국방전술은 성안에 들어가 성벽을 굳게 지키며 들판을 비워 적이 식량을 구하지 못하게 하는 '견벽청야堅壁淸野'에 의한 산악전

---

* 《제물보》는 1798년(정조 22)에 이만영이 편찬한 일종의 백과사전이다. 삼재三才, 즉 천天·지地·인人과 만물의 옛 이름·별칭·한자명·속명·우리나라 역대 문물제도·지리 등에 대해 경사자집經史子集을 근본으로 하고 패관稗官·이어俚語와 통역이 번역한 것을 보충하여 분류했을 뿐만 아니라, 이에 대해 일일이 각주를 달고 때로는 한글로도 풀이해 기록한 책이다.

과 궁마弓馬를 주축으로 하는 기병전술을 주요 전투 기술로 사용했다. 보병전술에 사용하는 창술이나 검술마저 무과시험 과목에서 제외될 정도였으므로,[33] 맨손무예인 수박희의 중요성이 그만큼 상실될 것은 당연한 일이다.

화약병기의 발달도 수박희의 쇠퇴를 촉진했다고 본다. 고려 말에 등장한 화약병기는 굉음과 폭발력에서 다른 무기들을 압도했다. 조선은 이 신식 무기의 도움으로 왜구의 침입을 성공적으로 막아냈다. 조선 초기 야인과 왜구의 침입으로 변방이 시끄러워지자, 화기 생산과 화약부대 증설이 가속화되었다. 특히 세종 대에는 북방의 사군四郡 육진六鎭 영토개척을 위해 화약과 화기 개발에 주력했다. 실전에서 화기는 궁시弓矢와 상보적인 관계를 유지하며 발전했다. 화기와 결합된 활쏘기로 화살의 사정거리가 길어지고, 일시에 여러 발의 화살을 발사할 수 있게 되는 등 전력이 강화되었다.[34]

현실적으로 장거리 무기 위주의 전술이 중요시되면서 근거리 무기술 및 맨손무예인 수박 등은 정규군 내에서 점차 사라져갔다. 근거리 무예가 쇠퇴했음은 임진왜란 때 명나라 절강 병사들에게 근거리 무예를 받아들여 왜군에 대적하게 했다는 데서도 알 수 있다. 그렇다고 해서 수박이 민간에서조차 사라진 것은 물론 아니었다.

수박과 슈벽 그리고 수벽치기

1798년 이만영李晚永이 편찬한 《재물보》에는 '슈벽' · '탁견' · '씨름'과 같은 맨손격투기의 명칭이 나타난다. 이는 조선의 군대 내에서 공식적으로 전수되던 맨손무예와는 다른 종류일 것이다. 군인들이 수련한 맨손무예는 임진왜란 이후에는 권법拳法이었다. 권법은 《선조실록》에는 '타권打拳', 광해군 때 편찬된 《무예제보번역속집武藝諸譜翻譯續集》에는 '대권大拳'으로 표기되었다.

《재물보》의 "手搏－소슥之슈벽 當用此字(수박－지금의 '슈벽'과 같다. 마땅히 이 글자를 써야 한다)"라는 구절을 볼 때 '탁견'이나 '씨름'보다는 '슈벽'이 '수박희'와 관련이 깊은 게 분명하다. 한자로 '수박手搏'이라고 쓰지만, 마땅히 '슈벽'이라고 발음해야 한다는 것이다. 이와 관련해서 태종 10년과 세종 13년 기록에 보이는 수박手拍이라는 표기가 눈에 띈다. 1527년 최세진이 지은 《훈몽자회訓蒙字會》를 보면 '수手'는 '슈'로, '박拍'은 '빅'으로 표기되어 있어, 《재물보》의 '슈벽'이 조선 전기 발음의 연장선상에 있음을 알려준다.[35] 그리고 이 명칭은 이후 《해동죽지海東竹枝》(1925) 〈수벽타手癖打〉 조에 보이는 '수벽치기'로 바뀌었다.

수술手術이라는 옛 풍속은 칼 쓰는 기술에서 나온 것이다. 마주 대하고 막고 치는데, 두 손이 왔다 갔다 할 때 만일 한 손이라도 법을 어기면 곧 타도打倒당한다. 이것을 '수벽치기'라고 한다.

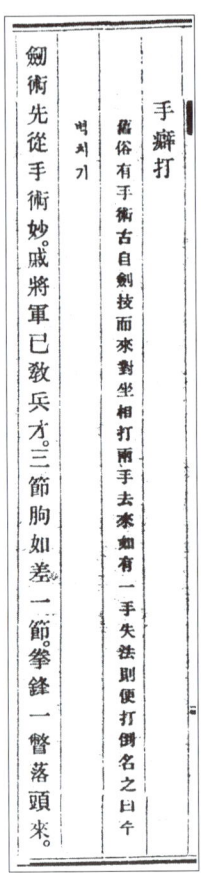

《해동죽지》(1925)의 '수벽타' 조.

《해동죽지》는 1921년에 최영년崔永年이 4,000년 동안의 한국 역사와 세시풍속 등을 칠언절구나 칠언율시로 읊은 것을 그의 제자가 1925년에 출판한 책이다. 이 글을 보면 수박희가 당시에 한자로는 '수벽타手癖打'로, 우리말로는 '수벽치기'라고 기록되어 있음을 볼 수 있다. 《재물보》에 나타나는 '슈벽'과 '수벽타'는 같은 것으로 볼 수 있고 이 점은 '수벽치기'도 마찬가지다. 그렇다고 해서 현재 전해지는 '수벽치기'라는 무예와 조선 전기 또는 고려시대에 행해지던 '수박희'라는 무예가 동일함을 말하자는 것은 아니다.

'수박'과 '슈벽', '수벽치기' 간의 연관성을 문헌 기록들을 바탕으로 추론할 수는 있지만, 기술의 동일여부는 알 수 없기 때문이다. 문헌상의 관련을 살피는 것과 기술 자체의 동일성을 증명하는 것은 별개의 문제다. 기술 체계 자체가 같은지 다른지는 증명할 수도 없다. 실증적인 자

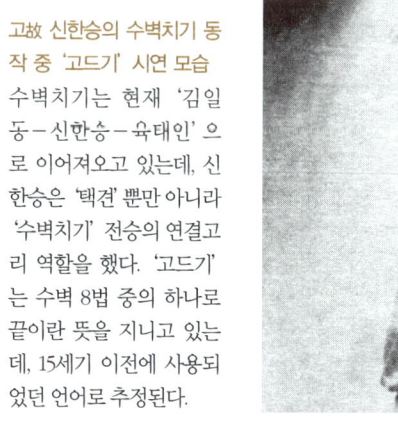

고故 신한승의 수벽치기 동작 중 '고드기' 시연 모습
수벽치기는 현재 '김일동－신한승－육태안'으로 이어져오고 있는데, 신한승은 '택견' 뿐만 아니라 '수벽치기' 전승의 연결고리 역할을 했다. '고드기'는 수벽 8법 중의 하나로 끝이란 뜻을 지니고 있는데, 15세기 이전에 사용되었던 언어로 추정된다.

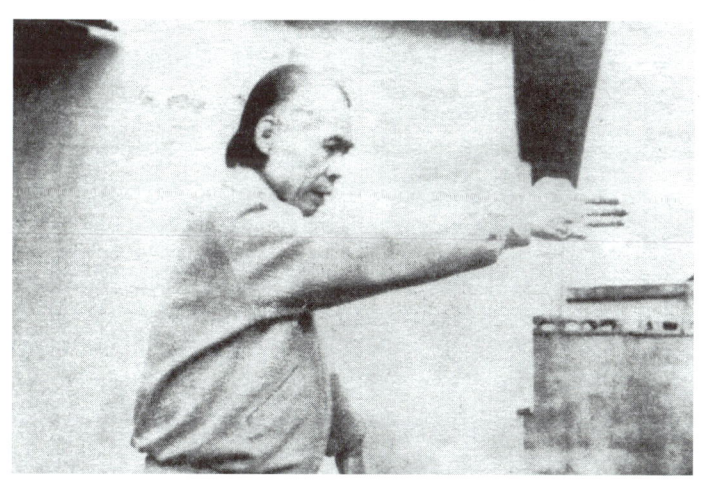

료를 제시할 수 없기 때문이다. 다만 문헌상에 기록된 명칭을 검토해
본 결과 현재 전해지는 무예 중에서 '수벽치기'가 '수박희'와 가장 가
깝다고 추론하는 것이다.

요약하자면, '수벽치기'는 정규군대에서 훈련용으로 전습되던 권법
과는 달리, 조선 전기 정규군대 내에서 사라진 수박이 민간에 남아 있
다가 '수박〉슈벽〉수벽치기' 등으로 명칭이 변하면서 지금까지 이어
졌던 것이다.[36]

고구려 고분벽화에 그려진 수박

수박은 구체적으로 어떤 무예였을까? 이를 추정하는 데 도움이 되

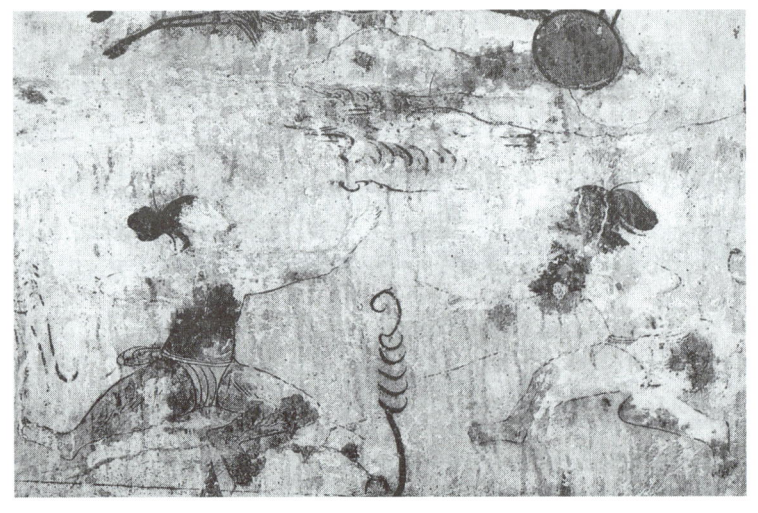

〈수박도〉, 안악 3호분 전
실前室 동벽 남쪽 부분. 황
해남도 안악군 용순면 유
설리, 고구려, 357년경
두 장사의 뒷발 뒤꿈치가
들려 있어 전진하려는 자
세임을 알 수 있다. 아마
도 두 명의 장사가 전진
하면서 오른손으로 상대
를 가격하려는 순간을 그
린 듯하다.

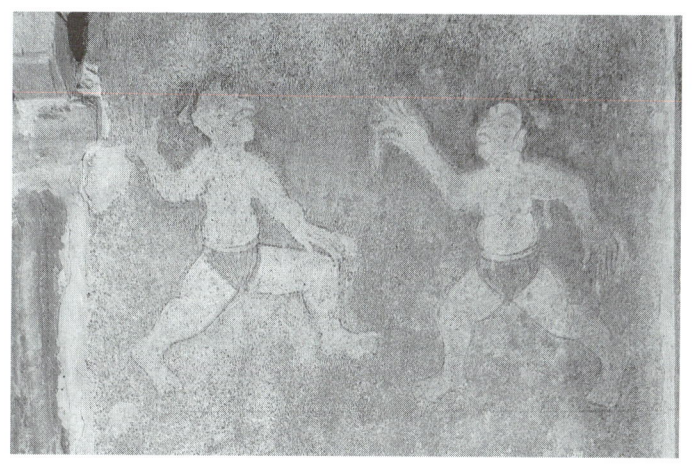

〈수박도〉, 무용총 현실(안
칸) 안쪽 천장. 중국 둥베
이 지린성 지안현 퉁거우
소재, 고구려, 4세기 말~
5세기 초
두 명의 장사가 맨손으로
겨루기를 하고 있는데, 오
른쪽 장사가 구부린 무릎
을 펴면서 공격해 들어가
려는 듯한 모습이라면, 왼
쪽 장사는 오른발을 바깥
으로 벌리고 있는 것으로
보아 방어하려는 모습으
로 볼 수도 있을 듯하다.

는 자료로 먼저 고구려 고분벽화가 떠오른다. 무용총舞踊塚과 안악安岳
3호분에는 맨손 겨루기를 하는 그림이 그려져 있다. 두 그림은 한국미
술을 연구하는 학자들이 '수박희'라고 이름을 붙인 뒤로 그렇게 굳어
져 불리고 있지만, 이것이 정말 '수박희'를 하는 모습이라고 단정할 근
거가 없으므로 '고구려 맨손무예 장면' 또는 '고구려 맨손 겨루기 장
면'이라고 부르는 편이 더 타당하다고 생각된다. 그러나 맨손무예를
가리키는 말로 우리 문헌에 나타나는 가장 오래된 용어가 '수박'이므
로, 서술의 편의상 이 글에서는 그대로 지칭하도록 하겠다.

　벽화로 그려진 맨손 겨루기의 모습은 《무예도보통지》에 실린 권법
拳法 그림 중 일부 동작과 매우 유사하다. 그래서 고구려 권법이 중국
으로 들어갔다가 훗날 조선으로 다시 전래되었다는 주장도 제기되고
있는 상황이다.

《무예도보통지》의 동작 중 2인이 서로 약속
겨루기를 하는 동작, 즉 갑甲이 안시측신세雁翅
側身勢를 하고 을乙이 과호세跨虎勢를 해서 마주
보고 두 손으로 어르다가, 갑이 현각허이세懸脚
虛餌勢로 쫓아 들어가면서 왼편으로 차고 오른
편으로 차면서 몰면, 을은 왼손과 오른손으로 막

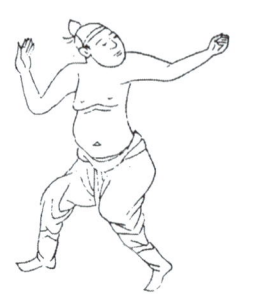

과호세

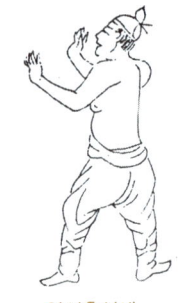

안시측신세

고 물러나는 구류세丘劉勢를 취한 후, 다시 안시측신세와 과호세를 취
하는 동작들과 닮아 있다.

그림 간에 약간의 차이가 있긴 하지만, 계속 움직이는 동작 중에서
어느 한 순간을 포착하여 그린 것이므로 《무예도보통지》의 권법 그림
과 고구려 고분벽화의 그림은 '동일한 자세'를 묘사한 것이라는 견해
도 있다. 이는 고구려의 맨손무예가 중국에 전해져 권법이 되고, 그것
이 중국에서 무려 천여 년 동안 정통무예의 지위를 유지하다가 임진
왜란 이후 조선에서 《무예도보통지》의 무예가 형성되는 과정에서 재
수입된 것이라 보는 것이다.[37]

이 주장은 정말 타당한가? 고구려 벽화와 《무예도보통지》의 동작이
비슷하다는 데는 공감할 수 있다. 그런데 무예란 기본적으로 몸을 이용
하는 것이고, 인간의 몸에서 나올 수 있는 움직임은 제한되어 있다. 특히
강한 타격을 내는 동작은 뻔히 한정되어 있다. 기원이 다른 무예라 해도
강한 타격을 내기 위한 마무리 동작은 비슷한 경우가 얼마든지 있을 수
있다. 고구려 고분벽화와 《무예도보통지》 무예 간의 유사성이란 '코에

《무예도보통지》 제4권 '권
법' 조에 실린 겨루기 동작
안시측신세는 기러기가
날개를 펼치고 몸을 옆으
로 살짝 돌린 세로, 손으
로 앞을 겨누며 적의 동
작을 탐지하는 자세로 보
인다. 과호세는 호랑이의
등에 걸터앉은 듯한 모습
을 표현한 것으로 몸의
중심을 뒷발(그림에서는
왼발) 뒤꿈치를 들어 앞발
(그림에서는 오른발)에 두
고 앞손(오른손)은 자연스
레 들고, 뒷손(그림에서는
왼손)을 들어 상대의 움직
임을 주시하고 있다.

걸면 코걸이, 귀에 걸면 귀걸이' 식의 논의가 될 가능성이 없지 않다.

더구나 천 년 이상 시간 간격이 있는 두 무예를 놓고 동일함을 주장하는 견해에 대해서는 회의적일 수밖에 없다. 조선시대까지 사회가 아무리 느린 속도로 변화했다 해도, 고구려의 맨손무예가 조선 후기 정규군대의 권법으로 되돌아올 때까지 그 긴 시간 동안 변화를 겪지 않았다고 보기엔 무리가 있기 때문이다. 게다가 같은 장소에서 전해 내려온 것도 아니고 문화적 전통이 다른 중국에서 발전하였던 무예를 고구려 고분벽화와 연결시키는 것은 무리가 따른다.

고구려 맨손무예가 중국에 이식되었다가 조선시대에 되돌아왔다는 견해를 인정한다 하더라도 중국에서 발전·변형되었을 권법을 고구려의 맨손무예와 같은 것으로 봐야 하는가 하는 문제점이 있다. 그토록 오랜 시간 동안 중국에서 이어져오던 것이라면 중국무술로 보는 게 상식에 좀 더 맞을 것 같기 때문이다. 같은 논리로 조선 후기에 들어온 《무예도보통지》의 권법이 오랜 시간을 거쳐 조선 내에서 전수되고 발전되어서 조선 사람의 몸짓에 맞게 변형되었다면 그것은 우리의 전통무예라고 할 수 있을 것이다.

삼실총의 무인들

무용총과 안악3호분 외에 삼실총三室塚에 남아 있는 벽화에서도 당시 맨손무예의 모습이 나타나 있다. 제3실 동쪽 벽 입구에 그려진 〈상

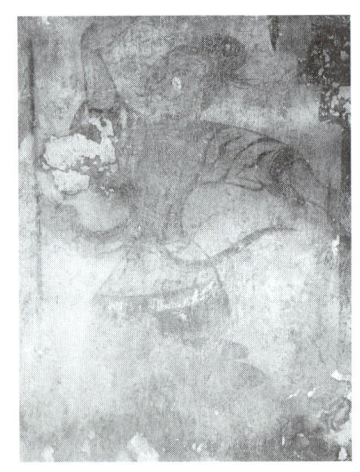

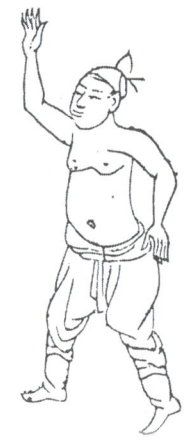

〈역사상〉, 삼실총 제3실 앞쪽 벽. 중국 지린성 지안현 루산如山 남쪽 소재. 고구려. 5~6세기 오른손으로 위에서부터 아래로 공격하려는 듯한 자세를 취하고 있다.

《무예도보통지》 '권법' 조에 실린 탐마세 자세 탐마세의 탐마는 정탐偵探, 즉 적의 동태를 파악하는 것을 의미한다. 따라서 결정타라 기보다는 동작을 가볍게 취해 적의 대응을 알아보기 위한 세로 봐야할 듯하다.

투 튼 역사力士〉 그림이 그러하다. 역사는 오른손을 치켜들고, 왼손은 오른쪽 위 45도 방향을 향하고 있는데, 전체적인 움직임을 볼 때 오른손은 아래로 내려가고 왼손은 위쪽으로 올라가다가 타원을 그리며 내려오는, 즉 시계 반대(↶) 방향으로 움직이는 게 아닌가 여겨진다. 역사는 악귀로부터 무덤의 입구를 지키는 수호자로 보이며, 역사의 동작은 춤을 추는 것과는 다른 차원의 움직임이라 생각된다.

이 벽화는 《무예도보통지》 권법조의 '탐마세探馬勢' 자세와 비슷하다. 이는 유사성을 언급하는 것일 뿐, 동일함을 주장하는 것이 아니므로 오해 없길 바란다.

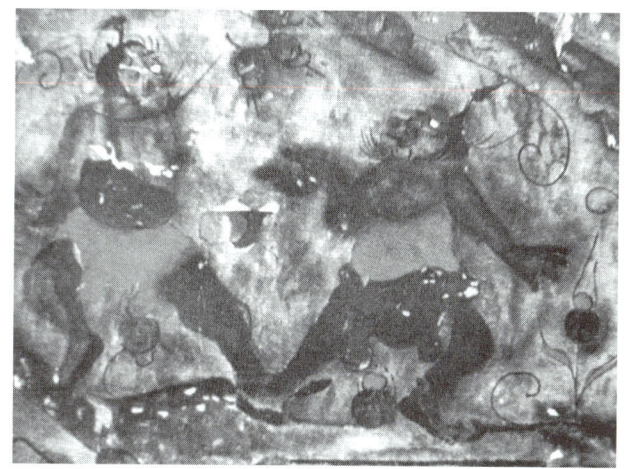

하남 밀현타호정후한묘벽화
하남 밀현타호정후한묘벽화
고구려 고분벽화의 수박
희 모습과 비슷한 예가
보이는데, 이에 대한 연구
가 좀 더 필요할 듯 하다.

고구려 고분벽화에 보이는 수박과 비슷한 사례는 중국 한나라의 고
분벽화와 유물에서도 종종 발견된다. 특히 하남河南 밀현타호정후한묘
密縣打虎亭後漢墓 벽화에서 유사한 장면을 볼 수 있다. 맨손무예가 당시
서로 교류했을 가능성을 말해준다.[38]

앞에서 본 무용총의 현실玄室 안쪽 천장에 그려진 수박 그림에서, 두
남자 중 한 사람은 보통의 고구려인 얼굴을 하고, 다른 한 사람은 눈이
크고 코가 높은 서역계 인물처럼 그려졌다. 이 수박희 벽화는 고구려와
서역의 빈번한 교류를 보여주는 자료로 해석하기도 한다.

백제와 신라의 수박

백제의 맨손무예 모습은 천만뜻밖에도 '백제금동대향로'라는 공예

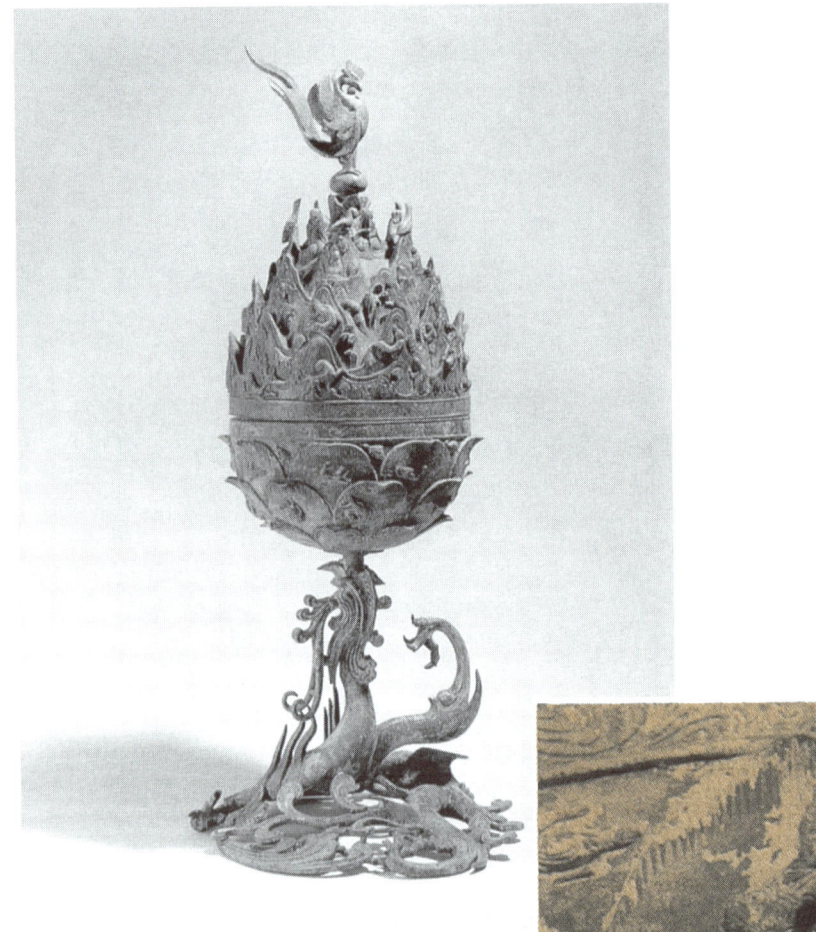

〈백제금동대향로〉, 백제, 6세기 중엽, 동에 도금
국립부여박물관 소장

백제의 맨손무예 흔적을 보여준다. 뒷발(왼발) 뒤
꿈치를 들어 앞발(오른발)에 중심을 두고 시선은
뒤를 향하면서 왼손을 들어 적을 겨누고 있다.

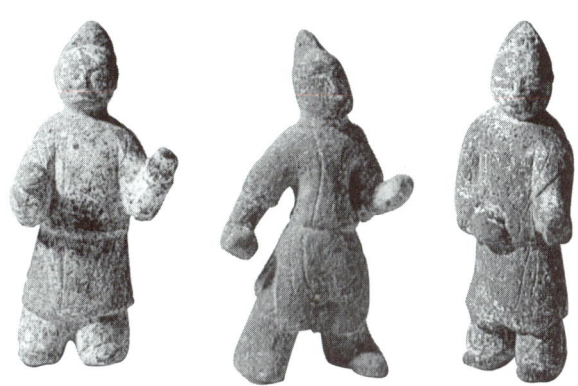

〈병사상〉, 후기 신라, 8세기, 경주 용강동 석실고분 출토
___ 국립경주박물관 소장
후기 신라시대의 용강동 병사상에서 신라 맨손무예의 한 동작을 살필 수 있다.

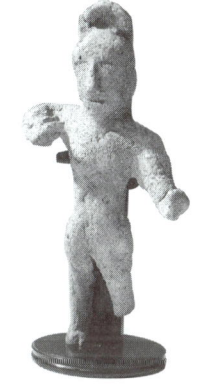

〈토우〉
___ 모스크바국립동양박물관 소장
거친 모래가 섞인 점토로
제작된 토우로 왼쪽 무릎
아래가 결실되었다. 얼굴
은 네모지고 신체에 비해
크다. 손 모양이 무예를
하는 듯 표현되어 있다.

유물에서 발견된다. 향로의 다양한 세부 조각들 중 하나가 무예 동작을 표현한 듯 보이는데, 이 향로에 관한 논저 중에는 그것을 택견하는 모습이라 주장한 것도 있다. 만약 '백제금동대향로'에 표현된 장면이 맨손무예 동작을 표현한 게 맞다면, 수박이라고 부르는 쪽이 옳을 것 같다. 백제 때 맨손무예가 어떤 명칭으로 불렸는지 정확히 알 수 없지만 택견은 조선 후기에 가서야 나타나는 용어이므로 기록상 가장 먼저 등장하는 '수박'이란 용어가 더욱 타당할 것이다.

신라에서도 맨손무예가 행해졌을 것은 분명하다. 문헌이나 그림에서 그 흔적을 찾는 것은 어렵지만 경주 용강동 석실고분에서 출토된 통일신라시대의 토우土偶 병사상을 통해 신라 맨손무예의 흔적을 짐작할 수는 있다. 용강동 병사상들은 손 모양이 지금 태권도에서 말하는 바깥

막기 식의 동작을 취하고 있어 신라 맨손무
예의 흔적으로 생각된다.

백동자도에 나타나는 겨루기

조선시대에 행해진 맨손무예의 모습을
추정할 수 있는 그림 자료로는 〈백동자도百
童子圖〉가 있다. 〈백동자도〉는 일명 '백자동
百子童'이라고도 하며, 〈곽분양행락도郭汾陽
行樂圖〉와 관련이 있다. 중국 당나라 현종
때 일어난 안록산의 난을 평정한 공으로 분
양汾陽이라는 곳의 제후로 봉해진 곽자의郭
子儀는 평생 동안 벼슬길과 가정생활에서
액운이 한 번도 없었으며 늙어서는 백자천

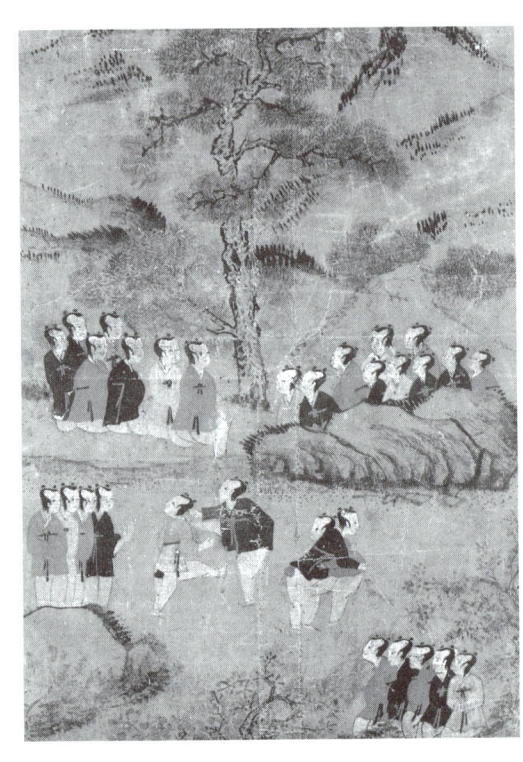

손百子千孫을 거느려 인간 행복의 표본으로 여겨졌다고 한다. 그가 누
렸던 부귀영화는 많은 사람들의 입에 오르내렸으며, 중국과 한국에서
도 그를 부러워하고 칭송하는 그림, 글, 노래들을 많이 볼 수 있다. 그
의 행복한 평생을 그린 것이 바로 〈곽분양행락도〉이며, 그 중 백동자
의 놀이 모습만 따온 것을 〈백동자도〉라고 한다.

괴석과 갖가지 화초로 가꾸어진 아름다운 정원이 있는 호화찬란한
저택을 배경으로, 여러 명의 동자들이 즐겁게 노는 모습을 그린 〈백동

자도〉는 조선시대에 들어와서 어린이 풍속화로 변하여, 제기차기, 술래잡기, 전쟁놀이, 수박희 등 다양한 놀이 장면이 나타난다.

조선 후기 작품으로 추정되는 〈백동자도〉의 세부를 살펴보면, 씨름하는 모습과 함께 발로 차고 손으로 얼굴을 치는 맨손무예 동작이 그려져 있다. 오른쪽 인물은 발차기를 하는 상대의 얼굴을 발과 손으로 가격하고 있다. 택견은 손으로 얼굴을 공격하지 못하도록 되어 있으므로, 손과 발을 동시에 사용하고 있는 〈백동자도〉의 겨루기 장면은, 발을 주로 사용하는 택견보다는 손과 발을 동시에 사용하는 '수박'이라고 보는 편이 좀 더 타당할 것이다.

수박과 전통무예

수박(슈벽 또는 수벽치기)은 고려시대부터 조선 전기까지 편찬된 문헌에서 확인할 수 있는 거의 유일한 무예의 명칭으로 무예 역사상 중요한 위치를 점하고 있다. 조선 중기 이후 화약병기의 발달로 인한 전술 변화와 궁술의 선호로 인해 조선의 군대 내에서 점차 사라졌으나 '슈벽'이나 '수벽치기'라는 용어가 20세기 초의 문헌에 남아 있는 사실에서 알 수 있듯 민간에서까지 맥이 끊기지는 않았다.

현재 한국의 전통무예를 표방하는 무예는 여럿 있지만, 이들 무예 전체가 진정한 의미에서 우리의 전통무예인지는 불분명하다. 현재의 무예 유파들이 몇 줄밖에 되지 않는 기록을 가지고 수백 년 전의 무예를 자파의 원류로 주장하는 것을 그대로 따르기 어렵기 때문이다. 옛무예의 동작이 영상으로 남아 있지 않은 만큼, 옛날과 지금의 기술 체계 자체가 같은 것이냐 하는 점을 증명하기 어렵다.

따라서 현재 전통무예라고 말하는 각 무예의 기술이 과연 전통적인 것인지 아닌지는 개인이 직접 수련을 하면서 느끼는 수밖에 없을 듯하다. 좀 더 객관성을 확보하자면, 한 민족의 무예란 그 민족의 전통예술과 맥을 같이 할 것이기 때문에 춤이나 탈춤 혹은 민속 등 다른 전통예술과의 비교를 통해서 그 무예의 동작이 전통 속에 숨쉬고 있는가를 살펴보는 방법도 있다. 그러나 이 역시 참조 사항이지 절대적인 판단 기준은 되지 못한다. 무예는 춤이 아니기 때문이다. 누구로부터 무예를 배웠는지, 유래가 어떻게 되었는지를 애써 조작하지 않았다면, 현재 그 무예가 전통무예의 동작을 계승하고 있는지 여부는 수련자 개인이 판단할 부분이다.

백기신통 비각술
택견

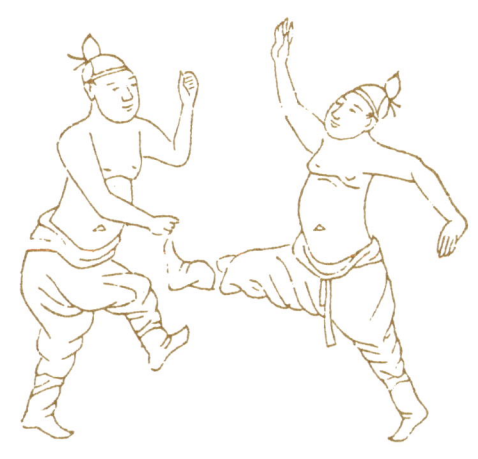

택견은 발기술을 위주로 하는 무예다. 택견이 널리 알려지기 전만해도 택견을 개의 한 종자로 생각하고 '그것이 어떤 종류의 개냐고?' 물어보는 사람이 있었다 한다. 그 정도로 택견은 한동안 우리에게 잊혀진 무예였다. 흔히 택견과 태권도跆拳道를 같은 것으로 혼동하지만, 둘은 엄연히 구별된다. 흔히들 태권도가 발을 주로 쓰는 직선운동 위주의 무예라면, 택견은 1박자와 2박자를 포함해서 3박자로 부드러운 곡선을 그리며, 품品자 형태로 움직이는 품밟기와 손을 자연스럽게 움직이는 활개짓이 특징적이라고 한다.

조선인의 위력적인 발길질

택견을 '발기술 중심의 무예'라고 규정했는데, 이와 관련한 구한말의 짤막한 일화를 보면서 택견 이야기를 좀 더 해볼까 한다.

1896년(고종 33) 황해도 안악군에서 일본인과 조선 젊은이가 대결을 했다. 일본인은 칼을 가진 자객이고, 조선 사람은 적수공권赤手空拳

이었다. 칼을 가진 상대라 쉬이 달려들지 못하고 기회를 엿보던 젊은이는 서서히 일어나더니, "이놈!" 하고 소리를 지르며 발길로 왜인의 가슴 한복판을 찼다. 가슴을 맞은 일본인은 거의 한 길이나 되는 계단 아래로 나가떨어졌다. 조선 젊은이는 나는 듯이 쫓아 내려가더니, 일본인 검객의 목을 밟았다. 갑작스런 소란에 많은 사람들이 우르르 몰려나오자, 젊은이는 사람들을 향해 "누구든지 이 왜놈을 위해 감히 내게 범접하는 놈은 모조리 죽일 테니 그리 알아라" 하고 소리쳤다. 몰려나오는 사람들 때문에 젊은이의 정신이 약간 흩어진 틈을 타 몸을 추스른 일본인은 칼을 빼서 젊은이에게 덤벼들었다. 젊은이는 얼굴로 떨어지는 칼날을 피하면서 발을 들어 옆구리를 차 일본인을 거꾸러뜨리고 칼을 잡은 손목을 힘껏 밟으니 칼이 언 땅에 소리를 내면서 떨어졌다. 젊은이는 그 칼을 뽑아 들어 왜인을 죽였다.[1]

이 젊은이가 바로 백범白凡 김구金九 선생이다. 명성황후를 시해한 왜인의 일당이라 여긴 일본인을 죽여 국모의 원수를 갚고자 했던 젊은 시절의 일화이다. 그 일로 김구는 사형선고까지 받게 되는데, 유생儒生으로 인식되어온 그의 색다른 모습을 볼 수 있는, 아주 재미있는 대목이다.

왜인과 대결하는 김구의 모습에 주목해보면, 주로 발을 사용해 대적하고 있다. 옛부터 한국 사람들은 발 사용에 매우 능했다고 한다. 이런 우리 민족의 발 기술과 관련하여 《동패락송東稗洛誦》과 《대동기문大東奇聞》이 도움을 준다.

《동패락송》에는 장인의 원수를 갚은 김덕령金德齡의 일화가 기록되어 있다. 김덕령은 어떤 과부의 딸에게 장가를 들었는데, 장가 든 이튿날 장모가 눈물을 흘리며 크게 슬퍼하면서 남편, 즉 김덕령의 장인이 외거노비 집에 갔다가 변을 당했다고 말했다. 김덕령은 그 종들을 찾아 손으로 때리거나 발로 차 죽여, 장인의 원수를 갚았다. 이에 앞서 악독한 노비들은 김덕령을 배에 태워 물에 빠뜨려 죽이려고 했는데, 김덕령이 발로 배의 바닥을 힘껏 차니 배가 뒤집혀 오히려 악독한 행동을 하려고 한 노비들이 물에 빠져 죽었다고 한다.

또한 《매산집梅山集》을 인용한 《대동기문》에는 인조 23년(1645) 무과에 급제하여 선전관에 발탁된 무인 김중명金重明에 관한 일화가 전한다. 김중명은 송시열宋時烈의 천거로 효종의 북벌계획에 참여하여 선전관이 되었다가 현종 12년(1671) 영흥대도호부사로 기용되었다. 재직 중에 관내의 사노私奴가 주인을 죽인 사건을 잘못 처리하여 파직되었으나, 그 뒤 다시 기용되어 경상좌도 수군절도사와 병마절도사 등을 역임하였다. 효종이 그의 힘을 시험하려고 부르자, 김중명은 모래흙 세 포대를 가져다 양쪽 겨드랑이에 한 포씩 끼고 나머지 한 포는 등에 진 채 대궐 밖에서부터 전각까지 걸어와 왕을 감탄시켰다고 한다. 또 김중명이 과거 급제 후 조상의 묘에 인사를 드리러 갔을 때 묘 뒤에 큰 호랑이가 숨어 있어 따라온 사람들이 놀라 앞으로 가지 못하였다. 그러자 김중명이 말에서 내려 고함을 크게 지르면서 호랑이를 발로 차 죽여버렸다는 이야기도 전한다.

이들의 발길질이 현재의 택견으로 이어지는지 어떤지 장담할 수는

없지만, 조선시대 무인들의 발길질이 얼마만큼 위력적이었는지를 짐
작하는 데 참고가 된다.

현대 택견의 체계를 만든 송덕기와 신한승

지금의 택견은 20세기에 송덕기宋德基(1893~1987)로부터 신한승辛
漢承(1928~1987)에게 전해지면서 체계화되었다.

송덕기는 서울 종로에서 송태희宋泰熙의 7남 7녀 중 막내로 태어났
다. 열두세 살 무렵부터 마을의 택견꾼이나 형들을 따라다니며 택견을
익히기 시작한 송덕기는 열여덟 살이 되던 해, 임호林虎를 만나서 택견
을 제대로 배우기 시작했다.

택견 수련은 보통 초저녁에 한 시간 남짓 이루어졌는데, 일정한 체
계는 없었다고 한다. 당시에는 택견이 일종의 놀이 형태로 보급되었으
며, 수련장소도 사직공원 위쪽 인왕산 밑의 황학정黃鶴亭 근처 공터를
활용했고, 마을별로 편을 갈라 편쌈을 하기도 했다. 송덕기도 10대 후
반부터 마을의 택견꾼과 함께 사직골, 모화관, 유각골, 옥동, 애오개,
삼청동 등의 택견패들과 어울려 택견을 겨뤘다. 그러나 일제강점기에
접어들어서는 민족 문화 말살정책으로 택견을 하지 못하도록 억압받
았기 때문에 무예로서의 전승과 보급이 순조롭지 못했다.

1958년 3월 26일, 이승만 대통령의 생일날 송덕기는 누하동에 살던
임호의 제자 김성환과 함께 택견 시범을 보였다고 한다. 이 일을 계기

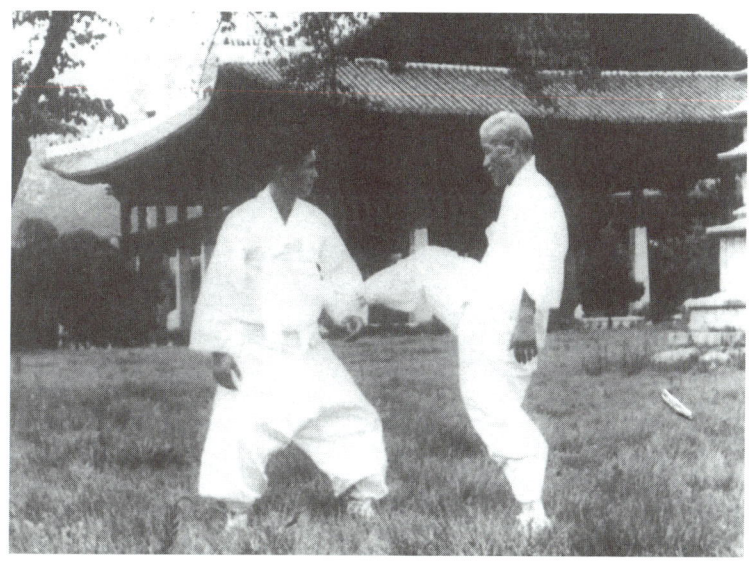

로 송덕기는 제자 몇 사람과 함께 택견 보급 활동을 하게 되었다. 그러다 1971년 태권도협회에서 발행하는 《태권도》지를 통해 그의 존재가 본격적으로 세상에 드러나게 되었다. 마침 정통성 문제로 고심하고 있던 태권도계가 택견과의 연결을 통해 한국의 전통무예로서의 면모를 갖추고자 송덕기를 알리기 시작한 것이다.

택견에 관하여 세간의 주목을 이끌어낸 이가 송덕기였다면, 택견에 체계를 부여한 이는 신한승이다. 경기도 고양군 한지면 하왕십리에서 태어난 신한승은 종조부 재영在榮의 슬하에서 성장했다. 신재영은 삭녕면 일대의 대지주로 한량·재사들과 어울려 놀기를 좋아했다. 특히 택견을 잘하는 사람들을 집으로 초청해 맞서기(겨루기)를 시켜 우승자에게 푸짐한 상을 주는 한편, 술과 고기를 나누어 먹으며 그들과 재담을 즐겼다고 한다.

그 뒤 신한승은 아버지를 따라 만주로 옮겨가 그곳에서 장성하였다. 그는 1944년 사평四平 산성진국민고등학교山城鎭國民高等學校를 졸업하고, 1949년 신흥대학新興大學(지금의 경희대학교) 체육과에 입학하여 1951년 수료하기까지 레슬링에 온 힘을 기울였다. 그 뒤 충주로 내려와 유도에 몰두하기도 했으나, 1961년 〈문화재보호법〉이 제정되자 어린 시절 봐온 택견의 원형을 정리하기로 마음먹고 전국을 돌아다니며 택견의 명인들을 찾았다.

신한승이 송덕기를 만난 것은 1970년이었다. 그는 1970년 어느 신문에 난 송덕기의 기사를 보고 그를 찾아가서 3년 동안 본격적으로 택견을 익혔다. 그는 이때 택견이 태권도와는 다른 무술이라는 확신을 갖게 되었다. 직계 스승인 송덕기뿐만 아니라 김홍식金弘植, 이경천李敬天 등 택견에 식견이 있는 사람들을 만나 자료를 수집·정리한 신한승은 1973년 10월 충주에 택견전수도장을 세우고 후진 양성에 힘쓰는 한편, 택견을 문화재로 지정받게 하여 그 계승과 발전에 노력을 기울였다.

신한승은 1977년 4월 서울 YMCA체육관에서 제1회 택견발표회를 열었고, 1981년 11월에는 그동안 정리한 택견 관계 자료를 문화재관리국에 제출하여 인멸될 위기에 있는 택견을 문화재로 지정해줄 것을 요청했다. 마침내 1983년 6월 1일 택견이 중요무형문화재 제76호로 지정되었고, 송덕기와 함께 그도 기능보유자로 지정을 받았다.

택견의 어원

그렇다면 체계화되기 전의 택견은 어떤 무예였을까? 먼저 '택견'이라는 용어가 언제, 어디에서 비롯됐는지 살펴보자.

택견이란 말은《재물보才物譜》에 처음 나타난다. 이 책에는 택견이 '탁견'으로 기록되어 있고, 이보다 늦은 시기의 기록들에서는 '착견' '덕견이' 등의 이름으로도 나타난다.

택견의 명칭과 관련하여 나타나는 몇 가지 용례를 정리하면 아래와 같다.

*탁견 :《재물보》(이만영, 1798)

*HTAIK-KYEN-HA-KI(택견하기) :《한국의 놀이Korean Games》(스튜 어트 쿨린Stewart Culin, 1895)

*택견 :《조선무사영웅전朝鮮武士英雄傳》(안확, 1919)

*托肩 :《해동죽지海東竹枝》(최영년, 1925)

*착견 :《오가젼집 박타령》(리선유, 1935)

*결련태껸 :《우리말 사전》(문세영, 1938)

*견 :《조선상고사朝鮮上古史》(신채호, 1946)

택견의 표기법이 이처럼 다양하기 때문에 그 어원에 대해서는 아직도 정설이 없다. 대표적인 견해를 살펴보면, '택견'을 한자로 표기하면서 음차音借하여 '탁견'이라 표기하던 것을 훈민정음 창제 후 그대로 가져와 '탁견'이라 썼다는 견해가 있으며,[2] 택견이 '발길질'이라는 전제하에 '찬다'는 뜻을 가진 한자 '척踢'의 중국어 발음 Tik과 연결짓는 견해가 있다. 제기차기를 뜻하는 중국의 '티겐[踢毽]'과 탁견의 발음이 유사한 것으로 봐서 '티겐'이 변형되어 택견이 되었다고 보는 것이다.[3]

그러나 택견을 한자어로 음차하여 탁견이라고 했다는 주장은, 《재물보》가 편찬되기 이전의 고려시대나 삼국시대 문헌에서 '탁견' 또는 그와 비슷한 용어가 발견되지 않는다는 점에서 설득력이 떨어진다.

택견을 발길질로 전제하고 한자어 '척'에서 어원을 찾는 견해는 용어의 어원뿐 아니라 택견의 형태와도 관련된 문제이기 때문에 좀 더 깊이 살펴볼 필요가 있다. 택견이라는 용어가 처음 나오는 《재물보》에는 "卞-手搏爲卞 角力爲武 若今之탁견"이라고 기록되어 있다. "변- '수박'은 '변'이고 '각력'은 '무'이다. 지금의 '탁견'과 같다"라고 풀이된다. 탁견이 '변'과 '수박', '각력' 등과 관련 있음을 지적한 설명이다. 탁견이 손을 사용하는 수박이나 맞잡고 힘을 겨루는 씨름(각력)과 같은 것이라면, '탁견'은 맨손무예를 가리키는 일반명사였음을 말해주는 것으로 보인다.

탁견이 맨손무예를 가리키는 일반명사였음은 《재물보》의 '시박廝搏' 항목을 통해서도 증명된다. '시박'에 대한 설명을 보면, "捽交之流 亦탁견"이라고 나온다. '졸교捽交'는 한글로 '씨름'이라 기록되어 있다. 즉 '시박'과 '졸교'는 같은 것이고, 따라서 '탁견'은 '씨름'과도 같은 것으로 보았음을 확인할 수 있는 것이다. 즉 《재물보》의 내용을 보면, 탁견은

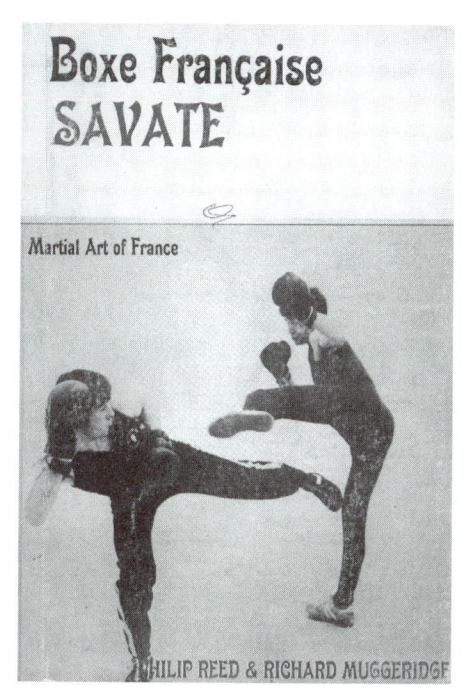

프랑스 격투기 사바테
사바테는 발을 주로 사용하는 무예이다. 프랑스군 내에서 병사들을 체벌하는 과정에서 비롯됐다는 설과 해안을 중심으로 보급된 탓에 무역을 하던 선원들이 동양에서 발을 사용하는 기예를 보고 난 후 비롯되었다는 설이 있다.

발길질의 의미보다는 치거나 힘을 겨루는 맨손 무예 전반을 가리키는 말로 사용되었음을 알 수 있다.[4]

택견이 꼭 발과 관련된 의미가 아니라는 점은 '수제비택견'이란 단어를 봐서도 알 수 있다. 이희승의 《국어대사전》(민중서림, 1999)을 보면 수제비택견은 '어른에게 버릇없이 함부로 덤벼드는 말다툼'이라고 풀이되어 있다. 택견이라는 단어가 '발이란 특정 신체부위를 이용한 어떤 기술'의 의미보다는 '다툼' 또는 '싸움'의 의미로 사용되고 있는 것이다. 이것은 택견이 발차기를 뜻하는 말에서 온 것이 아님을 말해준다.

이에 대해 《한국의 놀이》에서 '택견하기(HTAIK-KYEN-HA-KI)'를 영어로 'Kicking', 불어로 'Savate(발질 위주의 프랑스 격투기)'라고 풀이하고 있다거나, '물택견하기(MOUL-HTAIK-KYEN-HA-KI= WATER KICKING)'를 '발로 물을 차서 멀리 보내는 어린이들의 게임'이라고 설명하고 있는 것, 그리고 《해동죽지》의 '탁견託肩'이 '발로 어깨를 차서 밀쳐낸다'는 뜻을 지니고 있다는 점 등을 들어서 '택견'이 곧 '차기=발질'이라는 뜻으로 쓰였다고 보기도 한다.[5]

그러나 '택견하기(HTAIK-KYEN-HA-KI)'가 '키킹' 또는 '사바테'로 기록되어 있다고 해서, 그 어원이 발차기라고 보는 것은 해석의 오해에서 비롯된 게 아닌가 한다. 왜냐하면 이 글의 목적은 어원 규명이 아니라 서양인이 이해하기 쉽게 그들이 알고 있는 동작으로 택견을 설명하는 것이므로 그들이 쉽게 이해할 수 있는 비슷한 무예를 거론한 것에 불과하기 때문이다. 택견의 어원이 발차기에서 비롯되었음을 알려주는 게 아니라 다만 발차기를 주로 하는 무예임을 말해주는 것이다. 이 책에서 '씨름하기(SSI-REUM-HA-KI)'를 '레슬링(WRESTLING)'으로 풀이한 것도 마찬가지다.

발로 어깨를 차서 밀쳐낸다는 뜻으로 이해한 《해동죽지》의 탁견도 약간 과한 해석으로 보인다. 그 말 자체에서 발과 관련된 의미를 찾기가 힘들기 때문이다. 탁托은 '열다' 정도의 뜻이므로 탁견은 '어깨를 열다' 정도이지 발을 사용했다는 점까지 말해주는 것은 아니다. 《해동죽지》 기록이 전체적으로 발 사용에 대해 언급하고 있으므로 그렇게 생각할 수는 있지만 이를 탁견托肩이라는 한자에서 찾는 것은 무리가 있다. 물론 여러 정황을 볼 때 시간이 지나면서 차츰 발을 사용하는 무예에 한정되었던 것으로 여겨진다. 하지만 원래는 맨손무예를 총칭하는 용어였던 것으로 보인다.

그렇다면 '택견'이란 명칭은 어디서 유래한 것일까. 현재까지 알려진 기록 중 가장 오래된 《재물보》에 '탁견'이라고 표기된 점, 그리고 《해동죽지》나 송덕기도 '탁견'이라고 한 점을 고려할 때, '택견'의 원래 발음은 '탁견'과 가까웠을 것으로 보인다.[6]

우리 고유어 표기에 대체로 거센소리와 된소리가 없는 점을 고려할 때 '택견'이라는 명칭은 우리 고유어라기보다는 한자어漢字語에서 나왔을 가능성이 높다. 그렇다면, 조선시대 기록에서 맨손무예를 가리키는 용어를 살펴보고, 그 중에서 탁견과 관련이 깊은 단어를 유추해보면, 어느 정도 해명이 가능할 것이다. 그리고 여기에는 택견과 비슷한 용어가 다른 지방에선 나타나지 않고, 서울과 경기 일원에서만 발견된다는 점 또한 하나의 단서가 될 것이다.

조선시대 기록에서 맨손무예를 가리키는 한자 용어로 '권법拳法'·'수박手搏'·'변卞'·'백타白打'·'권투拳鬪'·'타권打拳' 등이 사용되었다. 이 중에서 '탁견'과 발음이 가장 비슷한 것이 '타권'이다. 그렇다면, '타권'이 특정 시기, 특정 지역에서만 나타나는지 살펴보자. '타권'이라는 용어는 선조宣祖 31년(1598)과 선조 32년(1599) 기록에서만 나타난다. 선조 31년(1598) 실록에 선조는 '타권' 기법을 본 후 "주먹 쓰는 것이 어찌나 빠르고 민첩한지 다른 사람이 감히 그 앞에 접근할 수 없을 정도였다"[7]고 하고 있으며, 선조 32년(1599)에는 "타권은 《기효신서紀效新書》에 실려 있는 무예 가운데 한 가지이니 봐야 할 듯하다"고 승지에게 말한 기록을 찾을 수 있다.[8] 선조 32년(1599)에 '타권'이 《기효신서》에 실려 있는 무예의 한 가지라고 한 것을 볼 때, 여기서 '타권'은 중국의 '권법'을 가리키는 것임을 알 수 있다. 《기효신서》에서 맨손을 사용하는 무예는 '권법'이 유일하기 때문이다. 곧 맨손무예를 가리키는 용어로 '타권'이 1~2년 정도 조선 정부 내에서 사용되었음을 알 수 있다.

선조 31년(1598)에 선조가 '타권'을 구경했다는 기록을 통해, 조선 정부 내에 '타권'이라는 맨손무예가 당시에 그리 널리 알려지지 않았음을 유추할 수 있다. 널리 알려져 있었다면, 선조가 《기효신서》의 무예 가운데 하나이므로 봐야 할 듯하다고 굳이 언급할 리 없기 때문이다. 따라서 그 후에야 나타나는 '권법'이란 용어 역시 널리 알려지지 않았을 것이다. 좀 더 과하게 말하면 아예 알려지지 않은 명칭이었다고도 볼 수 있다. 이는 그 후 선조 33년(1660)에 '권법'을 설명하면서, '용맹을 익히는 무예'라고 부연 설명하고 있는 것에서 확인할 수 있다.[9]

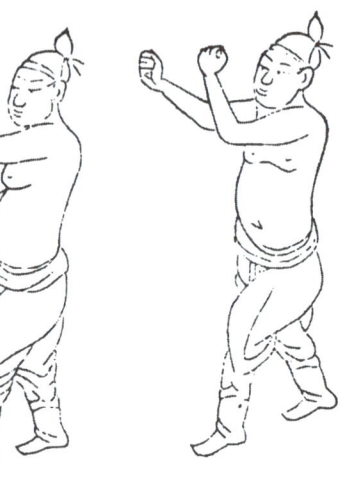

《무예도보통지》 '권법' 조

권법이 당시 조선 정부 내에 별로 알려지지 않은 까닭은 전쟁 중이라는 특수한 상황 때문이었을 것이다. 《무예도보통지》에 보면, 선조 27년(1594) 2월에 훈련도감訓練都監을 설치하여 명나라 장군 척계광戚繼光이 해안에 침입한 왜구를 무찌르기 위해 고안한 '절강浙江기예'를 가르쳤다는 기록이 있다. 맨손기예보다 당장 전장에서 사용할 수 있는 검이나 창 등을 이용한 무기 위주의 기예를 가르쳤던 것이다. 또한 선조 27년(1594) 4월 이덕형이 중국병사들은 '권투拳鬪'라는 맨손무예를 한다는 보고를 올렸을 때도 선조는 별다른 반응을 보이지 않는다. 이러한 정황으로 보아 선조 31년 이전까지는 맨손무예에 대해서는 아직 관심이 없었으며, 권법이라는 기예 역시 크게 관심을 받지 못하고 그냥 스쳐 지나간 듯하다.

맨손무예를 가리키는 '권법'이라는 용어가 본격적으로 사용된 것은 선조 33년(1600) 4월부터이며, 그 이후로는 '타권'이라는 용어가 《선조실록》을 비롯한 다른 기록에 보이지 않는다. 이는 '타권' 대신에 '권법'이라는 용어가 공식적으로 맨손무예를 가리키는 용어로 대치되었음을 말해준다.

정리해보면, '타권'과 '권법'은 모두 맨손무예를 가리키는 용어이며, 그중 '타권'이 조선 정부 내에서 1년(길게는 2년) 정도 사용되다가 '권법'이라는 용어에 그 자리를 내주었다. 그렇다면, '타권'이라는 용어는 전국적으로 유포되지 못하고 서울을 비롯한 경기도 지역 내에서만 맨손무예를 가리키는 말로 사용되었을 가능성이 매우 높다. 정부에서 '권법'이라는 용어를 공식적으로 사용해도, 사람들은 그동안 익숙해진 '타권'이라는 용어를 자연스럽게 썼을 것이기 때문이다. 이를테면 '태권도'라는 명칭도 1960년대 공식 용어로 제정되기 전에 일반인들 사이에서는 '공수도空手道' 혹은 '당수도唐手道'라는 용어와 함께 쓰였다. 아직까지도 나이 드신 분들 중에는 '당수도' 혹은 '공수도'를 '태권도'라는 뜻으로 사용하는 분들이 있다. 이처럼 타권이란 말도 당시 사람들 사이에서 꾸준히 쓰였을 것이다.

조선시대에 '권법'이라는 용어가 맨손무예를 가리키는 말로 정착되면서, '타권'은 서울·경기 지역 안에서 비공식 용어로 전해졌고, 그것이 원래의 한자를 잃어버리고 음가만 남아 전하는 과정에서 '타권 〉탁견 〉태껸'으로 불리게 된 게 아닌가 짐작된다. 일반적으로 '태권跆

拳'을 태권(구＋언)[táegwŏn]으로 발음하지 않고, 한결같이 태퀸(꾸＋언)[táegwŏn]으로 발음한다[10]는 점에서 '타권'이 '타퀸'으로 발음되었고, 후에 '타껸' 또는 '탁견'으로 와전·발음되었을 가능성을 생각해볼 수 있다. 특히 '택견'은 건달이나 한량들이 주로 해왔다고 하니,[11] 그들 사이에서 택견이 전수되었다면 구전 과정에서 원래 한자를 잃어버렸을 가능성도 높다.

소년 시에 하던 택견

소년少年 십오十五 이십시二十時에 ᄒᆞ던 일이 어졔론듯

속곰질 뛰움질과 씨름 탁견 유산遊山 ᄒᆞ기 소골小骨쟝긔 투전投箋 ᄒᆞ기

져긔ᄎᆞ고 연鳶날니기 주사청루酒肆靑樓 출입出入다가 ᄉᆞ람치기 ᄒᆞ기로다

만일萬一에 팔자八字ㅣ가 죠하만졍 신수身數가 험ᄒᆞ던들 큰일날번ᄒᆞ괘라[12]

위에 인용한 조선조 말의 가객인 김민순金敏淳의 사설시조에서 소년 시절에 하는 일 중 하나로 택견을 들고 있을 만큼 택견은 민간에 널리 보급되어 있었다.

스튜어트 쿨린의 《한국의 놀이》(1895)에는 그 경기 방법이 비교적 구체적으로 기록되어 있어, 당시 택견의 모습을 추정할 수 있게 한다.

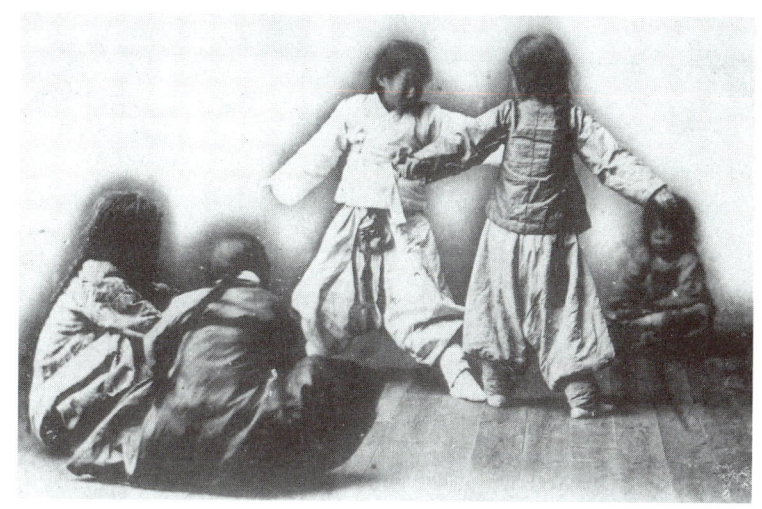

택견을 하는 어린이들(《사진으로 본 한국 100년》 중에서 발췌)
1890년 선교사가 찍은 사진에서도 택견과 비슷한 모습을 찾아볼 수 있다.

택견은 두 명의 선수들이 주로 발을 가지고 하는 싸움경기다. 두 사람은 서로 마주하고 두 다리를 벌려 자세를 취한 다음, 상대편의 다리를 밑에서부터 걷어올려 차려고 한다. 선수는 두 발 중 하나를, 한 발 뒤로 물러서게 해 제3의 위치에 놓을 수 있다. 따라서 발은 언제나 세 위치 중 한 곳에 두어야 한다. 한 명이 상대편의 다리에 발차기를 가하면서 공세를 취한다. 상대편은 공격당한 다리를 뒤로 빼고, 차례로 공격을 한다. 높은 발차기가 허용되고, 그것을 손으로 막을 수 있다. 이 놀이의 목표는 상대편을 쓰러뜨리는 것이다. 이 경기는 일본에도 있지만, 광동 출신의 중국 노동자들은 그것을 잘 모르는 것 같다.

또한, 품밟기와 발차기에 대해서도 설명을 하고 있는데, 높은 발차기가 허용되는 점은 《해동죽지》〈탁견희〉 조의 비각술飛脚術과 상통하는 면이 있다.

> 옛 풍속에 발을 쓰는 기술이 있으니 서로 상대해서 발로 차 쓰러뜨리는데, 삼법三法이 있다. 최하자最下者는 다리를 차고, 선자善者는 어깨를 차고, 비각술이 있는 자有飛脚術者는 상투를 찬다. 이것으로써 보복의 수단이 되거나 혹은 사랑하는 계집을 빼앗기도 해 관에서 법으로 금지하였다. 따라서 지금은 없어졌는데, 이 놀이의 이름을 '탁견'이라고 한다.

> 백 가지 기술 신통한 비각술飛脚術
> 가볍게 상투를 스치며 상투를 스쳐간다
> 꽃을 두고 다투니 이는 풍류의 바탕일세
> 단번에 초선貂蟬[13]을 빼앗으니 호걸의 기운이다

택견이 비각술이라 불릴 정도로 발차기를 위주로 하고 있으며, 조선 후기에 일반인들 사이에서도 성행했음을 알 수 있다.

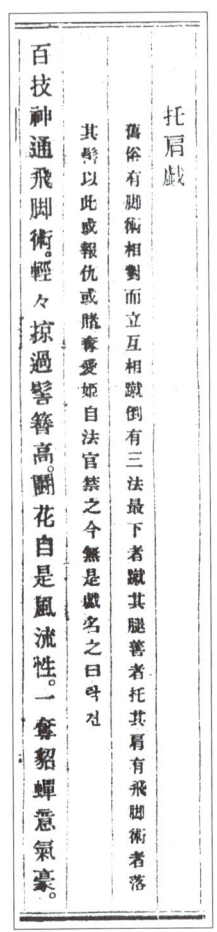

《해동죽지》(1925)의 '탁견희' 조.

택견의 최고봉 비각술

《해동죽지》〈탁견희〉조에서 말한 택견의 삼법三法은 글의 문맥상 기술의 등급을 나타내는 듯하며, 최하자보다는 선자가, 선자보다는 유비각술자가 상급 기술을 가진 사람으로 생각된다.

무예에서 가장 중요한 것은 격투에서 자신의 몸을 보호하는 것이다. 이를 고려하여 세 등급을 유추해보자. 발차기에서 높게 찬다는 것은 겉으로 보기에는 멋있고 화려할지 모르지만, 실제 겨루기에서는 상대방을 가격하기 어려울 뿐만 아니라 큰 몸 동작으로 인해 반격을 당하기 쉬워 잘 사용하지 않는다.

택견 발질에서 가장 상위에 있는 비각술이란 과연 어떤 발차기일까? 택견을 설명한 기존의 논저에서는 마치 누가 높이 찰 수 있느냐가 택견 겨루기의 결정체인 양 말하고 있다. 비각술을 '높이 뛰어 차는 발길질'이라고 설명한 것이 완전히 틀렸다고는 할 수 없지만, 비각술의 의미를 단지 발을 높이 차는 것으로만 이해하는 데는 동의하기 어렵다. 만일 높이 뛰어 차는 발차기가 비각술이라고 한다면, 어깨까지 찬다는 선자의 단계와 별로 차이가 없어 보이기 때문이다. 정도의 차이는 있겠지만 어린아이라도 조금만 수련하면 뛰어 찰 수 있다.

여기서 '유비각술자'라는 구절에 주목할 필요가 있다. 유비각술자는 최하자나 선자와는 달리 '있는 자有 (……) 子'라 하여 단서 조항을 달았다. 비각술이 누구나 할 수 있는 기예가 아님을 뜻하는 표현이 아닐까? 비각술이 단순히 높이 차거나 뛰어 차는 동작이 아니라면, 비각술은 어떤 발차기를 말하는 것일까?

잘 하는 사람들을 보면 무서웠어. 담장이고 뭐고 휙휙 날았지. 두 발로 휙 떠서 가슴을 차고 땅에 떨어지지 않고서 그 다음 사람을 찼으니까······.[14]

앞에 인용한 글은 송덕기와 함께 택견을 했고, 신한승에게 몇 가지나마 택견 기술을 전수해준 것으로 알려진 김홍식이 김명곤과의 인터뷰에서 한 말이다. 여기서도 비각술이 말 그대로 '공중 발차기'임을 확인할 수 있다. 그런데 조금 더 깊이 분석해보면, 비각술이 단순히 아래에서 위로 올려 차는 동작이라기보다는 공중에 뛰어올라 위에서 아래로 내리꽂듯이 차는 동작이 아닌가 생각한다. 김홍식의 말대로라면, 한 사람의 가슴을 차고 다른 사람을 찬다고 했을 때, 한 사람의 가슴을 차면서 다시 뛰어오르기 위해선 밟듯이 차야하지 않을까? 아마 이런 발차기는 당시에도 보기 힘들어서 '비각술이 있는 자'라는 표현을 썼을 것 같다. 정리해보면, 최하자가 상대의 다리를 차는 것은 실력이 없어서라기보다는 다리를 차는 게 가장 안전하고 효과적이며 택견 수련에서 가장 기본적으로 몸에 익혀야 되는 것이기 때문이라고 볼 수 있다. 그 기본이 충실해지면 어깨 정도까지의 높은 발차기를 익히고, 그보다 더 실력이 늘면 비각술이라는 고난도의 발차기를 구사하는 단계에 들어섰을 것이다. 비각술도 단순히 뛰면서 아래에서 위로 올려 차는 것이라기보다는 공중에서 아래를 향해 내리꽂는 발차기가 아닐까 한다.[15]

〈대쾌도〉 속의 택견

과거에 택견이 어떠했는지 보여주는 자료로 조선 말기의 화원 혜산
蕙山 유숙劉淑(1827~1873)이 1846년에 그린 것으로 전해지는 〈대쾌도大
快圖〉가 있다.

〈대쾌도〉는 씨름과 택견을 하는 동자들, 그리고 그들 주위를 둘러싼
사람들을 높은 곳에서 바라다보는 듯한 시점으로 그렸다. 유희가 벌어
지는 공간은 한양의 사대문 중 동쪽에 있던 광희문光熙門(일명 수구문水
口門) 남쪽으로 알려져 있다.

이 그림은 조선시대 대표적인 무예인 씨름과 택견의 모습을 볼 수
있다는 점에서 무예사 측면에선 문헌 자료보다 더 중요한 자료라고 할
수 있다. 그러나 이 그림은 문헌 자료가 아니므로 〈대쾌도〉에 나타나는
무예를 특정한 것으로 단정짓기는 어렵다. 〈대쾌도〉에 나타나는 맨손
무예 중에 상단에 위치한 경기 모습에 대해서는 씨름이라고 하는데, 이
견이 없다. 하지만 하단에 행해지는 무예가 기존의 견해대로 '택견'인
지는 단언할 수가 없다. 그림 어디에서도 택견이라는 명칭이 기록되어
있지 않기 때문이다. 다만 전체적으로 겨루는 동작을 보건대, 두 손이
택견의 동작 중 하나인 활개짓과 비슷해 보인다는 점에서 택견으로 보
고 있는 것이다. 하지만 이 점도 추론이므로 조심할 필요가 있다.

이 〈대쾌도〉에는 왼쪽 화면 상단에 '병오년에 바야흐로 온갖 꽃이
만발할 때 태평성대의 사람이 태평세월에 그렸다'는 내용이 기록되어
있어, 그려진 연도를 추정할 수 있다. 혜산 유숙의 생몰년은 1827~

1873년으로 그가 활동하던 때의 병오년은 유숙이 30세 때인 1846년이다. 따라서 이 해에 그려진 것으로 생각된다. 그런데 이 그림은 혜원惠園 신윤복申潤福이 그렸다고 전해지는 〈대쾌도〉를 모사한 것이다. 같은 제목에, 그림의 내용도 거의 비슷하다. 이 그림은 화면 상단에 투기장으로 오고 있는 소년 대신 한량과 기생이 배치되어 있으며 긴장미가 부족하다. 또한 화풍뿐만 아니라 이 그림에 쓰인 제발의 진위가 의심스러워 이 작품을 신윤복의 그림으로 보기는 어렵다. 신윤복이 그렸는지에 대해서는 부정적인 견해가 대부분이긴 하지만, 만약 혜원의 〈대쾌도〉가 맞다면 씨름과 택견 특히, 택견이라는 무예의 존재 시기가 좀 더 올라간다고 할 수 있다. 혜원의 생몰년은 1758(?)~1813년 이후로 추정되는데, 혜원이 그렸다고 전해지는 〈대쾌도〉에는 병오 대신 을사乙巳라는 간지가 새겨져 있다. 그의 활동 시기 중에 을사는 1785년이므로 이 해에 이 그림이 그려졌으며, 따라서 택견과 씨름이 이 해보다 앞선 시기부터 분화된 채로 존재했음을 말해준다.

이 그림을 보면 접근전을 하는 유술계 무술과 떨어져서 겨루는 타격계 무술이 당시에 존재했음을 말해주는데, 이는 고구려 고분벽화에서도 확인된다. 즉 우리민족에게는 고구려 시기부터 무술이 지금과 같이 세분화되었다 할 정도의 분화와는 그 기준이 다르겠지만, 어느 정도 분화되어 발전하였음을 말해준다.

〈대쾌도〉의 나타나는 택견을 보면 두 사람 다 양팔을 넓게 벌리고 있는 것을 볼 수 있다. 왼편의 인물은 발을 여덟 팔八자로 오른 편의 인물

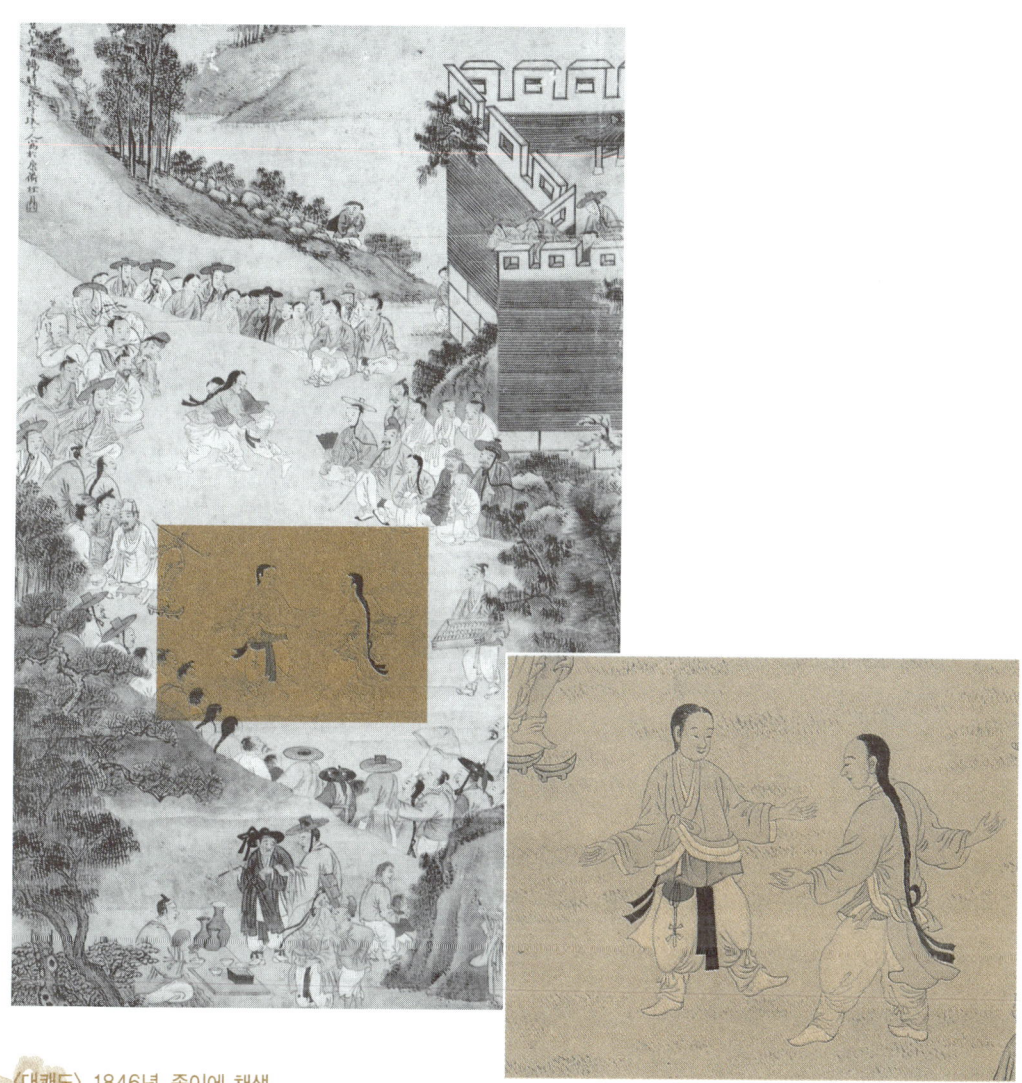

〈대쾌도〉, 1846년, 종이에 채색
서울대학교박물관 소장

혜산惠山 유숙劉淑이 그린 것으로 전해지는 작품인데, 씨름과 택견을 하는 동자들
과 그 주위를 둘러싼 사람들을 높은 곳에서 바라다보는 듯, 즉 조감鳥瞰에 가까운
시점으로 그렸다. 이 작품은 한양의 사대문 중 동쪽에 있던 광희문光熙門(일명 水口
門)의 남쪽에서 벌어진 유희 장면을 그렸다고 한다.

유숙의 대쾌도
— 서울대학교박물관 소장

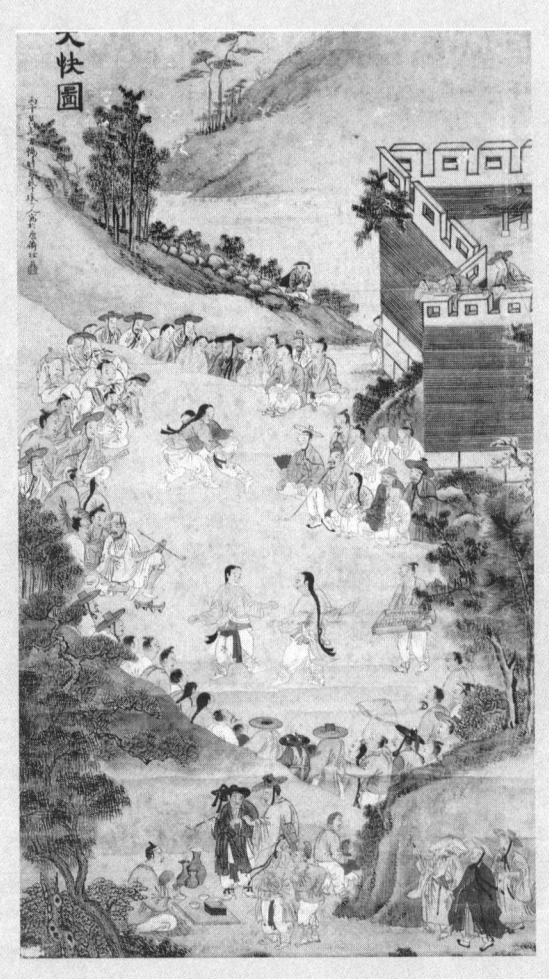

　화면 중앙에 벌어진 두 패의
씨름판과 택견판, 그리고 이를
둘러싸고 구경하는 여러 부류의
사람들을 그렸다. 유희 장면을
중심으로 우측상단에는 성벽이,
나머지 상하면에는 산수배경이
채워져 있는데, 산수와 인물의
상관관계는 그리 매끄럽지 못한
편이다. 그러나 씨름판을 둘러
싼 다채로운 인물들의 모습, 자
세, 복장은 조선 말기 풍속화 중
역작이라 할 만하다. 나막신을
벗어부치고 장죽을 문 노인, 엿
파는 총각, 술이나 엿을 파는 노
점상 등이 매우 재미있게 그려
져 있다.

　이 그림에는 "병오년, 바야흐로 온갖 꽃이 만발할 때 격양세인擊壤世人이 강구연월

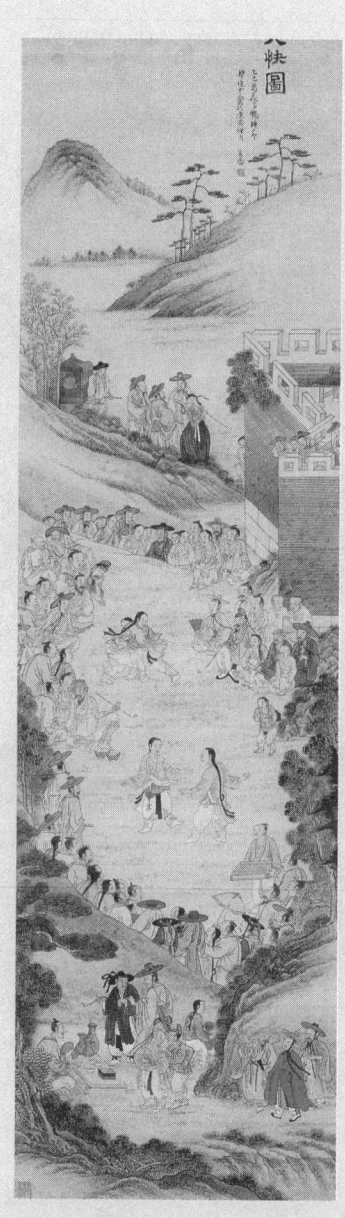

신윤복의 대쾌도
— 국립중앙박물관 소장

康衢煙月(큰길 가의 안개 낀 달빛)에서 그리다"라고 기록되어 있다. 격양세인이란 태평성대의 사람을 뜻하는데, 격양은 중국에서 만든 신발모양의 기구 두 개를 가지고 30~40보 떨어진 곳에 이 중 하나를 두고 다른 하나로 이것을 맞히는 놀이이다. 어떤 노인이 격양을 통해 요의 덕을 노래했다는 고사가 전하고 있어 이 놀이는 곧 태평무사를 의미한다. 중국의 경우에는 이 같은 성격의 풍속화로 〈태평가경도太平街景圖〉와 정관붕丁觀鵬이 그린 〈태평춘시도太平春市圖〉 등이 있는데, 이들 그림에는 중국의 희장戲場·기화旗火·희대戲臺 등 신년풍속이 담겨져 있다. 즉 이 그림은 씨름과 택견, 그리고 이를 즐기는 백성들의 모습을 통해서 조선이 태평성대를 구가하고 있다는 것을 표현한 것이다.

이 작품은 실제의 모습을 사생하였다기보다는 당시의 인물과 풍속을 빌려 허구의 세계를 구성하였을 가능성이 높다.

그림의 위쪽에는 씨름을 하고 아래쪽에는 택견을 하는 흥겨운 싸움판 장면을 그렸다. 타원형으로 둘러싼 구경꾼들을 대각선 방향으로 놓여진 나지막한 언덕으로 감싸면서 시선의 초점은 자연스럽게 화면의 중심부로 향하게 하는 구도를 채택하였다. 산의 바로 앞에서 그 산의 뒤를 넘겨다보고 그리는 듯한 심원법深遠法으로 더욱 넓어진 공간을 밝게 처리하여 강조하였다. 이 작품은 씨름이나 택견를 하고 있는 이들과 함께 주변의 구경하는 인물들도 재미있게 묘사되어 있다. 다양한 인물들이 생생하게 등장하고 있는데, 어떤 이는 점잖게 앉아 열심히 구경하고 있고 다른 이는 아예 뒤로 물러나 이야기에 열중하고 있다. 화면 아랫부분에 술판 앞을 지나가다 경기보다는 술 생각이 동하는 듯한 표정을 보이는 인물들이나, 화면 윗부분의 성벽 뒤쪽에 몸을 반쯤 가리고 소피를 보는 어린이의 모습은 해학적이다.[16]

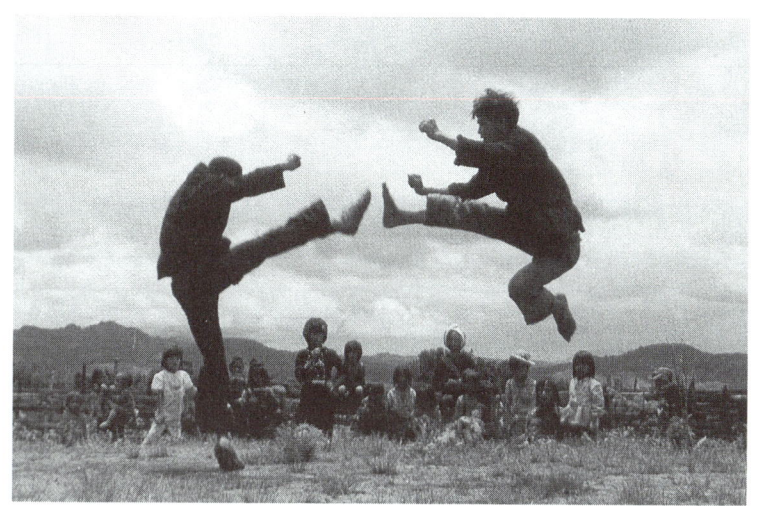

라후족의 발차기 모습
고구려의 후예라고 일컬어지는 라후족의 발차기 모습.

은 오른발을 뒤에 왼발을 앞에 두고 있다. 이런 모습은 1890년에 선교사가 찍은 사진에서도 찾아볼 수 있다. 이 사진에 나타나는 동작에 대해 아이들이 발을 맞대고 넘어뜨리는 놀이를 하는 마주걸이와 같은 것으로 보고 있기도 하다.[17]

그러나 두 팔이 좌우로 넓게 벌려 '활개짓'을 하면서 겨루기를 하고 있는 것이 아닌가 생각된다. '활개짓'의 '활개'는 원래 새의 활짝 편 두 날개를 말한다. 즉 '활개짓'은 새가 날개를 펼쳐서 퍼덕이는 것처럼 손을 어긋나게 흔드는 것을 말한다. 국어사전에는 걸음을 걸을 때에 두 팔을 힘차게 내젓는 짓 혹은 새가 두 날개를 펴서 퍼덕이는 짓을 '사잇ㅅ'이 첨가된 '활갯짓'이라고 하고 있다. 그런데 이런 겨루기 형태는 택견이 붙잡기 위주의 기술을 펼치기보다는 타격을 위주로 하는 무예임을 말해준다. 왜냐하면 그림에서 손으로 얼굴을 방어하고 있지 않기 때문이다. 얼굴 방어를 하지 않는다는 것은 손으로 얼굴을 직접 타격하는 것이 금지되어 있기 때문에 가능한 것이다. 물론 발로 얼굴 공격은 허용되었을 것이다. 이런 점은 현재 태권도 겨루기를 통해서 어느 정도 추정해 볼 수 있다. 현재 태권도 겨루기에서는 손으로 얼굴을 직접 타격하는 것이 금지되어 있다. 이런 규칙 때문에 선수들은 대개 몸통 방어를 위해 팔을 아래로 늘어뜨린 채 경기에 임하는 모습을 볼 수 있다. 이와 반면에 얼굴을 손으로 직접 타격하는 것이 허락되는 무에타이나 격투기의 경우 손을 들어 얼굴을 방어하는 자세가 필수적으로 행해지고 있는 것을 볼 수 있다. 즉 이는 당연한 결론이겠지만, 택견이 손으로 얼굴을 직접 공격하는 행위가 금지된 발길질 위주의 겨루기 방식을 채택했음을 말해준다.

현재 택견의 위상 – 놀이인가 무예인가

많은 사람들이 택견이나 씨름을 유희의 측면에서 살피고 있다. 따라서 상대와의 격투에서 승리를 거두기 위한 무예로서 택견의 가치는 상당히 떨어지는 것처럼 생각하는 경향이 있다. 심지어 택견은 놀이이지 무예가 아니라고 말하는 사람들도 있다. 하지만 택견이 지닌 무예로서의 근본적인 가치, 즉 격투기로서 무의미한 것인가는 좀 더 냉철히 생각해봐야 한다.[18]

현대 사회에서 벌어지는 시합이란 목숨을 걸고 하는 것이 아니다. 우리가 알고 있는 모든 무예 대련은 규칙의 적용을 받기 때문에 실전과는 분명히 다르다. 무규칙 경기라고 하는 이종격투기조차 규칙의 적용을 받는다. 보는 사람도 위험한 일이 벌어지지 않으리란 점을 미리 알고 관람하기 때문에 시합을 즐길 수가 있는 것이다. 그런 점에서 현대의 무예 대련에는 놀이적 측면이 있다.

그러나 옛날에 격투기를 즐긴 사람은 경기를 관람한 사람들이었지 경기에 직접 참여한 사람들은 아니었다. 로마제국의 검투사 글래디에이터(Gladiator)는 살아남기 위해 처절하게 싸우지만 이를 관람하는 황제와 귀족들은 박수를 치고 떠들며 즐겼던 것이다. 각자의 입장에 따라 유희적 성격과 격투기적 성격이 공존하였다.

택견 역시 경기 자체에 유희의 측면이 있었지만, 그렇다고 해서 무예로서의 자격까지 박탈당할 정도는 아니었다. 택견을 우리 시대까지 이어준 송덕기가 만일의 경우 싸움할 때는 어떻게 하느냐는 질문에 "그땐 막 차죠. 깡패죠"라고 했다는 언급처럼, 규칙이 없을 때에는 상황이 달라짐을 알 수 있다. 실제 격투 상황이 벌어지면, 경기에서 보여지는 택견이 아닌 싸움에서 이기기 위한 택견이 될 수 있고, 그때는 놀이라기보다는 무예 본연의 자세로 돌아간다고 할 수 있다.

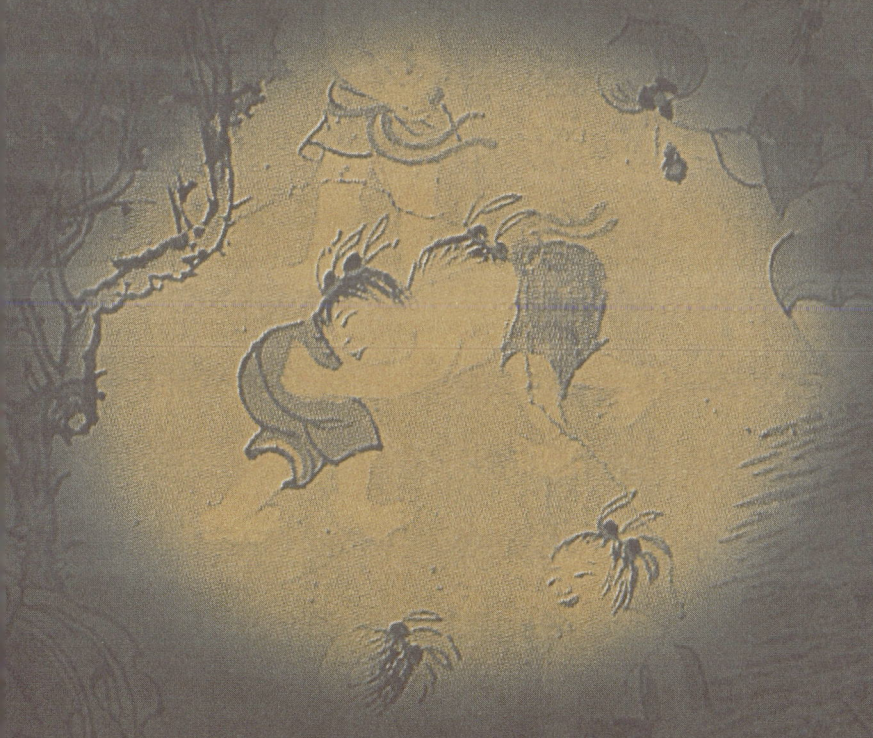

성난 소가 서로 뿔을 들이밀며
달려드는 듯하네
씨름

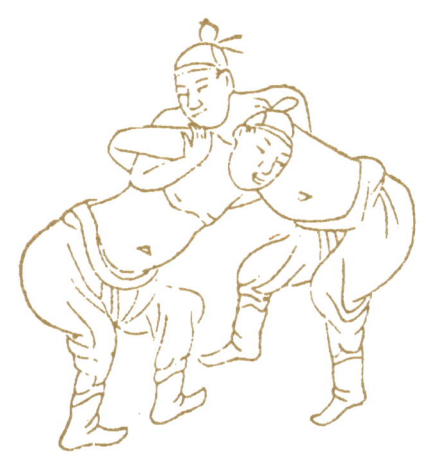

씨름은 두 사람이 다리와 허리에 감긴 샅바를 맞붙잡고 힘과 재주를 이용하여 상대선수의 신체부분을 바닥에 먼저 닿게 넘어뜨리면 이기는 경기다. 씨름은 예로부터 각력角力, 각저角抵, 角觝, 각희脚戲, 상박相撲, 쟁교爭校, 졸교捽校, 요교撩校, 환교環校, 치우희蚩尤戲 등의 명칭으로 불려왔다. 주로는 '각력'이나 '각저'라고 했는데, 각角은 '겨루다' 또는 '다투다', 저抵, 觝는 '치다', '때리다' 또는 '맞서다'라는 뜻을 가지고 있다. 말의 구성을 볼 때 과거에는 현재 씨름에서 보이는 힘 겨루기 위주의 형태보다는 좀 더 포괄적인 기술이 구사되었으리라 추정된다.

씨름의 어원

씨름의 한글 표기는 《훈민정음訓民正音》(1446)을 반포한 다음해에 간행된 《석보상절釋譜詳節》에서 처음으로 나타난다. 《석보상절》은 세종의 명에 따라 소헌왕후 심씨의 명복을 빌기 위해 펴낸 책인데, 제3권에 다음과 같은 기록이 있다.

調達이와 難陀왜 서르 '실흠'ᄒ니 둘희 히미 ᄀᆞᆮ거늘 太子ㅣ 둘흘 자바 ᄒᆞᄢᅴ 그우리와ᄃ시며 大臣炎光이라 ᄒᆞ리.

위 문장을 현대 국어로 옮기면 "조달이와 난다가 서로 '씨름' 하니 둘의 힘이 같거늘 태자가 둘을 잡아 함께 넘어뜨리시며 대신염광(?)이라 하리라"가 된다. 조선 초에는 씨름이 '실흠'으로 표기되었음을 알수 있다. 그 후 숙종 3년(1677) 편찬된 중국어 학습서《박통사언해朴通事諺解》중간본에는 '시름'과 '시룸'이, 숙종 16년(1690) 천문·지리·기후 따위를 한글로 풀이한《역어류해譯語類解》와 만주어 사전인《한청문감漢淸文鑑》에는 '실흠ᄒᆞ다'와 '실흠ᄒᆞᄂ 사ᄅᆞᆷ 撩跤人'이라는 기록이,《무예도보통지》에는 '씨룸'이, 순조 2년(1802)에 간행된《물보物譜》에는 '씨름'이라는 표기가 나타나며, 김만순의 시조에서는 지금의 표기법과 같은 '씨름'이 나타난다. 이렇게 다양한 표기형태가 나타나는 까닭은 문자로 정착되지 않고 구전되던 발음을 후에 문자로 옮긴 때문인듯하다.

씨름의 어원에 대해서는 몇 가지 설이 존재한다. 먼저 영남 지방의 '씨룬다'라는 말에서 비롯되었다는 견해가 있다. 영남 지방에서 쓰는 말 중에 서로 버티고 힘을 겨루는 것을 '씨룬다'고 하며, 꽤 오래 버틴다는 말을 '대기(되게) 씨룬다' 또는 '대기 씨루네'라고 한다. 이때 타

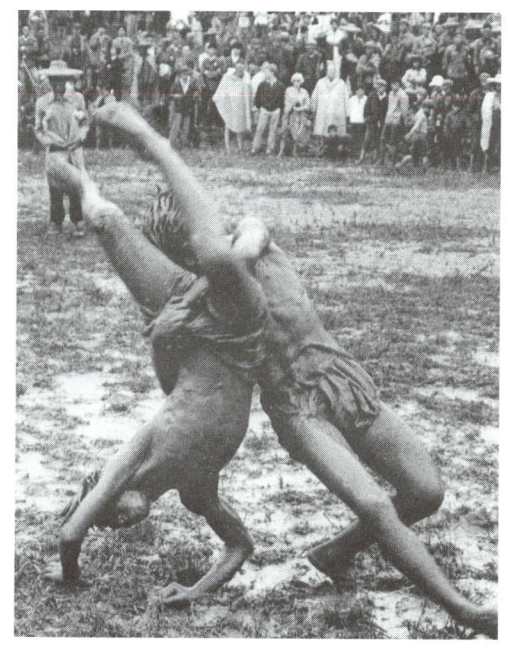

세계 각국의 힘겨루기
씨름과 같은 힘겨루기는 전세계적으로 널리 퍼져 있다. 중국 이족彝族의 레슬링, 몽골의 레슬링, 우즈벡의 레슬링은 샅바를 잡고 하는 우리 씨름과는 다른 모습이다.

동사 '씨룬다'가 명사화하여 '씨룸'이 되고, 이것이 다시 '씨름'이 되었다는 견해다. 두 사람이 손을 맞잡고 버텨 힘을 겨루는 것을 '팔씨름', 서로 말로써 지지 않으려고 버티는 것을 '입씨름'이라고 하는 것에서도 이를 예증할 수 있다고 한다.

이와는 달리 씨름이란 말이 몽골어에서 왔다는 견해도 있다. 몽골어에서는 씨름을 '부흐(bühe)' 또는 '바릴토호(bariltoho)'라고 하는데, 이는 우리말의 '발[足]'과 비교되는 말이라고 한다. 몽골어에서는 또한 다리[脚]를 '실비(silbi)'라 하는데, 이 단어의 어근 실(sil)이 우리말 씨름의 어근으로 보이는 '실─'과 관련 있는 것으로 보고 그 어원을 몽고어에서 찾는 것이다. 한편 '씨름'을 '씨[種]의 겨룸'으로 보아 남자들끼리의 힘겨룸을 가리키는 것으로 보는 견해도 있다.

고구려 씨름

용어의 어원은 확실히 밝혀지지 않았지만, 씨름이 역사적으로 오래 전부터 행해졌음은 분명하다. 씨름은 동북아뿐만 아니라 전세계 어디에서나 찾아볼 수 있는 보편적인 형태의 힘겨루기 형태다.

한반도에서 씨름과 관련된 가장 오래된 기록은 《고려사》에 나온다. 그러나 각저총角抵塚과 장천長川 1호분 등 고구려의 고분벽화에 이미 씨름 장면이 그림으로 남아 있어, 삼국시대에도 씨름이 존재했음을 알 수 있다.

5세기경에 축조된 것으로 추정되는 각저총은 1905년 만주의 집안현輯安縣 통구通溝에서 발견되었다. 각저총이란 명칭은 고분의 주실主室 벽에 두 사람이 맞붙어 씨름하는 그림이 있어서 붙여졌다. 무덤의 벽화에까지 씨름 장면이 그려진 것을 볼 때 당시 고구려인들이 일상생활에서 씨름을 즐겨 했으리라 추측된다.

〈씨름도〉 또는 〈상박도相撲圖〉라 불리는 이 벽화를 좀 더 자세히 보자. 나무 아래에서 두 역사가 씨름을 하고 있고 그 옆에는 심판으로 보이는 백발노인이 지팡이를 짚고 서 있다. 상투를 틀어 올린 머리모양에 반바지 차림인 두 남자는 허리에 두른 띠를 상대방 허리 뒤로 돌려 손으로 붙잡고, 어깨를 맞잡은 자세로 경기를 벌이고 있다. 기묘한 생김새의 나무 위에는 새 네 마리가 앉아 있고, 나무 아래에는 개가 두 마리 앉아 있다. 두 씨름꾼은 힘이 넘쳐 보인다. 두 사람의 몸이 서로 얽힌 자세로 보아 시합하기 전의 준비 자세를 묘사한 것처럼 보이기도 한다. 신체 각 부위의 비례는 사실성이 떨어지지만 힘을 쓰는 팔과 다리 근육, 그리고 동작의 묘사는 괄목할 만하다.[1] 특히 왼쪽의 역사는 눈이 크고 코가 높아 서역 계통 사람을 그린 게 아닌지 모르겠다. 신라 38대 원성왕元聖王의 능 앞에 세워진 석인상도 이목구비의 특징이 그

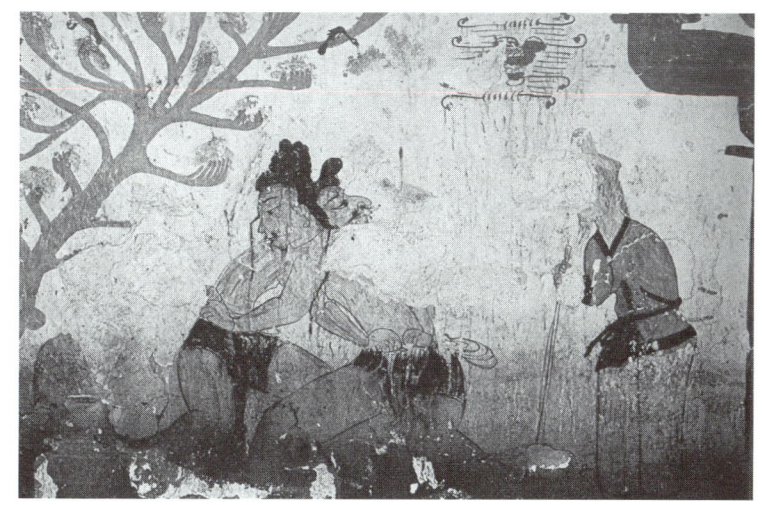

〈씨름도〉(또는 상박도), 5세기 말 6세기 초, 만주 집안현 각저총 주실 동쪽벽
상투를 틀어 올린 반바지 차림의 두 남자가 허리에 두른 띠를 상대방의 허리 뒤로 돌려 손으로 붙잡고, 어깨를 맞잡은 자세로 경기를 벌이고 있다.

와 비슷하게 강조되어 있어 삼국시대에는 서역과 활발한 교류가 있었음을 짐작하게 한다.

역시 5~6세기의 고구려 고분인 장천 1호분에도 씨름 장면을 그린 벽화가 있다. 거기에는 순간적인 동작을 몇 개의 선만으로 포착하여 단순하게 표현하였는데, 두 역사가 힘을 겨루는 팽팽한 긴장감이 잘 살아 있다. 그 장면을 자세히 들여다보면 오른쪽 장사가 왼쪽 장사를 들어올리는 기술, 즉 배지기를 시도하는 것 같기도 하다. 하지만 배지기를 할 때 양 발바닥이 땅에 밀착되어야 중심을 잡고 상대방을 들 수 있는데, 오른쪽 장사의 왼쪽 발뒤꿈치가 들려 있는 것으로 보아 배지기는 아닌 것 같다. 오히려 왼쪽 장사가 힘으로 밀고 들어오자 그에게 밀리지 않기 위해 발꿈치를 들고 발 앞부분으로 지탱하고 있는 것처럼 보인다. 좀 더 상상해보면, 왼쪽 장사가 오른발을 내밀면서 기술을 시도하려는 오른쪽 장사의 움직임을 눈치채고 오른쪽 장사의 어깨를 제압하면서 밀고 들어가 왼 다리로 오른쪽 장사의 오른 다리를 걸려고 하는, 즉 밭다리걸이를 하려는 순간 같기도 하다.

각저총이나 장천 1호분의 씨름 그림에서는 샅바가 사용되진 않지만 두 역사가 양손으로 허리춤을 잡고 오른 어깨를 맞댄 모습이 현재의 씨름과 비슷하다. 두 그림 모두 역사들이 오른쪽 어깨를 맞대고 고개를 상대방의 오른편에 두는 자세를 한 점이 흥미롭다. 이는 함경도·평안도·황해도·경상도·강원도·충청도 지방에 분포된 왼씨름 형태를 뜻한다.

어떤 사람은 고구려 고분의 〈씨름도〉를 앞서 살펴본 무용총이나 안악 3호분의 〈수박도〉와 같은 것으로 보기도 한다. 맨손으로 겨루기를 하다 보면 떨어져 있다가도 붙어서 힘을 겨룰 수 있기 때문에, 같은 무예의 다른 상황을 포착하여 그렸을 가능성을 제기하는 것이다. 하지만 고구려 고분벽화에 나타나는 씨름과 수박은 서로 다른 종류의 무예다. 수박은 앞서 살펴본 대로 맨손으로 얼굴이나 신체 모든 곳을 타격할 수 있는 맨손무예이다. 그러나 각저총이나 장천 1호분의 씨름은 얼굴 등의 타격이 허락되지 않는 경기임을 알 수 있다. 사람의 몸은 타격을 받으면, 어느 곳이나 충격을 입는다. 그 중에서도 머리 부분은 특히 심하다. 그래서 모든 격투기는 얼굴을 포함한 머리 보호에 신경을 쓴다. 권투나 무에타이 등 격투기 종목을 보면, 손을 위로 올려 머리를 보호

〈씨름도〉, 만주 집안현 장천 1호분 전실 북쪽벽. 5세기~6세기

장천 1호분 씨름 그림은 순간적인 동작을 몇 개의 선만으로 포착한 듯 단순하게 표현되어 있긴 하지만, 두 역사가 힘을 겨루고 있는 모습에서 팽팽한 긴장감을 느끼게 한다.

하며 경기에 임하는 모습을 쉽게 볼 수 있는 것도 이런 이유 때문이다. 반면에 각저총이나 장천 1호분의 씨름 그림에서는 그런 모습을 엿볼 수 없다. 상대방 허리 뒤쪽의 허리띠를 잡고 있는 역사들의 모습은 손으로 얼굴이나 신체를 가격할 수 있는 경기에선 나올 수 없는 형태로, 지금의 씨름이나 유도·레슬링처럼 힘을 겨루는 무예에서도 동일하게 보이는 자세다. 고구려시대의 씨름은 머리를 비롯한 타인이 신체에 대한 가격이 허용되지 않는 경기로써 수박과는 별개의 무예였다. 즉, 그 당시는 이미 타격을 하는 무예와 힘을 겨루는 무예가 분화되어 있었음을 알 수 있다.

고구려의 경우 고분벽화에서 씨름하는 모습을 직접 살펴볼 수 있지만, 백제와 신라의 씨름에 대해서는 자료가 발견되지 않아 설명할 길

이 없다. 백제의 경우, 대좌평大佐平 지적智積이 일본에 사신으로 가서
'상박相撲'을 구경했다는 《일본서기日本書紀》의 기록이 남아 있으므로
백제에서도 힘을 겨루는 무예가 있었을 것이라 믿어진다. 당시 백제와
일본 간에 교류가 활발했으므로, 일본의 옛 씨름 형태에 그 흔적이 남
아 있을 수도 있지 않을까?

씨름은 의례였는가

고구려 사람들은 왜 무덤에 씨름하는 모습을 그려놓았을까? 최근에
씨름이나 수박희가 소재로 선택된 이유를 장례의식과 관련지으려는
해석이 등장하였다.

내륙 아시아에서는 장례 때 씨름을 하는 풍습이 있는데, 이것이 진
혼의식鎭魂儀式과 관련이 있다고 한다. 또 《일본서기》에도 씨름 관련
기사가 장의행사의 하나로 이해되고 있는데 이 점을 이유로, 고구려에
서도 씨름이 장례의 일환으로 행해지지 않았을까 보는 견해다. 특히
고대 일본 지배계층의 주요한 사회 풍습들이 삼국에서 유래했음을 고
려한다면, 고구려에서도 씨름이 장의행사의 일부로 행해졌을 가능성
이 있다.

각저총의 씨름벽화를 좀 더 들여다보자. 씨름은 현실玄室 벽화의 주
요한 소재인데, 씨름 중인 두 역사와 심판하는 노인 사이에는 새와 구
름무늬가 표현되어 있다. 이는 씨름이 현실세계에서 행해지는 놀이가

아님을 나타낸다. 씨름 장면과 그 왼쪽의 진찬進饌 장면을 가르는 커다랗고 특이한 형태의 나무는 가지에 내려 앉은 검은 새들과 나무 밑의 곰, 호랑이 등으로 봐서 하늘세계와 땅세계를 잇는 존재, 또는 서로 다른 두 세계 사이의 경계로 추정된다. 그렇다면 각저총 벽화에 보이는 씨름은 새로운 세계로 들어가는 입구에서 행해지는 의미 깊은 행사인 셈이다. 《일본서기》의 관련 기록, 서역계 역사의 등장을 함께 고려하면 씨름이나 수박희 모두 죽은 자가 타계他界로 들어가는 과정의 하나라는 해석이 가능하다.[2]

주변 나라의 민속과 비교하여 우리 민속을 살피는 작업은 매우 중요할 것이다. 필자 또한 이런 견해 자체를 부정하고 싶지는 않다. 하지만 씨름이 고구려에서 장례의식의 일종에 그쳤다고 생각하지는 않는다. 현재 우리나라 전통 장례풍속 중에 씨름이 포함된 경우는 전혀 없다. 물론 긴 세월 속에 그런 풍속이 점차 사라졌다고 할 수도 있지만, 풍속이란 그렇게 쉽게 바뀌지 않는 것이다. 특히 장례풍속은 가장 보수적이어서 변화가 무척 더디다. 만일 씨름이 장례의식으로 행해졌다면, 그 흔적은 현재도 어딘가에 남아 있어야 할 터이나 국내에서는 씨름이 장례의식과 관련된 흔적이 아무 데도 없다.

만약 씨름이나 수박을 장례의식으로 이해한다면, 고구려 고분벽화에 나오는 모든 그림을 장례의식과 관련지어 생각할 수 있는가 하는 점도 고려해야 한다. 씨름을 장례의식의 일환으로 보는 이들도 고구려 고분벽화에 보이는 여러 가지 장면을 고구려 사회의 실상을 옮겨 놓은 풍속화라는 관점에서 보는 경향이 강하다.
장천 1호분에도 씨름하는 장면이 나오지만
누구도 그 그림을 장례의식과 연결 짓지는
않는다.

그렇다면 오히려 '장례'보다는 '축제'와
더 밀접한 관련이 있지 않을까? 몽골의 씨름
을 보면, 이것은 '나담(Nadam) 축제'의 일환
이라고 한다. 일반적으로 그 축제는 우리의
서낭당에 해당하는 오보(Obo)에서 제사가
끝난 뒤 행해진다. 대부분의 시베리아 민족
들도 봄의 사냥의식 때 춤·노래와 함께 씨

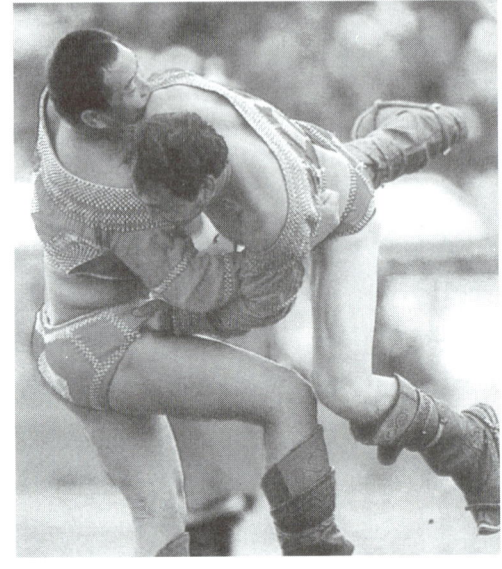

름을 한다고 하니,[3] 씨름은 그야말로 축제의 일부다. 사정은 고구려에
서도 비슷하지 않았을까.

연암 박지원의 손자이자 조선 후기의 대표적 실학자 중 한 사람인
박규수朴珪壽의 문집인 《환재집瓛齋集》에는 〈강양죽지사江陽竹枝詞〉라
는 13수의 시가 수록되어 있다. 강양은 경남 합천의 옛 이름이고 '죽지
사'는 인정이나 세태, 풍속을 묘사한 민요풍의 짧은 시를 일컫는 말이
므로 〈강양죽지사〉는 곧 합천 지방의 풍속을 담은 연작시다. 그 중에
서 씨름 풍습을 읊은 대목이 있어 살펴보면, 옛날 가야 지방에서 행해
진 씨름놀이를 일러 "사당에서 굿을 하고 씨름판을 열어 춤을 추며 즐
긴다"라고 되어 있다.[4] 몽골의 나담 축제에서 씨름판이 벌어지는 것처

럼, 〈강양죽지사〉에도 축제의 일부분으로서 씨름의 모습이 나타나 있다. 가야뿐만 아니라 고구려에서도 마찬가지였을 것이다. 지금도 씨름판은 주로 명절 때 펼쳐진다. 이것이 축제 때 씨름을 벌이던 우리 민족의 전통과 연결되지 않을까 생각한다.

라후족의 씨름과 일본의 스모

고구려의 씨름에 관해서는 비교적 다양한 논의가 이루어졌다. 씨름의 기원을 추정하는 데 도움이 될 만한 고분벽화가 남아 있는 데다가 다른 나라의 경우와 비교 고찰도 가능하기 때문이다.

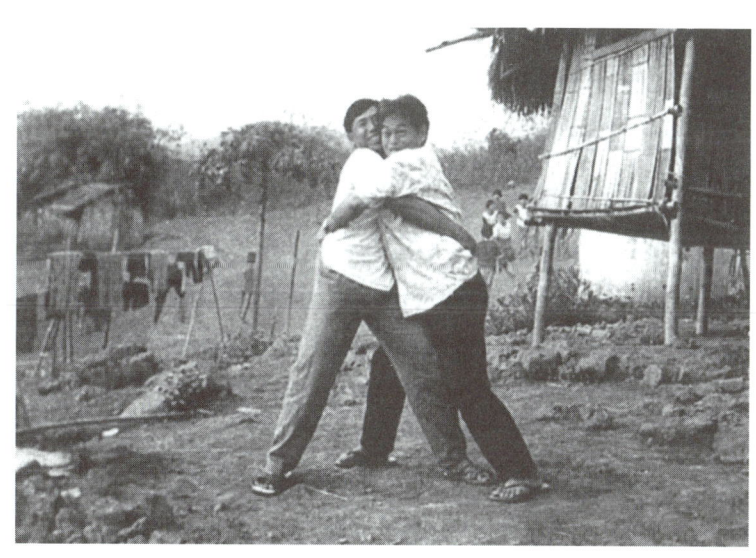

태국 치앙마이에 사는 원주민 라후족의 씨름 시합 고구려 후예라고 알려진 라후족의 씨름 모습은 고구려 고분벽화에 보이는 씨름과 닮아 있다고 한다.

태국 치앙마이(Chiang Mai)에 사는 라후
(Lahu)족의 씨름 모습은 고구려 고분벽화의
씨름과 닮아 있다고 한다. 라후족의 씨름은
샅바가 없이 곧추서서 상대방의 허리를 붙
들고 하는 형태인데, 이를 고구려 고분벽화
에 보이는 씨름과 비슷하다고 보는 것이다.[5]
사실, 씨름과 같은 형태의 힘겨루기는 전세
계에 널리 퍼져 있는 기예이고 그래서 라후
족의 씨름을 고구려의 씨름과 곧바로 연관
짓는 것은 오해의 소지가 있다. 하지만 손을
뒤로 돌려 허리춤을 잡는 자세는 고구려 고

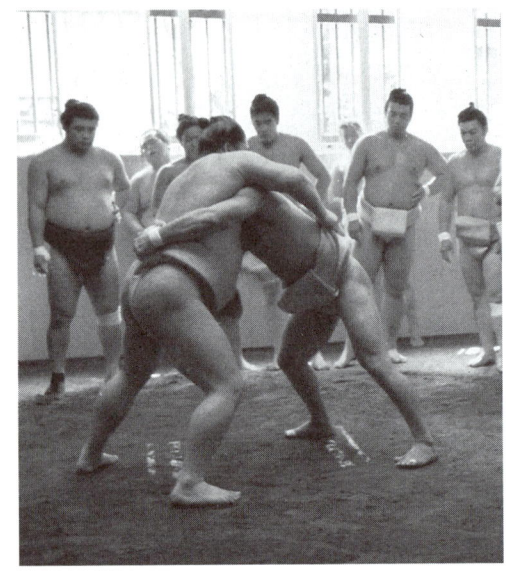

분벽화와 흡사하다. 굳이 라후족을 고구려의 후예로 상정하지는 않더
라도 비교민속학의 측면에서 한번쯤 살펴볼 만한 가치는 충분하다.

　언어상의 유사성을 이유로 일본의 '스모(相撲 すもう)'와 씨름이 유
관하다고 보는 견해도 있다. 시합의 시작을 알리는 '핫기요이(はっき
よい)'와 '다가 다가 다가라', '노콧다' 등이 우리말에서 비롯되었다는
주장이다. '핫기요이'는 시합을 하라는 함경도나 평안도의 북쪽 사투
리 '하기요'이고, '다가 다가 다가라'는 '다가서라, 좀 더 다가서서 싸
워라', '노콧다'는 손이나 다리를 넣으라는 사인이거나 아니면 상대방
을 잡아 넘겨 메어치라는 '넘구다' 또는 '넣구다'에서 온 말이라는 것
이다. 그밖에 선수들이 둥그런 모래판 경기장 안에 들어서서 그곳에

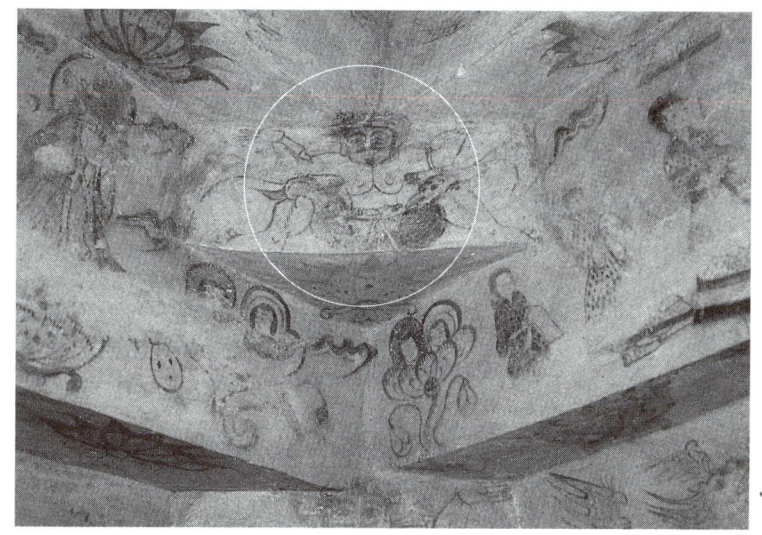

<역사상>, 만주 집안현 장천 1호분. 전실에서 현실을 바라본 왼쪽 모서리 양발을 넓게 벌리고 손을 들어 천장을 받치고 있는 듯한 역사의 모습과 스모의 의식이 닮았다고 보는 견해가 있다.

소금을 뿌리는 '도효(土俵 どひょう)'라는 의식은 부정 타지 말라고 소금을 뿌리는 우리의 무속과 닮은 데가 있다고 본다. 또 고구려 장천 1호분에 그려진 역사의 모습과 스모의 최상급 선수인 '요코즈나橫綱'가 '도효이리'(どひょういり) 의식을 하는 모습이 똑같다는 의견도 있다. 도효이리는 역사 중의 역사가 늠름한 모습을 과시하는 의식인데 두 다리를 벌리고 무릎을 굽혀 앉은 채 두 팔을 좌우로 쫙 펴서 손바닥을 앞뒤로 뒤집어 보인 후 손뼉을 치고, 두 다리를 한쪽씩 높이 치켰다 내렸다 하는 동작이다. 이때 허리에는 굵은 금줄을 두르는데, 이 의식과 비슷한 모양새의 그림이 장천 1호분에 그려져 있다.[6]

군이 이렇게 세세히 살펴보지 않더라도 일본 스모 경기의 모습이 고구려 고분벽화의 그림과 비슷하다는 것은 쉽게 알아차릴 수 있다. 문화란 원래 발생한 지역에서는 다른 형태로 조금씩 변형되어 가는 경향이 있는 반면, 문화를 수용한 곳에서는 수용할 당시의 원형을 그대로 간직하고 있는 경우가 많다. 이를 '문화의 화석화化石化'라 한다. 우리가 현재 사용하는 한자음이 중세 중국의 음과 매우 흡사하다거나, 자장면이 국내에선 많은 변화를 겪었지만 1960~1970년대 미국의 한인사회에 전해져 그 맛을 유지하다가 국내로 역수입되어 '옛날 자장'이라는 이름으로 다시 유행하는 것도 문화의 화석화 현상을 보여주는 예다.

일본 스모도 그런 경우일 수 있다. 국수주의적 발상이라는 비난을 받을지 모르겠지만 전혀 가능성이 없는 이야기는 아니다. 고구려 씨름과 스모의 유사성을 말한다고 해서 스모가 우리 것이라고 주장하려는 것은 분명 아니다. 스모는 힘을 겨루는 가장 일본적인 격투이자 그들의 혼이 담긴 문화로, 그것의 발생에 대한 논쟁과는 상관없이 일본 문화임이 분명하기 때문이다. 다만 스모의 발생이 우리나라와 어떤 관련이 있다면, 우리 무예의 원형 복원에 좋은 참고 자료가 될 수 있을 것이다.

왕도 즐긴 씨름

씨름 장면을 그린 그림이 다시 나타난 것은 조선 후기에 이르러서다. 그렇다고 해서 고려시대나 조선시대 전반기에 씨름을 하지 않았다는 것은 아니다. 그림으로는 볼 수 없지만 문헌에 나타나 있기 때문이다.

먼저 고려시대의 기록부터 살펴보자. 공민왕恭愍王 대에 사재소감司

宰少監을 지낸 박강朴强이라는 인물이 있었다. 공민왕은 박강이 용력이 있다는 말을 듣고 그를 불러 시위하고 있던 군사 중 힘이 센 자와 씨름 〔相抵〕을 하게 했더니, 위사衛士들이 모두 넘어졌다. 박강은 59세가 될 때까지 힘이 조금도 줄지 않았다고 한다.[7]

또 《고려사》 충혜왕忠惠王 즉위년(1330) 3월조를 보면, "임금이 신하인 배전裴佺·주주朱柱 등에게 나랏일을 맡기고, 날마다 아랫사람들과 더불어 '씨름〔角力戲〕'을 하니 위아래 예절이 없었다"[8]는 기록이 보인다. 왕이 궁 안에서 신하들과 즐길 만큼 씨름이 널리 성행했던 것이다. 충혜왕 복위 4년(1343)에도 임금이 용사勇士를 거느리고 씨름(각저희)을 구경했다는 기록이 있다.[9] 왕이 주연을 베풀어 위로하고 밤에는 씨름놀이를 친히 구경했다거나, 고용보高龍普와 함께 시가지 한 편에 있던 누각에 거동하여 격구擊毬와 씨름을 구경하고 용사들에게 많은 베를 상으로 주었다[10]는 기록들을 봐도 고려 말에 씨름이 널리 유행한 사실이 확인된다.

고려시대의 씨름은 구체적으로 어떤 모습이었을까? 아마 고구려 고분벽화나 조선시대 그림에 나타난 힘겨루기 모습과 비슷하지 않았을까 생각된다. 원나라의 간섭을 받던 시기에는 '몽골 씨름'이 유행했을 가능성도 있다. 몽골 씨름은 시간 제한이 없고, 경기자들이 상대방과 접촉한 채로 시작하는 것이 아니라, 떨어진 상태에서 기술을 거는 형태이기 때문에 우리 씨름에 비해 폭넓은 기술을 사용할 수 있다. 그리고 신체의 한 부분이 지면에 닿으면 승부가 결정된다. 충혜왕이 세자

시절 원나라에서 상당 기간 체류했던 점을 고려한다면, 이러한 몽골식 씨름법이 부분적으로나마 고려에 전파되었을 가능성도 생각해볼 수 있는 것이다.

군사훈련에도 쓰인 씨름

조선시대에 와서도 씨름은 지속적으로 인기를 끌었다. 특히 세종 연간에 씨름에 대한 기록이 많이 보인다.

세종 원년(1419), 상왕上王인 태종太宗 이방원李芳遠이 세종과 양녕대군讓寧大君 등을 불러 주연을 베풀고 날이 저문 뒤 강변에서 씨름(각력희)을 구경했다고 한다.[11] 또 세종 8년(1426) 3월에는 명나라 사신 둘이 목멱산木覓山(지금의 남산)에 올라가 서울 장안과 한강을 굽어보며 정말 좋은 땅이라 말하고, 역사들에게 씨름(각력)을 시켰으며,[12] 같은 해 4월에도 두 사신이 목멱산에 올라가 역사들에게 씨름(각력)을 하게 했다[13]는 기록이 있다. 세종이 주연을 베풀고 씨름을 봤다는 대목에서 씨름이 잔치 중에 벌이는 놀이의 하나였음을 알 수 있다.

한편 세종 12년(1430)에는 형조에서 안음현安陰縣 사람 박영봉朴英奉과 김부개金夫介가 서로 장난삼아 씨름(각력)을 하다가 박영봉이 김부개를 죽였으므로 벌을 줘야 한다고 말한 일이 있었다.[14] 같은 해 윤12월에도 형조에서 승려 상총尙聰이 양복산梁卜山과 씨름을 하다가 양복산이 죽었으므로, 법에 따르면 마땅히 상총을 교수형에 처해야 하나

형벌을 한 등급 감하고 장례비를 부담시키자고 논의한 일이 있었다.[15] 왕실뿐만 아니라 백성들도 씨름을 즐겼고, 그러다보니까 경기 도중 죽는 사람까지 생길 정도로 과격한 면도 있었던 모양이다.

세종 13년(1431) 3월에는 역사 안사의安思義 등에게 씨름을 하게 한 뒤, 성적에 따라 차등을 두어 상을 주었고,[16] 같은 달 임오壬午일에는 임금이 모화관慕華館에 거동하여 다섯 사람의 역사를 모아 씨름을 시킨 뒤 등급에 따라 상을 주었다고 한다.[17] 그런가 하면 세종 15년에는 모화관에 거동하여 기사騎射·격구擊毬·농창弄槍·습장習杖 및 씨름(각력)을 구경했으며,[18] 세종 18년(1436) 2월에는 신해 동교에 거동하여 매사냥을 구경하고, 군사 중에 힘있는 사람으로 하여금 씨름(각력)을 하게 하여 이긴 사람에게 상을 주었다.[19] 씨름이 군사훈련의 하나로도 간주되었던 것이다. 숙종 41년(1715) 9월, 숙종은 병으로 내전에 누워 있으면서도 무예청 무사들에게 씨름(각저) 시합을 시키기도 했다.[20]

씨름을 둘러싼 여러 사건들

씨름을 둘러싼 다툼도 적지 않았던 것 같다. 명종明宗 15년(1560) 5월 단오에 벌어진 사건을 보자. 동궁별감東宮別監 박천환朴千環이 시강원侍講院에 와서 호소하기를, 자기는 임금이 내리신 물품을 가지고 세자를 보좌하는 빈객賓客 원계검元繼儉의 집에 갔었는데, 돌아오다가 길에서 만난 양반들이 억지로 씨름을 하자는 것을 거절하자 양반들이 화를 내며 의복과 갓을 찢고 심지어는 사례하는 뜻을 적은 회사문回謝文까지 찢어버리고 말았다고 했다. 시강원에서는 명종에게 이 사건을 아뢰어 양반들에게 죄를 캐물으려 했다. 그러나 사실은 박천환이 먼저 유생들을 때리고 욕한 뒤에 거짓말로 호소한 것이 판명되었다. 명종은 "이것이 무슨 풍속이란 말이냐"라고 꾸짖었고, 사헌부에 명을 내려 씨름을 금했다.[21]

현종顯宗 5년(1664)에도 사건이 있었다. 광주廣州 저자도楮子島의 어느 집 종인 선先이 같은 동네에 사는 세현世玄이라는 사람과 씨름을 했다. 경기에 진 선은 분한 마음에 세현을 칼로 찔러 죽였다. 동네 사람들이 선을 결박했는데 세현의 아내 임생任生이 남편이 비명에 죽은 것을 원통하게 여기고 선을 칼로 찔러 복수했다. 이 사건은 처가 남편을 위해 복수했을 때 적용할 만한 율律이 없어 논란이 되었다. 결국 조부모나 부모가 남에게 살해되었을 때 그 범인을 자손이 멋대로 죽인 경우 장杖 60에 처하고, 현장에서 즉시 죽인 경우에는 논하지 않는다는 율을 적용하여 해결되었다. 부처夫妻, 즉 남편과 아내도 삼강三綱[22]의 하나인 만큼 자손이 조부모나 부모를 위해 복수한 경우와 조금도 다를 것이 없으므로 죄를 묻지 않는다는 결론이 나온 것이다.[23]

씨름으로 인한 다툼은 그 뒤에도 종종 일어났다. 심지어 영조는 저잣거리에서 씨름을 하다가 치고 때리는 일이 있을 경우에는 인명피해 여부를 논할 것 없이 해당 관사官司가 엄중히 다루어 곤장 1백 대를 때리라고 명하기도 했다.[24] 씨름 때문에 벌어진 다툼은 조선 후기에도 계속 일어나고 있었음을 알 수 있다. 물론 이와 같이 예외적이고 단편적인 기록만을 가지고 씨름 경기가 악습으로 이어졌다고 단정할 수는 없다.

한국 최초의 야담집으로 이야기되는 유몽인柳夢寅(1559~1623)의 《어우야담於于野譚》(1622)을 보면, 씨름 잘하는 것만 믿고서 남을 업신여기고 함부로 힘을 쓰다가 망신당한 사람의 이야기가 전해진다.

구성龜城땅 굴암사窟岩寺의 어느 승려는 힘이 세고 씨름을 잘하여 누구도 자기를 당할 자가 없다고 뽐내었다. 하루는 북도北道에서 오는 한 나그네가 말에 미역을 싣고 오다가 그 절에 들러 자게 되었다. 나그네는 입은 옷이 남루하고 얼굴이 시커멓게 그을러 볼품이 없었으므로 중이 보고 거만하게 말하기를, "손님이 나와 한번 씨름을 해보겠는가? 만일 내가 지면 손님에게 베 열다섯 필을 주고, 손님이 지면 나에게 미역 한 바리를 주라" 했다. 나그네는 "나는 씨름할 줄도 모르고, 길 걷기에 배고프고 고단하니 무슨 흥취가 일어 씨름을 하겠소"라고 대답하면서 중이 짓궂게 졸라대도 끝내 응하지 않았다. 이튿날 나그네가 말을 몰고 나가려 하자, 중이 담에 기댄 채로 나그네에게 말하기를 "손님은 겁쟁이요. 나를 무서워하여 감히 겨루지를 못하니, 내 오줌에도 데어 죽으리라" 했다. 그 말을 들은 나그네는 버럭 성을 내더니 말을 나뭇가지에 매어놓고 다시 돌아와 말하기를 "내가 스님과 힘을 겨루려 아니하는데, 날더러 스님 오줌에 데어 죽으리라 하니, 나도 마음이 섭섭함으로 승부를 겨루어보되, 스님이

내 다리를 안쪽에서 걸겠는가? 바깥쪽으로 걸겠는가? 아니면 둘러 내겠는가? 들어보겠는가? 재주껏 해보아라" 하고, 이내 한 손으로 중의 배를 잡고 다른 손으로는 등을 휘어 감은 후, 가로로 번쩍 들어 어깨 위까지 쳐드니, 중은 개구리처럼 네 활개만 버둥거릴 뿐이었다. 나그네가 또 말하기를, "내가 지금 너를 땅에 내던지려는데, 금방 죽으려는가? 아니면 두어 달 고생하다 죽으려는가? 네 소원대로 해주마" 했으나, 중은 아무 대답도 하지 못했다. 그러자 나그네가 말하기를, "너를 용서하여 금방은 죽게 안 하고, 두어 달 고생하다가 죽게 하리라" 하면서 초석 사이로 던지니 중의 어깨뼈가 반이나 으스러졌다. 나그네는 "나는 너에게 욕먹은 것을 분풀이할 뿐이요, 너의 베 열다섯 필은 욕심내지 않는다"고 하면서 소매를 떨치고 말을 몰고 갔는데, 과연 그 후 두어 달 만에 중은 죽었다고 한다.[25]

문헌에 나타난 단오 씨름 풍경

최영년이 쓴 《해동죽지》의 〈각저희角觝戲〉 조에도 씨름을 묘사한 글이 있다.

옛 풍속에 서로 부딪치며 싸워 승부 내는 것을 좋아하는데, 이것을 '씨름'이라고 한다.
붉은 다리 울끈불끈 혈기가 넘쳐흐르고

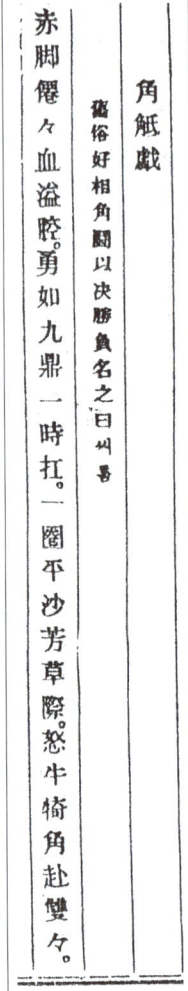

角觝戲

舊俗好相角鬪以決勝負名之曰씨름

赤脚儽々血溢腔勇如九鼎一時扛。一圈平沙芳草際怒牛猗角赴雙々。

《해동죽지》 '각저희' 조

용기는 큰솥을 단숨에 들어 뽑을 만하네
풀꽃이 펼쳐져 있는 너른 모래판에서
성난 소가 서로 뿔을 들이밀며 달려드는 듯하네

모래판에서 다리의 힘줄이 선 장사들이 서로 격렬하게 부딪치고 있는 광경이 눈앞에 생생하게 펼쳐지는 듯하다.

앞에서 보았듯 씨름도 다른 무예와 마찬가지로 힘과 기량을 겨루는 시합이므로 가끔 사고가 일어나기도 한 모양이다. 그러나 씨름은 흥겨운 놀이판에서 더욱 환영받는 유희였다. 홍석모洪錫謨의 《동국세시기東國歲時記》에 실린 씨름 관련 기록을 보자.

호서湖西 지방에 씨름(각력) 대회를 하고 술과 음식을 차려 먹는 풍속이 있다. 농한기가 되어 피로를 푸느라고 하는 것이다. 매년 그렇게 한다.

씨름 대회를 열어 먹고 즐기면서 1년 동안 농사지으며 쌓은 고단함을 풀었다는 이야기다. 씨름은 특히 단오 때 많이 했다. 유득공柳得恭이 지은 《경도잡지京都雜誌》나 홍석모의 《동국세시기》에 그렇게 전한다. 특히 《동국세시기》에 자세한 내용이 소개되어 있다.

청년들이 남산의 왜장倭場과 북악北嶽의 신무문神武門 뒤에서 씨름

(각력)을 하여 승부를 겨룬다. 그 방법은 두 젊은이가 서로 허리를 구부리고 각기 오른손으로 상대방의 허리를 잡고, 또 왼손으로는 상대방의 오른 허벅지를 잡고 일시에 일어나서 상대방을 번쩍 들어 팽개치는 것이다. 이때 깔리는 사람이 지게 된다.

씨름의 기술은 안걸이(내구內句)·밖걸이(외구外句)·돌려메치기(윤기輪起) 등 여러 자세가 있으며, 그 가운데는 힘이 장사요, 손재주가 민첩하고 자주 내기를 하여 이기는 자를 도결국都結局(판막음)이라고 한다.

중국에서도 이것을 배워 '고려기高麗技'라 하기도 하고, '요교撩跤'라고도 한다. 씨름은 단오의 행사로 매우 성하여 서울을 비롯한 각 지방에서 많이 행해진다.

이 기록에는 조선 후기 서울 부근에서 행해진 씨름의 모습이 구체적으로 묘사되어 있다. 두 사람이 서로 맞서서 허리를 굽혀 왼손으로 오른쪽 다리를, 오른손으로는 허리를 잡고 일어섰다는 설명과 경기 방법을 보면, 샅바를 사용했다는 말만 없을 뿐 김홍도의 씨름 그림이나 지금의 왼씨름과 동일하다. 씨름 기술도 소개된 안걸이·밖걸이·돌려메치기 외에 다른 기술이 더 있었을 것으로 생각된다. 또한 중국인들이 씨름을 배워가서 그 기예를 '고려기' 또는 '요교'라 했다는 대목에서 조선의 무예 문화가 중국으로 전파된 사실이 확인된다. 우리 무예의 중국 전파는, 중국에서 편찬된 무예서 《무비지武備志》에 조선의 검법인 '조선세법朝鮮勢法'을 배워갔다고 말한 대목에서도 확인된다.

씨름은 전국 어디서나 행해졌고, 단오 때 특히 성행했다. 금산金山에서는 해마다 단오 때 군중들이 직지사直指寺에 모여 씨름을 했는데, 이때 원근 사람들이 모두 모여 승부를 가렸고 구경하러 모인 사람들이 수천 명이나 되었다고 한다.[26] 또 개성에서는 단오에 여자들은 잘 차려입고 경덕궁敬德宮에 모여 그네를 뛰고, 남자들은 만월대滿月臺에 모여 씨름을 했다.[27]

금석학의 대가인 김정희金正喜의 《완당집阮堂集》 권10의 〈단양端陽〉이라는 한시에도 단옷날의 씨름 풍경이 그려져 있다.

단옷날 온 마을 씨름꾼들이 모여
임금 앞에서도 재간을 부렸네
이기거나 지거나 모두 기뻐하니
푸른 버들 그늘 속에 온 당이 들썩이네

씨름판의 열기

옛 문헌과 문학작품들이 씨름을 두고 이렇게 표현했다면, 그림은 어떨까? 씨름하는 역사들과 구경꾼의 모습을 생생하게 보여주는 그림 하면 김홍도의 〈씨름도〉가 떠오른다.

25면으로 된 그의 《풍속화첩》에 수록된 〈씨름도〉는 당시 어느 장터

한 귀퉁이에서 벌어진 씨름판의 분위기를 잘 묘사하고 있다.

원형 구도로 위·아래 2단으로 관중을 배치하고 가운데에는 맞붙어 힘을 쓰고 있는 씨름꾼을, 그 왼편에는 목판을 둘러메고 엿을 파는 엿장수를 배치했다. 씨름판을 외면한 채 장사에 열을 올리고 있는 엿장수와 벗어놓은 갓과 신발 등이 화면의 단조로움을 깨뜨리며 긴장된 분위기를 멋지게 조절하고 있다. 마지막 안간힘을 쓰는 씨름꾼의 몸짓과 표정, 그리고 구경꾼들의 대비가 짜임새

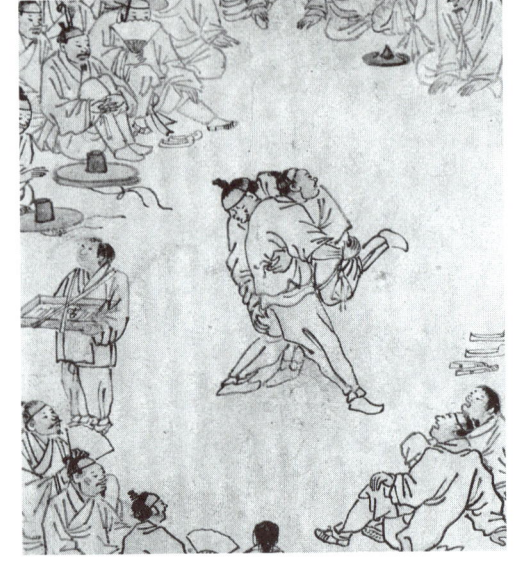

《단원풍속화첩》 중 〈씨름〉, 종이에 수묵담채
— 국립중앙박물관 소장
입을 앙 다문 왼쪽 장사가 배지기 기술을 시도하자, 오른쪽 장사는 오른손과 왼손으로 상대방을 밀면서 중심이 앞으로 쏠리지 않게 안간힘을 쓰고 있다.

있으며, 흥분과 초조가 엇갈리는 익살스러운 분위기가 잘 살아 있는 소품이다.

그림 속의 두 장사는 삼베로 만든 바를 두르고 있는데 오른쪽 손으로 상대의 왼쪽 허벅지에 휘감긴 바를 거머쥐고 있다. 이것은 현재 사용되는 샅바의 원형으로 보인다. '샅바'는 사타구니를 의미하는 '샅'과 무명이나 광목 등으로 굵다랗게 만든 줄을 뜻하는 '바'의 합성어다. 옛 법제에서는 죄인의 다리를 얽어 묶던 바를 '살바'라고 일컫기도 했다. 바의 재료로 광목이나 무명을 사용하는 것은 현대의 일이고 과거에는 볏짚이나 삼으로 세 가닥을 지어 굵다랗게 드린 줄을 써서 '참바'라고 했다. 황해·평안·함경도 등지에서는 이 샅바를 '살바'로 불렀

는데 이는 '살에 매는 바'였기 때문이었을 것이다.

삳바의 변천 과정에 대해서는 근거 자료를 찾기 힘들다. 다만 처음에는 바지를 둘둘 말아 걷어 올려 삳바 대용으로 사용하다가 씨름이 민간에 널리 퍼지면서 용구의 필요성을 느끼게 되고 볏짚이나 삼으로 새끼를 꼬아 다리 '바'로 사용한 것으로 추정된다. 적어도 김홍도가 씨름 그림을 그릴 무렵에 한쪽 다리를 묶는 '바'로 천이 사용된 것으로 보이며, 그 이후 무명으로 바를 삼다가 1920년경부터 광목이 등장하여 현재까지 통용되고 있다.[28]

그림 속 장사들은 왼쪽 어깨를 맞대고 고개를 상대방의 왼편에 두고 있으므로 이는 호남 지방에서 행해진 오른씨름으로 여겨진다.[29] 오른씨름은 왼쪽 다리에 삳바를 두르고 고개와 어깨를 오른쪽으로 돌려 대고 행하는 씨름으로, 현재 씨름 경기에서 볼 수 있는 왼씨름, 즉 오른쪽 다리에 삳바를 매고 오른손으로 상대의 허리삳바를 잡으며, 왼손으로는 상대의 오른쪽 다리에 맨 삳바를 잡고 서로 오른쪽 어깨를 맞대는 자세와는 반대가 된다.

왼쪽 장사를 보면, 중심을 잡은 상태에서 왼쪽 무릎이 약간 구부러져 있고 오른 무릎은 펴져 있는데, 이는 상대방을 들어올리려는 자세로 배지기 기술을 걸고 있는 참이다. 반면 오른쪽에 있는 장사는 왼다리가 들려 있고 오른손은 상대방 겨드랑이 부근을 꽉 틀어쥐고 있다. 상대방이 배지기를 하기 위해 오른쪽 장사의 몸을 잡아당기자 중심이 앞으로 쏠리지 않게 안간힘을 쓰고 있는 장면인 것이다.

무더운 여름날의 여유

조선 후기 풍속화의 또 다른 대가 혜원蕙園
신윤복申潤福(1758~1813 이후)도 씨름 장면을
그림으로 남겼다. 1813년에 제작한 4폭 병풍
〈산수인물도병山水人物圖屛〉 중에는 여름날 소
나무 그늘 아래서 벌어지는 씨름 장면이 그려
져 있다. 나무 그늘에서는 두 선비가 웃옷을 훌
훌 벗어 던진 채 씨름을 하고 있는데, 왼편에는
선비 둘이서 담소를 나누고 있다. 소나무에 기
대어 곰방대를 문 선비의 모습에서 한여름의

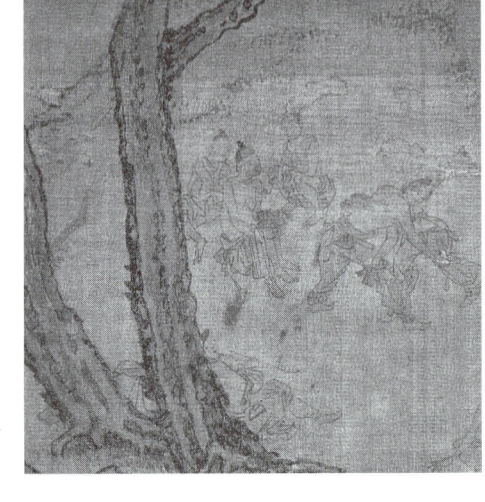

<산수인물도〉 4폭 병풍
중 〈야유野遊〉(부분)
── 국립중앙박물관 소장

여유가 느껴진다. 심판도 없는 것으로 보아 그늘 아래서 땀을 식히다
가 재미삼아 한판 벌인 모양이다.

오른편 인물이 왼편 인물
의 몸 아래로 파고들어
뒤집기를 시도하려고 하
자, 왼쪽 인물이 다리를
넓게 벌리고 들어오지 못
하도록 방어하는 것처럼
보인다.

씨름하고 있는 두 사람의 모습을 자세히 보면, 오른편 사람이 왼쪽
사람의 몸 아래로 파고들어 뒤집기를 시도하는 것 같다. 오른쪽 사람
이 상체를 왼쪽 사람의 밑으로 들이밀고 오른발을 상대방 가랑이 사이
로 집어넣어 안으로 파고들려고 하자, 왼쪽 사람이 다리를 넓게 벌리
고 들어오지 못하도록 방어하는 것처럼 보이기 때문이다.

이 그림에서도 김홍도의 〈씨름도〉에서처럼 오른쪽 다리에만 띠를
두르고 있다. 또한 왼쪽 어깨를 맞대고 머리가 상대방 왼쪽에 가 있는
것으로 보아 여기서도 오른씨름의 형태가 나타난다. 김홍도와 신윤복
이 거의 동시대 사람임을 고려한다면, 한쪽에만 띠를 두르고 오른씨름

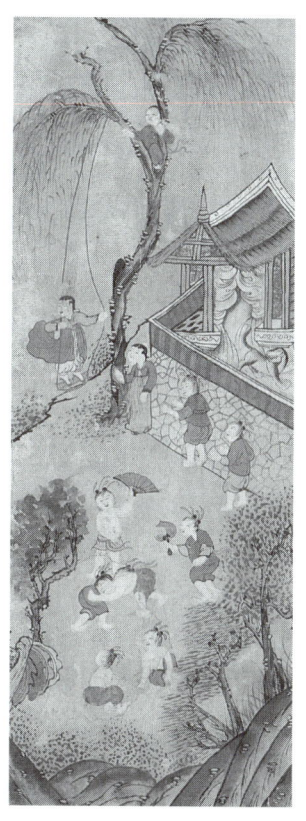

〈백동자도〉에 보이는 씨름 장면, 조선 후기, 종이에 채색

—영남대박물관 소장

두 아이가 씨름을 하고 있는 모습을 그렸는데, 빙 둘러선 주위 아이들이 씨름하는 아이들에게 그다지 집중하지 않고 있어, 씨름판의 팽팽한 긴장감을 전해주지는 못하고 있다.

자세를 취하는 것이 당시 씨름의 일반적인 형태가 아닐까 추측해봐도 큰 무리는 없을 듯하다.

가장 대중적인 유희, 씨름

'택견'에서 살펴봤던 유숙의 〈대쾌도〉에는 씨름하는 장면도 그려져 있다. 〈대쾌도〉에서는 두 사람이 샅바를 매지 않고 그 대신 바지를 잡고 서로 힘을 겨루고 있다. 샅바가 없을 때 바지춤을 잡고 씨름하는 모습은 지금도 간혹 볼 수 있다.

얼굴이 보이는 왼쪽 소년의 두 발은 땅바닥에 밀착되어 있으며, 오른손은 오른쪽 소년의 왼발 허벅지를 잡고 있다. 반면 오른쪽 소년은 왼발의 발꿈치가 들려 있고, 얼굴이 보이는 왼쪽 소년의 허리춤은 오른쪽 소년의 손 때문에 옷 주름이 심하게 잡혀 있는 것을 볼 수 있다. 아마도 얼굴이 보이는 왼쪽 소년이 배지기를 시도하기 위해서 발바닥을 땅에 밀착시키고 상대 소년의 왼쪽 바짓가랑이를 힘껏 틀어쥐고 당기자, 오른쪽 소년은 왼손에 힘을 주어 끌려가지 않으려고 힘을 쓰고 있는 순간을 그린 듯하다.

대쾌, 즉 놀이의 큰 기쁨을 표현하는 소재로 〈대쾌도〉에서 택견과 함께 씨름이 선택된 것처럼, 풍요와 다산, 행복을 기원하는 〈백동자도百童子圖〉에도 갖가지 놀이 중 하나로 씨름이 그려져 있다.

〈백동자도〉의 씨름 장면은 씨름을 하는 두 아이와 부채를 쥐고 심판을 보는 아이로 구성된다.

　기산箕山 김준근金俊根(19세기 후반~20
세기 초)이 남긴 풍속도 중에도 씨름 그
림이 두 점 남아 있는데, 여기에도 부채
를 들고 심판을 보는 사람이 등장한다.
조선 후기의 씨름판에서는 심판 역할을
하는 사람은 부채를 들고 시합을 주재했던 모
양이다. 〈단오 씨름ᄒ고〉라는 제목이 붙은 기산의 그림을 보면, 심판으
로 보이는 사람이 손에 부채를 들고 있고, 주위에 구경꾼들이 원형으로
둘러서 있다. 배경 없이 인물들만 그려진 이 그림은 김홍도의 〈씨름도〉
처럼 짜임새 있는 구도를 갖추진 못했지만 인물의 동작과 표정이 아기
자기하고 재미가 있다. 이 그림에서도 앞서 김홍도나 신윤복의 그림들
에서처럼 오른씨름 형태에 한 발에만 띠를 두른 일반적인 씨름 형태가
나타난다.

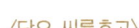

<단오 씨름ᄒ고>
심판으로 보이는 사람이
부채를 손에 들고 있고
씨름 경기를 벌이는 두
사람 주위에 원형으로 구
경꾼들의 모습이 보인다.

　　　　　김준근이 그린 또 다른 씨름 그림 〈씨름ᄒ는 모양〉은 승
부가 결정되려는 순간의 모습을 담았다. 두 손으로 상대
의 발을 잡고 들어올려 메다꽂으려는 듯하다. 다급한 상
대방이 들어올린 장사의 허리춤과 상투를 잡으며 왼발
을 상대의 사타구니에 건 채 떨어지지 않으려고 안간힘을
쓰는 모습이 해학적이다.
　이처럼 씨름이 조선 민중의 가장 대중적인 놀이로 사랑 받았

으므로 조선을 방문한 외국인들의 시선에 씨름 장면이 포착되지 않았을 리 없다. 한 예로, 지금으로부터 약 백여 년 전인 1902년 나카무라中村金城란 화가가 잠시 우리나라에 머물면서 그린 작품집 《조선풍속화보朝鮮風俗畵譜》에 〈각력角力〉이라는 그림이 있다.

두 씨름꾼은 각각 오른쪽 발에만 바를 매고 왼손으로 그 바를 쥐고 있으며, 다른 한 손은 바짓가랑이를 붙잡고 있다. 20세기 초까지만 해도 지금과 같은 샅바가 보편적으로 사용되지는 않았음을 짐작할 수 있다. 이 그림에도 역시 심판으로 보이는 사람이 오른손에 부채를 들고 있다. 〈백동자도〉나 기산 김준근의 씨름 그림에서도 부채를 쥔 심판의 모습이 등장하는 것으로 보아 이 것이 과거의 씨름판에서는 일상적인 광경이었을 것이다. 오늘날의 씨름 시합장에서도 이런 모습을 볼 수 있다면 좋지 않을까.

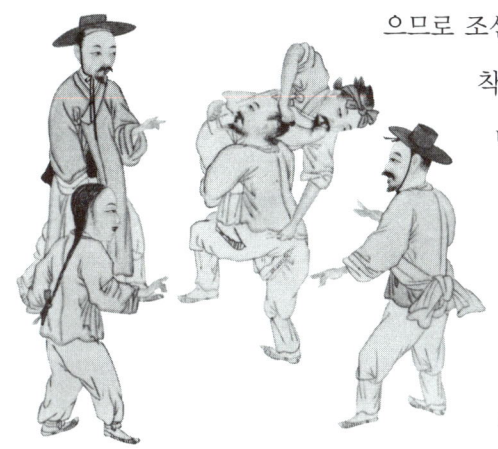

《기산풍속화첩》 중 〈시름ㅎ는 모양〉, 19세기 후반, 수직 무명에 담채

——독일함부르크인류학박물관 소장

승부가 결정 나려고 하는 순간의 모습을 그리고 있다. 왼발과 두 손을 사용하여 상대의 발을 잡고 들어올려 메다꽂으려는 순간을 그렸는데, 다급한 상대방이 들어올린 장사의 허리춤과 상투를 잡으며 떨어지지 않으려고 안간힘을 쓰는 모습을 해학적으로 그려냈다.

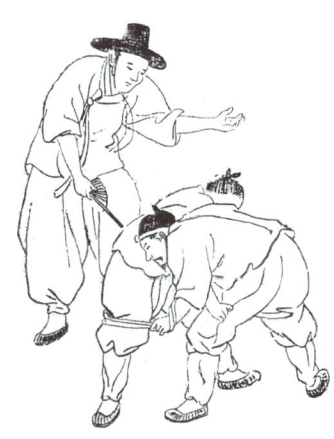

나카무라 《조선풍속화보》(1902) 중 〈각력〉

이 그림을 보면, 얼굴이 보이지 않는 장사의 샅바가 허리춤이 아닌 오금에 걸쳐 있는데, 이럴 경우 발이 쉽게 들려 올라가 승부가 바로 갈리므로 굉장히 불리한 상황에 직면하게 된다.

씨름 경기의 다양화를 통한 활성화 모색

20세기 초반까지도 씨름은 대중에게 널리 사랑받는 유희이자 맨손 무예였다. 현대의 씨름은 어떠한가?

경기를 하기 위해서는 통일된 하나의 규칙이 있어야만 한다. 통일된 규칙이 없으면, 누구도 승패에 승복하지 않기 때문이다. 이런 이유로 각종 경기에는 합의된 규칙이 존재한다. 현대의 씨름도 원활한 경기 운영을 위해 1962년부터 왼씨름 형태로 통일이 되었다. 그러나 때에 따라서는 그 규칙이 시합의 재미를 반감시키기도 한다. 예를 들면, 샅바를 사용하게 되면서 선수들이 서로 밀착되다보니 어느 한쪽 선수가 일부러 경기를 회피할 수 없게 된 장점이 생겼다. 하지만 두 사람 사이의 간격을 최대한 줄이다보니, 기술 사용이 적잖게 제한되는 단점도 생겨났다. 물론 시합을 직접 하거나, 씨름과 관련된 일을 하는 사람들은 사소한 기술 하나하나에 대해서도 잘 알고 있기 때문에 그 묘미를 느낄 수 있겠지만, 일반 관객들로서는 눈에 띄는 몇몇 기술 외에는 잘 모르기 때문에 씨름의 다양한 묘미를 느끼지 못하기 마련이다. 더구나 현재의 씨름은 체급 경기라서 백두급 장사들의 시합에 한라급이나 금강급이 출전하는 것이 불가능해졌다. 결과적으로 씨름 경기의 꽃이라고 할 수 있는 '천하장사' 경기가 기술의 묘미를 만끽하는 경기가 되지 못하고, 거구의 선수들이 힘을 겨루는 비교적 단조로운 시합이 되어버렸다.

씨름의 다양한 재미를 느끼고 관객들이 찾아오게 하기 위해서는 왼씨름을 벗어날 필요도 있을 것이다. 하지만 하루아침에 규칙을 바꿀 수도 없고, 이미 정착된 왼씨름 형태를 버릴 수도 없다. 가끔 오른씨름이나 통씨름, 아니면 샅바를 아예 사용하지 않고 떨어져서 기술을 거는 형태 등으로 경기 운영 방식에 다양한 변화를 주어 활기를 불어넣으면 어떨까.

푸른 눈에 비친
한국인의 맨손싸움 모습

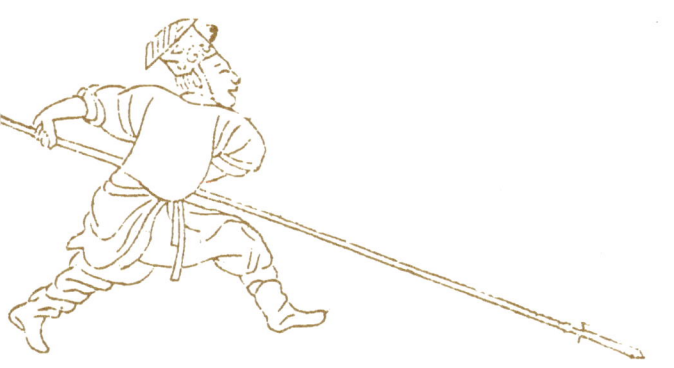

길거리 싸움꾼과 구경꾼

앞서 우리나라 사람들의 맨손무예인 수박, 택견, 씨름을 살펴봤다. 그렇다면, 우리 민족의 실제 싸움 모습은 어떠했을까?

그러한 것은 조선 말기 외국인이 남겨 논 그림을 통해서 다소나마 그 모습을 살필 수 있다.

이 삽화는 구한말 영국 외교관으로 부영사를 지낸 칼스가 1894년 런던에서 펴낸 조선 체험에 실려 있다. 〈길거리 싸움꾼과 구경꾼〉이란 제목이 붙은 이 그림은 원래 원산에 사는 한 조선인 화가의 묵화를 보고 재현시킨 것이다.[1]

다투고 있는 두 사내와 이들을 말리는 두 명의 인물을 표현하고 있는데, 싸움하는 두 인물은 상대의 상투를 틀어잡고 있으며, 말리는 두 인물은 손과 몸통을 잡고 뜯어말리고 있다. 땅바닥에 떨어진 옷가지와 갓에서 흥분한 채 옷을 벗어던졌을 사내의 모습이 상상된다. 이런 한국인들의 모습에 대해 이 당시 길거리에서 싸움을 직접 목격했던 미국 공사 알렌은 아래와 같이 기록하고 있다.

한국에서 두 남자가 서로 싸우는 싸움판에 항상 감초
처럼 끼는 것이 말리는 사람이다. 이들은 처음에
는 서로 길 건너 맞은편에서 불평을 털어놓으
며 말싸움으로 시작하는 것이 보통이다. 처음
에 점잖았던 이들은 화제를 먼저 꺼낸 상대방
이 논쟁의 불씨를 던지거나 지쳐서 말을 잠
시 멈출 때까지 기다린다. 말솜씨로 한몫 잡
는 그들은 주변 사람들과 행인들이 모두 들
을 수 있도록 큰소리로 떠든다. 조금 지나면 구
경꾼들이 모여들고 이에 고무된 이들은 더욱 신이 나서 목청을 돋
우어 열변을 토한다.

그들 중 하나가 쟁점이 된 사항을 가지고 결말이 날 때까지 끈질기
게 물고 늘어진다. 이때 구경꾼들 앞에서 서로 공방을 벌이는 가운
데 가문이 들먹여지게 되면 분위기가 험악해진다.

감정이 상한 상대방이 길을 건너와 두 주먹을 불끈 쥐며 곧 때리기
라도 할 듯이 저돌적으로 달려든다. 그리고 이 순간 군중 속에서 말
리는 사람이 자연스럽게 나타난다. 얼마간은 말리는 사람의 손을 뿌
리치려고 안간힘을 쏟는다. 이들 중 하나는 겉옷을 벗어던지면서 덤
벼보라고 대든다. 역시 그쪽에도 말리는 사람이 붙는다. 때때로 이
러한 상황은 돌발적이고 예상치 못한 상황으로 전개되기도 한다. 그
러나 대개는 격렬한 몸싸움으로 머리를 잡고 흔들거나 코피를 흘리

〈길거리 싸움꾼과 구경꾼〉
다투고 있는 두 사내와
이들을 말리는 두 명의
인물을 표현하고 있는데,
싸움하는 두 인물은 상대
의 상투를 틀어잡고 있으
며, 말리는 두 인물은 손
과 몸통을 잡고 뜯어말리
고 있다.

는 선에서 끝이 난다. 누구 하나가 피를 흘리게 되면 흥분한 군중들도 잠시 마술에서 풀린 듯 잠잠해진다. 이것은 흰옷에 핏자국이 묻어 더럽혀지는 것에 대한 한국인 특유의 거부감에서 나온 것으로 보인다. 그러나 실제 이러한 길거리의 싸움은 흔히 일어나며 나도 목격했다.

현재를 살아가는 우리들의 다투는 모습과도 너무 비슷한 것이어서 웃음을 자아낸다. 말리는 사람이 있어야 싸움을 한다든지, 주위 사람들이 들으라고 큰 소리로 싸우다가 말다툼은 결국 집안 문제로 이어지고, 이어서 겉옷을 벗어던지고, 주먹이 오갈 듯하다가 말리는 사람에 의해 제지당하는 모습이 지금과 꼭 닮아 있다.

이런 격투 장면은 《숙종실록》에서도 찾아볼 수 있다. 오도일吳道一이 술을 마시고 신계화申啓華와 싸움을 하는데, 온갖 말로 서로 욕을 하다가 조상들까지 거론되었다. 신계화가 피하려고 일어나자 오도일이 신계화의 머리칼을 휘어잡고 뺨을 주먹으로 치고, 발로 차기까지 했다.[2] 이에 대해 장사치의 싸움과 같다고 거론하고 있는데, 이는 일반 장사하는 사람들 사이에서 많이 찾아볼 수 있는 모습임을 알게 해준다.

알렌은 이어지는 글에서 일반적인 싸움 모습보다 좀 더 험악한 싸움 장면을 목격했던 것에 대해서 언급하고 있다.

어느 날 하루는 말을 타고 길을 가는데 우뚝 솟은 어느 집 앞에서 두 사람이 말다툼을 하고 있었다. 그들이 공중으로 삿대질을 하면서 싸우는 손짓을 보고 이 어린애 같은 행동에 나도 모르게 혼자 웃으면서도 그들이 싸우려면 싸움다운 싸움을 하기를 진심으로 원했다. 그런데 의외로 나의 소망이 이루어졌다. 내가 그들이 싸우고 있는 맞은편에 도달했을 때, 그들은 홑적삼마저 벗어버리고서는 벌거숭이가 되어 상대방을 향해 돌진했다. 그 중 한사람이 몸을 움츠리더니 상대방의 정강이를 잡으며 자기 머리 위로 던져버렸다. 참으로 깨끗한 솜씨였다.

그들이 상대방을 향해 돌진할 때 한 여인이 집에서 뛰어나왔다. 그런데 조금 전의 말다툼 대신 그 여인의 비명소리가 들렸다. 그 여인의 울부짖음과 더불어 싸울 때 내던져진 사람이 떨어진 자리에 누워 있는 것을 보고 무언가 심상치 않은 일이 생긴 것으로 생각되었다. 나는 뭔가 도와줄 수 있지 않을까 하여 현장에 가보았는데 그 사람은 벌써 목이 부러져 죽어 있었다. 그 후로 나는 말다툼하는 것 이외의 심한 싸움은 보지 않기로 했다.

시비가 붙어 싸움을 하게 되었는데, 한 사람이 돌진해오는 사람의 힘을 역이용하여 들어 던져 죽게 만들었다는 것이다. 유도나 합기도 등에서 사용하는 기술과 비슷한 모습을 연상할 수 있다.

그런데, 이런 싸움 기술은 청나라 장수 우거禹巨와 싸운 김여준金汝峻의 기술과도 연결되는 것으로 여겨져 지금까지 생각하지 못했던 우리 무예의 다른 한 면이 아닌가 생각된다.

김여준은 무용武勇으로 이름이 났는데, 청나라가 쳐들어와 삼전도의 치욕을 당하고, 효종孝宗이 소현昭顯세자 및 인평麟坪대군과 함께 심양瀋陽에 볼모로 갈 때, 수레를 호위하며 정성을 다해 호종扈從했다.

청나라 장사인 우거가 김여준이 무용이 아주 뛰어나다는 소문을 듣고, 여준에게 씨름角抵을 하여 승부를 가리자고 제안했다. 김여준은 청나라의 우두머리에게 "만약 겨루다 누구라도 죽으면 어떡하시겠습니까?" 하고 물었는데, 청나라 우두머리는 "그것도 군대의 법이니 죽은들 무엇을 아쉬워하겠는가?"라는 답을 하였다. 청나라 우두머리는 아마도 우거가 결코 질 거라는 생각은 하지 않은 듯하다.

결투에 들어가자, 김여준은 우거의 코를 주먹으로 치면서, 상대방의 반응을 떠봤는데, 우거가 머리를 돌려 주먹을 피하자, 그 순간을 놓치지 않고, 안으로 파고들어 허리를 안아서 섬돌 모서리에다 메다꽂아버렸다. 심한 충격을 받은 우거는 피를 토하며 죽어버렸다. 청나라 우두머리는 우거의 죽음이 애석하기는 했으나, 자기가 결투 전에 약속한 말이 있어서, 김여준에게 죄를 묻지 못했다고 한다.

그런데 씨름으로 알려진 각저경기에서 김여준이 주먹으로 상대방의 얼굴을 쳤다고 한다. 이는 이 각저경기가 우리가 알고 있는 일반 씨름이 아님을 말해준다. 김여준이 주먹으로 얼굴을 쳤다고 하는 것은 이 결투에서 합법적인 것이었으리라 생각되기 때문이다. 만약 서로 인정한 결투방법이 아니었다면, 청나라 우두머리가 김여준을 고이 내버

려두지 않았을 것임을 생각할 때, 각저경기에서는 주먹을 사용하는 것이 허용되었을 것이다. 즉 이는 일반적으로 '씨름'으로만 이해해온 '각저'가 단순한 힘겨루기만을 말하는 것이 아님을 말해준다.

허리를 잡고 거꾸로 메다꽂는 김여준의 겨루기 방식은 알렌의 글에 보이는 '몸을 움츠려 상대방의 정강이를 잡는 순간 상대방을 자기 머리 위로 던지는' 격투 기술과 어느 정도 상통하는 것을 볼 수 있는데, 놀이가 아닌 씨름의 실전적인 하나의 모습이 아닌가 생각된다.

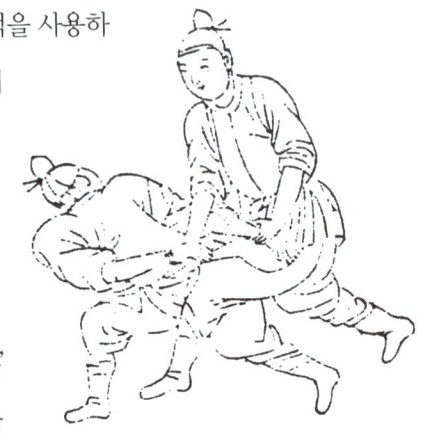

《무예도보통지》〈왜검교전〉 중 씨름
칼을 놓쳤을 때를 가정하고, 몸싸움을 벌이는 동작들이 있는데, 그림을 보면, 상대방의 팔을 등 뒤로 꺾어 제압하고 있다.

이런 실전적인 모습과 관련하여 《재물보》의 씨름 관련 글이 주목된다. 당시 씨름이 각저角觝 외에도 졸교捽挍, 일교迭挍·환교還挍·시박廝撲 등으로 기록되어 있다. 씨름을 가리키는 용어가 많다는 것은 기술이 조금씩 다를 수 있다는 생각도 해볼 수 있는 것이다. 각저·졸교·질교·환교는 씨름이라고 되어 있는데 반해, '시박'에 대해서는 '졸교지류捽挍之類 역역亦 탁견'이라고 되어 있다. '시박'은 씨름의 종류이면서 또한 '탁견'이라고 하고 있는 것이다. '탁견'은 발질 위주의 무예를 지칭하면서 무예 전반을 가리키는 말이기도 하다. 따라서 '시박'은 씨름과 같이 몸을 접촉한 상태에서의 기술을 위주로 하면서 치고 때리는 것이 허용된 무예로 보인다. 이것은 씨름의 종류에 놀이로서의 씨름 외에 무예의 모습을 갖춘 씨름 종류도 존재했었음을 말해주는 것이 아닌가 생각된다.

1677년에 간행된 《박통사언해》 중권 50장에는 "우리둘히 시름호디 대개 뺨 티디말고 됴히 됴히 시름ㅎ자"는 표현이 있는데, 씨름에 뺨을 치는 것도 포함되어 있었던 것이 아닌가 하는 생각을 갖게 된다.

조선시대 씨름이 우리가 알고 있는 일반적인 형태의 힘겨루기와 달리 사용하는 기술의 범위가 넓었음은 《무예도보통지》 왜검교전을 보면 확실해진다. 칼을 놓쳤을 때를 가정하고, 몸싸움을 벌이는 동작들이 있는데, 그림을 보면 상대방의 팔을 등 뒤로 꺾어 제압하고 있다. 그런데 이를 한글로 풀어 놓은 언해본에서는 '씨름相撲'이라고 기록하고 있다. 즉 씨름은 요 근래 행해지는 놀이로서의 씨름 외에도 유술柔術적인 기법들까지를 포함하였음을 알려준다.

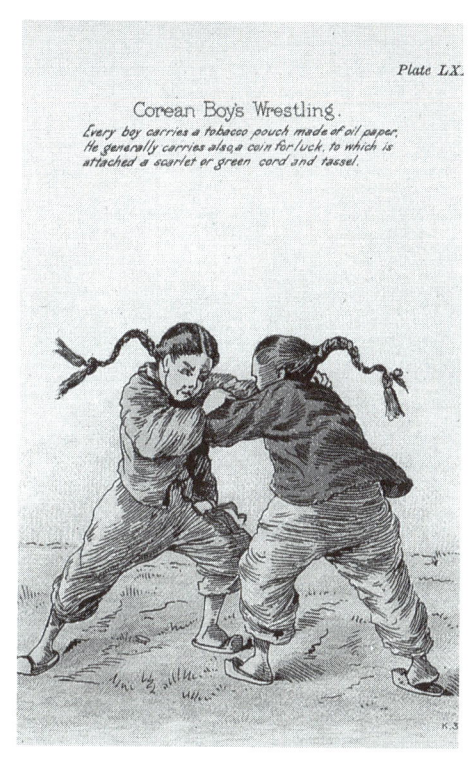

Corean Boys Wrestling
1895년 Christo Miller의 그림으로 아이들의 힘겨루는 모습을 표현한다. Wrestling이라는 제목 때문에 씨름으로 볼 수도 있다.

이러한 것과 관련하여 1895년 크리스토 밀러(Christo Miller)가 그린 〈한국 아이들의 씨름(Corean Boys Wrestling)〉이라는 그림에는 아이들의 힘 겨루는 모습이 표현되어 있다. 레슬링(Wrestling)이라는 기예의 이름이 구체적으로 명기되어 있기 때문에 씨름 종류의 동작임을 추정해볼 수 있지 않나 생각된다. 그러나 일반적으로 씨름이 허리와 다리를 잡고 경기를 행한다는 점에서 놀이로서의 씨름은 아닌 듯하다. 앞서 언급한 시박류의 씨름 종류가 아닌가 싶다.

이러한 예로 대구 팔공산 동화사 씨름 그림도 주목된다. 구한말에 그려진 것으로 보이는 이 벽화는 동화사 안에 있는 불당인 영산전 외벽 왼쪽에 산수화와 화조화, 상산商山의 네 늙은이가 바둑을 두는 〈상산사호도〉와 함께 그려져 있다.

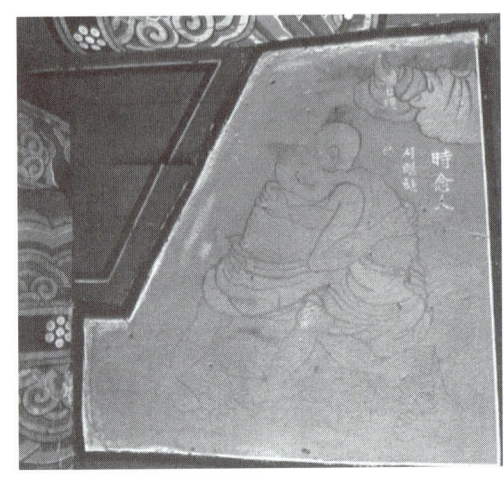

웃옷을 벗은 채 서로 힘을 겨루는 장면을 그렸는데, '시념인時念人(씨름인)'이라는 이두식 표기와 '시렴한다(씨름한다)'는 한글 표기도 적혀 있어 씨름을 하고 있음을 알 수 있다. 그런데 이 그림에 보이는 두 사람의 자세를 살펴보면, 한 손으론 상대방의 허리를 잡고, 다른 손으로는 상대방의 겨드랑이 사이에 팔을 끼고 발로 상대의 발을 걸어 넘기려고 하고 있다. 레슬링에 가까운 동작이다. 이런 동작은 일반적으로 알고 있는 씨름에서도 나타날 수 있는 동작이긴 하지만, 보편적이지는 않다.

이런 일 대 일의 격투에 대해서는 《고요한 아침의 나라 조선》에 좀 더 상세히 기록되어 있다.

조선에서 볼 수 있는 독특한 광경 중의 하나는 일 대 일의 격투이다.

조선 사람들은 대체로 조용하고 온순한 기질을 지녔기 때문에, 웬만큼 감정이 격해져도 그다지 싸움을 하지 않는 것 같다. 그들은 자주 다른 도시의, 혹은 같은 도시에 사는 다른 지역의 패거리들 간에 현상금을 건 격투를 보면서 흥겹게 즐기는데, 많은 군중들이 그 경기를 보기 위해 모인다. 싸움꾼들은 대체로 주먹을 이용해서 싸우나, 프랑스에서처럼 무릎과 발을 사용하는 것도 허용되고 있다. 흥분한 대부분의 관중들은 내기를 걸며 격투는 곧잘 난투극으로 비화된다. 도시의 하류층에게는 이와 같은 격투가 매우 일상화되어 있는데, 그것은 사소한 신경전에서 비롯되어 큰 싸움으로 번진다. 그들의 격투에서 흥미를 끄는 점은 새해 정월에 벌어지는 모든 싸움에 대해서는 어떠한 위법에 대한 책임도 묻지 않고 신속하게 대충 해결된다는 것이다. 그래서 그 기간 동안에는 사람들이 언쟁을 벌이고 격투하는 것밖에는 거의 아무것도 볼 수 없는 것이다. 묵은해의 모든 분노는 새해의 축제가 끝날 때까지 간직되는데, 그때 자유로운 결투를 통해 억눌린 격분을 발산한다. 만약 한 남자가 이러한 합법적으로 인정된 시기에 싸우다가 상대를 죽이기까지 했다면, 나는 그가 옥살이를 하거나 형벌을 받지 않을까 궁금했다. 아마 그렇지는 않을 것이다. 15일 동안 거리의 광경은 참으로 무시무시한데, 어느 곳을 다니든 사람들이 언쟁을 벌이거나 격한 몸싸움을 하고 있다. 이 모든 원인은 돈 때문이다.

거리에서 심상치 않은 싸움이 벌어져도 별일 아니려니 하고 지나치는 것이 좋다. 모든 빚은 항상 새해가 오기 전에 갚아야 한다. 때때로 신년 들어 보름 동안 채무 연장이 허용되기도 한다. 그 기간이 지나도 채무를 이행하지 않은 자는 즉결 재판을 받게 된다. 빚쟁이들은 채무자를 찾으러 사방을 돌아다니는데, 그를 붙잡는 순간부터 대개 몇 차례 욕설이 오가다 난투극으로 번진다. 그러면 빚쟁이는 즉시 모자를 벗어 주위에 모여든 구경꾼 중의 한 사람에게 안전하게 보관하도록 맡겨놓는다.

이런 상황에서는 어느 나라 사람이나 다 그렇듯이 빚쟁이가 채무자에게 달려든다. 내가 보기에 이러한 싸움의 주요한 특징은 싸움꾼들이 서로 상대방의 상투를 잡아채려고 하는 것이다. 일단 한 손으로 상대방의 상투를 잡은 다음에는 심하게 머리를 흔들고 다른 한 손으로 소나기처럼 강타를 퍼붓는 동시에 쉴 새 없이 발길질을 하며 더욱 상스럽고 난폭하게 행동하는 것으로 보아 그들이 정말 적대자임을 알 수 있었다. 그러나 때때로, 아니 실제로 자주 이러한 과격한 행동들이 도시의 좁은 거리에서 벌어지기 때문에 죄 없는 통행인들만 피해를 입는다.

격분한 상태에서 조선 사람들은 매우 잔인무도해질 수 있다. 그들은 상대방에게 손상을 입힐 수 있는 어떠한 수단도 아끼지 않으며, 싸우는 동안 할퀴고 물어뜯는 것은 흔히 부수적으로 행해지는 일이다. 일본 공사관을 방문하고 돌아오던 어느 날 오후에 그레이트하우스 씨의 말을 타고 약간 경사진 곳을 내려오다가 나는 아주 살벌한 광경을 목격했다. 어느 도축업자와 상인이 서로 난타하는 호쾌한 방법으로 골칫거리를 해결하고 있었다. 마침내 도축업자는 이런 싸움에서 거의 등장하지 않는 경찰의 곤봉과 같은 단봉으로 상대를 때려눕혔다. 그가 일격을 받고 그대로 땅에 넘어지자 도축업자는 더욱 의기양양해서 고기를 다질 때 쓰는 커다란 나무토막을 힘겹게 들어올려 날카로운 괴성을 지르며 마치 견과를 때려 부수듯 그의 머리를 내리쳤다. 그리고 나서 그는 나무토막 위에 당당하게 걸터앉아 구경꾼들의 찬사를 유도했다.

여자들 간의 싸움도 흥미롭다. 그들의 싸움은 주로 하류층에서 일어나는데, 일당으로 번 돈을 잃어버리거나 좋아하는 남자를 두고 쟁탈을 벌이는 데서 비롯된다.

상류층은 자신의 평판이 깎이기 때문에 공개적으로 주먹질을 벌이지 않는다. 그 대신에 그들 간의 이해관계는 비싼 돈을 치르고 산 싸움꾼들을 통해 그들의 면전에서 해결하도록 한다. 내 생각에 그들은 감정을 폭발하거나 언성을 높여 따지는 것을 품위를 떨어뜨리는 행위로 여기는 듯했다.

이 글은 이방인이 본 조선 말기 격투에 관한 글인데, 새해가 되어 15일 동안 싸움을 한다든지, 채무관계를 해결한다든지, 싸움이 합법화된다든지 하는 점은 우리 풍속에서 나타나지 않는 부분이어서 이해하기가 힘들다. 다만 이방인이어서 편쌈을 잘못 이해한 것이 아닌가 생각

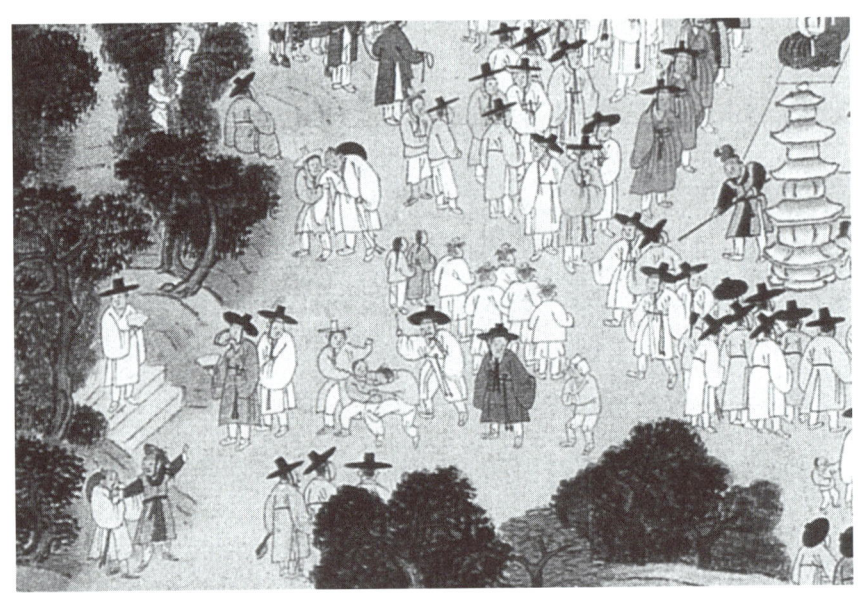

된다. 이 점에 대해서는 주의가 요구된다. 그 점을 이해하고 여기에 나오는 싸움을 살펴보면 몇 가지 특이점을 발견할 수 있다.

먼저, 싸움에 주먹뿐만 아니라 프랑스처럼 무릎과 발을 사용하였다고 하는 것이다. 이것은 조선의 싸움이 프랑스 격투기인 사바테(Savate)와 비슷함을 말하는 것으로 생각된다. 사바테는 발을 사용하는 프랑스 격투기로 그 유래에 대해서는 프랑스 군대 내에서 장교들이 사병들을 체벌하는 가운데 멋있게 차려고 서로 경쟁하던 데서 나왔다고도 하나, 조금은 믿기 어렵다. 사바테가 처음 나타난 지역이 항구가 있는 해안가 지역임을 고려할 때, 이 지역에서 동양과 무역하던 사람들이 동양인의 무예를 보거나, 그들로부터 배운 발차기 기술들을 독특한 기예로 발전

《평양감사향연도》 중 〈부벽루연회도〉
싸움을 하고 있는 아이들은 멱살과 상투를 잡은 채 뒤엉켜 있다. 그런데 한 아이의 왼발이 상대방의 낭심이나 아랫배를 향하고 있다. 중심을 지탱하는 다리도 발뒤꿈치가 높게 들려 있는 것으로 보아 상대방을 차려고 하는 모습임을 알 수 있다.

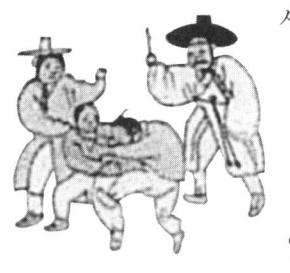

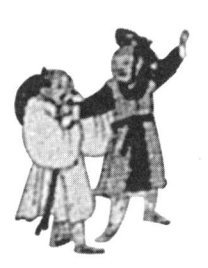

시킨 것이 아닌가 생각된다. 여하튼, 우리 무예에 있는 발질을 사바테와 비슷한 것으로 이해했다고 보이고 이는 조선 말기에 발을 이용한 무예가 일반인들 사이에 널리 행해지고 있었음을 말해준다.

한국인들이 발을 잘 사용했음은 어린이들의 싸움을 통해서도 알 수 있다. 어린이들의 싸움을 보고 있으면, 손쉬운 주먹질을 놔두고 한 아이가 발로 툭 차면 다른 아이도 발로 툭 차기를 서너 번 한 후에 주먹이 오가거나 엉겨붙어 싸우는 모습을 쉽게 볼 수 있다. 이는 발을 잘 사용하던 우리 민족의 문화에서 비롯된 것이 아닌가 생각되는데, 이와 관련하여 《평양감사향연도》 중 〈부벽루연회도浮碧樓宴會圖〉의 아이들 싸움이 눈길을 끈다.

흥겨운 잔치 자리의 한편에 아이들이 싸움을 하고 있는 모습이 보인다. 멱살을 잡은 아이들과 그걸 말리는 젊은이와 호통을 치며 오른손에 들고 있는 부채로 때리려고 하는 장년의 사내, 그리고 어른의 시중을 들다 싸움 장면을 흘끗 쳐다보고 있는 젊은이의 모습이 재미있다.

싸움을 하고 있는 아이들은 멱살과 상투를 잡은 채 뒤엉켜 있다. 그런데 한 아이의 왼발이 상대방의 낭심이나 아랫배를 향하고 있다. 중심을 지탱하는 다리도 발뒤꿈치가 높게 들려 있는 것으로 보아 상대방을 차려고 하는 모습임을 알 수 있다. 싸움에 발질이 널리 행해지고 있었음을 보여주는 사례가 아닌가 생각된다.

이 장면의 아래편에는 젊은 사령使令이 콧수염이 난 장년 사내의 멱살을 잡고 흔들면서 칠 듯이 왼손을 높게 쳐들고 있는 장면이 있다. 시비가 붙었나보다. 장년의 사내는 숨이 막히는지 한 손으로 사령의 오른손을 잡으며 왼손으로 몸을 밀쳐내려는 듯한 행동을 취하고 있다. 이 모습을 계단 위의 한 젊은 선비가 부채를 든 채 무표정하게 쳐다보고 있다. 늘상 벌어지는 일이라는 투다.

알렌은 조선 사람 간의 싸움에 있어 주요한 특징으로 상투를 먼저 잡아채려고 한다거나, 상투를 잡은 후엔 막 흔들면서 주먹질과 발길질을 해대는 것을 들고 있다. 이는 실제 싸움에서 쉽게 일어나는 모습으로, 특히 상투를 튼 우리 민족의 싸움에서는 이런 형태가 많았을 것이다. 머리를 잡고 흔들면 상대는 정신을 차리지 못하고 힘을 쓰지 못한다. 그리 고상한 기술은 아니지만 매우 실용적인 것으로 현재에도 상대방의 머리를 잡아채는 것은 상당히 유용한 기술로 간주된다. 항상 실전을 대비해야 하는 군인이나 경찰 혹은 경호원, 조직폭력배들은 위생 차원도 있지만 이런 이유로 머리를 짧게 깎는다. 상투의 존재로 우리 옛 싸움 기술에는 머리를 잡아채는 것이 상당 부분 존재했을 것으로 생각된다. 이는 앞서 언급한 오도일과 신계화의 싸움에 머리칼을 휘어잡는다는 내용을 통해서도 알 수 있다.

이외에 상류층이 돈을 주고 싸움꾼들을 사서 싸움을 시킨다고 하는데, 이러한 내기 도박에 무예 수련자들이 이용되었다고 한다. 이것은 경찰의 눈을 피해 은밀하게 거액의 돈이 걸린 판이 벌어지는데, 패자는 반죽음의 상태까지 이르곤 했다는 구전과 같이 볼 수 있어 많은 관심이 요구된다.

'전통' 무예 논란

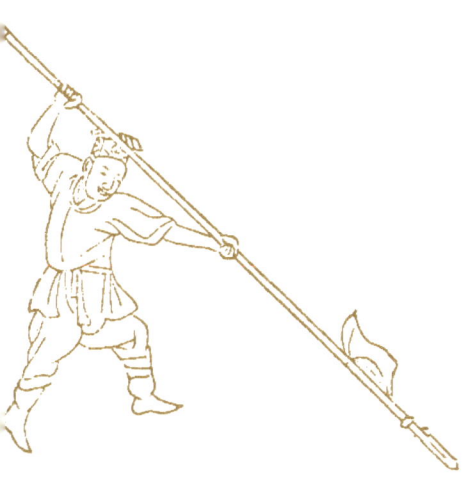

'전통' 무예 논란

지금까지 옛 문헌과 그림들에 나타난 다양한 전통무예의 모습을 살펴보았다. 무예의 종류에 따라 남겨진 자료의 양과 질이 차이가 있고, 그 자료들이 무예 전체를 충분히 상세하게 설명해주진 못하지만, 문헌과 그림 자료는 전통무예의 실체를 파악하는 데 결정적인 기여를 한다.

국내에는 '전통무예'라고 자처하는 무예들이 상당히 많다. 그러나 그것들은 대개 1960년대 이후에 나타났으며, 전통무예라고 하기에 어려운 것도 상당수 존재한다. 창작된 지 40년 정도밖에 되지 않았는데, 과연 이런 무예들이 '전통'무예가 될 수 있을까? 전통에 대한 기준은 사람마다 조금씩 다를 것이다. 어떤 이는 최소 3대는 정확한 계보를 알 수 있어야 전통무예라고 하고, 어떤 이는 적어도 백 년은 넘어야 전통무예라고 한다. 또 다른 이는 '우리나라 고유한 것만 전통무예다'라고 말하기도 한다. 이 중 '고유한 것만이 전통무예다'라는 생각은 전통무예는 다른 문화의 영향 없이 국내에서 독자적으로 생겨났을 뿐만 아니라, 다른 나라의 영향을 받지 않은 채 독자적으로 내려오는 무예를 가리키는 것으로 보인다.

　과연 그런 고유한 무예가 존재할 수 있을까? 문화란 이질적인 문화와 접하고 장점을 흡수하는 과정에서 더욱 다채롭게 전개된다. 고유무예란 그런 과정을 겪지 않은 무예라는 것인데, 과연 그런 무예가 존재할 수 있을지는 회의적이다. 만약 그런 무예가 존재한다고 해도 그것이 무예로서 가치가 있는지에 대해서는 자신할 수 없다.

　반면에 '전통무예'라는 것은 이보다는 좀 더 범위가 넓다. 전통이 자신의 독특한 빛깔을 가지고 있으면서, 다른 문화를 받아들이며 융화·발전하는 것을 의미하기 때문이다. 그럼 전통무예는 어떻게 이해해야 할까? 오랫동안 우리 사회에서 행해지기만 하면 전통무예일까? 일본 무술인 유도와 검도, 중국무술인 우슈와 태극권에 대해 살펴보자. 이 무예는 현재 한국에서 상당히 많은 사람들이 수련하고 있으며, 주위에서 배울 수 있는 곳을 손쉽게 찾아볼 수 있을 정도로 보편화되어 있다. 그리고 이 중에는 국내에 전파된 지 백여 년이 흐른 것도 있고, 유도나 검도는 3대 정도의 계보가 확실하다. 그럼에도 우리는 이 무예들을 전통무예라고 하지 않고 외래무예라고 생각한다. 외국에서 들어왔다는 점을 의심하지 않는 것이다. 그렇다면 전통무예에 대한 최소한의 범위를 어떻게 추정해야 할까?

　이런 인식의 근저에는 이 무술들이 '우리 것'화 되지 못했다는 점이 가장 크게 작용했을 것으로 생각된다. 물론 삼국시대 우리 무예가 일본에 영향을 주었고, 그것을 다시 받아들였으므로 우리의 전통무예라는 논리를 전개하는 경우도 있다. 하지만, 그런 무예를 우리의 전통무예로 인정할 수는 없다. 왜냐하면, 일본식 복장(하까마)을 하고 일본에서 개발된 용구를 착용하고 일본식 예의를 따르는 무예를 우리 것이라고 하기에는 무리가 있기 때문이다. 그리고 여기에는 우리의 독창적인 발전 없이 일본인들이 해놓은 시합 방식과 몸짓을 그대로 사용하고 있다는 것도 한몫을 한다. 즉 유도나 검도 혹은 우슈나 태극권 등은 일본이나 중국의 색깔이 그대로 남아 있다는 것이다. 유도는 일본식 예의를 행한다. 중국의 우슈 또한 중국식 용어에 중국식 몸짓을 배우고, 중국식 예절을 기본으로 행한다. 이런 무술을 전통무예라고 하지 않는 것은 당연하다.

그런 점에서 보면, 전통무예의 가장 큰 조건은 '우리의 독자적인 몸짓'을 기본으로 한다는 것이다. 그리고 만약 타국 무예의 영향을 받아들였다 하더라도 그 무예의 장점이 우리 몸짓에 녹아들어가 시간이 흐르면서 우리 것으로 변화되어 우리 색깔이 나는 것은 전통무예의 범주에 포함될 수 있을 것이다. 무예뿐 아니라 모든 문화의 대부분이 이러할 것이다.

앞서 전통무예의 범주에 들기 위해서는 계보는 어떠해야 하고, 역사는 얼마나 길어야 하는지 등등의 조건을 들고 있음을 언급했다. 그러나 그런 요소들은 시간이 흐르면 자연히 해결된다. 따라서 여러 조건 중에서 '우리 것으로 변했느냐' 여부가 전통무예를 규정하는 가장 중요한 조건이라 할 것이다. 우리나라 사람이 어떤 무예의 용어나 동작에서 이질감을 느낀다면 아무리 세월이 흘러도 그 무예를 우리 무예라고 하지는 않을 것이기 때문이다. 현대에 만들어졌다 하더라도 꾸준한 노력을 통해 우리 몸짓으로 변한다면, 훗날 그것은 당연히 전통무예의 범주에 들어가게 될 것이다.

태권도와 전통무예

근대에 창작되었지만 우리 무예화 되어가는 예로 태권도를 들 수 있다. 아직까지 태권도가 카라테(唐手)의 영향을 받은 것을 인정하지 않는 것이 태권도계의 전체적인 분위기지만, 태권도가 카라테로부터 영향을 받은 것은 분명한 사실이다. 그러나 카라테의 영향만을 받은 것은 아니다. 후에 태권도로 통합되는 관館들 중 먼저 생긴 관을 5대관이라고 하는데, 그 중 하나인 YMCA권법부의 수련 내용을 보면 그러한 것을 알 수 있다.

YMCA권법부(창무관)를 창설한 윤병인은 만주에서 무술을 익혔다고 한다. 그는 어린 시절을 만주에서 보냈는데 그곳에서 '주안파'를 수련했다. 그는 또 해방 직전 일본으로 건너가 유학생활을 하면서 '도야마 간켄遠山寬賢'과 무예를 교류하기도 하였다.

'주안파'에 대해 태권도 관련 서적에서는 중국무술의 한 문파인 듯 서술하는 게 대부분이지만,[1] '주안파'를 배웠다는 것은 '권법拳法'을 배웠다는 말이지 어떤 특정 무술을 가리키는 것은 아니다. '주안파'는 권법의 중국발음인 '추안파(ChuanFa)'를 말하기 때문이다. 물론 권법이라고 하여 중국무술로 이해할 수도 있다. 하지만 윤병인이 제자들에게 가르친 내용을 보면 그렇지 않다는 걸 알 수 있다.

윤병인이 제자들에게 가르친 권법의 형은 단권短拳(공격·방어형), 장권長拳(공격·방어형), 토조산(공격·방어형), 태조권, 팔기권八騎拳(공격·방어형) 형 등이다. 이 형은 현재도 전수되고 있는데, 이 외에도 봉술棒術이나 도술刀術 등의 무기술도 가르쳤다고 한다.

이 중 장권이나 태조권 등의 무술명은 현재 중국에 전수되고 있는 무술의 명칭이긴 하나, 실제 기술상의 내용은 현재 전해지는 같은 이름의 중국무술과는 상관없는 별개의 것들이어서, 그 계통을 찾기가 쉽지 않다. 이 중 팔기권은 기법상 장춘長春에서 전수되고 있는 팔극권八極拳의 형 중에 '팔극대타八極對打와 유사한 면이 보이기 때문에 팔극권을 배운 것이 아닌가 보기도 한다. 윤병인이 만주에서 무예를 배우던 시기는 1930년대 정도인데, 이때는 팔극권의 고수인 신창神槍 이서문李書文의 개문제자인 곽전각霍殿閣이 만주국滿洲國의 황제 부의溥儀에게 팔극권을 전수하는 등 장춘 지역에서 큰 세력을 형성하고 있었다. 이 때문에 견해에 따라서는 윤병인의 무예를 팔극권八極拳으로 보기도 하는 것이다. 하지만 그의 무예를 팔극권으로 한정할 수 있는가 하는 점에서는 조심스러울 필요가 있다. 확인 가능한 일부로 전체를 재단하는 우를 범할 수도 있기 때문이다.

장춘 지역에서 행해지는 팔극권의 형에는 금강팔식金剛八式·팔극소

가八極小架·팔극장권八極長拳·팔극대타八極
對打·벽괘장권劈掛掌·팔극연가八極軟架·육합
대창六合大槍·벽괘단도劈掛單刀·벽괘쌍도劈
掛雙刀·팔극검八極劍·행자곤行者棍·육대개六
大開·팔극응수권八極應手拳·팔대초식八大招
式·육주두六肘頭 등이 존재한다고 한다. 기
법상 일부 비슷한 팔기권 외에 명칭상으로
유사성을 엿볼 수 있는 것으로 장권이 있으
나 기법상으로는 거리가 있는 듯하다. 이외
에는 명칭상으로도 동일한 것을 찾아보기
가 힘들다. 이는 윤병인이 당시 만주에서
행해지던 다양한 무예를 익혔지 않았나 하
는 생각을 갖게 한다. 만주는 원래 중국 한

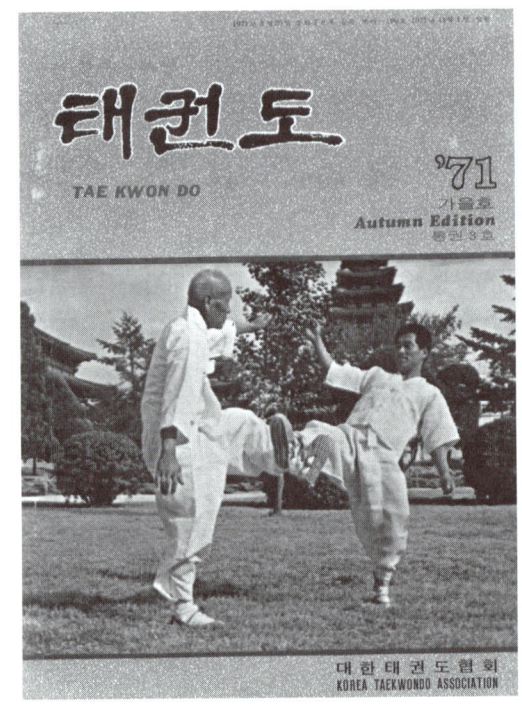

1971년 《태권도》 가을호
(통권 3호)에 실린 송덕기
의 모습

택견의 장점을 태권도가
받아들이려는 노력이 보
인다. 여러 관들이 태수도
협회(태권도협회의 전신前
身)로 통합되기 이전인
1950년대 후반부터 택견
과 태권도의 교류가 이루
어지고 있었다.

漢족의 주무대가 아니었으며, 당시에는 한·중·일 및 러시아인들까지
다양한 민족과 인종이 뒤섞여 살던 시기이므로 윤병인이 습득한 무술
을 중국무술이라고 단정하기도 어렵다. 이에 대해서는 차후에 좀 더
연구가 필요해 보인다.

아울러 현재 태권도에는 전통무예인 택견의 기법도 포함되어 있다.
유단자 품새인 '고려'의 '오른(또는 왼) 아귀손 칼재비'의 존재를 통해
서 확인된다. '칼재비'는 아귀손으로 상대의 목을 쳐서 조아리는 방법
도 있지만 낙턱이라 하여 아귀손으로 칠 때 손목작용을 하여 턱을 위

에서 밑으로 내려치는 방법이다. 쳐서 아래턱이 빠지도록 하는 방법도 있다고 되어 있는데, 이는 택견의 '칼잽이'와 용법이 동일하다. 택견의 손동작인 칼잽이가 태권도 품새에 삽입되어 있다는 점에서 분명 현재의 태권도는 택견의 영향을 받았음이 분명하다.

이외에도 논란의 여지가 있지만, 태권도에는 가라테나 중국무술에서 볼 수 없는 발차기들이 존재한다는 점에서 우리의 전통적인 발차기 기술이 태권도에 유입되었을 가능성도 있다.[2]

현재의 태권도에 가라테의 잔재가 남아 있는가 하는 점에서는 찬반이 나뉠 듯하다. 분명 가라테 품새의 잔재가 남아 있지만, 겨루기는 가라테 경기와 완전히 다른 품격을 가지고 있기 때문이다. 서양인들이나 일본인들도 태권도를 '발로 하는 복싱'이라고 할 정도로 태권도 겨루기는 손기술이 거의 배제된 발기술 위주로 이루어지고 있다. 이런 점에서 가라테보다는 오히려 택견의 겨루기에서 더 가까움을 찾을 수 있다. 지금의 태권도는 분명 가라테와는 다른 품격과 움직임을 보이고 있는 것이 사실이다. 또한 택견의 겨루기와 비교가 더 용이한 부분도 갖게 되었다.[3]

태권도가 더욱 발전하려면, 품새와 겨루기의 이질성을 어떻게 극복하느냐가 관건이다. 앞으로 좀 더 적극적으로 발전을 모색한다면, 빠르면 분명 몇 십 년 안에 '우리의 전통무예다'라고 누구한테나 인정받을 수 있을 것이다.

태권도와 가라테를 통해 본 무예의 전파·영향관계

우리 무예의 전파와 관련해서 태권도와 가라테 사이의 논란이 많다.
태권도와 관련된 기존의 서적에서는 '가라테'의 '가라'가 '가야伽倻'를
말하는 것으로 우리 고대의 맨손무예가 오키나와琉球로 건너갔다가
일제시대를 거치면서 한국으로 다시 전해진 것이므로 태권도가 가라
테에서 왔다는 것은 우리의 무예가 국내로 되돌온 것이니 별 문제 될
게 없다는 견해를 제시한다. 반면, 다른 한편에서는 그런 추론은 지극
히 국수주의적인 생각으로 그 둘은 전혀 관련을 맺을 수 없다는 견해
를 제시한다.

가라테가 가야에서 비롯되었다는 주장은 태권도 관련 글들에서 주
로 보인다. 태권도의 정통성을 세우기 위한 노력의 일환에서 비롯된
것일 게다. 그러나 이런 견해는 가라와 가야의 언어적 유사성 외에 '태
권도'라는 특정 맨손무예와 관련 있음을 증명할 객관적인 근거를 논리
적으로 제시하지 못했다. 그래서 이 주장에 대해 비판적인 젊은 학자
들이 적지 않고, 필자 또한 태권도와 가라테를 연결 짓는 것에 그리 찬
성하고 싶지는 않다. 문제는 '태권도'라는 특정 무예의 입장을 떠나서
생각했을 때, 과연 우리나라 전통무예의 일부분이 오키나와에 전파되
었을 가능성을 살피는 것도 국수주의라고 매도될 수 있을까 하는 점이
다. 가라테와 가야의 관련을 언급한 견해들도 태권도라는 특정 무예의
틀 안에서 말하고 있긴 하지만, 실상은 우리나라 전통무예와의 관련을
언급하고 있다. 고대의 전통무예가 전승되어 지금의 태권도가 되었다

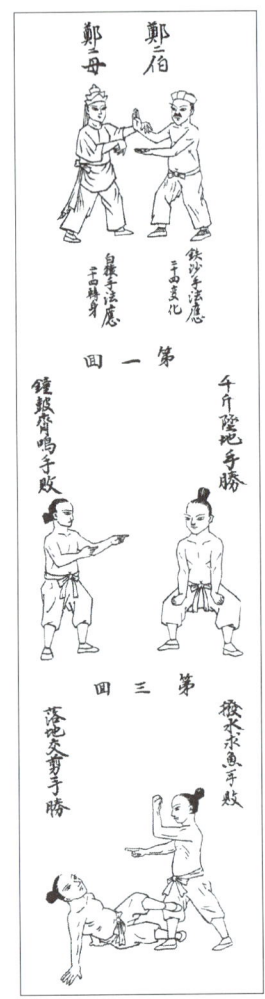

유구무예지
유구, 지금의 오키나와의
무예가 백학권의 영향을
받았음을 보여준다.

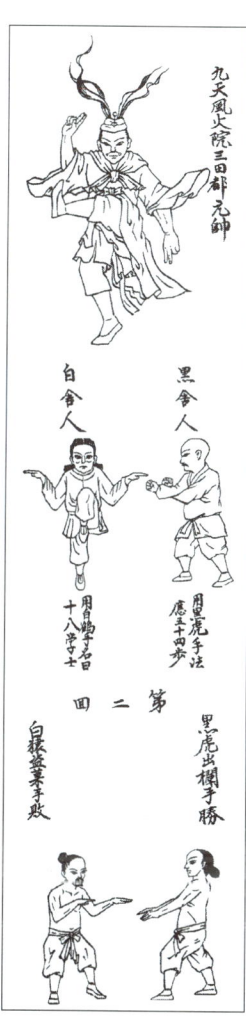

유구무예지

고 이해하고 있기 때문이다.

우리나라의 영향에 대해 비판적인 입장에 있는 이들은 우리 전통무예의 영향이 있었을 거라는 점에 대해서는 부정하면서도 가라테의 전신인 '오키나와테'의 발생에 있어 중국 남권南拳의 영향을 받았을 가능성에 대해서는 대체로 받아들이고 있는 느낌이다. 물론 중국권법이 오키나와에 전파되었을 것으로 보이는 글들이 남아 있어 중국권법의 영향을 부정할 수는 없을 듯하다.

현재 오키나와테의 유파는 크게 슈리首里계와 나하那覇계로 나뉜다. 슈리계에는 소림류少林流·소림류小林流·송림류松林流가 있고, 나하계에는 강유류剛柔流와 상지류上地流가 있다. 이 중 특히, 강유류의 경우 중국 남파 권법으로 그 기법이 부드럽고 수수한 백학권白鶴拳의 영향을 많이 받았음을 볼 수 있다.

백학권은 그 창시자가 방칠랑方七娘이라는 여자로 알려져 있는데, 방칠랑은 어려서 소림 십팔나한권十八羅漢拳을 익히고, 백학의 형세를 취해 백학권을 창시했다고 한다. 여기에는 여러 전설이 있어 그 진위 여부는 확인하기 어렵다. 그 중에 하나를 소개하면 다음과 같다.

청나라 초에 숭산崇山 소림사와는 별개로 위치가 알려져 있지 않은 복건성의 소림사에 명나라를 부활시키겠다는 뜻을 가진 사람들이 숨어 살았다. 그 중에 방혜석方慧石이라는 사람이 있었는데, 그에게는 칠랑이라는 딸이 하나 있었다. 방혜석은 청나라의 세력이 점점 강해져, 원하는 바를 이루기 어렵게 되자 딸에게 자기의 무술을 전수하기 시작했다. 칠랑은 천성적으로 총명하고 무예에 소질이 있어서 몇 년 지나지 않아 모든 기법을 터득하게 되었다. 어느 날 칠랑이 개울가에서 빨래를 해 옷을 말리려고 걸쳐놓았는데, 개울가에 하얀 학 한 쌍이 내려 앉았다. 칠랑은 학의 모습이 너무 아름다워 보고 있다가 빨래 해놓은 것을 더럽힐 것 같아 장대로 학을 쫓았으나 학이 날아가지 않고 날개와 부리를 이용해 교묘히 움직여 칠랑의 공격을 피하는 것이었다. 이것을 보고 크게 깨달은 칠랑은 지금까지 배우고 익힌 기술과 백학의 움직임을 가미해 새로운 권법을 만들어냈는데, 그게 바로 백학권이라는 것이다. 이런 전설들은 무술의 기원을 그럴듯하게 포장하기 위해 만들어낸 것으로 어떤 근거를 가지고 있는 것은 아니다.

오키나와테의 한 파인 강유류는 백학권의 영향을 받았다. 이는 오키나와테에 중국무술의 영향이 있었음을 말해준다. 그러나 그렇다고 해서 이 사실이 우리 무예의 영향을 받았음을 부정할 수 있는 증거가 되는 것도 아니다. 한 지역의 문화란 정도의 차이는 있지만, 다양한 지역의 영향을 받아 이루어지기 때문이다. 그렇다고 오키나와의 테[手]가 우리 민족과 관련 있고, 따라서 그것으로부터 발생된 '가라테'라는 일본무예가 알고 봤더니 우리 것이라는 주장을 하자는 것도 아니다. 다만, 우리 무예의 원형을 찾는 데 하나의 가능성을 열어놓고자 하는 것이다. 여하튼, 오키나와테가 중국 남부 권법의 영향을 받기 전에 어떤 형태의 무예, 즉 오키나와 고유의 테(手)가 있었고 그것은 여러 문화를 접하는 가운데 발생했을 것이라는 점은 분명하다. 그리고 그 영향

가운데 우리나라의 영향도 어느 정도 있었을 것임을 생각해볼 수 있는 것이다.

오키나와에 유입된 우리 문화

앞서 말한 바와 같이 여러 문화의 영향을 받아 오키나와테가 형성되었다. 오키나와의 역사를 살펴보면, 한반도의 영향을 받았다고 말하는 것이 그리 큰 비약은 아니다. 물론 이런 말을 하기 위해서는 증거가 필요하다. 앞으로 이런 문제를 논하기 위해서는 문화적, 비교민속학적 측면에서 오키나와와의 관련을 좀 더 살펴볼 필요가 있다. 오키나와와의 문화의 유사성을 살핀 글을 통해 그 편린을 살펴보자.

오키나와관에 전시된 유물 중에 우리의 어촌에서도 볼 수 있는 도구들이 전시되어 있어 매우 흥미를 끈다. 마을의 살림집들도 낯이 익다. 제주도에서 보던 고전적인 가옥의 분위기와 아주 유사하다. 비록 정리되어 말쑥하기는 해도 집 둘레의 돌긱담이나 앞뢰가 있는 가옥구조가 다정하여 만만해 보이는데, 이른바 일본집이라고 부르는 그런 유형과는 다르다.

일본집은 한 채의 건물에서 살림이 이루어지는 구조인 데 비하여 마을의 집은 담 안에 여러 채의 건물이 알맞게 자리잡고 있다. 제주도 집과 유사한 점이다. 이 집 저 집 보고 다니다가 소스라치게 놀랐다. 또 집의 뒤울에 돼지우리가 있는데 뒤를 보는 부춛돌과 연계되어 있다. 이는 우리들이 중국 동해안 지역에 물 농사를 짓는 소수민족들이 사는 마을에서 본 돼지우리와 같은 형상이고, 제주도 통시 아래의 돼지우리와 진배없는 구조이다.[4]

오키나와 상씨왕조 초상화

전통건축 전문가인 목수木壽 신영훈申榮勳 선생이 오키나와를 방문해서 느낀 오키나와와 우리나라의 가옥구조의 유사성에 관한 글이다. 그가 우리 건축의 전문가라는 점에서 음미해볼 말이 아닌가 생각된다. 물론 중국과의 유사성도 있어, 막무가내로 우리 문화가 전파된 것이라고 말하는 것은 금물이다.

문화의 유사성을 볼 수 있는 것으로, 유구 상씨왕조의 초상화를 찍은 사진을 보면 나타난다. 이 사진을 보면, 중앙 용상에 좌정한 임금님의 관이나 용포뿐 아니라 좌우로 시립하고 있는 문무관의 관복도 조선시대 관복과 매우 닮아 있으며, 임금의 뒤에는 조선왕조〈일월오봉병日月五峯屛〉과 매우 닮은 그림이 있다. 조선왕조의〈일월오봉병〉은 화면 상단에 붉은 해와 흰색 달이 그려져 있고 그 아래로 다섯 개의 봉우리가 서 있는데, 이는 국가의 다섯 영산靈山을 상징하는 것으로 중국과 일본에서 볼 수 없는 조선 고유의 그림이다. 그런데 이와 비슷한 그림

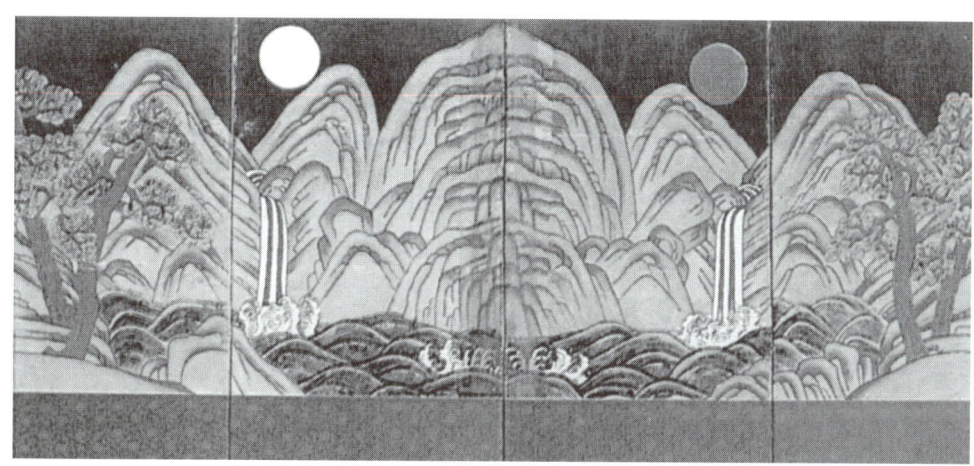

이 오키나와에도 있다. 이는 유구 왕실의 문화기반이 조선과 매우 가까웠음을 알려준다. 또 사진의 한 귀퉁이에 있는 창의 살대는 중국이나 일본에서는 보기 드물고 우리 시골집에서 볼 수 있는 가장 보편적인 '띠살무늬'인데 이를 통해, 조선과 유구와의 관련이 매우 깊다는 것을 알 수 있다.[5] 전체적인 이해를 돕기 위해서는 유구에 대한 설명이 좀 더 필요할 듯하다.

유구란 명칭은 중국에서 명명하여 사용된 이름이다. 명나라 태조가 유구에 대해 조공을 권유하는 국서에서 이 이름을 처음으로 사용하여 유구의 국명으로 정착하게 된 것이다. 그러다가 1879년 일본에 병합되면서부터 오키나와현沖繩縣으로 불려지게 되었다. 14세기 중반에 와서 오키나와 본도에 세 개의 작은 국가가 성립되는데, 이들 국가의 아지按司라고 불리는 지도자는 스스로 왕이라 칭했지만, 강력한 지배 형태는 갖추지 못했다. 중국 역사서에서는 이 3개국의 왕들을 지배 지역에 따라 북산왕北山王·중산왕中山王·남산왕南山王이라 불렀는데, 이 시기를 삼산三山시대라 한다. 1406년 유구 내륙의 작은 아지 출신인 사소思紹가 중산을 공격하여 중산왕 무령武寧을 축출하고, 제1 상씨尚氏왕조를 열었다. 사소의 아들 상파지尚巴志는 아버지를 도와 수리성首里城으로 거성居城을 옮기고, 북산을 멸망시켰다. 사소를 이어 상파지가 즉위한 후에는 수리성을 본격적으로 정비하는 등 왕권강화에 노력했다. 1429년에는 남산을 멸망시켜 통일된 유구왕국을 이루었다. 그러나 제1 상씨왕조가 멸망하기까지 약 40년 동안 일곱 번이나 왕이 바뀌어 각 왕의 재위연수는 평균 6년을 넘지 못하는 등 내분이 잦았다.

제2 상씨왕조는 상원尚圓이라 이름을 바꾼 김환金丸에 의해서 시작되었는데, 왕권강화를 위해 많은 노력을 기울였다. 1477년 즉위하여 50년간 재위했던 상진尚眞은 유구왕국의 통치조직을 정비하고 궁궐과 주변의 시설을 확충하는 등 중앙집권국가를 형성하려고 노력했는데, 이때를 유구의 황금시대라고 일컫기도 한다. 그 후 왕위는 순조롭게 계승되어 왕국의 안정이 1세기 동안 이어졌으나, 1609년 시마즈씨島津氏의 침략을 받고 독립국으로서의 유구왕국은 사라졌다.

한반도와 유구와의 교류에 대한 기록은 《고려사》에 나타나는데, 공양왕 1년 2월 유구국琉球國 중산왕中山王 찰도察度가 옥지玉之를 파견하여 글을 올려 신하로 자칭했으며 왜적에게 포로로 끌려간 우리나라 사람들을 귀환시키고 그 지방의 산물인 유황琉黃 3백 근斤, 소목蘇木 6백

근, 호초胡椒 3백 근, 갑옷 20벌을 바쳤다고 한다.

이렇게 시작된 유구와의 관계는 조선의 건국 후에도 계속되었다. 《조선왕조실록》에 의하면 유구와의 관계는 건국 직후인 태조 원년 (1392) 8월에 유구국 중산왕이 사신을 보내 내조했다는 기록으로부터 헌종 6년(1840) 3월, 조선인이 유구에 표착했다는 기록까지 총 437건 수록되어 있다. 그 외에 유구관계 사료집을 참고하면 1868년 조선인 표착까지 조선시대 거의 전 기간에 걸쳐 여러 형태의 관계가 이루어지고 있음을 볼 수 있다.[6] 즉 문화의 교류가 상당히 많이 이루어지고 있었고 이런 교류를 조선 사람들도 인식하고 있었던 것 같다.

《동국세시기》에는 "항간의 부녀자들은 흰 널조각을 짚단 위에 올려놓고 그 널빤지 양끝에 마주 서서 뛰면 서로 반대로 올라갔다 내려왔다 하여 몇 자까지 올라간다. 이것을 여자들의 도판희女跳板戲(널뛰기)라고 하고 정월 초까지 이것을 한다. 생각건대 주황周煌의 《유구국기략琉球國記略》에 부인들이 널빤지 위에서 춤추는 것을 판무板舞라고 했으니 이 풍속과 비슷하다"고 기록되어 있어 널뛰기가 유구에도 존재했음을 알려준다. 널뛰기는 중국 56개 민족 중에서 그네뛰기와 함께 조선족의 특징적인 놀이로 꼽히고 있다는 점에서 우리 민족의 특징적인 놀이인 것은 확실하다. 그런 널뛰기가 유구에도 있는 것이다. 아마도 《동국세시기》의 저자 홍석모洪錫謨도 유구에 널뛰기가 있다는 것이 신기했었나보다. 두 지역 간에 상당한 문화교류가 이루어지고 있음을 추정할 수 있게 해준다.

이 외에도 유구의 소싸움의 방법이 우리의 것과 같다거나, 응원할 때 쓰는 기의 깃봉에 태극무늬가 그려져 있다는 점도 우리 문화의 영향을 느끼게 한다. 또한 1853년 미국 페리 제독을 수행한 화가가 그린 오키나와 수례문守禮門의 그림을 보면, 현판에 '사山土'라고 한글 '사'자가 쓰여 있는 것을 볼 수 있어, 우리 문화의 영향이 아닌가 생각된다(현재 복원된 지붕의 기와는 중국계 기와로 되어 있지만, 당시에는 한국식 기와로 되어 있었다).[7]

또한 오키나와의 언어와 우리 언어의 유사성을 통해, 우리 문화와의 연관성을 살펴볼 수 있다. 우리말 '아버지'를 오키나와에서는 '아부지', '어머니'를 '암마', '할머니'를 '할매' 혹은 '하아메'라고 하고 있다. 또한 '성적으로 주책이 없는 여자'라는 오키나와어 '산과나'는 함경도 사투리로 '쌍간나'라는 말과 유사하고, 말괄량이 여자를 가리키는 '산사나'는 함경도 사투리인 '선스나 같다(선머슴 같다)'와 비슷하다. 우리가 '대개'라고 발음하는 '大槪'를 '다이가이'라고 발음하는 일본 본토와 달리 '데에게에'라고 하고 있으며, 사탕을 일본말 발음인 '사또오'와 달리 우리 발음과 비슷한 '사아따아'라 하고, '마아세에따'는 우리말 '맛있다'와 뜻이 같고 발음도 닮아 있다. 그밖에 '왕'을 '사또', '오이'를 '우이'라 하며, '동지冬至'를 일본어의 '도오지'나 중국어의 '똥쯔'보다는 우리말에 가까운 '도웅지'라고 발음하고, 무게의 단위인 관貫을 '관'이라 하여 일본어 '깐'과는 다르지만 우리말과는 같다.[8]

이런 예들은 우리나라 말과 오키나와어 사이에 유사성이 매우 많아 우리나라와 어떤 교류가 있지 않았나 하는 생각을 갖게 한다. 따라서 우리 무예의 영향이 어느 정도 있었을 가능성은 충분하다고 할 수 있다. 앞서 살펴봤듯이 한 나라의 지배자들이 친 조선적이었다고 한다면, 조선의 문화가 상당히 유입되었을 것이며, 유구의 무예 기술에도 어느 정도 영향을 미쳤을 가능성이 매우 높다. 그러한 예로 현재 유구에 전해지고 있는 전통적인 씨름(琉球相撲)의 모습은 일본의 스모 형태와는 달리 우리나라의 씨름과 매우 유사하다. 이에 대해서는 앞으로 비교민속학적인 측면에서 많은 연구가 필요하다.

지금까지의 논의는 우리 무예의 우월성을 논하고자 한 것은 아니며, 우리 무예의 원형을 찾는 데 도움을 얻을 수 있을 거라는 점에서 이야기 한 것임을 분명히 해둔다.

전통무예의 부활, 그러나

1980년대 중반 이후 한때 국내에는 전통무예에 대한 열풍이 지나간 적이 있었다. 전통무예라는 데서 오는 신비감과 전통무예에 대한 열정에서 비롯된 것이었다. 하지만 전통을 표방하는 무예단체들의 난립은 애정을 갖고 배우려는 이들에게 혼란을 주고, 전통무예에 대한 실망만을 안겨주기도 했다. 이들 무예단체들 중에는 전통을 표방하였지만, 그 유래가 불분명하거나, 일본·중국의 무술을 살짝 변형해 전통이라고 하는 단체들도 있었다. 그러나 그 연원을 그럴듯하게 포장해 감춘다고 해도 그것은 감출 수 없고, 감춰질 리도 없었다. 그럼에도 많은 이들이 전통을 표방하여 혼란을 가중시킨 것이다. 이런 현상 뒤에는 전통무예라고 해야 장사가 된다는 상업적 속내가 존재하였다. 물론 이런 일이 벌어진 것은 전통무예에 대한 일반인들의 기대, 우리 민족의 전통무예에는 뭔가 특별한 것이 있을 거라는 환상이 존재했기 때문이다.

그러나 전통무예라고 해서 뭔가 아주 특별한 것이 있는 것은 아니다. 전통무예는 우리에게는 우리 전통이어서 중요한 것이 분명하다. 하지만, 그 점은 우리 문화로 볼 때의 감정적인 문제일 뿐이지, 무예로서의 근본 목적에 부합하는 좋은 무예인지는 알 수 없는 것이다. '우리 전통이니까 좋다'라는 태도는 전통무예를 무예로 이해하는 데에 있어서는 실질적인 도움을 주지 못한다. 전통무예가 무예의 이치에 맞는 무예라는 등식이 성립하는 것은 아니기 때문이다.

무예의 근본 목적에 부합하지 않는다면, 아무리 전통이라도 수련하기 좋은 무술이라고 할 수는 없다. 전통문화와 무예는 동일한 것이 아니기 때문이다. 가르치는 사람이나 배우는 이가 이 점을 구분해서 이해해야만 한다. 배우는 이가 우리 전통이므로 이어가야 한다는 생각 아래, 무예의 근본 목적에 부합하지 않는 전통무예라도 전승하고자 굳이 배우려 한다면 어쩔 수 없지만, 무예의 근본 목적에 부합하는 무예를 배우고자 하는 이는 전통무예와 비전통무예를 구분해 배울 필요가 없다. 전통이든, 비전통이든 자신의 목적에 부합하는 무예를 배우면 되는 것이다. 이 점은 가르치는 사람의 입장에서도 마찬가지다. 자신이 하고 있는 무예가 무예의 근본 목적에 부합한다면, 전통이 아니라고 해서 그 유래를 숨기거나, 왜곡할 필요도 없는 것이다. 물론 굳이 숨기고 전통이라고 말하고 싶다면 어쩔 수 없지만 말이다.

혹 누군가 자신이 하고 있는 무예가 전통무예가 되길 바란다면, 지금 당장 그렇게 되기를 바라지는 말았으면 한다. 창조적인 노력을 통해 시간이 흐른 뒤에 우리 것이라고 인정을 받도록 하면 되는 것이다. 물론, 여기에는 우리 문화가 갖는 우리만의 정신과 독특함이 포함되어야 한다는 조건이 붙지만 말이다.

비록 지금은 전통무예라고 부를 수 없어도 노력을 통해 우리 것으로 가다듬는 창조적 노력이 동반된다면, 시간이 흐른 뒤에는 우리의 전통무예로 인정받을 수 있을 것이다.

전통무예를 위하여

전통무예는 그것 자체만으로도 신비감을 가지고 있다. 무협소설이나 영화 등으로 인해 환상이 가미된 탓도 있다. 혹자는 어딘가에 초절정 고수가 될 수 있는 비급이 있을 것으로 생각하고, 주변에서 볼 수 있는 약간은 볼 품 없어 보이는 할아버지가 무예의 고수일 거라는 생각을 하기도 한다. 그러나 그런 경우는 거의 찾을 수 없다. 혹 그런 인물이 존재한다 하더라도 무예를 배우지도 않은 사람이 단숨에 모든 단계를 뛰어넘어 초절정 고수가 될 방법은 존재하지 않는다. 어떤 전통무예가 가지고 있는 무예의 원리가 아무리 뛰어나다고 해도 배우고자 하는 사람 자신이 땀 흘려 노력하지 않으면 아무것도 이룰 수 없는 것이다. 흘린 땀만큼 보답이 온다는 점은 무예 수련에서도 다르지 않다. 그런 점에서 전통무예도 일반 무예와 다를 것은 없다.

문화는 곧 한 민족의 정신이라고 한다. 전통무예도 한 민족의 문화이고, 마찬가지로 민족정신의 한 부분을 차지하고 있다. 그런 전통무예 수련은 우리 민족의 정신을, 선조들의 기백을 몸으로 체득하는 것이다. 그런 점에서 전통무예는 특별한 것이라고 할 수 있다.

그리고 전통은 배워 익힌 그대로 전하는 것이 최상의 방법은 아니다. 물론 전승된 것을 마음대로 개악改惡해서 전하는 것보다는 전승된 것만이라도 제대로 전수해주는 것이 그나마 낫긴 하다. 하지만 배운 그대로만 후대에 전승하는 것은 큰 의미가 없다. 창의적인 발전이 없는 박제화된 전통은 답습이지 전통이라고 할 수 없기 때문이다. 전통이란 앞선 선조들의 기예와 정신을 뒤따르는 후예가 받아들이고 다시 자신의 성취를 보태 전하는 것이다.

전통무예는 특정 개인의 것도 아니고, 특정 단체의 것도 아니다. 우리 민족의 유산이자, 우리 민족이 계승해서 후세에게 물려주어야만 하는 것이다. 이를 배우는 사람들은 올바르게 배워서 전수해줄 의무도 함께 지니고 있다. 전통무예를 하는 이들, 혹은 자신의 무예가 진정 전통무예이길 바라는 이들은 이런 사명감을 가지고 어떤 상업적 이득을 추구하는 데 열정을 쏟기보다는 민족 구성원을 위해 필요한 일을 할 사람을 만들어내는 데 힘을 기울였으면 하는 바람을 가져본다.

옛 그림에서 만난 전통무예

1 이규태李圭泰, 《깨어라 코리아》, 신태양사新太陽社, 1988, 236~238쪽.

2 신채호, 《조선상고사》, 일신서적출판, 1998, 140쪽.

3 《중종실록中宗實錄》 권88, 중종 33년 10월 계묘癸卯.

4 《연산군일기燕山君日記》 권1, 연산군 1년 8월 기미己未.

5 《중종실록》 권51, 중종 19년 7월 신미辛未.

6 《선조실록宣祖實錄》 권43, 선조 26년 10월 임인壬寅.

7 같은 책 권37, 선조 26년 4월 기해己亥.

8 같은 책 권65, 선조 28년 7월 계미癸未.

9 같은 책 권50, 선조 27년 4월 을축乙丑.

10 같은 책 권124, 선조 33년 4월 정해丁亥.

11 《의주군지》.

12 《인조실록仁祖實錄》 권9, 인조 3년 4월 정유丁酉.

13 《정조실록正祖實錄》 권28, 정조 13년 10월 기미己未.

14 《효종실록孝宗實錄》 권9, 효종 3년 9월 임신壬申.

15 《숙종실록肅宗實錄》 권13, 숙종 8년 10월 신사辛巳.

16 같은 책 권24, 숙종 18년 7월 임자壬子.

17 같은 책 권24, 숙종 18년 8월 병술丙戌.

18 같은 책 권57, 숙종 42년 3월 계축癸丑.

[19] 《영조실록英祖實錄》 권35, 영조 9년 계사癸巳.

[20] 같은 책 권53, 영조 17년 3월 신사辛巳.

[21] 오주석, 《단원 김홍도》(열화당, 1998) 및 진준현, 《단원 김홍도 연구》(일지사, 2000) 참조.

[22] 이양재, 〈《무예도보통지》의 본질과 원화를 그린 화원에 대한 규명〉, 《민족무예》, 민족무예도장 경당, 1995. 13~19쪽.

[23] 조선 후기 《무예도보통지》의 편찬과 무인의 삶 그리고 그 시기의 다양한 움직임에 대해서는 김영호, 《조선의 협객 백동수》(푸른역사, 2002) 참조.

유협을 일삼다– 격검

[1] 김민수 편, 《우리말 어원사전語源辭典》, 태학사, 1997.

[2] 한병철·한병기, 《독행도》, 학민사, 1997, 106쪽.

[3] 《동경잡기東京雜記》 '산천' 조山川條.

[4] 앞서 수박편에서 언급한 《환단고기桓檀古記》에도 결혼하지 않은 사내들이 익혀야 할 육예六藝의 하나로 권박과 아울러 '검술'을 들었다. 《환단고기桓檀古記》〈태백일사太白逸史〉 삼신오제본기三神五帝本記 1. 이를 통해 삼국 이전부터 검술의 존재가 있었음을 추정할 수 있지만, 문헌 자체의 신빙성에는 문제가 있으므로 유의할 필요가 있다.

[5] 김용선金龍善 편, 〈김봉모 묘지명金鳳毛墓誌銘〉, 《고려묘지명집성高麗墓誌銘集成》, 한림대학교 아시아문화연구소, 1997.

[6] 《東文選》 卷101, 司宰少監 朴强傳.

[7] 《선조실록》 권53, 선조 27년 7월 정해丁亥.

[8] 《인조실록》 권19, 인조 6년 9월 병술丙戌.

[9] 《무예도보통지》, 〈병기총서兵技總敍〉.

10 《영조실록》 권48, 영조 15년 2월 기축己丑.

11 《동패락송東稗洛誦》

12 '등교세騰蛟勢'의 '교蛟'자를 '문蚊'자로 보고 '등문세'라고 번역한 서적들이 있다. 그러나 《무예도보통지》 원문이나 《기효신서》를 살펴보면 '蚊'이 아니라 '蛟'가 옳음을 알 수 있다.

13 오정교, 《해동검도》, 한국광고연구원, 1994, 9~10쪽.

14 《태종실록太宗實錄》 권19, 태종 10년 3월 정축丁丑.

15 《세종실록世宗實錄》 권51, 세종 13년 3월 계유癸酉.

16 박제가朴齊家, 《정유집》 권1.

17 진준현, 《단원 김홍도 연구》, 일지사, 1999.

18 이훈종, 《민족생활사전》, 한길사, 1993.

19 《성종실록成宗實錄》 권7 성종 1년 8월 임술壬戌.

20 국방군사연구소國防軍史研究所, 《한국무기발달사韓國武器發達史》, 1994, 261쪽.

21 1828년 3월 17일 일본 나가사키長崎 앞 바다에 있는 데지마出島에 난파당한 36명의 전라도 출신의 어민과 선원 그리고 몇 명의 상인들을 만나 들은 것을 바탕으로 1832년 쓴 《일본》 전 9권 중 제5권 〈조선〉 편에 기록된 것이다 (P. 시볼트, 柳尙熙 譯, 《朝鮮見聞記》, 博英社, 1987).

22 Le Tour de Monde (1873) 의 기록. 《격동의 구한말 역사의 현장》(조선일보사, 1986), 133쪽에서 재인용.

23 《고려사절요高麗史節要》권17, 고종 42년 6월.

24 전일상의 얼굴을 보면, 초상화풍으로 육리문肉理文과 수염을 자세히 표현했고, 갈색으로 살빛을 내었으며, 억양이 뚜렷한 정두서미묘丁頭鼠尾描로 옷을 그리고 마고자의 문양을 섬세하게 묘사했다. 정병호, 《한국의 풍속화》, 한길아트, 1998, 271쪽.

25 이 시는 다음과 같다.

외로운 밤, 등 앞에서

칼을 어루만지며 한바탕 노래 부르네

누가 알아주려나, 세상에 드문 보물을

천하에 일찍이 많지 않았다네

옛말에 일컫는 여협객을 이제야 보는구나 – 검무

[1] 육태안陸泰安, 《우리무예이야기 – 다시 찾은 수벽치기》(학민사, 1990), 53~56쪽.

[2] 《영조실록》 권18, 영조 4년 7월 계유癸酉.

[3] 《현종실록顯宗實錄》 권8, 현종 5년 6월 임인壬寅

[4] 황인덕黃仁德, 〈'황창랑黃倡舞 연구' – '황창'의 유래由來문제를 중심으로〉, 《민속예술》, 교문사, 1989.

[5] 이보형李輔亨, 〈풍각風角쟁이 음악고音樂考〉, 《민속예술》, 교문사, 1989.

[6] 《중종실록》 권18, 중종 8년 4월 정미.

[7] 《인조실록》 권1, 인조 1년 3월 무신.

[8] 국립중앙박물관, 《조선시대 풍속화》, 2002, 295~296쪽.

[9] 안휘준安輝濬의 도판 해설 참조. 《한국의 미 – 풍속화風俗畵》, 중앙일보사, 1985, 231~232쪽.

[10] 백성현·이한우, 《파란 눈에 비친 하얀 조선》, 새날, 1999, 257쪽.

나는 새를 맞추고 나는 활을 화폭에 담다 – 활쏘기

[1] 김후, 《활이 바꾼 세계사》, 가람기획, 2002, 244쪽.

[2] 정진명, 《우리 활 이야기》, 학민사, 1996, 72쪽 및 《한국의 활쏘기》, (학민사, 1999), 55~56쪽.

3 ──, 《한국의 활쏘기》, 학민사, 1999, 56~59쪽.

4 ──, 《우리 활 이야기》, 학민사, 1996, 287쪽.

5 《삼국사기三國史記》 권13, 〈고구려본기高句麗本紀〉1 시조始祖 동명왕東明王.

6 《북사北史》 〈열전列傳〉 백제百濟.

7 같은 책, 〈열전列傳〉 신라.

8 《수서隋書》 〈동이열전東夷列傳〉 신라.

9 《삼국사기》 권6, 〈신라본기〉6 문무왕文武王 상.

10 《고려사高麗史》 권81, 〈병지兵志〉1.

11 같은 책, 권94, 열전7 지채문.

12 《고려사4》 권14, 〈세가世家〉14 예종睿宗 13년 9월 무인戊寅.

13 김용선金龍善 편, 〈백임지묘지명白任至墓誌銘〉《고려묘지명집성高麗墓誌銘集成》, 한림대학교 아시아문화연구소, 1997.

14 《고려사》 권17, 〈세가世家〉17 의종毅宗 6년 9월 경자庚子.

15 같은 책, 권18, 〈세가〉18 의종 21년 5월 계축癸丑.

16 같은 책, 권28, 충렬왕忠烈王 원년 5월 임진壬辰.

17 같은 책, 권28, 〈세가〉28 충렬왕 3년 정월 갑인甲寅.

18 《태조실록太祖實錄》 권1, 총서總序.

19 《고려사》 권133, 열전(列傳) 46 신우辛禑 3년 8월

20 《세종실록》 권26, 세종 6년 11월 갑신甲申.

21 《문종실록文宗實錄》 권6, 문종 1년 2월 기축己丑.

22 《연산군일기燕山君日記》 권26, 연산군 3년 8월 병술丙戌.

23 같은 책, 권42, 연산군 8년 2월 경신庚申.

24 《중종실록》 권12, 중종 5년 8월 무술戊戌.

25 같은 책, 권55, 중종 20년 8월 병오丙午.

26 《선조실록》 권78, 선조 29년 8월 무신戊申.

27 《정조실록正祖實錄》 권36, 정조 16년 10월 을미乙未.

28 편전에 대해서는 정진명, 《한국의 활쏘기》(학민사, 1999), 311~319쪽 및 이훈종, 《민족생활어 사전》, 한길사, 1992, 499~500쪽 참조.

29 정진명, 《한국의 활쏘기》(학민사, 1999), 101~102쪽 및 이훈종, 《민족생활어 사전》, 한길사, 1992, 501쪽.

30 이중화李重華, 《조선朝鮮의 궁술弓術》, 조선궁술연구회, 1929.

31 김후, 《활이 바꾼 세계사》, 가람기획, 2002, 261쪽.

32 "한대의 수렵도에는 말 등에서 상체를 뒤로 돌려 달아나는 동물을 활로 겨냥하는 궁수의 모습이 자주 등장하는 데 반해서 고대 서아시아의 수렵도에서는 이러한 안식기사법이 매우 드물게 나타난다. (……) 오히려 안식기사법은 고대 서아시아보다는 파르티아나 사산조 시대의 수렵도에서 자주 나타나며 이러한 기사법의 명칭에 파르티아라는 이름이 들어가 있는 것 역시 이를 뒷받침한다." 서정록, 《백제금동대향로 – 고대 동북아의 정신세계를 찾아서》, 학고재, 2001, 207~209쪽.

33 같은 책, 405쪽 주19.

34 사회과학출판사 편, 《고구려 문화사》, 논장, 1988, 330쪽.

35 정진명은 《한국의 활쏘기》(학민사, 1999)에서 복합궁을 '덧댄활'로 불러야 한다고 주장했다. 우리 것은 우리 기준으로 나누어야 한다는 점에서 매우 바람직한 견해라고 할 수 있다.

36 《선조실록》 권43, 선조 26년 10월 임인壬寅.

37 심승구, 〈조선시대 무과에 나타난 궁술과 그 특성〉, 《학예지》7, 육군사관학교 육군박물관, 2000, 99쪽.

38 《세종실록》 권43, 세종 11년 1월 신미辛未.

39 심승구, 〈조선시대 무과에 나타난 궁술과 그 특성〉, 《학예지》7, 육군사관학교 육군박물관, 2000, 98~99쪽.

40 《문종실록文宗實錄》 권8, 문종 1년 7월 계축癸丑.

41 《세종실록》 권59, 세종 15년 3월 갑자甲子.

42 정진명, 《한국의 활쏘기》, 학민사, 1999, 175~176쪽.

43 《탐라순력도》에 대해서는 1994년 제주시에서 발행한 도록 참조.

44 《연산군일기燕山君日記》 권 59, 연산군 11년 8월 계축癸丑.

45 서울역사박물관·고려대학교박물관, 《서울 하늘·땅·사람》, 2002.

46 유홍준俞弘濬, 《풍속화》, 중앙일보사, 1985, 214쪽.

47 《세종실록》 권43, 세종 11년 1월 신미辛未.

48 이때 엄지손가락을 도고자에 대고 활을 잡는 것이 적당하다. 처음엔 손으로 당기지만 3분의 1 가량 펴지면 그때부터는 다리의 힘으로 줌을 눌러서 활을 편다. 손으로 계속 당겨서 펴면 활이 퉁그러질 염려가 있다. 발의 힘으로 눌러 펴는 것이 안정하고 힘도 덜 드는 방법이다.

49 활에 대해서는 정진명의 《한국의 활쏘기》(학민사, 1999)를 많이 참조했다.

50 이원복李源福, 《풍속화》, 중앙일보사, 1985, 237쪽.

51 A. H. Savage-Landor 저, 신복룡·장우영 옮김, 《고요한 아침의 나라 조선 Corea or Cho-sun: The Land of the Morning Calm》, 집문당, 1999.

공인된 전쟁놀이 - 석전

1 《삼국사기三國史記》 권40, 〈잡지雜志〉9 직관職官 하下.

2 《고려사》 권44, 〈세가世家〉44 공민왕恭愍王 23년 5월 경오庚午.

3 같은 책, 권134, 〈열전列傳〉47 신우辛禑 2.

4 같은 책, 권135, 〈열전列傳〉48 신우辛禑 3.

5 같은 책, 권134, 〈열전列傳〉47 신우辛禑 2.

6 《세종실록世宗實錄》 권12, 세종 3년 5월 을축乙丑.

[7] 《태조실록太祖實錄》 권3, 태조 2년 5월 병신丙申.

[8] 같은 책, 권5, 태조 3년 4월 경오庚午.

[9] 같은 책, 권5, 태조 3년 4월 임신壬申.

[10] 같은 책, 권17, 태조 7년 5월 신해辛亥.

[11] 《태종실록太宗實錄》 권19, 태종 10년 5월 신미辛未.

[12] 《세종실록》 권12, 세종 3년 5월 을축乙丑.

[13] 같은 책, 권12, 세종 3년 5월 병인丙寅.

[14] 같은 책, 권44, 세종 11년 6월 무인戊寅.

[15] 같은 책, 권81, 세종 20년 5월 임인壬寅.

[16] 《세조실록》, 권24, 세조 7년 5월 갑진甲辰.

[17] 《예종실록睿宗實錄》 권5, 예종 1년 5월 무자戊子.

[18] 《성종실록成宗實錄》 권30, 성종 4년 5월 병신丙申.

[19] 《명종실록(明宗實錄)》 권18, 명종 10년 5월 경신庚申.

[20] 《선조실록》 권35, 선조 26년 2월 기유己酉.

[21] 《영조실록》 권117, 영조 47년 11월 갑인甲寅.

[22] 궁중정원의 꽃과 과일나무를 맡아 다스리던 관청으로 건국 초기에는 동산색
東山色, 상림원上林園으로 부르다가 세조 12년(1466)에 이 이름으로 고쳤다.

[23] H. N. Allen, 《Things Korean》(신복룡 역, 《조선견문기》, 집문당, 1999), 119쪽.

[24] L. H. Underwood 저, 신복룡 외 옮김, 《상투의 나라 Fiften Years among the
Top-Knots or Life in Korea》(집문당, 1999), 54~56쪽.

[25] A. H. Savage-Landor 저, 신복룡·장우영 역, 《고요한 아침의 나라 조선Corea
or Cho-sun: The Land of the Morning Calm》, 집문당, 1999, 327~330쪽.

[26] H. B. Hulbert 저, 신복룡 역, 《대한제국멸망사 The Passing of Korea》, 집문
당, 1999, 327~330쪽.

[27] E . Wagner 저, 신복룡 역주, 《한국의 아동생활Children of Korea》, 집문당,

1999, 37쪽.

28 전주문화원, 《우리전주 문화유산》, 1998, 136~137쪽.

29 《영조실록英祖實錄》 권117, 영조 47년 11월 갑인甲寅.

30 W. R. Carles 저, 신복룡 역, 《조선풍물지 Life in Corea》, 집문당, 1999.

31 A. H. Savage-Landor 저, 신복룡·장우영, 《고요한 아침의 나라 조선 Corea or Cho-sun: The Land of the Morning Calm》, 1999, 238쪽.

사람과 말이 하나 되어 부리는 재주 - 마상재

1 이익李瀷, 《성호사설星湖僿說》

2 《삼국사기三國史記》 권44, 〈열전列傳〉4 이사부異斯夫.

3 《고려사高麗史》 권18, 의종毅宗 22년 4월 을사乙巳.

4 《태종실록太祖實錄》 권1, 총서總序.

5 《중종실록中宗實錄》 권14, 중종 6년 12월 임오壬午.

6 《선조실록宣祖實錄》 권67, 선조 28년 9월 기묘己卯.

7 같은 책, 권99, 선조 31년 4월 경신庚申.

8 같은 책, 권44, 선조 26년 11월 을묘乙卯.

9 안자산安自山, 《조선무사영웅전朝鮮武士英雄傳》, 정음사, 1984.

10 《숙종실록肅宗實錄》 권17, 숙종 12년 8월 신유辛酉.

11 《영조실록英祖實錄》 권48, 영조 15년 2월 기축己丑.

12 《학산록學山錄》.

13 김광언, 〈마상재〉, 《한국민족문화대백과사전》, 정신문화연구원 간행.

14 척계광이 편찬한 《기효신서》의 무예를 말한다.

맨손으로 상대를 제압하다 – 수박

[1] 《고려사高麗史》 권19, 의종毅宗 24년 8월 정축丁丑.

[2] 김광언, 《김광언의 민속지》, 조선일보사, 1994, 258~259쪽.

[3] 《고려사》 권12, 〈세가世家〉12 예종 원년 7월 계축癸丑.

[4] 같은 책, 권11, 〈세가〉11 숙종 7년.

[5] 《책부원귀册府元龜》 권 997, 외신부外臣部 42 용지勇贄.

[6] 《고려사》, 권127, 〈열전列傳〉 40 반역叛逆1 왕규王規.

[7] 같은 책, 권27, 〈세가〉 27 원종元宗 12년 정월 병자丙子.

[8] 이용복(李容福), 《한국무예 택견》, 학민사, 1990, 72쪽.

[9] 이기백, 《고려병제사연구高麗兵制史研究》, 일조각, 1992, p.74

[10] 《고려사》 권128, 〈열전〉 41 반역2 이의민李義旼.

[11] 같은 책.

[12] 공학군을 금군禁軍으로 보고 고려시대의 2군 6위와는 별도의 군사조직으로 보는 견해가 있다(宋寅州, 〈高麗時代의 牽龍軍〉, 《大邱史學》 49, 1995; 〈高麗時代의 禁軍〉《韓國中世史研究》 3, 1996).

[13] 문유보는 두경승의 구구舅로 표현되어 있다. 구는 외삼촌이나, 시아버지 혹은 장인을 말하는데, 가계 내력을 알아야만 문유보와 두경승의 관계를 정확히 판단할 수 있다. 현재 남아 있는 기록만으로는 둘 사이의 관계를 파악할 수 없다.

[14] 《고려사》 권100, 〈열전〉 13 두경승杜景升.

[15] 같은 책, 권85, 〈형법지刑法志〉 2 금령禁令.

[16] 신호웅辛虎雄, 《고려법제사연구高麗法制史研究》, 국학자료원, 1995.

[17] 《고려사》 권36, 〈세가〉 36 충혜왕 즉위년 3월.

[18] 같은 책, 권36, 〈세가〉 36 충혜왕 후 3년 5월 계사癸巳·후4년 2월 기유己酉와 6월 병갑丙申.

[19] 같은 책, 권128 〈열전〉 41 반역2 이의민.

[20] 같은 책, 권128 〈열전〉 41 반역2 이의민.

[21] 지금의 전남 담양 인근의 율월栗原에서 이연년 형제가 세력을 규합하여 이 가당李家黨이라 하고 자칭 백제도원수百濟都元帥라 하면서 세력범위를 넓 나간 사건이다(민현구, 〈고려중기 삼국부흥운동의 역사적 의미〉, 《한국사시민 강좌》 5, 1989).

[22] 《역옹패설櫟翁稗設》 전집前集 2.

[23] 《세조실록》 권25, 세조 7년 8월 경오庚午.

[24] 《태종실록》 권19, 태종 10년 1월 무자戊子.

[25] 같은 책, 권21, 태종 11년 6월 기해己亥 등.

[26] 《예종실록》 권6, 예종 1년 6월 갑자甲子.

[27] 《고려사》 권128, 〈열전〉 41 반역2 이의민.

[28] 《고려사》 권129, 〈열전〉 42 반역3 최충헌.

[29] 《태종실록》 권32, 태종 16년 8월 병자丙子.

[30] 《세조실록》 권43, 세조 13년 7월 정축丁丑.

[31] 《세종실록》 권 4, 세종 1년 6월 계사癸巳.

[32] 《신증동국여지승람》 권34, 전라도 예산군.

[33] 심승구, 〈조선시대 무과에 나타난 궁술과 그 특성〉, 《학예지》 7, 육군사관학 교 육군박물관, 2000, 85~89쪽.

[34] 강성문, 〈조선시대 활의 군사적 운용 – 발사법의 전술적 운용을 중심으로〉, 《학예지》 7, 육군사관학교 육군박물관, 2000, 61~64쪽 참조.

[35] 《태종실록》 권19, 태종 10년 1월 무자戊子·《세종실록》 권51, 세종 13년 3 월 임진壬辰.

[36] 허인욱, 〈수박희手搏戲에 대한 고찰〉, 《체육사학회지體育史學會誌》 10(2002) 및 허인욱·남덕현, 《해동죽지》에 기재된 무예 관련 글에 대한 소고小考〉,

《대한무도학회지大韓武道學會誌》4(2002) 참조. (《환단고기桓檀古記》〈태백일사太白逸史〉삼신오제본기三神五帝本紀1.) 권박이 수박과 동일한 무예인지 단정할 수 없지만, 성격이 비슷한 것이었을 가능성은 매우 높아 보인다.

37 임동규, 《한국의 전통무예》, 학민사, 1990. 이와 같은 내용은 1975년 북한 역사과학연구소에서 간행한 《고구려 문화》에서도 이미 언급된 바 있다.

38 안악 3호분 앞방 앞벽 오른쪽 위쪽의 수박희 장면에 등장하는 두 남자의 경우는 명확치 않으나, 무용총의 널방 안벽 고임에 그려진 수박희 중인 두 남자 중 한 사람은 보통의 고구려인의 얼굴을 하고 있으며, 다른 한 사람은 눈이 크고 코가 높은 서역계 인물로 보인다. 이 점에서 이 그림은 고구려와 서역의 빈번한 교류를 보여주는 자료로 이해하기도 한다.

백기신통 비각술 – 택견

1 김구(이병갑, 김학민 주해), 《정본 백범일지》, 학민사, 1997, 78~85쪽.

2 조완묵趙琬黙, 〈태권도跆拳道 어원에 관한 사적史的 고찰〉, 《체육體育》, 통권 192호, 1984년 7월호. 72~75쪽.

3 이용복李容福, 《한국무예 택견》, 학민사, 1990, 86~89쪽 및 〈택견의 구성 원리〉《민족무예 택견연구》, 학민사, 1995, 42~44쪽.

4 이만영의 《재물보》가 그가 살았던 당시의 우리말과 풍속을 전해주는 좋은 자료이긴 하지만, 그의 설명을 전적으로 옳다고 받아들여야 할지는 조심할 필요가 있다. 왜냐하면, 이만영은 한학漢學을 한 사람이므로 어떤 주제어에 대한 설명이 한학을 기반으로 하는 지식의 범위 내에서 이루어지고 있기 때문이다. 그가 인용한 내용들이 조선사회 전반적으로, 특히 한학적 지식이 일천한 하층민들에게도 적용되는지에 대해서는 좀 더 신중한 접근이 필요하다.

5 이용복, 《택견 연구》, 학민사, 1995, 42~44쪽.

[6] 이에 대해서는 김명곤도 "정작 자기가 전해 받은 무술의 이름은 여지껏 그도 정하지 못하고 있는데 그것은 남아 있는 문헌에 그 이름이 저마다 다르게 적혀있기 때문이다 (……) '탁견'이라고 쓰는 것이 옳을 듯하기도 하다"라고 하여 '탁견'이 원발음이 아닌가 추정했다.(김명곤, 〈팽개쳐진 민중의 무술 태견〉, 《뿌리깊은 나무》, 1977월 9월호).

[7] 《선조실록》 권99, 선조 31년 4월 경신庚申.

[8] 같은 책, 권112, 선조 32년 4월 임오壬午.

[9] 같은 책, 권124, 선조 33년 4월 정해丁亥.

[10] 김용옥, 《태권도 철학의 구성원리》, 통나무, 1994, 74~75쪽 .

[11] 김명곤, 〈팽개쳐진 민중의 무술 태견〉, 《뿌리깊은 나무》, 1977년 9월호 및 이용복 편, 《택견연구》, 학민사, 1995, 90쪽에서 재인용.

[12] 김제현 편, 《사설시조사전》, 경기대학교 연구교류처, 1997.

[13] 《삼국지》의 등장인물로, 여포와 동탁을 이간질하는 미인.

[14] 영화 〈서편제〉로 유명한 김명곤이 《뿌리깊은 나무》라는 잡지와의 인터뷰에서 한 말이다. 김명곤, 〈팽개쳐진 민중의 무술 태견〉, 《뿌리깊은 나무》(1977년 9월호) 및 이용복 편, 《택견연구》, 학민사, 1995, 84~85쪽에서 재인용.

[15] 이상에 대해서는 김산·허인욱 〈택견의 어원에 대한 소고〉, 《체육사학회지》 9(2002) 및 허인욱·남덕현, 〈《해동죽지》에 기재된 무예 관련 글에 대한 소고〉, 《대한무도학회지大韓武道學會誌》 4(2002) 참조.

[16] 〈대쾌도〉에 대해서는 신명우의 〈대쾌도〉도판 설명(《풍속화》, 중앙일보사, 1985)·이태호, 《풍속화》(대원사, 1995)·정병모, 《한국의 풍속화》(한길아트, 1998) 참조.

[17] 이용복, 《한국무예 택견》(학민사, 1990), 82쪽. 이 사진 속 동작을 아이들이 발을 맞대고 넘어뜨리는 놀이인 '마주걸이'로 보기도 한다.

[18] 물론 무예에 격투기적인 가치만 있는 것은 아니다. 그러나 일반인들은 그

외의 것보다 이 점에 관심을 갖고 있으므로 여기서는 그 점에 대해서만 이야기하고자 한다.

성난 소가 서로 뿔을 들이 밀며 달려드는 듯하네 – 씨름

[1] 이태호李泰浩, 《풍속화》, 중앙일보사, 1985.

[2] 전호태, 《고구려 고분벽화 연구》, 사계절, 2000, 49~52쪽.

[3] 서정록, 《백제금동대향로》, 학고재, 2001, 296~298쪽.

[4] 이만기·홍윤표, 《씨름》, 대원사, 2002, 23쪽.

[5] 김병호, 《우리 문화 대탐험 – 민족의 뿌리를 찾아 아시아 10만리》, 황금가지, 1997), 172쪽.

[6] 이영희李寧熙, 《노래하는 역사》, 조선일보사, 1994, 124~131쪽.

[7] 《동문선東文選》 권101, 〈사재소감司宰少監 박강전朴强傳〉.

[8] 《고려사》 권36, 〈세가〉 36 충혜왕 즉위년 3월.

[9] 같은 책, 권36, 〈세가〉 36 충혜왕 후 4년 2월.

[10] 같은 책, 권36, 충혜왕 후 4년 11월.

[11] 《세종실록》 권4, 세종 1년 6월 무자戊子.

[12] 같은 책, 권31, 세종 8년 3월 기미己未.

[13] 같은 책, 권32, 세종 8년 4월 을축乙丑.

[14] 같은 책, 권50, 세종 12년 12월 임진壬辰.

[15] 같은 책, 권50, 세종 12년 12월 계축癸丑.

[16] 같은 책, 권51, 세종 13년 3월 병술丙戌.

[17] 같은 책, 권51, 세종 13년 3월 임오壬午.

[18] 같은 책, 권60, 세종 15년 5월 병인丙寅.

[19] 같은 책, 권71, 세종 18년 2월 신해辛亥.

20 《무예도보통지武藝圖譜通志》, 〈병기총서兵技總敍〉.

21 《명종실록》 권26, 명종 15년 5월 신미辛未.

22 유교 도덕에서 기본이 되는 세 가지 도리. 임금과 신하, 어버이와 자식, 남편과 아내 사이에 마땅히 지켜야 하는 군위신강君爲臣綱·부위자강父爲子綱·부위부강夫爲婦綱을 말한다.

23 《현종실록》 권7, 현종 5년 정월 계미癸未.

24 《영조실록》 권117, 영조 47년 11월 갑인甲寅.

25 유몽인柳夢寅, 《어우야담於于野譚》 권4, 사회社會편.

26 《동국세시기》 5월.

27 《개성지開城誌》.

28 이만기·홍윤표, 《씨름》, 대원사, 2002, 48~49쪽.

29 이에 대해서는 박승한도 그렇게 보고 있다. 같은 책, 16~17쪽.

푸른 눈에 비친 한국인의 맨손 무예

1 백성현·이한우, 《파란 눈에 비친 하얀 조선》 새날, 1999, 191쪽.

2 《숙종실록》 권19, 숙종 14년 7월 무인戊寅.

3 이만기 · 홍윤표, 《씨름》, 대원사, 2002, 16~17쪽.

'전통' 무예 논란

1 이는 강원식·이경명의 《태권도 현대사》 (보경문화사, 1999)와 이호성의 《한국무술 미대륙 정복하다》(스포츠조선 1995)와 강기석의 《태권도 半世紀 인물과 역사》(서울올림픽기념국민체육진흥공단, 2001) 등에서 모두 그렇게 기록하고 있다.

2 이에 대해서는 허인욱, 〈형성과정으로본 태권도의 정체성에 관하여〉(《體育
史學會誌》 14, 2004, 79~87쪽) 참조.

3 태권도로 통합되는 시기에 다양한 발차기가 이미 존재했으며, 현재는 겨루
기 위주의 경기화가 되면서 새로 생겨난 기술들도 존재한다.

4 신영훈, 《우리문화 이웃문화》, 대한교과서, 2001, 124~126쪽.

5 같은 책, 129~131쪽.

6 하우봉 외, 《조선朝鮮과 유구琉球》, 아르케, 1999.

7 《서울신문》1985년 1월 19일자. 〈한글 현판에 태극 농기農旗에 오키나와서
숨 쉬는 한국韓國〉.

8 《서울신문》 1975년 7월 22일자 〈‘오키나와’ 속의 한국韓國〉과 1985년 1월
19 일자 〈한글 현판에 태극농기農旗에 오키나와서 숨 쉬는 한국韓國〉.

옛 그림에서 만난 우리 무예 풍속사

◉ 2005년 8월 20일 초판 1쇄 발행
◉ 2008년 4월 2일 초판 2쇄 발행
◉ 글쓴이 —————— 허인욱
◉ 펴낸이 —————— 박혜숙
◉ 편집인 —————— 백승종
◉ 영업 및 제작 ———— 변재원
◉ 인쇄 —————— 백왕인쇄
◉ 제본 —————— 정민제본
◉ 용지 —————— 화인페이퍼
◉ 펴낸곳   도서출판 푸른역사
        우 110-040 서울시 종로구 통의동 82
        전화: 02)720 - 8921(편집부) 02)720 - 8920(영업부)
        팩스: 02)720 - 9887
        전자메일: 2007history@naver.com
        등록: 1997년 2월 14일 제13-483호

ⓒ 허인욱, 2008
ISBN   89-91510-07-8